本书翻译承蒙法国国立东方语言学院与法国东亚研究所的资助

The translation of this book has received financial support
from the Institut National des Langues et Civilisations
Orientales (National Institute of Oriental Languages and
Civilizations) and the French Institute for Research on
East Asia (IFRAE)

通 官 绅 之 邮

江 苏 地 方 精 英 的 角 色 （1905—1914）

〔法〕萧小红 著 〔法〕萧小红 〔法〕王资 译

南京大学出版社

杨东平序

自 20 世纪 80 年代以来，中国现代化研究成为热点，出现了一批有影响的理论和学术观点，以及一批专著和学术大家。作为后继的学者，萧小红博士 2001 年在法国出版的这部专著《通官绅之邮：江苏地方精英的角色（1905—1914）》，源自她的博士论文，虽然并非理论潮头的"弄潮儿"，但作为专门研究，仍然极具价值。她研究的是巨变之中的地方社团——江苏教育总会。在这个领域，教育会和它的创办者名声卓著，无出其右。萧小红自述："我的研究属于社会史范围，着重从权力结构变化的角度分析教育会与政府之间的关系，审视立宪与地方自治使精英权力正规化、制度化的过程。"在大潮落后，细品这一专著，更能辨识其学术成就，感悟其特定的价值和深远的共鸣。

中国江南的沪、苏地区是社会发展变革的先锋地区，在十九世纪以来的中国现代化进程中堪为翘楚。《通官绅之邮》以江苏教育总会为中心，详述清末废科举、更新教育、启迪民智的教育改革——它被视为清末新政成效最大，也是硕果仅存的改革，并导致了始料未及的连锁的深刻社会变革。它也被视为是对一场严重的普遍性危机做出的

"迟到而仓促的回应"。对这一历史，过去有一个流行的说法是工人阶级登上了历史舞台。可是，即便在一些洋务发达的城市，工人阶级的比例也不过十之一二。其实，真正走上舞台中心的是市民阶级，是具有变革动机和参与能力的绅商。从普及教育、兴学办学进而成立组织，从教育变革进而推进宪制，江苏教育总会成为当时中国声音最大、行动力最强的组织，它的遗留至今仍在发挥影响。

江苏教育总会创建于1905年，至1927年遭国民党当局解散。学会最初的十年意义尤为重大，成为全国第一个拥有稳定的地方网络的教育团体，一个不断采取主动行动的策源地。今天，对于这段历史的细节和当年的功过得失，多数人或许已不再那么关注，连教育总会的旧址也已湮没无闻。人们熟悉的是重弹的旧调：改良主义，保守主义，等等。时过境迁，对这段历史，重要的首先是"看见"，看见投入其中的活生生的人。今天，我们可以清晰地回应这段光荣而艰巨的历史，向先人的筚路蓝缕致敬。

清末积极投入革新的有两类地方文人："一类是倾向改革并在地方社会有声望的士绅，另一类是渴望行动的年轻士子，两者都深受社会达尔文主义和民族主义思潮的影响。"在帝制末期，通过建立分权制的行政体制，实行地方自治，整合社会主体的活力。江苏教育总会的建立，包括它不顾省政府当局的反对，将总部设在上海，都是不同凡响的。我们看到开放口岸和商业精英的作用、文人官吏与买办商人的合作、上海都市与内地互相提携的协同互补关系，总之，看到社会系统变革的一个全新侧面。

洋务运动期间，地方的教育面貌已经大变，学人举办的各类学堂、学校如雨后春笋，出现了众多农业和工业专科学校。报刊、图书出版业快速发展，各类中小学教材风行全国，各种非官立的学校也快速增长，出现了官立、公立、私立三类学堂的区分。到了 1909 年，除了湖北、新疆、甘肃和贵州，由士绅主持创办的公立学堂在全国各地都占据了主导地位。

在社会层面，商界开办的学堂大多面向职业和商业培训。本书披露的这些事实着实令人惊讶：上海商人的行业公所（五金、麻布袋、金银器、丝织、铜器、当铺、钱庄等）和团体举办的学校显著增长。它们起初多是满足行业内子弟教育和职工补习的需要，后逐渐形成一种新的社会需求：各种成人补习班成为上海及周边地区活跃的培训机制。风气所及，备受轻贱的娼、优、隶、卒行业，例如绍兴一带的"堕民"也趁势而上，上海的理发匠也要求开办自己行业公所的学堂，苏州伶人效法他们的上海同行创办梨园学堂，扬州的屠户为参加城市"教育普及"运动募捐，无锡的铁匠、苏州和上海的泥瓦匠也都开办了各自行业公所的学堂。表现突出的是中医群体，他们与文人士绅的关系紧密，携手创办现代医学院，组织医学研究会，提倡中西医结合。基督教社团办学蓬勃发展，教会学校遍布全省。少数民族也表现出对新教育的热忱，尤其是满族、蒙古族等。但未曾闻知的是僧道界却成为阻力之一，这既有意识形态的原因，更由于利益所致，因为新学堂的建立大量占用其活动场所。

本书揭示了在国家教育行政网络尚未组织之前，已经有不少县主动设立学务公所。张謇和士绅领袖所鼓吹的教育和经济发展并行的救国理念影响了很多人。随着 1904 年上海商务总会的成立，教育改革与地方自治的概念紧密相连。老一辈士绅与年轻一代新式精英的结盟，是新教育推进的关键。高功名文士的加入为地方精英增加了潜在的影响力，加快了官僚体系与地方士绅之间的互相渗透。

1905 年成立的江苏教育总会，领导层主要是相对年轻的改革派人士：1906 年他们的平均年龄为 35 岁，在曾经担任总会领导人的 8 人中，有 5 个进士、2 个举人。两任会长张謇和唐文治都是进士出身，并有丰富的政治和行政经验。这部分也是制度设计的初衷。黄炎培则是教育会后期对中国教育影响最大的领导人。1912 年时他 34 岁，却已经有十年从事新教育的经验。另一个成功的策略，是通过发展地方分会扩大影响。1908 年，江苏教育总会只有 562 名注册会员，但各地方分会的会员人数则达到 5 124 人。

1902 年到 1903 年，学校数量和学生人数几乎翻了一倍，学校从 2 806 所增加到 4 914 所，学生从 115 596 名增加到 224 520 名。新教育的发展极大地促进了女性教育和妇女解放。"家长们现在开始偏好学校胜过私塾了，并且比以往能够接受男女混合小学。教育被看成提高民众生活水平的手段，传统儒家的伦理教育被传授农业、工业、商业的技术知识取代。"

工商业精英的教育参与不限于捐钱和办学，还深入参与各类教育变革和社会变革，致力于改革旧教育、克服新学制弊端。有些弊端在今天是难以想象的，例如政府决策常常缺少一些最基本的信息，而新教育是没有预算经费的。就读的学生年龄从 15 岁到 30 岁不等，程度参差不齐，常常和教员们一样不遵守纪律，酿成各种冲突或者引发罢课。更不用说教育行政与教学设施脱节，学校制度、教学方法缺少规范，学校管理松散、各自为政，部门主义、腐化、派别冲突等种种乱象。这使我们深切认识到前辈学人鼎新革故之艰辛备至。

1905 年 12 月成立的江苏教育总会，将社会人士参与体制的实践制度化，出现了教育专业化、职业化的趋势。总会的目标是"研究本省学务之得失，以图学界之进步"。其要旨是注重师范；考求实业；提倡尚武精神；预备地方自治；联合本省学界；加强与他省教育界的联系和交流。可见在这里"学务"一词被赋予了比较宽泛的意义，已经超越了学校教学，而包括国民精神的改造，参与经济进步、政治改革等，涵盖了新教育的不同层面。他们积极倡导男女平等，推广平民教育，重视实业，重视职业教育等主张，体现了绅商的价值，被视为"教育世俗化"的努力，"动摇了以往皇朝天下一尊的意识形态和政治理念"。

作为理论概念，萧小红博士将地方精英的社会参与视为一种"行动主义"，以区别于流行的"市民社会"概念，这是具有深意的。她超越理论演绎，从现实政治出发，认为这是在中国政治史上"第一次士绅领袖们有意识地作为社会代表，在权力系统之外表达立场，同时也积极运用现存的政府机制"的行动，意义重大。从这一视角出发，不难看到在危机四伏的现实政治中，教育会的行动既有温和沉潜，也有积极果敢，有时甚至可以说是"奋不顾身"。例如，江苏教育会的领导人参加发起 1909—1911 年间的国会请愿运动，再三强调教育与政治紧密相关的重要性。1910 年，江苏教育总会邀请各省教育总会派遣教育界代表赴京，支持各省谘议局的请愿代表，等等。在随后清朝崩解的过程中，1911 年爆发的革命可以视为一次检验。江苏教育总会的积极分子们一马当先，"绅士和官员们携手重组了省政权，并积极支持革命军事行动，从而为他们的新权力打下基础"。革命派未经大的流血便占据了上海县城。长江下游的其他几个府，包括松江、苏州、常州、太仓、通州，也都采取了归顺革命的主动性举措。

对这段历史，需要的首先是看见，继而是理解。在多种意义上，我们仍然生活在前人所创造的历史之中，包括上海和江南地区成为现代教育和工商业的重镇，以及民间社会、工商业界对发展教育不屈不挠的热情和努力。张謇、黄炎培们的许多经历是我们今天仍然能深切感受到的，他们的许多思考则提供给我们继续前行的方向；在 1990 年代以来的中国教育变革中，我们的确也在不同程度上继承了这一精神遗产。我想，这正是萧小红博士这本专著的理论价值和现实意义。

杨东平 1

2023 年 2 月 20 日

---

1 杨东平，北京理工大学人文学院教授，国家教育咨询委员会委员，21 世纪教育研究院名誉理事长。

李天纲序

萧小红《通官绅之邮：江苏地方精英的角色（1905—1914）》是作者在法国国立东方语言文化学院（INALCO）的博士论文（1997）。本书于2001年在法国出版，早已被欧美同行推崇为一部中国学研究的重要著作。笔者在法国、德国和美国多次听到研究上海文化的学者提到本书，可见其跨越大西洋的能力。这次由作者从法文翻译成中文，回到故乡，肯定会得到中国学术界的重视。

江苏教育总会在中国现代教育历史上有着重要的地位，但在国内学界却常常被作为一个地方教育机构，很少在全中国的历史大局中谈论。江苏教育总会在高等、普通、职业、社会教育的全领域内或自己创建，或努力倡导了大量的学校和机构，引领了清末以来的教育改革，惠泽今日。当年的江苏教育总会，几乎是以一省之名，行全国教改之实，其领导作用和长久影响不亚于中央政府教育部。我们都知道清末的教育改革引发了全局性的变革，中国的政治、经济、文化、社会局势都随之改变，江苏教育总会在这个大变局中的作用需要仔细谈论。作者认为："这个著名团体的抱负和实践都并不仅仅限于教育，而是主动地、有意识地把教育、政治、经济三者联系起来。在他们看来，教育改革、政治进步和经济发展之间存在着唇齿相依、不可或缺的关系。"作者在教育领域之外，把三者的联系作为本书的一个主要关注点，这是谈论江苏教育会的确切方式。

强调江苏教育总会有如此重要的地位和作用，并不是现在研究者的夸张，而是当时人们的评价。1912 年，江苏教育总会骨干袁希涛应教育总长蔡元培邀请到部任职，先后担任司长、次长、署理总长，筹办了中华民国的教育体系，参照的就是江苏经验。1922 年，袁希涛回到上海担任江苏教育总会会长，北京的评价是："谈教育者必推江苏，而言江苏教育者必争识先生。"（黄炎培、汪懋祖、沈恩孚：《袁观澜先生事略》，《中华教育界》1930 年 8 月刊）另一个传说是当年袁世凯在北京组阁，有意请黄炎培出长教育部。黄炎培一心办学，以"外面也要留个把人为由"，拒绝担任。袁世凯感叹说：江苏人难弄，"与官不做，遇事生风"。1927 年，蒋介石占据南京，因为江苏教育总会影响太大，竟然以"学阀"罪名通缉黄炎培，令其出逃日本。（汪仁泽：《民国人物传·黄炎培》，中华书局，1996 年，第 35 页）这种事例都说明江苏教育总会不但在教育领域具有全国影响，在 1909 年"预备立宪"、1911 年"辛亥革命"、1916 年"帝制自为"和 1927 年"国民革命"等运动中均有独立表现，常常触及最高权力，显示其全局重要性。

本书书名"通官绅之邮"，语义出自江苏教育总会奠基人张謇，堪称点睛之笔。江苏巨绅张謇，以状元身份创建大生纱厂，说是要"通官商之邮"（《通州大生纱厂第一次股东会议事录》，光绪三十三年七月二十三日，陈真、姚洛合编《中国近代工业史资料》第一辑，生活·读书·新知三联书店，1957 年，第 352 页），人称"官商"。张謇除了因创建工厂与新兴工商阶层关系紧密之外，还因举办众多学堂与传统权力拥有者士绅阶层有着更密切的联系，是一个居于官员与士绅之间的"官绅"，这种"精英作用"确实还没有被好好研究过。

在中国近代社会转型过程中，士大夫一直处于 C 位，他们的转型轨迹大致可以代表当时的社会特征。读陈志让先生的《军绅政权》，喜欢其中的"军绅"概念，他认为在剿灭太平天国中崛起的湘、淮军人曾、左、李开创了"军绅"时代，这是中国近代第一个权力新阶层。此后，我们看到掌握教育权力的"士绅"阶层，主导经济秩序的"商绅"阶层，或许还有支配政党意志的"党绅"人物。传统文人并没有退出新型社会，缙绅人士变身后，哪怕是被打散到工商、教育、军事、政治各个领域，总是能够出现在"商绅""士绅""军绅""官绅"的位置上。或许这就是中国近代的知识、教育和学校问题总是会引起那么多的政治、经济和文化问题的主要原因。

在"学而优则仕"的书院—科举社会，"官绅"一体是自然而然、不言而喻的。1905 年"废科举"之后，"官"与"绅"分道扬镳，政治与教育、旧道统与新知识、传统儒学与现代科学之间也发生了分离和转型。当士大夫不再把投身魏阙看作自己的唯一出路，"社会"（society）就会从"国家"（state）中分离出来。在欧洲社会的近代转型过程中，笛卡尔、伏尔泰等那一代"知识分子"，从"教会"（church）的神权学校（如博洛尼亚、牛津、索邦神学院和耶稣会学校）中分离出来，加入社会；在中国，江苏教育总会的新型士大夫如黄炎培、袁希涛等，正是从儒家"改良书院"（如龙门、中西、格致、南菁、南洋、同文馆、方言馆）中毕业，投入"变法"。萧小红意识到"国家与社会"的互生关系在清末社会转型研究中的有效性，但她并不是概念化地讨论中国的"市民社会"。她问自己："清末民初地方精英的行动主义是否应当理解为'市民社会'的崛起，或是中国式'公共领域''公共空间'的表现？"她自己回答：研究者需要克服"采取贴标签的方式使用'公共领域、市民社会'的概念，而应采用其他更深入的方式，例如通过挖掘地方基层的材料，探讨国家控制及其局限，采用社会渗透权力结构的观察角度"等方法来深化"国家与社会"关系的讨论。在我看来，作者并没有放弃"市民社会"的讨论，而是更加集中于江苏"地方精英"在中国社会转型中的突出作用。从这个角度看，当年本书的出版是对 1990 年代初期国际学术界针对中国近代史研究中"哈贝马斯热"的一个回应，一种深化。

在"国家与社会"议题之外，"中央与地方"的关系是本书更为重要的关注点，"地方"和"自治"可以说是书中一对更加突出的议题，而这个"地方"主要是仍然隶属于江苏省的上海，而"自治"的主张和实践，又越出了江苏教育，达于整个中国社会。白吉尔教授说："本书以详尽的方式和客观中立的立场讲述了江苏教育总会的历史，它使我们看到中国现代化实行过程中的一个新的侧面——开放口岸和商业精英的作用；上海与内地的互补关系；文人官吏与买办商人的合作方式。"在这一系列关系中，作为"地方"的上海在中国现代化过程中的作用显然是正面的，是需要肯定的，也是应该被接纳的。白吉尔教授是法国以至欧洲研究近代中国的权威学者，曾以有机、细腻和犀利的经济史、思想史、上海史研究成果，获得上海社会科学院颁发的第四届"中国学贡献奖"（2018）。她对买办云集、商人主导与帝制文化格局中显得另类的上海文化在"现代化"之引领、"现代性"之渊源研究中都有客观和中肯的分析，并不以理论批判代替学术研究。白吉尔教授不避"不正确"之嫌，坚持实话实说的学术态度，在汉学家、中国学家中并不多见，这是对我们研究工作的莫大鼓励。

白吉尔教授对本书的概括很中肯，她说："萧小红的研究揭示了上海都市与内地互为提携的协同效应，因此有必要重新审查上述争论的话语内涵。作者不断回到始发地上海，来探讨这个与帝国行政当局合作，以推动江苏各县教育改革为目标的省级团体。这座大都市并非江苏省的行政首府，它只是个县级城市。但作者告诉我们，江苏教育总会的主要资助者（大商人）和青年活动家（正在形成的新知识分子群体）都来自上海。"江苏教育总会尊重清代江苏省学政体制惯例，在宁、苏地区各设一副会长，会长则长驻上海。江苏教育总会成立于"废科举"的 1905 年，初名"江苏学务总会"，会址设在上海酱园一弄，与江苏谘议局研究会合署；1906 年，改名为"江苏教育总会"，会址仍在酱园弄；1912 年，改名为"江苏省教育会"，会址改设南市林荫路 165 号；1927 年，国民党在南京建立政权后，在全国文教工商界具有重要影响的江苏省教育会被迫解散。萧小红研究的 1905 年到 1914 年这一段时期，大致是主持江苏教育总会的头面人物，身份从"官绅"转为"商绅"的阶段。江苏学务总会的创办人如张謇（南通）、王同愈（苏州）、王清穆（崇明）、蒋炳章（吴县）、唐文治（太仓）都是旧进士，是商绅；稍后在总会各项事务中的活跃人物如马相伯（丹阳）、沈信卿（上海）、李平书（上海）、黄炎培（川沙）、雷奋（华亭）、孟森（常州）、杨天骥（震泽）、杨廷栋（吴县），籍贯都是上海，或定居上海，在银行、实业、翻译、报馆、书局、学校各界服务的新式职业人。以上海为基地推进"改良书院"，创建"中西学堂"，进而举办公立、私立和教会大学，已经成为江苏教育不可逆转的趋势。1905 年以后，失去科举前途，内心惶恐的各地学生蜂拥到沪，或过沪去日本，或从日本返沪，设法补习到一张能代替科举功名的新学堂"文凭"。于是，上海在江苏，以至在全国，成为一个"新的地方"。

萧小红说："1906 年 4 月，当省政府要求江苏教育总会将总部迁往省会时，总会表示坚决反对，强调一旦移往江宁，它将失去上海城市的人力和财力资源。总会主要干部在上海多所学校任职并在许多团体活动，不可能离开上海常驻他处。此外，总部的迁移会使江苏教育总会失去商人们提供的经济支持。"时至 1905 年，上海已有南洋公学（1896）、中西大学堂（东吴大学沪部）、震旦学院（1903）、复旦公学（1905）、中国公学（1905）、圣约翰大学（1905）等高等教育机构。在新式教育领域，宁、苏已经不能代表并引领江苏，北京也没有足够的高等教育机构吸纳旧日举子，上海又一次成为江苏和全国改良与革命的新引擎。

由于早期的"官绅"特征，江苏教育总会与江苏地方政府有着非常密切的联系。清朝末年，教育总会在上海、南京、苏州、南通等地，创建、管理和影响了一批公立、私立学校，是一个以"地方自治"精神参与社会建设的现代教育机构。这一群非常能干的"官绅"

"商绅"组织起来，"推举张謇为会长，各县纠纷发生新旧冲突，我（黄炎培）常被推为调查干事，实地调查，具一书面报告，根据理论和事实，判明曲直，解开症结……同时号召各省同样设立学务总会，每年每省轮流举行一次教育总会联合会，第一年在江苏（上海）举行。江苏很自然地做了全国领导"。（黄炎培：《八十年来》，中国文史出版社，1982年，第54页）江苏教育总会举办新式教育，一直与两江总督、江苏巡抚、江苏省省长和各府县政府官员合作。早期合作形式是官绅合流，例如黄炎培曾担任省教育厅厅长，袁希涛曾担任民国教育部次长。他们利用职务之便，在省内开设新税种，筹集教育经费；后来的合作形式有较多的商绅合作，例如南洋公学从招商局、电报局、制造局获取办学经费，大同大学从上海实业家朋友处得到资助，等等。虽然有学者指出绅与官的合作，还够不上现代导向的"市民社会"标准，但是在上海展开的商与绅之间的合作，确实是相当意义上的民间社会，具有了"自治"（autonomy）的性质，基本符合"公共空间"的标准。总之，1905年"废科举"前后，上海因新式教育事业的兴起，成为江苏和全国改良教育的先进之区，故而取代了宁、苏在科举时代的地位，成为当时亚洲仅次于东京的成功举办高等教育的城市。

按儒家传统的科举制社会，高等级的教育经费主要是由各级政府来承担，即那些按学额招生的书院、县学、府学和卫学等官学。在文风鼎盛的江南地区，家庭、家族和宗族或许也会承担一些低等级的教育费用，如那些用义田、族田维持的家塾、祠塾、村塾等私学。官学、私学，都是科举制的附庸，从朝廷主导这一点上来说，都是"官

学"，并不具有"公共性"。然而，从江苏教育总会的办学经费之
"官""商"来源看，1905 年以后在上海和江苏建立的高等教育体系
已经是民间自己举办的自主机构。在本书第三章附表中，我们看到了
一直想要了解的"江苏教育经费来源（1907）"一组数据。按作者整
理的数字看，江苏教育总会苏属地区的学校经费：政府资金占
24.8%，地方公款占 29.2%。这两笔公款之外，学费、捐税和其他自
筹收入已经达到了 46%，私费比例相当之高。宁属地区的私费比例
没有这么高，仅占 31.6%，但学校民间化、社会化的进度非常迅速，
是 1905 年以前的"官学"时代完全不能比拟的。高等教育社会化的
倾向在江苏省，尤其是"大上海"地区的学校中更加突出，可惜在同
一表格中却缺少沪上学校的统计数据。如果把沪、苏、宁地区的这一
数据全部列出，综合比较，我们肯定会发现江苏省在上海等地的高等
教育事业，无论是"公立""私立"，还是"教会大学"，都已经脱离
帝制，向社会化的现代教育体制转型了。

　　1980 年代初期，我和萧小红同时就学于复旦大学历史系，但在
学校期间失之交臂，并未结识。待到认真讨论学术问题，则是在
1996 年的巴黎。在与萧小红教授数十年的学术交往中，我们俩都一
直认为近代中国活跃而有效的地方变革，要比中央体制固滞而有限的
变化更值得关注，而清末民初自"洋务运动"以来的"改良""变法"
"革命"，都发生在朝廷之外的"地方"，尤其是所谓的两江、两湖和
两广。中国历来是中央集权国家，儒生们历来是眼望魏阙、心存帝
王，习惯于自上而下地指点江山，对很多活生生的底层实践不感兴
趣。然而，江苏教育总会的"官绅""商绅"们却能够走出传统，在旧

体制崩溃的时代，开辟了一条民间化、社会化、多元化的办学道路，自下而上地改变了中国的教育和社会，为后世学子留下了一批相当好的大学和研究机构。如此有意义的事业，今天的学者居然知之不详，研究不足，还需要从法国学者那里翻译回来，补充这个不小的缺失。

萧小红在上海度过了青少年时期，"文革"期间曾经上山下乡插队九年。大学恢复招生后，于1978年考入安徽大学法语专业。1982年考入复旦大学历史系硕士研究生，师从金重远教授学习法国史。次年赴法国留学，研究法国十九世纪末二十世纪初社会党领袖饶勒斯与工人罢工运动。1990年代研究领域改为中国近代史，与我的本科同班同学王菊博士一起，师从法国现代中国研究奠基者白吉尔教授，学到了法国中国学的细致、严谨和开阔的治学方法，令我们都非常羡慕。随后，萧小红担任了法国国立东方语言文化学院中国近现代史教授。众所周知，这是一所建立于1796年的法国最古老的汉学研究机构，沙畹、葛兰言、伯希和、戴密微、谢和耐等著名汉学家都曾在此任教。1996年到1997年间，我受白吉尔教授和朗多院长的邀请，到法国人文科学院做访问学者，遂在法国社会科学高等研究院结识萧小红。此后，在巴黎和上海的交往，以及越来越方便的网络交谈中，我每次都能从萧小红的研究中分享到很多新鲜的看法。

我们那一代社会考生，即"新三届"中的历届生，从工厂、农村、农场到大学深造，不免都会把自己的生活经历和社会关注投射到学术研究中。萧小红曾告诉我，她选择江苏教育总会作为博士论文课题，也有出于生长环境的原因。她家原来住在徐汇区，熟悉徐家汇。徐家汇的交通大学、复旦大学（今复旦中学）都是与江苏教育总会密切相关的学校，是近代高等教育的渊源之一。萧小红的父亲是湖南人，母亲是江苏南通人，正是顺着张謇的学校事业铺垫，从家乡来到上海。我从小生活在黄浦江口的吴淞镇，那里有复旦大学、国立政治大学的第一个校区，中国公学、同济大学的第二个校区，后来的复医（上医）、海洋（水产）、海事（商船）等大学校区都曾设在吴淞，都是江苏教育总会缔造的事业，孩童时还见过不少教学大楼的断壁残垣。

江苏教育总会的高等教育事业筚路蓝缕，至 1920 年代已经步入正轨，各校的大楼都蔚然壮观。然而，官绅、商绅、士绅合作，公立、私立、群立并举的民间办学模式，挫败于 1927 年南京国民政府严控民间办学的"国立"运动。1932 年"一·二八"，1937 年"八·一三"，日军两次战火，又彻底毁去了江苏教育总会几十年的艰苦努力。

2017 年，我陪同萧小红去吴淞探访，只在吴淞中学校园里找到一幢政治大学留下的教学楼，殊不足以凭吊张謇、马相伯、袁希涛、黄炎培等办学先驱的丰功伟绩。而她的这部《通官绅之邮：江苏地方精英的角色（1905—1914）》，是可以用来缅怀前辈的学术纪念，也是留给后人的历史记忆。

李天纲[1]

2023 年 3 月 17 日

复旦大学光华楼

---

1 李天纲，复旦大学哲学学院宗教学系教授、主任，兼任上海宗教学会副会长，上海徐家汇历史文化研究会理事长。

法文版序

早在辛亥革命之前，中国已经意识到必须进行现代化，转变生产方式，实现社会现代化，并进行必要的制度改革等。中央政府采取的主动措施，可追溯至1898年中途夭折的百日维新。1901—1911年实行的新政走得更远。这段由当局进行的现代化历史众所周知，它效仿日本的明治维新，然而这些迟到的努力已无力回天，清朝最终被1911年的辛亥革命彻底推翻。

比较不为人知的是，社会上的一部分人积极参与了这一进程。他们伴随改革进程，推动并超越它行进。这些人是社会上的精英——文人和富商，他们的行动主义已经被学者们从思想史和政治史的角度加以研究。这些精英的积极参与、对政治及教育体制改革的直接介入，与他们的政治立场同样重要，却因为史料过于分散而很少为人所知。社会动员在县、府、省级的地方层面展开，参加者包括不同社会阶层和职业的地主、官员与商人。这意味着历史学家需要采用专题著作的方式来研究有关问题，[1] 能够接触到地方和团体的有关资料，并克服阅读和阐述这些文献的困难。付出这样的努力是值得的，本书就是一个例子：萧小红通过剖析江苏省教育总会 1905—1914 年的历史，阐述了江苏省地方精英的社会动员。

本书以非常明晰的方式指出传统与现代性不是决然相反的对立物，它们的转换过程也并非以摧毁对方为条件。作者揭示了教育改革如何在传统的地方社会与行政体制中展开，以及传统结构在何种历史条件下可以成为现代化的载体。

包括上海在内的江苏省是受西方文化影响较早和较深的地区之一；同时，江苏省的南部——江南，也是中国传统文化的重要据点。它的特殊的地理和历史背景，带来地主士绅、文人官吏和经营外贸致富的大商人之间的交融。出现了"绅商"阶层，他们的活力促使上海走在改革和现代化运动的前沿。

绅商的社会基础来自城市的传统组织（行会、同乡会、慈善机构等），清末，它们转而关注民众需求和寻求新的组织形式，如俱乐部、学会、商会、市政管理机构——后者通常由地方人士与官员共同发起、经营。在这些机构中，江苏教育总会起到了重要作用。该会创始于 1905 年，最初与省行政当局合作从事教育改革和地方自治。1911 年辛亥革命爆发后，该会成员支持革命并参加了地方与省一级的新政

---

1 参见下列开拓性研究著作：Esherick, Joseph W. *Reform and Revolution in China：The 1911 Revolution in Hunan and Hubei*, Berkeley, University od California Press, 1976；Rankin, Mary Backus. *Elite Activism and Political Transformation in China Zhejiang Province 1865—1911*, Stanford, Stanford University Press, 1986.

权，直到1914年袁世凯恢复中央集权政府，终止地方自治的分权体制为止。

江苏教育总会的目标是建立新教育系统，但这一改革的最初设想并不限于教育，而是将它看作经济现代化和政治参与的必要条件。为了实现这一目标，该会付出了不懈的努力，并取得了一定的成效；它同时还是致力于社会进步的各方面积极分子的聚集地。他们的人数并不多，在各种团体中经常活跃着数十位同样的领导人、几百位有声望的地方士绅。在他们的支持下，活跃着更年轻、更激进的积极分子。教育总会并不构成一股政治对立势力；相反，它不以推翻皇权为目标，而是试图强化中央政权，从而更有力地抵御外来的威胁，以及更好地回应变革的需求。它支持实行地方自治，尤其是在教育领域，其目的在于提高行政效率，建立扩大民众参与的制度，从而加强国家政权的合法性。然而清廷的拖延不决和颟顸无能，最终将士绅与他们的团体推向革命阵营。

萧小红精确详细的分析，显示了近代中国研究取得的新进展，也表明法国历史学家——就像日本和美国的历史学家早就认识到的那样，不再满足于对不同国家演变的一般论述，后者往往建立在意识形态或过分笼统的基础上。

本书通过以省为据点的改革派人士的实践，着重研究了他们的组织形式和改革观念，作者同时介绍了有关他们的社会、教育背景与职业状况的大量信息，以及士绅领导人的策略和行动方式。在当今跨学科或各学科交叉研究盛行的时代，或许有人会认为本书缺乏从人类学角度将士绅作为特定群体的研究。但是我们不要过分奢求，这样的研究需要其他资料与实地调查，这将是另一本书的任务。

本书以详尽的方式和客观中立的立场讲述了江苏教育总会的历史，它使我们看到中国现代化实行过程中的一个新的侧面——开放口岸和商业精英的作用，上海与内地的互补关系，文人官吏与买办商人的合作方式。

有些人将上海视为帝国主义桥头堡，与中国其他地区（"真正的"中国）隔绝；另一些人则在这座19世纪末20世纪初崛起的城市中看到了"另一个中国"，一个国际化的、拥抱变化的中国。这场经久不息的辩论延续至今，在加速沿海地区现代化的支持者和缓慢变革的拥护者之间继续，并扩展到全国。萧小红的研究揭示了上海与内地互为提携的协同效应，因此有必要重新审查上述争论的话语内涵。作者不断回到始发地上海，来探讨这个与帝国行政当局合作，以推动江苏各县教育改革为目标的省级团体。这座大都市并非江苏省首府，她只是个县级城市。但是萧小红告诉我们，江苏教育总会的主要资助者（大商人）和青年活动家（正在形成的新知识分子群体）都来自上海。为此，教育总会不顾省政府当局的反对，将总部设在上海。如同许多其他在上海创设的机构如商务总会和市政自治公所，江苏教育总会也效仿了西方和日本的选举制度，用成员大会多数投票选举取代了传统的内部协议方式。

尽管如此，扎根上海并没有妨碍江苏教育总会在全省的发展。从1908年起，该会设立了58个分会（拥有5124名会员），几乎遍及省内所有地区。这些机构的生存，很大程度是由于它们直接隶属地方行政部门，并且被纳入了教育体制。不过，教育总会起了名副其实的协调作用，它通过地方教育会，将开放口岸的文化影响推广到内地。因此，上海与周边的省内地区并不处于隔绝状态，而是通过团体网络，处于人员与观念的不断交流中。

作者丝毫没有隐瞒这一组织网络的脆弱性以及许多分会团体短暂、不规律的状况，也没有掩饰士绅领袖与清朝官员之间模棱两可的关系。鉴于两者之间相互渗透的模糊关系，作者非常明智地摒弃了西方政治学所使用的"公共领域"和"市民社会"的概念来分析地方精英的社会行动主义。毫无疑问，与西方和日本模式相比，这样的精英网络呈现的是一种"不完整"的现代性。新式学校往往运转不良，缺乏资金、教材和称职的教师。然而，如果没有这些充当中介的精英以及传统的合作机制，又如何体现上海的现代性呢？正像我们所看到的，从 1844 年开埠到 1890 年代更多文人参加的改革，只留下了一些个别的、缺乏全国影响的经验以及一些为适应局势而采取的有限措施。

我希望没有误解作者的思想，中国沿海和内陆的现代化不能各自进行，为了中国的改变，沿海地区的开放精神和务实风格，需要与意识形态合法化和政治协调结合在一起。历史向我们显示了这样的景象曾经存在，并表明后者的重要作用持续至今。

玛丽·格莱尔·白吉尔[1]

---

1 玛丽·格莱尔·白吉尔（Marie-Claire Bergère），法国历史学家、汉学家，法国国立东方语言文化学院荣誉教授。毕生从事中国近现代史研究与教学，著述甚丰，译成中文的有：《中国资产阶级的黄金时代（1911—1937）》（1994），《上海史：走向现代之路》（2005，2014），《孙逸仙》（2010）。

几点说明

货币

清代货币的价值因地区和使用范围而异。两（银两）是记账货币，价值为一盎司白银（平均约 37.3 克）。库平两和关平两的分量略重。19 世纪贸易通常使用墨西哥鹰洋。1889 年墨西哥政府停止发行鹰洋，清政府开始铸造中国的等值银元（1 银元等于 0.72 银两）。

小型交易使用铜钱，它的货币成色与价值在 19 和 20 世纪变动很大：一银两兑换的铜钱可在 1 300 文至 2 000 文之间浮动。[1]

名词定义

- 士绅（绅、绅士、绅衿）：士绅通常指有科举功名者、前任或赋闲官员、通过捐纳获得官衔者，清末也用"绅"来称呼有一定社会

---

1 银两和铜钱的兑换率变动对百姓造成了灾难性影响。具体内容参见本书第三章。

地位的商人。依据他们的文化知识、社会关系和社会地位，士绅具有一定的影响力，并为皇权所包容。"士绅"一词通常用来翻译英文词gentry 和法文词 notable，本书沿用这一做法。

• 绅商：绅商一词出现于 19 世纪末，涵盖士绅和商人群体，泛指参与经商或社团事务的前官员、文人与商人。[1]

• 官：公务员与公务员阶层。"官"与"绅"在历史文献中经常并列或分列。"官绅"一词有时用来强调两大"群体"共同的行动。

• 积极分子：该词是对英文词 activist 和法文词 activiste 的翻译，在本书中泛指城市新式精英、参与新政各项改革者，词义与"改革派人士"相近。积极分子可以是士绅或绅商成员，也可以不属于这些群体，强调个体行动者的主观选择。

• 行动主义：该词是对英文词 activism 和法文词 activisme 的翻译，意指主动参与、富有创新精神。

---

1 Marianne Bastid, *L'évolution de la société chinoise à la fin de la dynastie des Qing*, *1873—1911*, Paris, Éditons de l'EHESS, 1979; Wellington K. K. Chan, *Merchants, Mandarins, and Modern Entreprise in Late Ch'ing China*, Cambridge, Mass., Harvard University, 1977.

目录

图表目录

1. 表格

2. 图

导论　扩大社会参与和现代国家建设

在清朝的最后十年中，为了抵御外来入侵和缓解国内危机，清廷宣布进行全面改革的"新政"。姗姗来迟的新政及其局限未能挽救清政权，然而，它开启了社会、经济和政治转型的漫长进程，留下的痕迹在当代中国依然可见。新政吸引了大批城市新式精英的积极参与，爱国热情、对中国与列强之间因巨大的技术差距而造成的统治关系的担忧，是他们行动的主要动力。作为非官方的精英分子，他们赋予自身一种双重角色，一方面参与官方的改革进程，另一方面扮演驱动者的角色，通过直接干预，敦促权力当局加快改革步伐。

本书通过追溯江苏教育总会的历史，考察新式精英的演变过程。或许有人认为这样的选择面过分狭窄，然而我有充分的理由选择江苏省：该省地处沿海，在受西方的影响方面首当其冲；几个世纪以来，它还是经济和文化领域内重大进步的受益者。此外，选择江苏教育总会，是因为这个团体在现代化进程中广泛而深入的参与，它的历史非常充分地显示了清朝末期开明士绅的演变。它还表明，改变中国国力和技术落后所必需的教育改革，与整体的政治改革密不可分。旧教育体系的变动冲击了主流意识形态和现存秩序，它意味着政治力量的重新组合，以及国家与社会之关系的重新定义。

江苏教育总会创建于 1905 年，是全国第一个拥有坚固的省级结构和稳定的地方网络的教育团体；也是一个不断主动采取行动的策源地，直至 1927 年遭到国民党当局的解散。学会最初的十年（1905—1914）意义尤其重大。清朝末期，教育总会开始发展团体组织，推动新教育，促使政权向社会开放，试图通过君主立宪实现国家政体的变革。这一时期地方精英行动方式的重大变化，体现为社会团体的合法化与制度化。1911 年的辛亥革命加速了这一转变，江苏教育总会的积极分子们大批进入地方和省政权。但是，随着袁世凯废除宪制与地方自治（1913—1914），地方精英失去了他们所掌握的权力以及得以行动的制度框架。随后而来的国家分裂、新思潮和新社会力量的出现，使中国的社会和政治环境发生了根本变化。

在本书研究的历史时期内，教育总会的积极分子们克服种种困难，建立了一个具有相当社会动员能力的团体。这一能力在很大程度上扩展了他们的影响，将他们推向建构省和国家经济、政治发展的战略。

权力结构的演变

中国在教育方面有着悠久的传统，清政府通过加强教育—考试机制来维持儒家秩序。然而 19 世纪，选拔官员和授予功名头衔的科举制度，不再适应工农业和社会发展的需要。教学内容不合时宜的情况非常严重。西方列强强迫开埠，用直接和粗暴的方式，让精英和开明官员们看到了西方科技的绝对优势。中国必须实现现代化，以此为目标的教育改革逐渐成为共识。

尽管疆域辽阔，人口不断增长，清政府始终保持着依靠少数官吏治国的习惯，缺乏细化的管理。清末外国列强入侵，国家机器失灵，行政部门普遍腐败无能，这一切唤醒了地方精英的危机意识，后者同时富有与当局在教育、社会救济和社区管理等方面的合作经验。新式精英——包括现代部门的管理人士、经济决策者、官方人士、教师、记者、留学生以及大小城镇的年轻积极分子，为这些传统精英群体注入了新鲜血液。新式团体的组织扩大，使国家和地方精英之间的微妙平衡发生了变化。

在领土完整受到威胁的紧迫关头，国家需要扩展它的职能，实现向现代化的过渡。但是政府并不掌握必要的财力，它对财政资源的筹集和管理方式过于陈旧，现存官僚机构不合时宜。在教育改革这一关键领域，教学组织分散，从属于各种部门。舆论期望执政当局增加教育投入，在加强国家统一监管的同时，委派地方精英分担教育管理职责。

社会精英群体的演变，如同国家公职人员，并不是同步的。对改革性质的意见分歧，必然引起"老派"和"新派"精英在知识与道德观念、习俗与制度等方面的对立。但是有一股非常强劲的潮流已经出现，在江苏尤其明显，在广东和直隶也初见端倪：即对中央政府执政能力丧失信心，传统精英对当局发生怀疑，而"新派"精英则更趋向政治化。江苏教育总会的发展具有典型意义：该会涌现出一批态度坚定的精英，尽管原则上并非政治团体，但不可避免地受到当时政治的影响。

事实上，地方精英和官员的合作方式，很快就暴露出不足之处。地方精英群体意识到了自身的力量，要求政府颁行规范社会团体和国家关系的法规，改变权力配置方式。教育改革起到了"引爆"作用，它必然通向政治重建的诉求。

宪制议程

19 世纪后期发展起来的地方精英的行动主义，有着相对明确的政治计划支撑。在君主政体下，社会团体参与政治纲领的设计是重要的变化。我们可以把它看作被孔飞力（Philip A. Kuhn）称为 19 世纪初期以来凸显的"宪制议程（Constitutional Agenda）"[1] 的一部分。这一概念涵盖了人们对国家改革和政治参与的认识。几个世纪以来，

---

1 Kuhn, Philip A. "Ideas behind China's Modern State", *Harvard Journal of Asiatic Studies*, 1995, vol. 55/2, pp. 295 - 337. 孔飞力在解释"宪制议程"概念时说："帝国晚期的政治活动家已经在讨论参与和控制的问题，其背景建立在 17 至 18 世纪讨论的基础上。我想说的是，他们是在回应一个将帝国晚期与现代联系起来的持续的宪法议程。我所说的'宪法'是指一套关于公共生活合法秩序的问题。所谓'议程'，我指的是对这些问题的持久意识和在行动中寻求解决方式的意愿。尽管 19 世纪初的宪法议程是以那个时代特有的术语表达的，但这些问题的潜在结构将它与后人的议程联系在一起。(pp. 295 - 296)"有关十九世纪对这一宪制方案的设想与争论，见孔飞力著《中国现代国家的起源》，北京：生活·读书·新知三联书店，2013 年。

它一直是中国思想家和政治人物争论的对象。由于中国疆域辽阔和官僚机构难以控制，早在西方入侵前，12 至 19 世纪的儒家思想家就提出通过行政分权和扩大基层参政的方式，来匡正官僚机器周期性的衰败和绝对权力的弊病。[1] 20 世纪初，伴随着向西方学习的思想潮流，立宪政治的观念重又开始传播，伴随国家面临的危机、新的传播手段与新思潮的输入，传播的势头更加强健有力。

当积极分子们谈论宪法、人民主权和地方自治时，他们自然而然地重新拾起前辈所用的词汇以及审视过的问题——问题不在于庶民与王权之间的对立。孔飞力解释道："在 19 世纪的条件下，迫切需要的是强化国家能力。宪制议程的关键问题，在于协调更多的民众参与和更多的政府治理之间的关系。"[2] 宪制变革应当整合社会主体的活力，建立分权的行政体制，促使制度机构适应新的现代化任务。民族危机充分暴露了行政机构不能适应变化的形势，官僚机构在县以下的地域社会严重缺失。国家也不能再满足于充当"社会等级制度和谐运行的终极保障"。[3] 解决方案是实行地方自治，通过将权力下放给地方精英来扩展国家的管理结构。这一方案代表了积极分子们政治方略的核

1　McMorran, Ian. "Les conception de l'Etat et de la société chez les confucianistes du XVIIe siècle: Quelques remarques préliminaires", Léon Vandermeersch（1994），pp. 109-116；Philip A. Kuhn（1995），pp. 295-337.

2　Philip A. Kuhn（1995），p. 298.

3　McMorran, Ian（1994），p. 111. 关于清朝后期政府在维持社会与经济日常运作的平衡和稳定上所设定的目标及扮演的角色，见 Will, Pierre-Etienne. "Appareil d'Etat et infrastructure économique dans la Chine prémoderne", *Bureaucraties chinoises*, Paris, Le Harmattan, 1987, pp. 11-41；Will, Pierre-Etienne, "Official conceptions of economic development in Late Imperial China"；《郭廷以先生九秩诞辰纪念论文集》，台北："中央研究院"近代史研究所，1995 年，下册，第 313—351 页。

心内容。

19 至 20 世纪中国改良派精英的组织和活动引起了历史学家的关注，促发了大量研究，他们有力地证实了中国城市内在的活力以及精英领导人出色的行动主义。在这些研究结果的引导下，一些作者使用从西方历史经验中得出的概念来解释中国的历史。清末民初地方精英的行动主义是否应当理解为"市民社会"的崛起，或中国式"公共领域"的表现呢？

市民社会的建设，[1] 意味着同时进行现代国家的建设，即以人民主权、公民权利和代议制为基础的政治制度。西方国家于 18 至 19 世纪，建立了权力机构和人民之间有机的和法律的联系。然而，20 世纪初的中国，政治控制仍然非常严厉。虽然行政机器相对简化，但它监管和规范社会生活各方面的意愿却始终如一。它并没有完全限制社会群体的活动空间和范围，而是使用多种机制和传统习俗将它们整合到儒家秩序中。为阻止列强的扩张，高级官员主动寻求地方精英的协助，或者在他们的权力完整性不受威胁的前提下，支持地方精英的创举。他们促进社会的自组织：商人团体转变为商会，文人聚会转变为教育会，地方组织转变为市议事会，等等。地方人士实现了一种事实上的参与，这种参与受制于国家控制，符合双方合作的传统，并且分享"宪制议程"的共同目标——改进官僚机构的缺陷，补充其不足之处。[2]

---

1 我将在本书的"结语"部分再探讨这一问题。

2 有关中国国家—社会关系演变这一历史性进程的综述性分析，见 Chevrier, Yves（施维叶）« L'empire distendu: Esquisse du politique en Chine des Qing à Deng Xiaoping», Jean-François Bayart ed. *La greffe de l'Etat*, Paris, Karthala, 1996.

中国如同许多其他国家，官方和私人圈子之间的关系存在着法律和实践上的区别。然而传统上共同的儒家文化使政治精英与社会精英的行动方式相互渗透，遵循习惯逻辑，与西方法律观念迥然不同。在国家危难之际，这些互动和非正式的结构迅速暴露出不足之处，一些非官方的活跃分子和开明官员率先提倡制度改革，要求赋予社会主体一定的"自立"身份。

在许多人眼里，政治开放仍然存在风险，可能导致国家分裂以及中央与地方之间的冲突。大多数改革人士更赞成地方自治的观念，它意味着促进社会的教育、经济和政治发展，同时又不至于妨碍和限制中央权力的行使。必需的前提是认可现有省和地区的多样性，在中央、各省和地方之间重新分配公共资源和权力。当然，这样的承认与再分配并不总是符合权力机构、官僚阶层以及社会上各类保守分子的愿望。

清朝末年，君主制仍被大多数决策者和文化人视为国家统一的最后堡垒。政治危机迫使朝廷做出选择：或者强化专制政体——它已经失去了必要的手段，或者通过新的政治组织整合精英的活力。清廷犹豫了很久，终于选择了后者。在清末民初的政治重建进程中，地方精英在省和地方层面做出了可贵的、多方面的贡献。非常遗憾的是，由于清廷的颟顸和袁世凯的专横，中国最早的宪制尝试半路夭折。然而，建立现代宪制国家的前景并未消失，它继续鼓励着民国时期一代代的新人。

资料说明

　　中国近代史上的精英行动主义是中西方许多出版物的研究主题。随着中国的重新开放和经济改革，这一主题吸引了更多的历史学家。本书的撰写获益于这些研究成果，其中有两项研究直接与江苏教育总会相关：法国巴斯蒂教授（Marianne Bastid）有关教育总会会长和江苏士绅的主要领袖张謇（1853—1926）教育活动的研究；[1] 美国施维瑟先生（Ernst P. Schwintzer）对江苏教育总会另一位领导人、中华职业教育社（1917）创办人黄炎培（1878—1965）的研究。[2] 此外，跟我有关"国家与社会关系"论题更接近的，有高田幸男（Yukio Takada）[3]、

1　Bastid, Marianne. *Aspects de la réforme de l'enseignement en Chine au début du XXe siècle : d'après des écrits de Zhang Jian*, Paris-La Haye: Mouton 1971, pp. 47 - 49, 65, 71 - 75.

2　Schwintzer, Ernst P. "Education to Save the Nation: Huang Yanpei and the Educational Reform Movement in Early Twentieth Century China", Ph. D. diss. The University of Washington, 1992, 2 vols. 参阅该论文第三章 "Provincial politics and education"，该章节阐述了江苏教育总会的组织结构，及清政府立宪运动期间总会的政治活动；第八章和第十章则围绕民国时期的江苏教育总会展开。参阅 Helen R. Chauncey, *Schoolhouse Politicians : Locality and State During the Chinese Republic*, Honolulu, University of Hawaii, 1992)，参阅该书第四章 "Education's provincial managers" 及书中他处讨论江苏教育总会与江苏省东北部地方教育工作者的关系。

3　高田幸男：《近代中国地域社会与地方教育会——无锡教育会的地位及其演变》，载《民国研究》第 1 辑，南京：南京大学出版社，1994 年，第 242—254 页。

莉诺·巴坎（Lenore Barkan）[1]、高哲一（Robert J. Culp）[2] 等人的研究，它们分别探讨了晚清至民国时期江苏无锡和如皋、浙江嘉善和兰溪的教育会的创立与发展状况。

1970 年代以来，出版了大量有关中国教育现代化、政府机构和地方精英在教育领域的建树、现代学校的运作、平民教育思想和经验以及教育改革的社会、政治影响等方面的研究成果。特别值得一提的是王树槐教授杰出的专著，他从政治、经济、社会、教育和外来影响等不同角度探讨了 1860 年至 1916 年江苏省的现代化进程。[3]

---

1 Barkan, Lenore. "Patterns of Power: Forty Years of Elite Politics in a Chinese County", Rankin, Mary Backus and Esherick, Joseph W. ed. , *Chinese Local Elites and Patterns of Dominance*, Berkeley: University of California Press, 1990, pp. 191 - 215.

2 Culp, Robert J. "Elite Association and Local Politics in Republican China Educational Institutions in Jiashan and Lanqi Counties, Zhejiang, 1911—1937", *Modern China*, vol. 20/4, October 1994, pp. 446 - 477.

3 有关教育与现代化的著作非常多，以下仅以围绕区域的研究为例：Buck, David D. "Education Modernization in Tsinan, 1899—1937" in Elvin, Mark and Skinner, William G. eds. , *The Chinese City Between Two Worlds*, Stanford: Stanford University Press, 1974, pp. 171 - 212; Rhoads, Edward J. M. , *China's Republican Revolution: the Case of Kwangtung, 1895—1913*, Cambridge, Mass. : Harvard University Press, 1975; Esherick, Joseph W. , *Reform and Revolution in China: the 1911 Revolution in Hunan and Hubei*, Berkeley: University of California Press, 1976; Orb, Richard A. "Chihli Academies and other schools in the Late Ch'ing: An institutional Survey", Cohen, Paul A. and John E. Schrecker eds. , *Reform in Nineteenth-Century China*, Cambridge, Mass. : Harvard University Press, 1976, pp. 231 - 240; Borthwick, Sally, *Education and Social Change in China*, *The Beginnings of the Modern Era*, Hoover Institution Press, Stanford University, 1983; 王树槐：《中国现代化的区域研究：江苏省（1860—1916）》，台北："中央研究院"近代史研究所，1985 年; Bailey, Paul. *Reform the People—Changing Attitudes Towards Popular Education on Early Twentieth-century China*, Edinburgh University Press, 1990; Nguyen Tri, Christine. "L'école publique du Nanyang: Élite et éducation moderne à Shanghai, 1897—1937", Thèse de doctorat, EHESS, 1990.

作为对上述学术成果的补充，可以加上有关商会（地方精英组成部分）以及清朝末期特别活跃的立宪团体的研究。[1] 正如商会和立宪团体与江苏教育总会的行动主义密切相关。

对江苏教育总会的深入研究，离不开该会领导人精心保存的大量珍贵的内部文件。[2] 一般来说，研究中国非官方组织遇到棘手的问题，就是史料分散、零落。很幸运的是，江苏教育总会的档案资料经过分类整理后出版，这些出版物同时汇集了内部档案，并且包括政府部门的有关指示与信函，前几年已经对研究人员开放。此外，官方机

---

1 有关商人和商会的论述：Bergère, Marie-Claire. *L'Age d'or de la bourgeoisie chinoise*, Paris：Flammarion, 1986；Mann, Susan. *Local Merchants and the Chinese Bureaucratie*, *1780—1950*, Stanford：Stanford University Press, 1987；Rowe, William T. *Hankow：Commerce and Society in a China city*, *1796—1889*；*Conflict and Community in a China city*, *1796—1896*, Stanford, Stanford University Press, 1985, 1989, 2 vols.；朱英：《辛亥革命时期新式商人社团研究》，北京：中国人民大学出版社，1991 年；Goodman, Bryna. *Native Place*, *City and Nation：Regional Networks and Identities in Shanghai*, *1853—1937*, Berkeley, University of California Press, 1995. 有关立宪派的论述：张朋园：《立宪派与辛亥革命》，台北："中央研究院" 近代史研究所，1983 年（1969 年第 1 版）；张玉法：《清季的立宪团体》，台北："中央研究院" 近代史研究所，1971 年。有关地方精英的政治化：Schoppa, Keith R. *Chinese Elites and Political Change：Zhejiang Province in the Early Twentieth Century*, Cambridge, Mass.：Harvard University Press, 1982；Mary Backus Rankin, *Elite Activism and Political Transformation in China Zhejiang Province 1865—1911*, Stanford：Stanford University Press, 1986；Judge, Joan. *Print and Politics*, '*Shibao*' *and the Culture of Reform in Late Qing China*, Stanford：Stanford University Press, 1996.

2 官方要求江苏教育总会必须将几乎所有活动都记录在案。这项要求与教育总会的初衷一致，后者对自身的透明度相当关切，它需要通过公开传播信息的方式保持与分散各地的会员、政府合作者、地方团体之间的交流。江苏教育总会的这种运行方式给我们留下了大批丰富详尽的文献资料。此外，总会一些领导人参与创办的出版社——中国图书公司——大量出版了有关总会活动的文件。1924 年，总会领袖黄炎培等人创立了一个文献中心"甲子社"，后更名为"人文社"，它为江苏教育总会、预备立宪公会等团体的资料保存做出了很大贡献。

构——江宁（南京）和江苏（苏州）学务处——的出版物《江宁学务杂志》和《江苏学务文牍》，可以用来与江苏教育总会团体的档案对照使用，它们提供了官方和社团两种不同的视角，并揭示了各自的活动范围。当然，所有这些材料的使用都必须经过甄别。事实上，江苏教育总会出版的文件集，尤其是1906至1911年出版的六卷［《江苏学务总会文牍》（1卷）和《江苏教育总会文牍》（5卷）］，内容经过预先筛选，以行使双重功能：一方面执行行政当局有关送交文件的规定，另一方面向地方教育分会网络提供相关信息和团体运行范式。对于研究者来说，收入文牍的事例具体详尽，显示了教育总会面对各种冲突和问题时持有的立场以及采用的解决方法。从1907年起收入"文牍"的会议记录尽管简略，但仍能大致显示其所采取的对策与措施。不过，使用总会这些内部文件资料时需要与其他资料对照分析。在这方面，我们充分使用了报纸杂志、私人文集、官员文书、同时代人的回忆录、地方志等资料。

除上述近年开放的档案与图书资料，1980年代以来，中国的研究团队编辑出版或再版了大量的历史资料、档案集、文件汇总、报纸杂志与笔记手稿。目前可供参考使用的资料数量众多（见文末参考文献），在此恕不一一列出。

本书分为五章，第一章首先介绍晚清江苏省的地理文化环境，然后考察洋务运动至维新时期官方和民间人士在教育领域的行动，继之1901年新政时期江苏省各地的办学状况。第二章探讨江苏教育总会的创设经过、人员构成、运行方式以及推动地方教育会设立的过程。第三章分析江苏教育总会的活动方式与价值取向，显示以教育总会为代表的江苏新式精英不仅是新教育的积极推行者，而且是经济现代化和政治改革的倡导者。第四章讨论江苏教育总会同人参与立宪运动和地方自治的实践。第五章考察江苏各地教育会与立宪派精英转向辛亥革命的过程，以及民国初年参与省政、擘画省教育体制的经验。最后，在结语部分对江苏教育会的历史经验做进一步的讨论，并对使用"市民社会"或"公共领域"概念解释清末民初中国地方精英的行动主义问题，提出一些个人的思考。

第一章　清末教育改革与江苏地方精英的参与

一　江苏行政地理

江苏行政地理自始至终贯穿本书，有必要简要介绍它的主要特征。

从本书涉及的时代到 1911 年辛亥革命，江苏省划分为 73 个县、州、厅，它们隶属 11 个府或直隶州。由于人口、经济、赋税增加和督抚分治的特殊情况，江苏省实际上存在两个行政管辖区域：

·宁属地区，由驻江宁（南京）的两江总督和江宁布政使管辖，包括江宁府、扬州府、淮安府、徐州府、通州（含海门直隶厅）、海州。

·苏属地区，由驻苏州的江苏巡抚和苏州布政使管辖，包括苏州府、松江府、常州府、镇江府、太仓州。

长江只是这两个部分大概的分界线，因为江宁府的三分之二在长江以南，而苏属地区也辖有一些位于江北的零星区域，如靖江县、崇明岛及长江北岸隶属太仓州的一部分。

·两江总督：驻江宁，1723 年起管辖江苏、安徽、江西三省。

1866 年起兼任南洋通商事务大臣。在江苏省内务方面直接管辖的地区为江苏北部以及江宁府署地。

·江苏巡抚：驻苏州，实际统辖地区为江苏南部。

江苏省只有一个按察使，职能涵盖南北两地区。但是从 1760 年开始，有两个布政使与两个省府衙门。1906—1907 年的行政改革在其他省份取消了督抚同城现象（总督或巡抚只保留一位），但是在东北与江苏，一省内同时存在总督和巡抚的情况保留着。这种特殊局面引起地方改革派的激烈批评，从省政组织角度看，它引发了行政、教育以及后来政治上许多无谓的争执。

辛亥革命后，江苏行政划分发生较大变化：73 个县、州、厅被合并为 61 个县；11 个府或直隶州缩减为 5 个道：金陵道（江宁—镇江）、徐海道（徐州—海州）、淮扬道（淮安—扬州）、苏常道（苏州—常州—通州）和沪海道（松江—太仓—海门）。

表 I-1 显示清末民初江苏人口的分布状况，数据来自 1910 年所做的人口调查（1913 年出版）。为了跟本书多数材料保持一致，我们仍旧按照府治排列有关数据。

表 I-1　江苏省人口分布（1910 年）

府	人口	总数
宁属地区		20 616 251
江宁	1 817 144	
扬州	5 104 920	
淮安	3 808 551	

(续表)

府	人口	总数
徐州	4 014 528	
海州	2 080 513	
通州	3 790 595	
苏属地区		11 513 758
苏州	2 579 096	
松江	2 706 555	
常州	3 024 556	
镇江	1 728 222	
太仓	1 475 329	
江苏全省		32 130 009

——资料来源：江苏省行政公署内务司：《江苏省内务行政报告书》，1914 年，下编：2. 人口。

二　江苏地理与文化背景

江苏省东濒黄海，南北相距约 500 公里（位于北纬 31°～35°之间），长江、淮河[1] 穿越境内，全省面积逾 10 万平方公里。除了西南

---

1 黄河曾长期占据淮河河道，直到 1855 年黄河第六次大改道为止。关于江苏省的地理环境和总体发展水平，本书的参考资料基本如下：李长傅，《江苏省地志》，上海：中华书局，1936 年铅印本；"西南山地"，第 256—278 页；"江南平原地区"：第 278—324 页；"江北平原区"：第 325—358 页；"淮北平原"：第 358 页以下。

部分丘陵地带（位于江宁、镇江府），全省绝大部分地区（86%）为广袤平缓的冲积平原，其中 8% 为水域（水流、湖泊、沼泽和运河）。长期以来，长江水路和密集的水网方便了人员和货物的流通。但是这一水利资源也给苏北地区带来危害，严峻的洪灾使得土地贫瘠，排水不畅。自 6 至 7 世纪起，大运河斜穿江苏南北，在扬州附近与长江纵横相交。

江苏东南部的地理位置最为优越，位于长江下游和太湖流域平原。这个区域也是整个中国最富裕、城市化程度最高、人口最密集的地区，拥有发达的农业、传统丝织和棉织工业、四通八达的陆路水路及海路交通网络，通往中国内部各地。七八百年以来，江苏南部与毗邻的浙江北部一直保持着它们的地理与经济优势。[1]

西南部镇江府和江宁府（南京）[2] 也相当富饶，但是越过长江北岸，江北地区越往北自然条件越差。在我们关注的年代，通州（南通）[3] 地区的现代化刚起步。苏北沿海地区长期以来从事食盐生产，它是国家税收的重要财源，政府享有食盐购销专卖权，由设在扬州的官方机构集中管理。[4] 以长江为界的江苏南部和北部之间存在着很大的经济、文化落差，这些差异在江苏历史上也留下痕迹。

1　Skinner, William G. "Regional Urbanization in Nineteenth Century China", Skinner, William G. , and Elvin, Mark ed. *The City in Late Imperial China*, Stanford: Stanford University Press, 1977, pp. 211 - 252.

2　本书多数情况下使用清朝的城市名称"江宁"，而非其现代名称"南京"。

3　通州即南通，如同江宁即南京。

4　Finnane, Antonia. "Yangzhou: A central place in the Qing Empire", Cooke, Linda ed. , *Cities of Jiangnan in Late Imperial China*, Albany, State University of New York Press, 1993, pp. 117 - 149.

1850 年代至 1860 年代，江苏省曾经受到太平天国运动的重创，此后人口总数逐渐恢复：1910 年前后全省人口超过 3 200 万。南部大城市坐落在长江沿岸，如扬州、南京、镇江、江阴，或毗邻大运河与太湖附近，如扬州、常州、无锡、苏州、吴江。这个地区最突出的特征，也许是数量众多的中小城镇。[1] 长江下游的经济增长始于南宋时期（1127—1279），在 16 至 18 世纪更为突出。由于棉花种植业的发展和纺织技术的进步，上海自 15 世纪起即成为重要的贸易和运输中心，但是在 18 和 19 世纪，它的重要性远不及人口总数超过百万的苏州与江宁。[2]

由于上海优越的地理位置，深谙贸易地理的英国人看中了这个潜力非凡的港口，在 1842 年的中英《南京条约》中，将上海列为五个开埠口岸之一。外国列强在那里设立租界，通商口岸逐步成为整个地区的经济大都市。国内外资本大量涌入，国际商业贸易和工业部门发展迅速。1870 到 1910 年期间，陆续出现了电、电报、大型机械工业、蒸汽轮船航运（沿海地区、长江、大运河以及其他航道）和火车铁路。1910 年前后，上海人口接近百万，成为中国最大的工业和金融中心。

自 16 世纪起，伴随着以长江下游为中心的经济增长，文化事业

1　刘石吉：《明清时代江南市镇研究》，北京：中国社会科学出版社，1988 年；樊树志：《明清江南市镇探微》，上海：复旦大学出版社，1990 年。

2　同上注。关于长江下游的城市化进程及该区域内主要的大型城市，参阅 Skinner, William G.（1977）；Elvin, Mark and Skinner, William G. ed. *The Chinese City Between Two Worlds*（Stanford University Press, 1974）；Cook, Linda（1993）.

也得到了蓬勃发展，[1] 尤其是出版业和教育部门。在科举制度扮演强有力的社会整合角色的时代，苏州、常州和扬州府在科举考试中获得进士功名的人数位于全国各府之首。

传统教育特征

从宋代至明代发展起来的新儒学（宋明理学）成为清朝的文化和社会结构的基本原则。新儒学结合了先秦儒学和宋代之前的佛教及道家思想，建立了一套道德规范，作为支配政治生活、行政管理、行业活动、社会和家庭组织的基本准则。它按照君臣父子、男尊女卑、士农工商这样一些基本原则，规范权力秩序和社会等级。处在权力顶端者有义务为他的隶属者提供安全和保护。教育以文学、哲学和道德的研习为基础，国家通过科举考试筛选社会精英，补充官僚队伍。朝廷官员和普通文人遵循同样的伦理道德标准，使用相同的语言，共同属于一个可以称为"知识贵族"的阶层，由它取代了以往从血统衍生的贵族阶层。这一套由帝王统帅的政教合一机制至少持续到 19 世纪，

---

1 Rawski, Evelyn S. "Economic and social Foundations of Late Imperial Culture", Johnson, David, Nathan, Andrew J. and Rawski, Evelyn S. ed. *Popular Culture in Late Imperial China*, Berkeley and Los Angeles, California University Press, 1985, (pp. 3 - 33), p. 13.

使权力当局得以用相对精简的官僚体制管理一个庞大的国家。[1]

　　新儒学赋予教育重要的社会和政治功能。按照这一原理，皇权应当承担与权力相应的责任，其中最重要的义务之一就是"教养"，即"教民和养民"。"养"的含义指权力当局必须促进经济繁荣以及注意协调不同地区的需要。"教"即"教化"，意味着人人都应当受教育，通过教育传授与个人身份地位相符的责任感、义务感，以及在家庭和社会生存所需的良好品行。在中国，没有教会、神职人员、法团介于朝廷与社会之间，教育的政治角色名副其实："政"（行政）和"教"（教育）结合的理想统治，保障整个社会的秩序和全体国民的福祉。历经几世纪的传承，这一至高无上的观念也影响着 20 世纪初改革派精英的意识。

　　自 17 世纪中期以来，清朝皇帝亲自干预教育。普及儒家伦理道德的圣谕，被传布到中国偏远的乡间。在清代，乡村实行的"乡约"制度成为以宣讲圣谕为主的教化工具，向农民传播皇帝有关端正行为

1　关于中国社会文化的整体性和对中国教育本质的分析：David Johnson, Andrew J. Nathan and Evelyn S. Rawski (1985)；Gernet, Jacques. "Education", *L'intelligence de la Chine—Le social et le mental*, (Paris, Gallimard, 1994), pp. 98 - 132；关于科举制度：Miyazaki, Ichisada. *China's Examination Hell: The Civil Service Examinations of Imperial China*, Translated from Japanese by Conrad Shirokäuer, New York, Tokyo: Weatherhill, 1976；关于清末传统教育：Borthwick, Sally (1983), pp. 1 - 37；黄炎培：《中国教育史要》，上海：商务印书馆，1931 年，第 78 - 82 页；Benjamin A. Elman and Alexander Woodside ed, *Education and Society in Late Imperial China*, *1600—1900*, Berkeley, Los Angeles, London: University of California Press, 1994. 该书各章分别考察传统教育的不同侧面以及教育与社会和国家之间的关系。

的劝诫。[1] 在地方精英的协助下，知县负责扶持各类教育机构：用于贫困家庭儿童基础教育的义学和社学，在城市开办的官塾，等等。此外，府、县都设有"官学"，但它并不是一个教学机构，而是管理考试和监督文人品行的官方机构。

初等教育之外，清廷从 18 世纪起大力扶持书院，作为地区的教育机构，为文人学士提供深造、研究的学习条件。[2] 书院通常拥有自己的资产和不动产，招收少量享受津贴的生徒，定期组织面向文人士子的试题作文考试，得奖者享受"膏火""花红"津贴。书院的活动受官府的监督，国家奉行"养士"政策的同时密切注意文人精英的动态。[3]

然而，清廷并不承担整个教育系统的组织。清廷实施从上至下的严格控制，但是它只承担基层教育的很少一部分资金。学塾与书院的设立与资金以及它们的日常管理，都由地方社会或个人承担，按照官方规定的道德伦理规范进行。朝廷通过科举考试实施意识形态控制，

---

1 Hsiao, Kung-ch'uan. *Rural China : Imperial Control in Nineteenth Century China*, (Seattle, University of Washington Press, 1960), pp. 184 - 258; Victor H. Mair, "Language and Ideology in the Written Popularizations of the Sacred Edict", Johnson, David, Nathan, Andrew J. and Rawski, Evelyn S. (1985), pp. 325 - 359.

2 根据曹松叶的估计，宋代书院数量为 397 所，元代 227 所，明代 1239 所，清代约 1900 所，见曹松叶《宋元明清书院概况》，中山大学语言历史研究所，第 10 辑，转引自丁钢、刘琪：《书院与中国文化》，上海：上海教育出版社，1992 年，第 64 页。后两位作者认为清代书院远远超过 2000 所。还有的作者认为书院数目达到 4500 所，其中广东一省即有 411 所：Chang, Hao. "Intellectual change and the reform movement, 1890—98", Fairbank, John K. ed., *The Cambridge History of China*, vol. 10, *Late Ch'ing 1800—1911*, part II, Cambridge, Cambridge University Press, 1980, pp. 274 - 338. 有关书院教育方式及其在清代的演变，见丁钢、刘琪 (1992)；Chang, Hao (1980)；Jacques Gernet (1994), pp. 98 - 132.

3 直至 1905 年末取消科举制度，书院改造为新学堂，相当数量的文人依赖书院提供的各类津贴或奖金补贴生活。

整合受教育的精英。考试体系按照功名等级组织，遵循公平原则和严格匿名制度，考试方式主要是撰写文学、道德方面的论文，内容集中于对儒家经典的理解和阐述。科举制度对个人及其家庭的社会地位提升起着决定性的作用。

学业因此也成为家庭大事，意味着要做出牺牲和长期投资。出于地方意识和对文化教育价值的尊重，地方社会常常给予一定的援助。不少地方志记载了赴省城或京师（北京）应考的贫困学子得到金钱和物资补助的细节。考生的亲友也会向他们提供一些资金，指望考生将来的回报。进入官场是获得权力和财富的主要渠道之一，因此，科举制度对文人和整个社会具有极大的诱惑力。

随着时间的流逝，科举考试的内容停留在形式主义学院派的八股文，考试过程中的腐败现象也时有所闻。即便如此，科举依然具有巨大的吸引力。获取功名，甚至是低级功名，可以给文人带来社会和文化的声望，并进入地方精英阶层。尽管身份不同，官员和享有科举头衔的文人，广义上属于同一社会阶层。科举制度的灵活性在很大程度上促成了中国保持总体上的价值观和文化的统一。

然而，在清朝形象受到重创之际，科举制度的缺陷日益明显。为测试古文献知识水准而设置的繁复机制，耗费了国家和社会的大量财力、物力，导致朝廷没有余力来发展现代学校和专业教育。建立在古典文学基础上的科举考试，使国家无法适应社会、经济和技术领域的紧迫需要。除了极少数功成名就的官员，科举制度还生产了一大批对社会失望的文人学士，新政改革为他们显示了新的前景。

呼唤新事物

19 世纪下半叶，科举制度日形麻木、衰落和腐败。此前由于社会要求不高，教育组织总体上尚能满足社会需求，现在受到了激烈的批判。知识革新的意愿在一些文人圈子和书院出现。今文经学和古文经学的论战，鼓吹经世致用的方向，这些新的学术和思想流派向僵化的意识形态和八股文教条发起挑战。在实践层面，书院在财务和管理上依赖地方人士，山长及其同人主导着地方学术的方向，书院仍是有远见的官员和地方精英活跃的潜在领域。

在总的形势方面，江苏省的情况与国内其他地方没有很大区别。它为清朝输送了人数众多的高级官员，并且拥有大批著名学者。[1] 它的丰富的物质资源和文化传统孕育了一个活跃的绅士群体，积极从事慈善与文化教育事业。[2] 但是面对 19 世纪下半期的西方入侵和太平天国运动（1851—1865），沿海省份江苏首当其冲，受到了双重的打击。

挫败促使省内高级官员和士绅投入一场革新运动，称为洋务运

---

1 王树槐（1985），第 45—56 页。

2 梁其姿（Leung Ki Che Angela）指出地方精英在长江下游地区的慈善性质的学校（义学）中扮演了举足轻重的角色："Elementary Education in the Lower Yangtze Region in the Seventeenth and Eighteenth Centuries", Elman, Benjamin A. and Woodside, Alexander A. (1994), pp. 381 – 416.

动，也称自强运动，[1] 由督抚等地区和省级的高级官员发起，江苏省尤其上海地区是洋务派据点之一。在西方军队压倒性的技术优势和太平天国战争艰难取胜的刺激下，洋务派官员主张大规模地吸收西方技术，建立强大的军事工业。这一波现代化的最初目标局限于某些制造业门，但是洋务派很快就意识到问题远远超出武器装备范围：革新必须同时扩展到整个工业建设、科学、语言学习、商业等领域。不过，在他们的观念里，对技术的需求只有工具性意义，与西方模式的制度主体无干。中华文化在本质上优于其他文化，需要做的是扩大教育的内容和范围，当然也需要重建遭受了严重破坏的教育机构以及恢复儒家的道德秩序。

洋务运动在此后三十年间扮演了十分重要的角色，直至甲午战争以后（1895）。它的失败被归咎为缺少中央协调以及它本身在理念上的局限。不过，洋务运动留下的影响深远，尤其是在教育领域。

事实上，19 世纪下半叶至 20 世纪初，教育系统发生了令人瞩目的演变。教育体制的革新长期以来受到体制内官僚机构与精英阶层的阻挠，它的改变可以大致分为三阶段：

——缓慢进展的阶段，特征是 1860 年后引入西学，以及书院内部有限的变化；

——温和革新的阶段，1890 年代甲午战争以后，开始了渐进和更明显的改革；

---

1 有关洋务运动的综述，见 Will, Pierre-Etienne: "L'ère des rébellions et la modernisation avortée", Bergère, Marie-Claire, Lucien Bianco et Jürgen Dômes éd., *La Chine au XXe siècle, d'une révolution à l'autre 1895—1949*, Paris, Fayard, 1989, 第 67 页以下。

——1901 年新政时期进行全面性的教育体制改革。

这三阶段的标志是意识到自身能力与权利的地方积极分子，越来越深入地参与改革进程之中。

三 教育制度的演变

1860—1890 年间的改革尝试

除了淮河以北的地区之外，整个江苏省在 19 世纪中叶的农民起义中受到重创，[1] 政治、经济和社会的秩序被完全打乱了。洋务运动在此时发起。湘军和淮军将领为了挽救清王朝，大举镇压太平军和捻军并获得要职，成为洋务运动的主要倡始人。这一时期，长江下游的城市——尤其是上海，吸引了大批周边地区的文人学士。文人和开明官员共同参与了新的思想潮流——混合宋学和汉学的儒学——的兴起过程。[2]

---

1 江苏是遭受 19 世纪太平天国运动影响最深重的省份，有关战争引起的人口、经济损失以及重建情况，见王树槐，(1985)，pp. 35—44.

2 Will, Pierre-Etienne (1989), pp. 77 - 79; Keenan, Barry: "Lung-Men Academy in Shanghai and the Expansion of Kiangsu's Educated Elite, 1865—1911", Elman, Benjamin A. and Alexander Woodside (1994), pp. 501, 509 - 511.

　　战后重建期间，江苏省的书院和各类传统学堂得到惊人的发展。[1]
地方士绅积极投入复兴建设。内战后，曾国藩（1811—1872）和李鸿
章（1823—1901）在江宁重建了钟山书院和惜阴书院，这是江苏省最
著名的两所学府。他们的门生和下属也在其他地区修复或重建书院、
学校。因战事而后延的科举考试由清廷批准重新进行。江苏省书院的
数量从 1820 年的 70 所，跃升到 1900 年的 170 所（见表Ⅰ-2）。

表Ⅰ-2　江苏省书院统计（1730—1900）

行政区划	雍正末年（约 1730 年）	嘉庆末年（约 1820 年）	同治到光绪年间（1862—1900 年）
苏属地区			
苏州	8	11	32
松江	4	8	20
常州	5	10	29
镇江	2	7	10
太仓	—	3	9
总计	19	39	100
宁属地区			
江宁	4	8	12

---

1 有关这一时期书院的重建和创立：Keenan, Barry: *Imperial China's Last Classical
Academies : Social Change in the Lower Yangzi*, *1864—1911*, Berkeley: Institute of
East Asian Studies, University of California, 1994; Leung, Yuen-sang: *The Shanghai
Taotai linkage Man in a Changing Society 1843—1890*, Singapore, Singapore
University Press, 1990, pp. 156 - 158. 柳诒徵：《首都志》，南京：正中书局，1935 年
版；台北：成文出版社，1983 年影印本，卷 7，第 74 页。

（**续表**）

行政区划	雍正末年 （约 1730 年）	嘉庆末年 （约 1820 年）	同治到光绪年间 （1862—1900 年）
扬州	4	7	14
淮安	2	4	15
徐州	3	6	13
海州	—	3	6
通州	—	3	10
总计	13	31	70
全省总计	32	70	170

——资料来源：王树槐：《中国现代化的区域研究：江苏省（1860—1916）》（1985）第 57 页，注释 177；Barry Keenan："Lung-Men Academy in Shanghai and the expansion of Kiangsu's educated elite, 1865—1911"（1994），p. 497（该表数据不完整，仅供参考）。

洋务运动的领导人很清楚教育系统不符合实际需求。不过，打开科举制度堡垒缺口的时机尚未成熟，[1] 因此，他们在遵循儒家经典的同时，在教学大纲中加入与科举考试无关的内容，著名学者冯桂芬（1809—1874）、俞樾（1821—1907）和缪荃孙（1844—1919）等人被任命为一些省级书院的山长。[2]

在上海，李鸿章的下属丁日昌（1823—1882）和应宝时（1821—

---

1 李鸿章和他的下属丁日昌都曾于 1860 年代初建议改革科举制度，见 Will, Pierre-Etienne（1989），p. 78；吕实强：《丁日昌与自强运动》，台北："中央研究院"近代史研究所，1972 年，第 41—45，347 页。

2 柳诒徵（1983），第 741—746 页。

1890）在龙门书院（1865 年创办）新儒家哲学学习中，加入"经世致用"文献作为补充。根据龙门书院的规章，追求形式完美的八股文不再是书院的主要目标，也不再是奖励津贴分配的对象。[1] 李鸿章的合作者、江南机器制造总局主管冯焌光（1830—1878）于 1875 年在上海设立了求知书院。该书院传授的科目包括古典哲学、历史、典章制度、数学、地理和文学，各类学科地位平等，改变以往理学高于其他学科的特殊地位。[2]

江苏省的其他地区也出现了类似的创举。江苏学政黄体芳（1832—1899）在江阴（常州府）创办了南菁书院，汇集了全省最优秀的学生，以经典著作作为治学方向，反对"八股文的陈词滥调"。[3] 如同龙门书院和南菁书院，苏州的学古堂（正谊书院）也在整个地区享有盛誉。

洋务派官员不满足于传统教育的局部革新，他们主张建立学习西学的现代学堂，并派遣留学生赴海外学习。最初的计划以学习外语和某些工艺技术为主，以便回应外交和工业方面的需求。江苏省最初建立的现代学堂全部集中在上海：1863 年李鸿章创办上海广方言馆，后来增设了数学和天文学科目；1868 年设翻译馆；1874 年设立军事

---

1 有关这一时期的上海书院：姚明辉：《上海的书院》，载《上海地方史料（四）》，上海：上海社会科学院出版社，1986 年，第 14—26 页；胡珠生：《上海梅溪、龙门、求实三书院史料》，载《档案与历史》，上海：上海档案馆，1989 年，第 1—14 页；Keenan, Barry (1994), pp. 493‒515.

2 姚明辉解释说以往制度和地理科目附属于历史，算学则列入附属的技术性学科，见姚明辉（同上注，1986），第 18—19 页。

3 朱有瓛编，《中国近代学制史料》第 1 辑下册，上海：华东师范大学出版社，1986 年，第 420—421 页。

工程学校——操炮学堂。这三所学堂均隶属于 1865 年成立的江南机器制造总局。1882 年，补充了一所规模较小的电报学堂。[1] 中国第一批西方科技专家都出自这些官立学府。曾国藩和李鸿章的技术顾问李善兰（1810—1882）、徐寿（1818—1884）、贾步纬（1840—1903）、华蘅芳（1833—1902）、徐建寅（1845—1901）、赵元益（1840—1902）、钟天纬（1840—1900），[2] 他们通过在江南制造局的翻译（与传教士等西方专家合作）和教学，成为中国传播科学知识的先驱。[3] 这些新学堂处于科举制度的边缘，对社会整体的影响还很有限，但是已经遭到政界和保守官僚的激烈反对。[4]

---

1 关于上海的学校，同上注，朱有瓛（1986），第 214—255 页；关于江南机器制造总局属下的学堂：朱有瓛编，《中国近代学制史料》（第 1 辑上册），上海：华东师范大学出版社，1983 年，第 214—255 页；第 468—474 页；姚明辉（1986），第 23—24 页；张仲礼编，《近代上海城市研究》，上海：上海人民出版社，1990 年，第 980—982 页。

2 姚明辉（1986），第 23—24 页；姚文楠，《上海县续志》，1918 年，卷 21，第 6b—8a 页；关于徐寿和华蘅芳：王凤琴：《徐寿与格致中学》，载《解放前上海的学校—上海文史资料选辑》第 59 辑，上海：上海人民出版社，1988 年，第 244—252 页；关于钟天纬：钟祥柴：《钟天纬思想论要》，载《上海研究论丛》第 6 辑，上海：上海社会科学院出版社，1991 年，第 261—269 页。

3 关于江南机器制造总局翻译馆出版物的传播情况，见张仲礼（1990），第 910—919，923—924 页；关于李鸿章的商人合作者以及后者与地方政府的关系，见 Leung, Yuen-sang（1990），pp. 129 - 130；pp. 162 - 165.

4 关于中国文人拒绝进入新学堂：Biggerstaf, Knight. *The Earliest Modern Governement Schools in China*, Ithaca: Cornell University Press, 1961, vol. 1, p. 93；关于反对新式学校：朱有瓛（1983），第 551—575 页。关于早期江南机器制造总局官员阻碍技术人才使用：上海社会科学院经济研究所编《江南造船厂厂史（1865—1949）》，南京：江苏人民出版社，1983 年，第 55—56 页。

格致书院与梅溪书院

翻译作品的出现促进了中西专家之间的交流。1874 年，传教士傅兰雅（John Fryer）和他的中国同事徐寿发起创立了格致书院，目的在于广泛传播西方科学技术。为了引起社会重视，他们成立了一个由英国领事、中国高级官员和文人组成的董事会。从 1874 年到 1900 年，众多知名人物参加过董事会，书院的经费则来自中西富豪的捐赠。[1] 傅兰雅忠于办学目标，努力使书院的教学方式适应中国习俗。为了吸引中国文人，傅兰雅委托著名的改革人士王韬（1828—1897）组织公开考课（即出题作文的考试），[2] 并且按照中国书院的传统方式，给优秀者颁发奖金并发表他们的作品。考课的内容涉及科学、制度、经济、商业。为了增加影响，王韬（曾任格致书院山长七年）邀请地方大吏和南北洋大臣命题课士，并且自己带头参加应课。[3] 稍后，傅兰雅还开设了夜间课程，方便学生学习科学。除了在普及科学

1　关于格致书院：朱有瓛（1986），第 165—231 页；李遵光：《上海格致书院和中西书院》，载《上海地方史料（四）》（1986），第 62—67 页；Bennet, Adrian A. *John Fryer, the Introduction of Western Science and Technology into Nineteenth-century China*, Cambridge：Mass, Harvard University Press, 1967.

2　关于王韬：Cohen, Paul. *Between Tradition and Modernity：Wang T'ao and Reform in Late Ch'ing China*, Cambridge, Mass.：Harvard University Press, 1974.

3　朱有瓛（1986），第 186，200—226 页。

知识方面的贡献，[1] 格致书院的办学方式也为教育改革展示了新的前景。它的中国推动者与爱国知识分子徐寿（1818—1884）、王韬和钟天纬（1840—1900），对后来的思想演变和地方的改革都发挥了很大影响。[2]

地方士绅中也出现了类似的改革尝试。曾就读龙门书院的张焕纶（1846—1904），曾经主持求知书院地理科目长达三十年之久。1878年，他与友人在上海老城厢开办了私立梅溪书院（1878年至1882年名为"正蒙书院"）。[3] 虽然冠名"书院"，梅溪同时吸收朱熹（1130—1200）的客观唯心主义模式和教会学校的组织方式，是中国最早采用分级教学的机构之一。[4] 书院的教学内容包括儒家伦理、基础实用学科、体操和中国传统健身游戏。[5] 开设体育课程的目的是改变围绕书本进行的传统教学，因而导致学生脱离生活实际，行动能力差、体力弱，对兵法策略等知识一无所知。

梅溪书院在资金方面遇到许多困难。在上海道台的支持下，张焕纶与他的合作者为维持和扩建书院倾注了大量精力。当时教会学校和

---

1 同上，第983—984页；姚明辉（1986），第22—23页。（傅兰雅于1876—1892年间主持出版机构格致汇编社，出版科技书籍以及季刊《格致汇编》，见张仲礼（1990），第983—984页；熊月之：《上海与西学传播（1843—1898）》，载《档案与历史》，1989年第1辑，第46—47，50—52页。）

2 徐寿把掌握西方科学技术看作中国富强的基础，见王凤琴（1988），第250页；钟天纬于1890年代创办私校：钟祥柴（1991），第269页；姚明辉（1986），第27—28页。

3 关于张焕伦和梅溪书院，姚明辉（1986），第20—21页；胡珠生（1989），第1—14页；熊月之：《近代进步教育家张焕伦》，载唐振常、沈恒春编《上海史研究二编》，1988年，第274—285页；朱有瓛（1986），第566—576页。

4 黄炎培（1931），第93—94页。

5 例如投壶、蹴鞠、习射、八段锦。

英文学习发展很快，张焕纶等人认为按照儒家教化的原则，改进培养青年的方法能为国家振兴打下必要的基础。然而，尽管梅溪的新教学法富有吸引力，学生家庭还是希望孩子能通过科举考试获得更高的社会地位。[1] 不过张焕纶在本地士绅中很受敬重，被誉为教学改革先驱，晚年由官商盛宣怀（1844—1916）聘请担任 1896 年创办的上海南洋公学首任总教习。[2]

太平天国运动结束后的三十年是觉醒和缓慢革新的时期。投身洋务运动的改革人士开辟了改革的途径，传教士和租界的存在得以开创和传播中西结合的教育方式、方法。不过，中央政府尚未实行改革方针，社会整体的参与度仍然很有限。这个阶段的主要推动者是具有危机意识的地方大吏，自从太平天国运动以来，他们的权力不断增大。[3]

四　1890 年代的革新

1884—1885 年中法战争和 1894—1895 年甲午战争的失败，极大

---

1 姚明辉（1986），第 21 页。

2 见黄炎培在梅溪学校四十周年纪念会上的发言：引自朱有瓛（1983），第 576 页。

3 王树槐（1985），第 15—16 页；Franz, Michael. "Regionalism in nineteenth-century China", introduction in Stanley Spector ed. , *Li Hung-chang and the Huai Army*, Seattle, University of Washington Press, 1964. 王韬于 1880 年代担任格致书院山长，指出政府高级官员参加评阅学生考卷（课卷）对文人学士有很大影响："鼓舞人才，其权之自上"。朱有瓛（1986），第 200 页。

地震动了政界和社会。一部分对洋务运动持保留态度的高层官员，转向改革派阵营。文人士子也行动起来。各省开始了现代化进程。

国家干预

1890 年代，江苏省建立了首批与开发地区资源相关的现代教育机构，省级官员在行政中心与地区首府——江宁、苏州和清河[1]陆续开办了十多所新式学校，其中军事训练学校占了很大比重，还有四所普通学堂和两所实业学堂。学校数量虽少，但是由此开创了省内首个现代公共教育网络（见表 I-3）。

表 I-3　江苏省最早的官办学校（1900 年前）

校名	年份	地名	创办人	
			姓名	职务
上海广方言馆*	1863	上海	李鸿章	两江总督
江南操炮学堂*	1874	上海	李鸿章	两江总督
电报学堂*	1882	上海	李鸿章	两江总督
江南水师学堂	1890	江宁	曾国荃	两江总督
江南陆师学堂	1895	江宁	张之洞	两江总督
陆师学堂附设矿务铁路学堂	1896	江宁	张之洞 刘坤一	两江总督 两江总督
江南储材学堂	1897	江宁	张之洞 刘坤一	两江总督 两江总督

---

1 清河位于大运河中段，属淮安府，是漕运总督驻地，南北商业交通要道。

（续表）

校名	年份	地名	创办人	
			姓名	职务
南洋公学**	1897	上海	盛宣怀	铁路总公司督办兼电报局总办
农业学堂	1898	江宁	刘坤一	两江总督
清江学堂	1898	清河	松椿	漕运总督
中西学堂	1898	苏州	奎俊	江苏巡抚
练将学堂	1899	江宁	刘坤一	两江总督

　　* 隶属曾国藩和李鸿章于1865年设立的江南机器制造总局，随后由两人的属下管理。

　　** 盛宣怀取得清廷的批准，用招商局和电报局官方收入创办南洋公学以及负责该校平时的经费。这两家企业都属于官督商办性质。

　　——资料来源：朱有瓛编《中国近代学制史料》（1983，1986）

　　迈出决定性的第一步，是张之洞（1837—1909）积极干预的结果。张是1880年代以来最活跃的改革派官员之一，他在代理两江总督期间（1894年11月至1896年2月），一年内开设了三所学校：陆师学堂、矿路学堂和储材学堂。[1] 他的同僚刘坤一（1830—1902）接手后进行了扩建。刘坤一长期担任两江总督兼南洋大臣，但是甲午战争以前对改革缺乏动力，此后改变态度，积极投入他的同僚开创的现代化事业。[2] 1898到1899年期间，刘坤一向朝廷递交了多份奏疏，

1　有关张之洞创办这三所学校的情况，见朱有瓛（1983），第492—494，548—549页。

2　王玉棠：《刘坤一评传》，广州：暨南大学出版社，1990年，第93—120页。

报告在两江地区建立完整教育机构的规划，包括创办农业和工业专科学校，设立市镇乡村小学，以及改善已有的现代学堂。[1] 在他的支持下，1898 年储材学堂改为江南高等学堂。刘坤一比较注重技术培训，他邀请本地著名的绅商如张謇、严信厚[2]（1838—1906）等人参加创办经济和技术性质的专门学校，并且支持上海的绅商[3]兴办女子教育。[4]

书院的改革也提上了日程。由于无法将书院直接改造为新式学堂，刘坤一尝试改变它们的治学方向。在他的推动下，1898 年江苏学政瞿鸿禨（1850—1918）将南菁书院改为南菁高等学堂，并且试图捐献自己的地产，创办农业学堂。[5] 江宁和苏州的知府推动公立书院注重实学和西学，书院引进了最新出版的各种译著。在江苏南部，一些县的书院开始实行分科教学，并且用政论文章取代八股文。[6]

这些改革计划因 1898 年 9 月慈禧太后发动的戊戌政变受到阻碍，停滞了一段时间。极端守旧派大学士刚毅（1837—1900）受清廷派遣南下巡视，下令关闭江南高等学堂，整顿其他学校。南菁书院改办农业学堂的计划被搁置。虽然这些整顿措施对书院造成的变化有限，但

---

1 刘坤一：《刘坤一遗集》，北京：中华书局，1959 年第 3 册卷 28，第 1045—1047 页；朱有瓛（1986），第 551，904，933，965 页。

2 朱有瓛（1986），第 551，933，965 页。严信厚最初在李鸿章手下担任盐务官员，后来成为上海富商，与盛宣怀接近，是上海总商会最早的主持人。

3 关于"绅商"一词，见正文之前的"几点说明"。

4 刘坤一（1959），第 3 册卷 28，第 60—61 页，引自朱有瓛（1986），第 904 页。

5 朱有瓛（1986），第 415，421 页。

6 朱有瓛（1986），第 435—436，454—455 页。

还是激怒了一些文人士子，加重了南方地区与清廷离心离德的趋势。[1]

1899—1900 年义和团运动和八国联军侵华战争之后，刘坤一和张之洞重新开启中断的改革。但是刘坤一缺少江苏省发展所需的财力，刘在政治上极其谨慎，无论是精力还是创新意愿都明显不及张之洞。在长达十多年的两江总督任上（1890—1902），他始终保持着谨小慎微的处事原则。[2]

社会人士的主动性

光绪皇帝颁布过一系列引人注目的改革措施，但是这只是一场失败的尝试。清廷的改革步履蹒跚，在任何时候都没有超出一省的范围。1895 年，康有为等人发起的"公车上书"运动，1 300 名在京师应试的举人联名向皇帝请愿要求改革，各省开始了名副其实的动员。黄炎培[3]后来评论说，清军在中日战争中的败北"唤醒了一班有知识的士大夫，恍然大悟国家重任，万不可全委之昏庸顽固的满朝文武百官，一时民气悲愤激切，众口一词的主张办新政"。[4] 从这时候起，许多文人士子以国家命运为己任，开始采取主动行动，不再等待官方的指令。

---

1 《知新报》1899 年 7 月 21 日，（上海）第 97 卷。
2 王树槐认为刘坤一担任两江总督前共达 13 年，对江苏省现代化的贡献有限，见王树槐（1985），第 16 页。
3 黄炎培是清末川沙厅的年轻文人，从 1902 年开始投身教育改革，民国时期在教育界扮演重要角色。
4 黄炎培（1931），第 83 页。

士绅的"行动主义"采用多种形式，如出版发行、创立学会、开办新学堂、集会演讲等，活动地点集中于省内和地区中心以及主要乡镇，尤以苏南的商业城市或行政中心为主，如上海、苏州、无锡、常熟、嘉定、金山等地。如果说上海得益于开放口岸和江南制造局所在地的优势，改革运动也同样波及了江苏的一些小城市，乃至上海周边的乡镇高昌、马桥。

新式学堂的开办与地区社会结构一致，是地方社会动员的结果。具有改革思想的士绅扮演了重要角色。他们扎根地方社会，参与公共事务，善于动员地方资源，甚至能够取得某些官员的支持。一些持赞同态度的知县批准成立了几个地方公立的新学堂。在无锡、苏州、嘉定和上海，富裕的商人为开办新学堂提供资金支持，但这通常是个人行为，而不是以社会主体的名义。

叶澄衷（1840—1900）的情况是一个特例。在西方模式、开明士绅以及翰林学士刘树屏（1857—1917）的多重影响下，他的办学行为显示了中国商人在资助慈善和文化事业传统方面的演变。叶澄衷出生于宁波的一个穷苦家庭，依靠通商口岸的对外贸易发家，并成为上海最有权势的商人之一。他经常参与各类慈善事业和社团活动（如赈灾、组织商团[1]），以及承担官府委托的使命。叶澄衷晚年（1899年）创办的澄衷蒙学堂为他的赞助事业戴上最后的桂冠。在盎格鲁-

---

[1] 商团：通常由官府和当地绅士共同组织的小型地方武装，用以抵御外侵。有关辛亥革命时期的商团与民团，见下文第五章。

撒克逊商人的类似行动的启示下，[1] 他创办的这所学校有多方面的意义：它开启了商人与文人在现代教育领域合作的模式。叶澄衷在学堂未建成之前去世，由张之洞的幕僚赵凤昌（1856—1938）和翰林刘树屏继续建校计划。澄衷蒙学堂建成后，叶氏的财务人员负责学堂的管理，在一名董事的监管下，教育大权由教学人员掌握。历任董事都是声望卓著的文化名绅：先是刘树屏，随后是张謇。学堂同时保留了创始人的社会出身痕迹：叶澄衷的办学初衷是让贫困家庭的孩子接受教育，学堂在最初阶段实行免费教育，随后将免费生的限额保持在 140 人的水平（1903 年时全校学生 280 人）。

随着洋务运动成长起来的一部分新式城市精英，开始以个人形式活动。代表人物有钟天纬[2]、汪康年（1860—1911）[3] 和经元善

1　如同许多从事进出口贸易的商人，叶澄衷跟许多外商有联系，能用"沪式英语"交流，姚文楠（1918）卷 11，第 13a—14a 页，卷 21，第 14b—15a 页；朱有瓛（1986），第 828—854 页；姚明辉（1986），第 30—31 页；王震：《叶澄衷与澄衷学堂》，载《上海地方史料（四）》，第 148—152 页；张志康：《从澄衷学堂到澄衷中学》，载《解放前上海的学校——上海文史资料选辑》1988 年第 59 辑，第 148—152 页；Bergère, Marie-Claire. L'Age d'or de la bourgeoisie chinoise, 1919—1937, Paris, Flammarion, 1986, pp. 150—151. 文人记述叶澄衷对新教育贡献的文章很多，但是如同许多文化水准不高的商人，叶本人对有关他身世的记载阙如。

2　钟天纬毕业于上海广方言馆，多次被派遣西方国家公差。他曾在多家洋务派创办的企业工作，并同时与上海地方精英和康梁维新派的圈子来往。1893 年以后，他试图创办新式私立学校，于 1896—1898 年之间在上海地区共开办了 5 所初等小学，其中一所负责培训教师。见朱有瓛（1986），第 577—597 页。

3　汪康年进士出身，积极投身康梁维新运动，1895 年开始转入新闻业。见姚文楠（1918），卷 21，第 16b 页；李盛平编：《中国近现代人名大辞典》，北京：中国国际广播出版社，1989 年，第 39 页。

（1840—1903）[1] 等人。考虑到新式官立学堂的影响力有限，他们认为今后民间应当更多地承担新教育的发展。他们还是提倡女子教育、创办学会和谋求教育改革的先驱，活动区域主要集中于上海及周边地区（见表Ⅰ-4）。

表Ⅰ-4　江苏主要的非官立学校（1900年前）

校名	年份	地名	创办人	
			姓名	身份/职务
格致书院	1875	上海	傅兰雅、徐寿	传教士、文人
正蒙书院（梅溪书院）	1878	上海	张焕纶等	士绅
经正女学堂	1893	上海	经元善	商人
南洋中学堂（育材学堂）	1895	上海	王维泰	文人
三等公学	1896	上海	钟天纬	文人*
经正女学堂（正式创办）	1897	上海	经元善等	商人、士绅
东文学堂	1896	上海	汪康年	文人
育才馆	1897	嘉定	冯诚求等	士绅

1　经元善为上海富商和文人，长期管理官督商办企业，对于官员和绅商缺少公共意识感触良多。因此他认为应当通过教育改变社会，尤其妇女教育。在梁启超的帮助下，他开办了两所女子学校，但仅仅维持了很短的时间，由于缺少经费和他在1900年间的政治活动而夭折了。关于经元善和他创办的学校，见姚文楠（1918），卷11，第8a，11a页；卷21，第15a—b页；朱有瓛（1986），第883—909页；刘广京：《经世思想与新型企业》，台北：联经出版实业公司，1980年，第607—620页。

(续表)

校名	年份	地名	创办人	
			姓名	身份/职务
柘湖书院	1897	金山	（集体创办）	地方人士
竣实学堂	1898	无锡	杨模	文人*
三等学堂	1898	无锡	俞复、吴稚晖、丁宝书	文人
位育学堂	1898	苏州	（集体创办）	地方人士
中西学堂	1898	苏州	沈寿康等	士绅
棠荫、董威、湖海、平安四所小学	1898	高昌	钟天纬	文人*
澄衷蒙学堂	1899—1901	上海	叶澄衷	商人
强恕学堂	1899	马桥	钮永建	文人
东文学社	1898	上海	罗振玉	文人
中西学社	1897	常熟	丁祖荫等	文人
崇辨蒙学	1899	苏州	陆基	文人

* 政府委派管理官督商办企业的官员。

——资料来源：朱有瓛编：《中国近代学制史料》（1983），第 I 辑下册；缪荃孙编：《江苏省通志稿》（1945）；姚文楠编：《上海县续志》（1918），卷 11—12；姚明辉：《上海早期的新式学堂》，《上海地方史资料（四）》（1986），第 27—46 页。

相比维新人士钟天纬和汪康年，罗振玉（1866—1940）在政治上比较保守，但是在提倡日本教育模式方面走在前列。[1] 他创办了最早

---

1 李盛平（1989），第 450 页。

的教育报刊（《农学报》[1896]、《教育世界》[1901)]，对改革派官员张之洞、刘坤一以及著名文士张謇等有很大的影响。这些学者士绅形成一个非正式的群体，在督抚幕内参与机要大事。

报纸和学会也出现同样的发展趋势。著名的维新人士在北京和上海创设了强学会，这个团体集合了众多的高级官员，但是它对地方人士影响甚少。[1] "强学会"只生存了一个很短的时期（1895 年秋至1896 年春），这一失败显示了权力中心"后党"的权威，它拒不接受任何官僚系统之外的政治团体和干预行为。

主张改革的报刊和出版物大多在上海租界里出版，不受官府钳制，抨击时政，言论犀利大胆，[2] 在长江下游和太湖地区引起很大的反响。维新运动大量传播西方思想，翻译介绍西方理论学说如《天演论》（1896—1898）等，给渴望革新和行动的青年文人带来了新气息和希望。据包天笑（1876—1973）记载，[3] 中国最早的新闻日报《申报》和《新闻报》，由商业性的私人机构"信局"发行。信局每天用小型快船将前一天印刷的报纸从上海运往其他地区。1890 年代，包天笑和友人在苏州家乡开设了一间小型书店，最初介绍中国留日学生的出版物。不久书店拓展业务，通过以太湖为中心的水路网络，推销上海出版的书籍和期刊。包写道：从苏州、常州、无锡、嘉兴各地的乡镇，"每日都有航船上人，送上一张单子，开列着一排新书和杂志

---

1 "强学会"上海支部成员中仅张謇一人为江苏省籍。见王树槐（1985），第 189 页。

2 尤其是《强学报》，出版时间 1895 年 11 月—1896 年 2 月；《时务报》，出版时间 1896 年 7 月—1898 年春；《时务日报》，出版时间 1898—1908 年。

3 包天笑：《钏影楼回忆录》，香港：大华出版社，1971 年；台北：成文出版社，1980 年，上册，第 124—127 页，第 195—196 页。

的名目来配书"。随后,当地的年轻人自己编辑一份小报,用木刻印刷,每次印制七八百份,"都是各乡镇的小航船上带去的,定价每册制钱二十文"。[1] 包天笑是报纸出版的主要负责人,借此与周围地区许多具有新思想的青年人结下友谊。如同江南的其他地区,众多的中小城镇方便了革新文化教育思想的传播。

在龙门书院校友姚文栋(1852—1929)[2] 的倡议下,1894 年上海—松江—太仓三角地区十多个县的文人士绅创设了经学会,其中多名成员担任本地书院的山长或前山长。他们聚会的地点在嘉定县南翔镇,距离上海 18 公里。经学会的目标是匡正道德品行,净化政治风气。[3] 姚文栋是一个著名的地理学家,通晓外国事务。1880 至 1900 年间,他曾数次奉命前往中国西南边境解决边界问题以及出使日本和西方国家。他在思想上与张之洞和薛福成(1838—1894)比较接近,赞成进一步借鉴西方的技术和制度。他的著作、阅历,以及官府关系,使他在地区的文人中享有极高的威望。经学会的核心成员还有龙门书院出身的其他积极人士,如姚文楠(1857—1934)、沈恩孚(1864—1944)、袁希涛(1866—1930),[4] 以及他们的亲友如儿子、

---

1 同上,第 124—127 页;191—201 页;王树槐(1985),第 544, 546 页。

2 姚文栋出身于上海官绅家庭,居住嘉定南翔镇。他曾在上海县多个书院学习,是姚明辉的父亲和姚文楠的长兄,终其一身效忠清廷。见许汝棻:《景宪先生传》,载卞孝萱、唐文权编《辛亥人物碑传集》,北京:团结出版社,1991 年,第 731—734 页;姚明辉(1986),第 53—56 页。

3 姚明辉(1986),第 55—56 页。

4 龙门书院的另一个成员李平书不是经学会的成员,据孙诒经所说,李平书和姚文楠是书院唯一对经济问题和中外事物感兴趣的人,见胡珠生(1989)第 9 页;李和姚后来成为主持上海自治的领导人。沈恩孚与袁希涛则是江苏省教育总会的主要支持者,参见 Keenan, Barry(1994),pp. 493 - 515.

兄弟、侄甥、学生等。1894 年前后，每次学会聚会都有三四十位年龄不同的成员参加。[1] 学会定有章程，会员定期聚会，做会议记录，并出版期刊《经学报》。经学会的活动持续了四年。1898 年维新运动期间，学会分裂为"新""旧"两个阵营，称为"新旧之争"，很多成员因此脱离经学会，另外在各地组织新的教育和文化团体。

1896 年在嘉定县，黄守恒（1874—1921）和潘元善创办了一个传播科学知识的地方学会。[2] 1898 年至 1900 年间，在宝山县，袁希涛（1866—1930）与其他士绅积极整顿和改革当地的学海书院，设立图书公会。[3] 无锡的文人组织了数学和科学教育学会，裘廷梁（1857—1943）于 1898 年出版《无锡白话报》。[4] 省和地方的改革尝试，并未随着北京戊戌变法的失败而停息。相反，逃过政治劫难者纷纷南下，反而扩大了南方的改革派阵营。

在外国租界新事物、新思想的启发下，上海及其周边地区正在成为教育改革思想传播中心和团体组织中心。[5]

1　有关经学会的活动，见姚明辉（1986），第 16—17 页。姚当时只有十几岁，已经参加龙门书院的活动，他后来成为上海著名的教师和地理学家。

2　黄世祚编：《嘉定县续志》，1930 年初版；台北：成文出版社，1975 年卷 7，第 535 页。

3　张允高等编：《宝山县续志》，1921 年初版；台北：成文出版社，1975 年卷 2，第 450—451，508 页。

4　王树槐（1985），第 544，549 页；高田幸男：《近代中国地域社会与地方教育会——无锡教育会的地位及其演变》，载《民国研究》，1994 年，n°1，第 242—244 页；曹聚仁：《我与我的世界》，北京：人民文学出版社，1983 年，第 317—321 页。

5　姚明辉（1986），第 60—61 页。徐雪筠等编：《上海近代社会经济发展概况（1882—1931）》下，上海：上海社会科学院出版社，1985 年，第 92—95 页。

五　新政和地方精英

省政府的教育改革实践

清军在义和团运动和八国联军侵华战争（1899—1900）中的惨败改变了清廷的势力天平，保守派一蹶不振，实行改革成为大势所趋。衰弱的朝廷更加依赖各省赞同大规模改革的督抚。刘坤一和张之洞抓紧时机向朝廷递交了著名的"江楚会奏"，这个由张謇等人参与策划和起草的奏折提出一系列改革国家行政、军队和教育，促进现代经济发展等方面的建议。1901 年清廷宣布实行新政，其中包括改革科举制度和开办新式学堂，[1] 规定各省设高等学堂，各府设中学堂，各县设高等小学，县及镇乡根据财力办初等小学堂。这个金字塔的顶端——帝都的京师大学堂，汇集全国甄选的学生，并传授最高水准的教育。这个新式学堂的分类与科举等级对应，并且保留了朝廷授予的功名（生员、举人、进士）。

江苏省的大部分督抚[2]都赞成改革。从 1902 年起，他们主持兴建了一些省内学堂，将书院改为学堂，并且敦促地方官员按中央的规划，设立与行政级别相应的新学堂，使新的教育系统趋于完善。[3] 军

1　见 1901 年 8 月 29 日，9 月 14 日有关旨令。

2　1901 年至 1911 年之间，江宁先后有六位两江总督；苏州则有七位巡抚。

3　有关督抚最初采取的措施，见朱有瓛（1986），第 454—455 页，459—460 页，780—781 页，785—787 页。

事、法政和技术类学堂也一一设立。执行教育改革最积极的可能是年富力强且雄心勃勃的满族官员端方（1861—1911）。[1] 他效仿张之洞在两湖、袁世凯在直隶和山东的做法，大力支持新教育。1905 年废除科举制度之前，全省开办了十几所高等学堂和中学堂，大多数设在江宁和苏州。

在府一级，开办一所符合政府标准的中学堂需要大量资金，地方官员遇到多方面的困难。江苏省的十一个府中，只有六个府勉强达到这个目标。1902 至 1905 年期间，江苏省 73 个县（厅、州、县），总共开办了 166 所各类级别的官立学堂，[2] 平均每县 2.3 所，低于原有的书院总数（170 所）。

清朝官僚系统内没有专业的教育官员和部门（教育由礼部分管），教育改革由普通行政部门执行。可是大多数地方官员对此缺乏热情，并且他们面临许多棘手的现实问题：缺少办学经费和有经验的专职人员；许多家庭仍然寄希望于科举而不愿让孩子进新学堂；与旧教学机构相关的文人对新学堂的抵触等等。

1904 年以后清政府采取了一系列措施来加快改革的步伐，包括允许使用地方公共资金与资源投资教育机构，鼓励个人开办新式学堂并授予荣誉称号或官衔，教育改革纳入官员"考成"评估体系，等

1　端方于 1904—1905 年间同时署理江苏省巡抚与两江总督职务，1906—1909 年间正式担任两江总督。

2　学部：《光绪三十一年：第一次教育统计图表》，北京：1907 年，第 44—45 页。

等。[1] 一些省政府设立了"学务处"机构，专职负责与教育改革相关的事务。不久，清政府又采取了两项重大决定：首先，新学堂的毕业生经过考核可以获得科举功名；其次，1905 年 9 月 2 日宣布停止一切科举考试。两种教育制度并存和相互竞争的局面终于结束。此后，各级官员积极开办各式学堂，鼓励当地绅商斥资办学。1911 年辛亥革命爆发前夕，江苏省共计有两千多所新式学堂，其中，19.3％为官立学堂、59.25％为公立学堂，剩下的 21.45％为私立学堂。[2]

官立、公立和私立三类学堂的区分源于清政府 1904 年的规章，视学校经费的来源确定。官立学堂使用政府经费，公立学堂依赖地方公款，私立学堂的经费来自私人资金与学生缴纳的学费。[3] 在实际操作层面，公立学堂和私立学堂的分类相对灵活。开办公立学堂的，可以是行业会所、同乡会，或某种地方团体等（后者又称"民立学堂"）。[4] 私立学堂接受地方补助，转化为公立学堂的情况也很常见。

公立和私立学堂的增加显示了地方人士参与开办新式学校的情况。表 I-5 与图 I-1 表明从 1902 年起，全省公立学堂的数量就超过了官立学堂。[5] 在江苏地区，连私立学堂的数量都超过了官立学

1　《奏定初等小学堂章程》《奏定高等小学堂章程》，1904 年 1 月 13 日，载朱有瓛编《中国近代学制史料》（第 2 辑上册），上海：华东师范大学出版社，1987 年，第 175—176 页，189—190 页。

2　王树槐（1985），第 244 页。

3　朱有瓛（1987），第 175—176 页。

4　有些私立学校附属于某个机构或者企业，例如商务印书馆小学堂，见《江苏学务总会文牍》下（上海：1906 年，第 121—135 页）。

5　公立 32 所，官立 21 所。

堂。废除科举前，江苏是唯一出现这种情况的省份。同样的现象1905 年以后才在其他地区出现。[1]

表 I - 5a　江苏各类学校的发展状况（1902—1909）

	苏属地区			宁属地区			总计		
	官立学堂	公立学堂	私立学堂	官立学堂	公立学堂	私立学堂	官立学堂	公立学堂	私立学堂
1902	7	29	14	14	3	0	21	32	14
1903	20	49	26	34	10	1	54	59	27
1904	29	82	44	48	22	3	77	104	47
1905	53	226	90	113	62	18	166	288	108
1906	76	442	202	234	158	70	310	600	272
1907	88	590	274	281	273	110	369	863	384
1908	127	669	242	267	415	152	394	1084	394
1909	122	734	284	290	531	174	412	1265	458

——资料来源：学部编：《宣统元年第三次教育统计图表》（北京：1911），引自王树槐：《中国现代化的区域研究：江苏省（1860—1916）》（1985），第 244 页和457 页。

1　桑兵：《清末兴学热潮与社会变迁》，载《历史研究》，1989 年第 6 期，第 16 页；Sally Borthwick（1992），pp. 94 - 95.

表 I - 5b　1909 年江苏省各类学校分布情况

地区	苏属地区			宁属地区			总计		
学校	官立	公立	私立	官立	公立	私立	官立	公立	私立
占比/%	10. 70	64. 39	24. 91	29. 14	53. 37	17. 49	19. 30	59. 25	21. 45
学堂总数	1 140			995			2 135		

——资料来源：学部编制，《宣统元年第三次教育统计图表》（北京：1911 年），引自王树槐：《中国现代化的区域研究：江苏省（1860—1916)》（1985 年），第 244 页和 457 页。

　　新式学堂在不同行政区域的分布情况，可以通过各地的历史数据来分析。但是比较官立、公立和私立这三类学堂各自的演变趋势也许更有意义（如表 I - 5 及图 I - 1），尤其是这为江苏教育总会的诞生背景提供了大量信息。

　　很可能是为了弥补学堂数量少，江苏北部官立学堂获得的官款要多于江苏南部。[1] 江北地区公立和私立学堂的优势直到 1907 年才明显化。不过详细考察新学堂的地理分布，可以看到江宁、扬州和通州行政区的地方精英发挥了很大的作用。

　　官立学堂集中于江宁，得益于后者优越的行政位置。江宁是两江总督府所在地，管辖江苏、安徽和江西三省，此外还是府、县衙门驻地。其次是扬州，它是 18 世纪重要的文化中心，除了历史传承外，

---

[1]　江苏北部（江宁两江总督属地）官府负担 50.82％,江苏南部（苏州巡抚属地）官府负担 24.79％,见学部（1907），第 41 页。

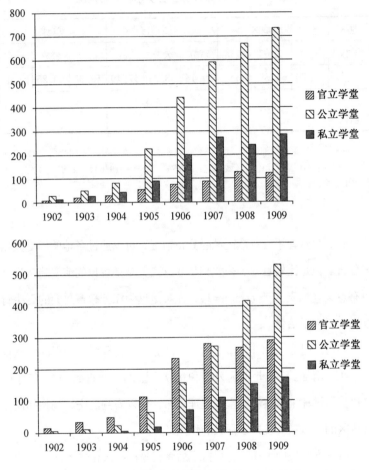

图 I - 1　江苏各类学校的发展（1902—1909）

　　注：图 I - 1，1902 至 1909 年间各类学堂的数量分布情况。上下两图分别为江苏南部与江苏北部的情况，数据来源于表 I - 5。

与当地驻有"盐运使"以及众多盐商有关。[1] 通州至海门的这片地区之所以充满活力，很大程度上归功于张謇及其友人的努力。[2]

精英群体的行动主义与地区繁荣的地理和经济条件密切相关。江苏东南部（苏州、常州、松江和太仓）的情况胜过江苏中部地区（镇江、江宁、扬州、通州和海门），而苏中地区胜过最靠北部的地区（淮安、徐州和海州）。[3] 不过，位于苏南的上海及其周边的松江府、太仓府，正在取代传统的文化重镇苏州府和常州府，演变为新的文化中心。这种现象并不局限于人口居住区大小，上海周边城镇的新式学堂和市内设立的数量不相上下。地方士绅与传统的文化机构继续扮演重要的推动角色。

1909 年，除了湖北、新疆、甘肃和贵州，由士绅主持创办的公立学堂在全国各地都占据了主导地位。[4] 新疆、甘肃和贵州三省都是中国最贫困和少数民族众多的省份，而湖北则不同，当地的教育发展程度与江苏同样显著，但遵循的模式不同：1889 年至 1907 年间任职湖广总督的张之洞，集中全省的资源构建了一个完整的新学堂

1 王树槐 (1985)，第 51—52 页，55—56 页，58 页。

2 M. Bastid (1971), pp. 33 - 49.

3 有关江苏省的地理环境与经济发展水平差异，见李长傅 (1936)，西南丘陵地区：第 256—278 页；江南平原：第 278—324 页；江北平原：第 325—358 页；淮北平原：第 358 页及其后。

4 Sally Borthwick (1992), p. 94.

网络。[1] 在华北，精明能干的袁世凯利用北京拨给直隶的资金，使该省的现代教育跃居全国第一。

江苏的历任总督缺少同样的雄心和财力，没有像他们的同僚那样全盘推进地区现代化。[2] 1906 年以后，更加年轻和有抱负的端方以张之洞和袁世凯为榜样，大力发展官立学堂，并增强官府与省内士绅之间的合作关系。与此同时，在当局允许的范围内，地方绅商代替官方机构，开办了多所公立师范学堂、中等和初等学堂。

新式学堂的质量和性质参差不齐。[3] 官办学堂和非官办学堂名义上有区别，但也没有必要过于注重字面意义。政府给予公立或私立学校补助金或荣誉奖励的情况并不罕见：以上海为例，私立学堂中，高等学堂如复旦和中国公学、中等学堂如民立和南洋中学、女子学堂如

1 参见苏云峰：《张之洞与湖北教育改革》，台北："中央研究院"近代史研究所，1976 年；Borthwick, Sally (1992), pp. 77, 81, 88 - 89, 90 - 92; Esherick, Joseph W. *Reform and Revolution in China*, The 1911 Revolution in Hunan and Hubei, University of California Press, Berkeley Los Angeles, 1976, pp. 40 - 46; Ayers, William. *Chang Chih-tung and Education Reform in China*, Harvard University Press, 1971; Bays, Daniel H. *China Enters the Twentieth Century: Chang Chih-tung and the Issues of New Age, 1895—1909*, Ann Arbor: University of Michigan Press, 1978, pp. 116 - 130; Mackinnon, Stephen. *Power and Politics in Late Imperial China: Yuan Shi-kai in Beijing and Tianjin, 1901—1908*, Berkeley: University of California Press, 1980, pp. 138 - 151; Orb, Richard A. "Chili Academies and other schools in the late Ch'ing: An institutional Survey", Cohen, Paul A. and Schrecker, John E. ed. *Nineteenth-Century China*, Cambridge, Mass., Harvard University Press, 1976, pp. 231 - 240.
2 张謇曾于 1902 年建议刘坤一（1890 至 1902 年任两江总督）首先开办师范学校，为新学堂立基础。由于省内其他官员的反对，刘没有接受这一建议。江苏第一所师范学校于刘坤一去世后，1903 年由刘的继承者魏光焘设立。
3 新学堂在很多地方徒有其名，尤其是落后地区。见视学人员的报告以及报纸有关报道：朱有瓛（1987），第 273—301 页；《教育杂志》，1909—1911 年各期。

苏苏、爱国和务本女校，都接受政府以及地方公费补助。官办学堂尽管时常被用来"安置"候补官员，但他们只是名义上的主管，学堂的实际领导人大多是具有相当学识的文人士子。例如江宁高等学堂的总教习缪荃孙、苏州中学堂的监督（校长）罗振玉等。实行新政改革可以说是一场充满张力的事业，官府和地方精英之间传统的相互渗透的关系，达到了前所未有的紧密程度。

改革派士绅的行动主义

积极投入革新过程有两类地方文人：一类是倾向改革并在地方社会有声望的士绅，另一类渴望行动的年轻士子，两者之间不存在明显的分界，而是彼此交融渗透，并且都深受社会达尔文主义和民族主义思潮的影响。

最初，有名望的士绅利用他们与官方的关系，影响省政当局决策。1901 到 1903 年间，张謇与其他名流经常与总督刘坤一和张之洞会面讨论各种机要事务，[1] 江苏最早的教学计划也是他们起草规划的。[2] 然而，1902 年，张謇提出教育改革应当先建立师范学堂的建

1　张孝若编：《张季子九录》，《年谱》下，上海：1931 年，第 8b—11a 页；M. Bastid (1971), p. 39, 注释 26 和 27.
2　张孝若 (1931)，第 9b 页。

议，被省内高级官员否决，[1] 他意识必须依靠自己和本地绅商的力量。[2] 此后，他在保持与官方联系的同时，有意识地推动私人和社会力量办学。他个人的榜样影响遍及全省，极大鼓舞了改革派士绅文人的决心。

地方人士往往先于官府采取行动。在人口密集的江苏省，各地知县属下的人口少则 30 万至 40 万，多者达近百万，他们根本没有时间操心学堂事务，开办学堂这样的任务通常都托付给当地书院的学董或经董，[3] 例如，王同愈（1856—1941）被任命主管苏州的学务，夏仁瑞负责江宁学务，恽祖祁（1843—1919）主管常州学务，姚文楠（1857—1934）主管上海学务，等等。[4] 借用这一委任机制，活跃的士绅们规划和建立了最初的新式教育网络。姚文楠先前曾任上海的书院董事并管理官塾，他选拔人员赴日本短期培训，并帮助从日本归来的年轻人开办师范讲习所。

很多士绅主动投入新教育领域，开办新学堂或者将地方义塾、书院改办为学堂。浦东的著名文士秦荣光（1841—1904）在儿子、门生和友人的协助下，奠定了家乡地区的现代教育基础。[5] 宝山人袁希涛不仅是县教育网当之无愧的创始人，而且还在当地提倡养蚕，促进吴

---

1 1902 年 2 月张謇向刘坤一建议先办师范及中小学，刘同意，但是藩司、粮道、盐道都反对阻挠，建议因此被搁置：《张季子九录》，《年谱》下，第 10a 页。这些官员反对的主要理由是认为在教育领域，中国无须羡慕外国。

2 M. Bastid（1971），pp. 39‐40.

3 经管书院和其他公共事务的绅董通常被官府任命管理新办的官立或公立学堂。

4 姚明辉（1986），第 38—41 页。

5 姚文楠（1918），卷 18，第 41b—43a 页；王洪泉等：《浦东古今大观——上海浦东开发区》，北京：科学技术文献出版社，1992 年，第 245—248 页；第 348—349 页。

淞港的开放和建设，以限制外国租界的扩张。[1] 同样活跃的还有常州前政府官员恽祖祁、出身嘉定望族的黄世祚（1871—1942）、苏州的退休官员彭福孙、士绅吴本善（1868—1921）等。[2] 学堂成为他们发挥影响力的新领域，同时也扩大了他们的权力。

年轻的文人充满热情，但是不具备他们的兄长那样的条件，在行政手续或资金上遇到更多的障碍。然而通过私人联系、家族或官员关系，他们常常可以得到地方士绅的帮助，规避官员的惰性或是阻挠。1902 年，黄炎培和友人尝试将川沙唯一的一所书院改为新式学堂，此事遭到当地知县的反对。但是向省级官员申述后，他们的设想得到了支持。[3] 1903 年，比他们更有权势的上海士绅试图将龙门书院改为师范学堂时，也遭到县令的阻挠。他们转而要求苏松太道干预，最终实现了计划。[4] 直到 1905 年科举制度废除，地方官员才开始给予地方积极分子更实质性的支持。

对于担忧国家和个人前途的青年文人而言，教育改革是一个难得的契机。科举制度和朝廷卖官鬻爵忽略了已经严重"超员"的庞大文

---

1 张允高 (1975)，卷 2，第 480—482 页；《第一次中国教育年鉴》第 5 册，台北：成文出版社，1971 年，第 408 页；《宝山史话》，上海：宝山文史资料工作委员会，1989 年，第 107 页。袁希涛使他的家乡宝山成为最早改书院为学堂的县，并且在县属的大多数镇开办了新学堂。

2 黄世祚 (1975)，第 536—537 页，58 页；包天笑 (1971)，第 298—302 页，329 页，441 页。包天笑指出苏州官员对教育改革无动于衷，最早的学堂几乎都出自地方开明绅士的主动行为，见第 298 页；朱英，《辛亥革命时期新式商人社团研究》，北京：中国人民大学出版社，1991 年，第 225 页。

3 黄炎培编：《川沙县志》(1936)，第 678—683 页。

4 《东方杂志》1904 年第 7 卷，第 270 页。

人队伍，其中包括生员、贡生、举人以及少数拥有外国学校文凭者，[1] 大大减少了家境一般的文人的晋升机会。相反，新教育为他们打开了更广阔的就业前景。改革派人士成为新学校最早的管理人和教师。资金雄厚的官立学堂提供的薪酬高于从前的塾师。虽然监督（校长）职务通常留给具有官衔者——江苏重要城市的候选官员人数众多，[2] 但是非官方的改革派人士承担了大量的实际管理和教学职务。

为了满足新教育的需求，省、府、县政府都甄选文人去日本学习。[3] 这些人经过六个月的培训，回国后担任公立或官立学堂的管理人员和教师。这种培训方式产生了很大的吸引力，海外求学迅速成为个人与家族的投资目标：1904 年末，江苏出国留学人数高达 1 120 人，其中大部分学子选择在日本的师范学校接受速成培训。[4] "江苏同乡会"于一年以前在东京成立。1906 年，外国留学的经历被正式规定为担任"劝学所"视学和总董职务的必需条件。[5] 通过留学或者进入新学堂，许多青年文人得以进入新教育领域。报刊媒体上出现了"学界"或"新界"这样的术语，意指与新教育有关的职业群体。

科举制度废除后，学堂文凭与科举功名挂钩进一步增加了上述趋势，尤其是学堂依赖地方征收的学捐，成为有利的投资对象。士绅征

---

1 关于科举考试利益削减，见 Bastid, M. (1971), p. 14；关于官职商业化，见 Will, P-E. (1989), pp. 80 - 81。

2 江宁和苏州等候实缺的后备官员多至数百人，见包天笑 (1971) 上册第 5、8 页；下册第 242 页。参见端方：《端忠敏公奏稿》，1918 年。

3 王树槐 (1985)，第 234—235 页；姚明辉 (1986)，第 38—39 页。

4 舒新城编：《近代中国留学史》，上海：中华书局，1939 年，第 52—55 页。

5 姚文楠 (1918)，卷 9，第 9a 页。

收学捐的权力和享有一定公共财产的支配权，导致精英之间的冲突。为了解决这些问题以及施行新的教学计划，1905 年 6 月张謇为通州及其属地创办了第一个"学务公所"。[1] 三个月后，姚文楠在上海也成立了同样性质的机构。[2] 与此同时，王同愈以张謇为例，向苏州地方当局要求设立学务领导机构。[3] 在清政府的新学教育行政网络尚未组织之前，已经有不少县主动设立了学务公所。[4] 在地方官员的支持下，改革派士绅逐渐使他们掌握的权力制度化，并且连带控制了一部分不可忽视的地方资源。

　　教育改革带来的另一大后果是报刊、书籍出版业的发展。1904—1905 年间，在《时报》任职的雷奋（1877—1919）、陈景韩（1877—1965）、史量才（1880—1934）和包天笑等人，形成了一支富有活力的团队，他们广泛报道有关教育的消息，使该报成为最受教师群体青睐的日报。[5] 现代教育促进了报刊连载小说的兴旺，使报刊又吸引了大量的读者。[6] 另一个与新教育紧密相关的部门是教科书的出版，在

1　Bastid, M. (1971), p. 48.

2　姚文楠 (1918)，卷 9，第 8a—9a 页。

3　《苏州商会档案》，卷 92，第 10 页，转引自朱英 (1991)，第 224 页。

4　学部于 1906 年 5 月 15 日颁布劝学所章程，此前建立的教育行政机构改名为劝学所。多部县志列举了通州和上海的先例，见黄世祚 (1975)，第 515 页；张允高 (1975)，第 454 页。

5　有关《时报》及其记者：戈公振：《中国报刊史》，上海：商务印书馆，1927 年，第 143—147 页；严独鹤：《辛亥革命时期上海新闻界动态》，载《辛亥革命回忆录》，北京：中华书局，1962 年，第 4 卷，第 81，84 页；汪彭年等：《上海国人自办的中文日报》，载《上海地方史资料（五）》，上海：上海社会科学院出版社，1986 年，第 13—14 页；Judge, Joan. *Print and Politics*, '*Shibao*' and the Culture of Reform in Late Qing China, (Stanford, California, Standford University Press, 1996).

6　包天笑 (1980)，下册，第 378—380，380—391 页。

商务印书馆，硕学鸿儒张元济（1866—1959）、高凤谦（1869—1936）、蒋维乔（1873—1958）等人组织了一个教材编写小组，他们在商务出版的各类中小学教材风行全国。无锡的文士俞复（1866—1931）和丁宝书（1866—1933）从 1898 年起，就为他们在当地开办的学堂编写新教材，1902 年与廉泉（1868—1932）等人在上海集股创办了文明书局，出版教材和各种翻译作品。[1] 现代传播工具在扩大现代化影响的同时，也为处于上升地位的改革派士绅提供了新的行动方式。

商人的参与

随着时间推移，商人开始资助新教育事业，比如参加士绅发起的捐助，或是根据私人关系参加一些教育计划。如同 19 世纪下半叶汉口商人发挥的作用，[2] 行会公所直接开办的学堂有了显著的增加。

最近的研究显示在慈善和公益领域，长江下游地区的地方精英——尤其是商人——从 14 世纪起就是帝国最活跃的群体，他们的活动涉及募集救济资金、援助灾民、兴办慈善机构等。[3] 1900 年前后，行会公所和同乡会等传统商人的团体，继续积极参与有关公共福

---

1 陆费伯鸿：《论中国教科书史》，载张静庐辑注《中国近代出版史料》，上海：群联出版社，1953 年，第 212—213 页。

2 Rowe, William T. *Hankow*: *Commerce and Society in a China city*，*1796—1889*；*Hankow*: *Conflict and Community in a China city*，*1796—1896*，Stanford：Stanford University Press，1985，1989.

3 Fuma, Susumu. *Chugoku zenkai zendoshi kenkyu*，（A Study of Benevolent Societies and Benevolent Halls in China），Kyoto，Dohosha Press Co.，Ltd，1997；梁其姿：《施善与教化：明清的慈善组织》，台北：联经出版实业公司，1997 年。

祉的活动。江苏省各地，尤其苏南地区，都有数目众多的移民商人组织的团体。[1] 其中一部分在新政改革之前，已经设立义学（义塾），或是其他形式的传统学校。1902 年，上海靖江五金公所与镇江同乡会率先创办了他们自己的初等小学堂。[2] 1904 到 1905 年间，麻袋公所、金银器公所、丝织公所先后开设了各自的学堂。苏州、扬州、江宁和清河也出现了同样性质的教学机构。[3]

　　1905 年以后，商人参与开办新学堂有了显著的增长。1911 年前上海的新学堂（如表 I－6）中有三分之一与商人团体或者商学共同设立的学会有关，包括商学公会（1903 年成立）、沪学会、商实学会和地方公益研究会等。苏州、无锡、常熟、镇江、江宁和扬州也出现了相同的趋势，尽管数量比上海少一些。这些新学堂大多数是初等小学，旨在满足行业内或同乡儿童受教育的需求。有些行业开办学堂带有保护主义的目的。例如扬州的商人他们担心名下的一座寺庙被征用，就在庙里设了一所学堂。[4] 上海老城厢的茶馆行会为了避免地方征收学捐，为本行业的子弟专门开办了一所学堂。[5] 为了抵制学捐，

1　王树槐（1985），第 422—426 页；徐鼎新：《旧上海工商会馆、公所、同业公会的历史考察》，载洪泽、林克编：《上海研究论丛（五）》，上海：上海社会科学院出版社，1990 年，第 79—94 页；Bryna Goodman, *Native Place, City and Nation. Regional Networks and Identities in Shanghai, 1853—1937*, Berkeley, University of California Press, 1995, pp. 29‑38; 119‑146.

2　姚文楠（1918），卷 10，第 1a 页。

3　《东方杂志》1904 年第 1 卷第 11 期，第 2619 页；1905 年第 2 卷第 6 期，第 4287 页；第 2 卷第 9 期，第 4862 页；第 2 卷第 11 期，第 5313—5314 页。

4　《东方杂志》1904 年第 1 卷第 11 期，第 2619 页；学校和教学课堂借用庙宇场地很普遍。

5　《近代上海大事记》，1907 年，第 630 页。

有些地方的小商人甚至不惜采取暴力行动抗争。[1]

表 I - 6 上海商人团体创办学堂一览（1902—1911）

团体	日期	学堂类型
1. 行业公所		
五金	1902	初等小学堂
麻布袋	1904	初等小学堂
金银器	1905	高等商业小学
丝织	1905	初等小学堂
瓜果	1906	初等小学堂
戏剧与歌剧	1906	初等小学堂
服装	1906	初等小学堂
铜器	1906	初等小学堂
当铺	1906	高等小学和初等小学堂
进口织品	1906	商业技能传授馆
钱庄	1906	初等小学堂和高等小学
棉花	1906	初等小学堂
毛皮	1906	初等小学堂和高等小学
豆类和米粮	1906	初等小学堂和高等小学
首饰	1907	初等小学堂
水运	1907	初等小学堂
茶馆	1907	初等小学堂
染坊	1907	初等小学堂
书籍	1907	实业讲习所

---

1 王树槐（1985），第 264 页。

（续表）

团体	日期	学堂类型
建筑	1909	高等小学和初等小学堂
2. 商业公司		
文明书局	1903	初等小学堂
商务印书馆	1905	初等小学堂和教员讲习所
3. 同乡会		
镇江（江苏省）	1902	初等小学堂
无锡（江苏省）	1906	高等小学和初等小学堂
崇海（江苏省）	1906	初等小学堂
广肇（广东省）	1906	初等小学堂
湖州（浙江省）	1907	高等小学和初等小学堂
泉漳（福建省）	1907	高等小学
广东（广东省）	1908	高等小学和初等小学堂
四明（浙江省）	1909	初等小学堂
4. 学会		
商学公会	1903	中学堂
商学公会	1906	商业小学堂、商业中学堂
沪学会	1905	初等小学堂
民间学会	1905	初等小学堂和高等小学
公益研究会	1906	商业中学堂
商实学会	1907	初等小学堂
浙江学会	1909	初等小学堂
安徽学会	1908	实业学堂和讲习所

——资料来源：《东方杂志》，第1—5卷，1904—1908；《教育杂志》，第1—3卷，1909—1911；《上海县续志》卷10，第1a—31a页及卷11，第1a—8a页；《文牍初编》，下，第120—135页。

商人支持办学逐渐成为主流。在长江下游地区，商业发展使商人的价值标准和生活方式与文人日益接近，并且具有一定的文化水平，这也是在行业内部获得晋升的必要前提。[1] 商人群体对普及新技术知识的教育计划有一定的兴趣。[2] 包天笑在回忆录中写道，苏州各大行会习惯从旧式学塾招收学徒，这种习惯推动他们开办行业学堂，方便培训学徒。[3] 新学堂数量少以及分布地点不均匀，也是促使商人为本行业子弟办学的原因。[4] 再者，扶植新学堂被主流意识形态、政府当局和媒体渲染为赢得列强挑起的"商战"的爱国行为，它成为一些商人获得社会声望的途径，或是在实行地方自治之际提升团体地位的手段。[5]

商人通常更加关注职业教育和实业教育。不过，这方面的先驱者是一些文职官员，他们以日本模式为榜样，认为实现中国的现代化，必须把技术教育放在首位。[6] 在江苏，私立商业学堂、农业学堂以及

---

1 据包天笑的记叙，苏州富裕或中等家庭通常在孩子十四五岁时，根据家庭经济状况和孩子本人的特长决定他们将来的方向，有的继续读书，有的学商。包家祖上是米商和酒商。他父亲上学念书至 14 岁，随后进入一家钱庄当学徒。十年以后他成为一家大钱庄的第二号经理。包天笑的父母在从商与读书两者之间犹豫，最后选择了让儿子继续读书。包天笑（1980），上册，第 40—41 页，98 页。

2 高洪兴：《近代上海的同乡组织》，洪泽、林克（1991），第 148 页。

3 包天笑（1980）下册，第 301 页。

4 顾执中回忆说他的父亲出身于手工业者家庭，曾在浦东某镇读书，他来上海后，于 1908 年在家里开办了一所简陋的学校。住在附近的杨姓家族是隶属绸缎公所的商人，因为邻近方便，把他们的孩子送来读书。杨家的其他亲戚也跟随他们把孩子送来顾家念书。见顾执中：《报人生涯》，南京：江苏古籍出版社，1987 年，第 36—39 页。

5 许多商业公所的负责人是上海地方自治机构议事会的成员，同时也是许多新学堂的董事。见杜黎：《浅论李平书》（附录 1），《近代中国资产阶级研究续辑》，上海：复旦大学出版社，1986 年，第 518—528 页。

6 有关这一时期技术教育的发展，见巴斯蒂：《从辛亥革命前后职业教育的发展看当时资产阶级的社会作用》，载《纪念辛亥革命七十周年学术讨论会文集（下）》，北京：中华书局，1983 年，第 2318—2330 页。

一些初级的工业学堂的数量不断增加。在新成立的农工商部的鼓励下，1905—1906 年以后，商人介入办学更加广泛了。

商界开办的学堂大多面向职业和商业培训。例如江宁商人认为他们的学堂应当教会学生研究市场情况、价格波动、产品优劣和物品生产的技术，学校应当在调查这些问题的基础上自行编写教材。[1] 苏州丝织业行会曾委托进士王同愈开办一所以"增长商业知识、提高收益"为目标的实业学堂。[2] 居领先地位的上海，于 1903 年成立了隶属商会的团体——商学公会。1906 年，该公会名下拥有四所学堂，其中小学堂和中学堂各两所。金银器、进口织品、豆类米粮三个行业公所根据各自行业的需求，开设专业学堂或培训班。[3] 其他市镇的商人秉承同一精神，设立艺徒学堂、成人补习班。[4] 商人办学最初大都为行业内子弟教育的需要，随后也为职工组织补习班。这类补习通常只是基本入行训练，但它们的存在体现了一种新的思维模式：到了 1920 年代至 1930 年代，为了振兴一战以后发展起来的中国工业，各种成人补习班成为上海及其周边地区常见的培训机制。

商人演变的另一个面相，是对"军国民教育"原则的认同。他们创办了华商体操会等体育团体，为集体防卫进行日常操练，履行维护

---

1 《东方杂志》1905 年第 2 卷第 11 期，第 5313 页。

2 章开沅等编，《苏州商会档案丛编》第 1 辑（1905—1911），武汉：华中师范大学出版社，1991 年，第 745 页。

3 姚文楠（1918），卷 10，第 20a 页；《东方杂志》1906 年第 3 卷第 11 期，第 7951 页。

4 《东方杂志》1905 年第 2 卷第 11 期，第 5314 页；1906 年第 3 卷第 9 期，第 7529 页；1907 年第 4 卷第 3 期，第 9076 页，第 7 期，第 9993 页；1908 年第 5 卷第 3 期，第 11763 页。

社会秩序和保护城区安全的职能。[1] 这一雏形组织催生了日后上海和苏州等地的城市商团。此外，1906 年，上海城厢工程局开办了第一所警察学堂，培训如同租界巡捕那样的现代警察。[2]

从 1905—1906 年起，各地诞生了大批商会。1906 年江苏的商会总数达 34 个。商会通过团体的力量参加开办或者推广新式学堂。商人的办学主要出于实用需要，所办的大多数学堂都以专业基础培训为主，但是 1905—1906 年发生了"抵制美货运动"和"保路保矿运动"，张謇和省内士绅领袖大力鼓吹的理念——发展教育和经济并行的救国道路——触动了很多人。我们无须过分夸大商人在教育领域的贡献，不过可以毫不夸大地说，他们的愿望和利益与教育改革的最终目标是一致的。

清廷指望商人和富裕的家族为教育改革贡献资金，为此制定了许多鼓励措施。叶澄衷和杨斯盛（1851—1908）因为捐献了可观的办学资金，获得极高的荣誉，他们被尊称为"绅"，两人生平得以载入《国史》。各方面都希望商人对教育投资，但是实际上的捐赠非常不均匀，通常与某个特定的行业相连。不过商人积极分子的举动有助于缩小与文人积极分子之间的距离，使后者走出孤立的困境，不至仅仅囿于跟官僚机构的联系，后者由于人员变动频繁而缺乏稳定性。

---

1 《东方杂志》1906 年第 3 卷第 11 期，第 7951 页；1906 年第 3 卷第 1 期，1908 年第 5 卷第 3 期，第 11765 页；朱英（1991），第 114—123，127—145 页。作者指出，上海商团成立之前，已有 5 个商人主持体操会和体育团体。买办商人虞洽卿资助徐一冰建立的一个体育学校，使用闸北商团的操练地点（闸北位于上海老城与租界之间的地段）。

2 《东方杂志》1906 年第 3 卷第 7 期，第 7043 页。

其他社会团体的参与

教育改革引发了地方社会的广泛动员，特别是触动了某些在政治、社会地位上长期处于劣势的群体以及一些历来受鄙视的行业。最受歧视的四种行业是娼、优、隶、卒，从事这些行业的人及其后代被剥夺了参加科举考试的资格。被禁止科考的还有其他一些被视为贱业的行业，以及某些地区被边缘化的平民，例如浙江绍兴一带的"堕民"。[1] 科举终止后，朝廷为了鼓励私人办学，隆重嘉奖一位山东的乞丐武训（1838—1896），他曾用乞讨所得创办了三所义塾。受武训办学的激励，1905 年上海的京剧演员向官府申请创办梨园公所学堂，供伶界子弟入学，并声称伶人也是"国民"一分子。[2] 1906 年，在"堕民"的再三要求下，清廷取消了他们的贱民身份，与其他平民一视同仁。上海的理发匠（俗称剃头匠）向来是最被轻视的职业之一，现在他们受到启发，也要求开办自己行业公所的学堂。[3] 苏州伶人效法他们的上海同行创办梨园学堂。扬州的屠户为参加城市"教育普及"运动募捐。无锡的铁匠、苏州和上海的泥瓦匠，也都开办了各自

---

1 "堕民"一词的出处不清楚，很可能是元代或明代战俘的后人。见《辞海》，上海：上海辞书出版社，1989 年，第 619 页。据中文维基百科解释，明朝建立后，留居中国本土的蒙古人与色目人受到歧视，成为"堕民"。元明清时，浙江绍兴及属县境内受歧视的一部分平民，数百年来，被视为"贱民"之一种，不得削籍和与一般平民通婚，或与平民同列。堕民亦不许应科举，多任婚丧喜庆杂役等事。参见 https://zh. m. wikipedia. org/zh-hans/堕民，2022 年 11 月 16 日查阅。

2 《东方杂志》1905 年第 2 卷第 12 期，第 5587 页；姚文楠（1918），卷 10，第 1a 页。

3 《东方杂志》1906 年第 3 卷第 1 期，第 5776 页。

行业公所的学堂。[1] 显而易见，长期受歧视的社会阶层所表现的办学热情，表达了他们对社会公正和权利平等的深切期待。

教育改革诱发了这些社会群体的共同意识和提升社会地位的愿望，这与群体出现有才干、有抱负的领导人关系密切。例如潘月樵（1869—1928）是最早进行传统京剧改革的艺术家，他关心时事，积极参加各类社会、政治活动，还组织了伶界义勇军作为上海商团的一部分。[2] 建筑营造商杨斯盛为了设立容纳全行业的水木公所（即建筑业），先后坚持奋斗了十多年，1908 年终于成立了各帮联合的沪宁绍水木公所，并在公所内开办了一所旨在培养现代建筑人才的学堂。[3]

另一个显示职业意识的群体是中医。他们与文人士绅的关系一向紧密，双方携手创办医学院，组织医学研究会，提倡中西医结合。从西方医疗机构得到灵感，他们在开放口岸城市建立了最早的中国医院，还开设了培养女性医务人员的机构。

少数民族也表现出了对新学堂的热忱，尤其是满族和蒙古族。按照清朝八旗军民一体的组织形式，[4] 满人和蒙古人在江宁和镇江的驻防旗营领地集中居住。出于历史原因，满人和蒙古人享受朝廷"铁杆

---

1 《东方杂志》1906 年第 3 卷第 6 期，第 6869 页；第 12 期，第 8199 页；1908 年第 5 卷第 3 期，第 11763 页；第 6 期，第 12472 页。

2 郑逸梅：《新舞台和潘月樵》，载上海文化出版社编《上海掌故》，上海：上海文化出版社，1984 年，第 26—32 页；枕石：《革命艺伶潘月樵》，载张志高编《海上名人录》，上海：上海画报出版社，1991 年，第 174—176 页。

3 谢作祖、何重建：《一代名匠杨斯盛》，载《档案与历史》，1988 年第 1 期，第 100—101 页；姚文楠（1918），卷 12，第 14a—15a 页。

4 1900 年间，江宁兵营有旗人 8807 名，镇江兵营有蒙古人 5858 名，见李长傅（1936），第 86 页。八旗军民一体的组织方式最初仅限于满族，后来扩伸至蒙古人和归顺的汉人。八旗管理人口的行政组织与汉人不同。

庄稼"，但是被禁止从事除官员和军人以外的其他职业。然而，随着
人口的增加与补贴减少，许多旗人贫困潦倒，无所事事，满人与蒙古
人群体面临着严重的社会危机。[1] 包括军官和文人在内的一些开明人
士认识到这些问题，向政府要求加强少数民族的新学堂。本人是满族
的两江总督端方给予了大力支持。1904 年至 1908 年间，江宁和镇江
的旗营驻地开办了 18 所新式学堂，就读学生达 968 人；[2] 同时还设
立了用于成人教育和培训的作坊与技术学堂。满、蒙两族的文士还要
求批准他们像汉人一样派代表加入省学务公所，并且表示赞同取消残
存的种族歧视制度——这一制度最终使他们成为最大的受害者。

江苏的穆斯林群体主要定居在大运河沿岸的港口城市，总人数约
8 万至 9 万，大多数人从事商业。[3] 穆斯林在他们聚集的城市江宁、
镇江、扬州等地，积极兴办新式学堂，希望借此强化本族群的身份认
同。[4] 由于伊斯兰教的信仰，这些人较其他族群更具凝聚力，也更愿
意投资教育事业。

佛教徒和道教徒传统上与教育关系并不紧张，但是在教育改革
中，僧道人员很快与积极人士发生冲突。后者往往把吸引民众的宗教

1　王树槐 (1985)，第 269—270 页。

2　缪荃孙编：《江南通志稿》，1945 年，第 21 页，23—24 页，76—77 页；《东方杂志》
1904 年第 1 卷第 7 期，第 1665—1666 页，第 12 期，第 2850 页；1905 年第 2 卷第 2
期，第 3343 页，第 2 卷第 3 期，第 3526 页；1906 年第 3 卷第 5 期，第 6648 页；1908
年第 4 卷第 4 期，第 9309 页。

3　王树槐 (1985)，第 631—632 页。

4　《东方杂志》1905 年第 2 卷第 11 期，第 5314 页；1906 年第 3 卷第 5 期，第 6648 页，
第 10 卷，第 7742 页；1907 年第 4 卷第 9 期，第 10344 页；1908 年第 5 卷第 3 期，第
11765 页。

活动视为迷信习俗，是实现现代化的障碍。对于缺少开办新学校的资金和场地的改革人士，寺庙的财产不可避免地成为他们觊觎的对象。占用宗教场所或者挪用寺庙资财的现象大量出现。一些僧道采取了一种防御性的折中策略，把一部分收入用于地方教育，或将某些学堂设在寺庙里。例如，上海成立了一个"佛教公会"，由当地显赫的绅士姚文栋主持，并资助一所初等学堂。不过总的来说，未经组织的僧道人员始终对新式学堂持敌对态度，新式学堂的扩展也意味着文人势力的增强和他们影响力的减弱。新教育体系在建立过程中时常遭到民众骚乱的对抗，有时演变为暴力冲突，而骚乱背后常常有僧道或者信徒的身影。不可忽略的是，宗教祭祀活动耗资巨大并维持着几万僧道人员的生计。根据王树槐的计算——这个数据可能有所夸大——江苏省每年的宗教费用高达 5 000 万元（约合 3 400 万银两）：[1] 这笔数目相当于全省预算的 81%，是用于新教育资金的 26 倍（1907 年江苏省教育支出约 190 万元）。无论是政府还是改革派人士，似乎都未能成功动员僧道人士投入现代化事业。

与此同时，基督教社团办学蓬勃发展。教会学校几乎遍布全省，不仅开设中文课，还扩大招生源。新气象来自爱国基督教团体的组织。1904 年，上海的新教徒成立了"寰球中国学生会"，旨在脱离传教士的控制，自主办学并以帮助中国学生出国留学为目标。[2] 为西方

---

1 根据 1929 年的统计，佛教与道教僧侣的人数达 54 397 人：王树槐（1985），第 633—634 页；每年祭祀费用估计：第 637—638 页。1901 年，张謇曾向当局建议在颁发照会，授褒奖名号，宗教收入与赎金时征收"僧道税"，见《张謇全集》，第 1 卷，第 60—61 页。

2 姚文楠（1918），卷 10，第 16a 页；《东方杂志》1907 年第 3 卷第 3 期，第 6159—6160 页；《文牍初编》下，第 123、127 页。

知识吸引的青年学生并不摈弃爱国主义情感。1905 年抵制美货运动期间，清心学堂的学生因为参与爱国运动而脱离教会学校，并试图自己办校。[1] 以马良（马相伯，1840—1939）为首的天主教教士，在 1903 年和 1905 年先后创办了震旦和复旦公学，侧重科学和文学课程，教学内容不受宗教影响。[2] 这段时期涌现了首批基督—天主教徒爱国教育家，如马良和李登辉（1873—1947）。基督徒和改革派文人的联系比较密切，包括在乡村。例如在南汇，耶稣会教士与文人的学会合作，通过在各城镇举办公开讲座的方式推广新式教育。[3] 总体来看，教育改革成为基督徒团体融入中国社会和城市新式精英群体的重要媒介。

女性教育与妇女解放

维新人士自 1895 年起就开始倡议女子教育，认为普及教育的目标应当覆盖女性，而不是限于传统意义上的女德教育。新政摒弃了设立女子学堂的禁忌。许多文人认同这样的观念，即中国的复兴有赖于妇女文化水平的提高。传教士开办的女子学堂为开明士绅提供了动力和样板。在江苏省，创建女子学堂的发展势头尤其强健。清朝末年，江苏的女子学堂已占全国总数的四分之一，其中 77% 集中在江苏南

---

1 《时报》1905 年 5 月 24 日。
2 张若谷：《马相伯先生年谱》，长沙：商务印书馆，1939 年，引自朱有瓛编：《中国近代学制史料》第 4 辑，上海：华东师范大学出版社，1993 年，第 404 页。
3 黄炎培（1936），卷 23，第 1465—1466 页。

部，尤其是松江和苏州地区。[1]

最早的女子学堂多半由文人创办，初期学生很少，倡导人就鼓励自己的妻子、姐妹、女儿等入学。蔡元培（1868—1904）和友人于1902年开设的爱国女学，最早接纳的学生就是他们各自的女性亲属。蔡的学生黄炎培和几个朋友在川沙办了一所小型的女子学堂，第一批学生也是他们的妻子或者堂、表姊妹。[2] 上海最好的女子学堂由一些年轻并具有温和改革倾向的文人创办：1902年吴馨（1873—1919）开设的务本女塾，后来成为一所全国著名的女校。1890年代吴馨在就读南洋公学师范班时接触了新教育，从此对现代教学产生了兴趣。[3] 1905年后女子学堂的数量迅速增加，务本女塾的首批毕业生受聘为教师或行政管理人员。上海的另一位文人杨白民（1874—1924），曾于1901年前往日本留学，专门学习女子教育。回国后他创办了城东女学，毕其一生为该学堂服务。[4] 无锡最出色的女校——竞志女学创办于1905年，创始人侯鸿鉴（1872—1961）将女性文化水平的提高视为中国教育发展的基础。金松岑（1872—1947）原先属于激进文人，卷入"苏报案"[5] 后，转向关注家乡吴江县同里镇的妇女教育问

---

1 王树槐（1985），第576，583—584页。有关妇女教育，见王树槐（1985），第576—584页，587—597页，朱有瓛（1989）第2辑下册，第589—646页，653—657页，719—729页，以下不再重复引证。

2 黄炎培：《八十年来》，北京：中国文史出版社，1982年，第44页。有关当时的女校，包天笑的回忆提供了非常生动的细节：见包天笑（1980），下册，第399—413页。

3 《第一次中国教育年鉴》（1971），第2092页；姚文楠编：《民国上海县志》，上海：1935年，卷15，第21a—22a；包天笑（1980），下册，第396页。

4 《第一次中国教育年鉴》（1971），第2093页；包天笑（1971），下册，第396页。

5 1903年6月，《苏报》登载激烈反对清朝的文字，在清政府的坚持下，公共租界当局逮捕了《苏报》主编并禁止报纸出版。

题。如同在其他领域，民间改革者的主动行为领先于官僚机构，后者直到 1906—1907 年才开始立法提倡妇女教育。在此期间还出现了第一批针对女性的报刊。

然而，传统习俗势力强大且顽固。女子教育机构常常遭遇额外和烦琐的行政障碍。但是，充满激情的年轻改革人士并不轻易后退。吴馨、杨白民和侯鸿鉴都将各自的私产投入办学。黄炎培和金松岑缺乏资金，他们分别把简陋的学堂设在亲友家的空屋里，并在那里义务授课，置清廷禁止男教师在女校教学的规定于不顾。因为担心扰乱儒家社会秩序，有的官员拒绝女校的注册要求。女校的积极支持者是渴望学习的中产或知识家庭的妇女，尤其是创办人的家属，许多女子不仅参加学习，并且带着极大的热情支持男性亲友办学：有的变卖首饰，有的献出积蓄。面对男女有别的官方规章和传统习俗，许多女性主动参与了女校的工作，承担授课、监督、管理与后勤等职务。主张两性平等的女性很快开始自主办校，这些女学堂最早出现在上海和苏州。宗孟女学堂呼吁女性参加爱国主义的政治运动，苏苏女校的教师鼓励女学生争取自主的权利。上海商人家庭出身的苏氏姐妹，[1] 每一位都各自开办幼稚园或小学堂。随后，五姐妹又共同合办了第一所由女性领导的中学。[2] 比苏氏姐妹年长的女子，如张謇、王同愈和蒋炳章（1864—1930）等著名士绅的夫人，在 1906—1908 年期间，分别于通州和苏州开办了女子师范学堂，培养女教师。其他一些文人与妇女一

1　苏家居住上海，原籍福建。苏氏五姐妹包括苏本嵒、苏本农、苏本清、苏本绮、苏本楠。苏家兄弟另外办有民立中学。

2　姚文楠 (1918)，卷 11，第 10a—11b 页。

起创办了医学、养蚕以及手工艺等专业学堂。

在城市中产与富裕阶层中，对女子学堂的需求迅速增加。1908年，务本女塾和竞志女学已经各自拥有两百多名学生。由于年轻女子和已婚妇女纷纷要求接受教育，许多学堂的入学年龄上限 12～14 岁很快被突破了。这些女校在社会上保持谨慎、温和的形象。它们提供基础教育，同时组织体育活动，开设舞蹈、戏剧、艺术等课目，还教授厨艺、缝纫和编织。对于传统上困居家中和受轻视的女子来说，学校为她们打开了一个魅力无穷的新天地的大门。在某些社会阶层里，女子教育成为时髦的风气。上海一些家庭甚至搬家到沪西居住，因为那里集中了一些著名的女校。

1907 年，江苏省女子学堂在校生超过四千人，跟男性学生相比，人数很有限。应当指出，女校每月 3 至 8 元的学费，是很多家庭无法承担的。不过，它代表了新的社会活力。女校尽管才刚刚迈出脚步，女性已经开始进入一些历来为男性专有的职业领域。它还促使女性登上公共事务舞台，参与社会文化运动（反对缠足、迷信活动等）和爱国运动（1903—1907 年间的反俄、反美运动）。在这些方面，江苏远远领先于其他省份。[1] 或许，即使在开明士绅阶层，女性解放的程度仍然相当有限，但是这显示了女性在走向自立、自主过程中观念和精神面貌的重大变化。

1　有关这一时期的妇女解放运动，参见罗苏文：《女性与近代中国社会》，第四章。上海：上海人民出版社，1996 年。

第二章 创立江苏教育总会

一 教育改革带来的问题

新政实行教育改革后，江苏大小城市里涌现出许多"学会"，这是文人士子半俱乐部、半协会式的团体。许多学会和个人在当地创设或者改办新学校，方式不一。1905 年 9 月废除科举，各地频繁发生冲突。黄炎培在谈到江苏教育总会的成立背景时，[1] 指出在兴学风气大开的背景下，新旧思想的支持者之间，不同的士绅群体之间，学校之间，以及学校和官厅之间的纷争剧烈，此外还有江苏学务由宁属和苏属分管，而造成的职权上的纠纷。[2]

---

[1] Schwintzer, Ernest P. (1992), pp. 124 - 214. 该书第三章讨论江苏教育总会，下面仅在涉及具体问题时重复引用。该书集中于黄炎培，黄在清末民初时已经扮演重要角色，他在民国时期的作用更是举足轻重。1905 年成立后第一年内名"江苏学务总会"，1906 年 12 月改名为"江苏教育总会"，以符合学部颁布教育会章程后。为了行文方便起见，一律统称为"江苏教育总会"。

[2] 黄炎培 (1982)，第 54 页。

文人士子的对抗

八国联军侵华战争之后，许多人开始认同国家复兴必须走改革道路的理念。但是在具体实践中，改革不可避免地带来资源和权力重新分配的问题。尤其是直接或间接受益旧科举体制的文人，现状的改变意味着他们将失去以往的特权，收入来源也受到威胁。一些以往供他们使用的资源，例如花红、膏火以及与科举考试的补助或津贴等，被移做新式学堂的费用。许多文人以当私塾教师为业，把新型的师范学堂看作威胁，害怕后者抢夺他们的饭碗。1903 年，当黄炎培与友人试图将当地书院改造成小学堂时，就预料会遭到激烈反对，因为"许多人靠书院考月课，取得些膏火，补助他们生活，对改办学堂，成为正面的利害冲突，绝对不赞成"。[1] 通州一些文人强烈反对张謇办师范学堂及地方创办初等小学，声称"学校如兴，饿死我辈"。[2] 1905 年 3 月，江宁文人抗议在书院内设立师范传习所。[3] 由于这些对抗，政府在推广新教育方面尽量采取谨慎态度。在开办一些新式学堂的同时，尽可能不去触动地方原有的财政结构，同时维持两种自相矛盾的教学体系。

上述问题并非突如其来。从 1890 年代起，改革派人士已经关注

---

1 黄炎培（1982），第 43 页。
2 《张季子九录》（1931），《自治录》卷 1，第 9a 页。清代文士可以随便开办私塾，招收学生读书。
3 《东方杂志》1905 年第 2 卷第 3 期，"杂俎"，第 3626 页。

到资源紧张和新知识传授之间的矛盾，但是未能找到解决问题的办法。从根本上说，教育改革是在迫不得已的情况下进行的，因为必须改变占国家主导地位阶层的知识模式与知识结构。为此，改革派理论家汤寿潜（1856—1917）曾要求将某书院用于补贴几百位文人的绵薄经费，全数转移给新式学堂，用于培训十多名真正有用的人才。[1] 京师大学堂总教习吴汝纶（1840—1903）比汤寿潜的立场温和，但同样直言不讳，认为无法通过减少名额来保留书院制度，"然不改科举，则书院势难变通"。[2] 新政期间，对是否维持科举制度的争论不断，直到 1905 年 9 月清廷终于下令停止科举考试。改进科举制度的种种企图都失败了，只要家族和文人们对科举考试的成功怀抱希望，新学堂就难以招到学生。

与此同时，改革派人士试图通过帮助旧文人转化知识结构来化解紧张局势。从 1903—1904 年起，上海、通州和苏州等地开始举办师范讲习所（进修班），鼓励旧文人更新知识，并派送年轻人赴日本短期进修师范，以便回国后为年长的文人讲授科学与教育学课程。不过，改革派人士难以阻止文人士子分为"老派"和"新派"，也难以协调中国传统的习俗与新教育纪律的冲突之处。包天笑在他的回忆录中，描写了苏州为私塾先生所设的师范传习所的情形。[3] 留日归国的年轻学生被派去给比他们年长的塾师授课。在强调长幼辈分观念的中

---

1 汤震（寿潜），《书院》，引自朱有瓛（1986），第 153—154 页。
2 《吴汝纶答牛蔼如书》，引自朱有瓛（1986），第 159—160 页。
3 包天笑（1980），下册，第 298—301 页。

国，[1] 学校不得不对这些"学生"放松课堂纪律和简化师道尊严的礼仪：如取消课堂点名、教师进入课堂时不必起立敬礼，允许即兴发言甚至当堂抽烟，带自己的烟斗、茶壶来上课……

老辈文人的固执己见并不一定会引发教学问题。士绅姚文楠受上海知县委托选派人员赴日本学习师范，除了几位年轻人以外，他还选派了五十多岁的文人项文瑞。在日本，项文瑞拒绝剪辫子，"以未剪发为不辱国体自慰"，也坚决不在学生名单上登记，"以未屈于外国人之师门自豪"。他跟年轻的同仁关系紧张，以至回国后青年人拒绝跟他一起共事。但是姚文楠毫不迟疑地将改革六所崇正官塾的任务交给了他，这些官塾里有不少年纪大、思想保守的塾师。而项文瑞是一名优秀的教师和数学家，他出色地完成了改官塾为小学堂的任务。姚文楠也很支持年轻人的倡议，他思想开放并善于协调各方面意见，对旧塾师不怀偏见，而是筹款帮助他们更新知识。他委任年轻人主持的几个上海师范传习所，为上海附近地区乃至南方多个省份培训了 1 000至 2 000 名新学教师。[2]

旧塾师转业填补了新教育的师资缺口，同时也有助于维持社会稳定。"老派"和"新派"之间的冲突频繁，实际上常常与物质利益相关，而并非完全出于意识形态的分歧。其实各种动机是交织存在的，"新派"阵营也同样有投机主义者，并且大多数地区都存在如何将原先的塾师群体纳入新教育体系的问题。

1　时常出现青年教师为他们的过去的师长或亲戚讲课的情况。

2　姚明辉（1986），第 39—41 页。

此外，清廷的指令的模糊性，使许多旧文人怀抱恢复科举制度的希望。为了维持某些传统机构，他们常常聚集起来向当局施加压力。苏州文人呼吁保留书院，宁属地区的士子则请愿要求维持三年一次的岁考。[1] 抵制行动此起彼伏。

教育财政困境

地方资金的转移面临重重阻碍：一是教育资金的管理方式复杂，二是管理各项资金的经董们常常拒绝交出基本账目。教育资金习惯上来自不同的收入，包括地产、房产、租金、利息、公共建筑（港口、寺庙等）的收入、税费或捐税返回地方的部分等。管理收入与分配的职责时常隶属于不同的个人和机构，包括县官、慈善组织董事、地方事务董事或书院董事等。上海敬业书院的情况充分体现了体制的复杂性：该书院的地产收入由知县管理，钱庄利息归道台掌握，房产和捐赠收入则由一名书院董事负责。[2]

传统教学机构虽然开支的数目相对固定，但是收入的细节通常模糊不清。财政来源混杂，方便了挪用或贪污经费，还容易引起对经管人的怀疑，并导致无休止的冲突。19 世纪中叶著名的知府桂超万，在扬州府和苏州府任职时，将地方收入交与士绅管理，以免官吏上下

---

1 《时报》，1905 年 11 月 6 日，9 日。
2 姚文楠 (1918)，卷 9，第 10a 页。

其手。[1] 1895 年，崇明县教育人士集体指控衙门职员私吞地方收入。[2] 在江阴南菁书院，主管财务的经董克扣了一半由他们收取的资金，将其据为己有。[3]

改革派人士认为清点、整理"公产公款"，设立统一的教育金库刻不容缓。他们获准在县一级建立学务公所，使新教育管理机构合法化，并从先前的经管董事那里接受有关收入的管理权。资金交接的方式依据各地的实际情况。在上海、宝山或常州等地，官员和书院经董赞成改革，交接过程——至少是士绅负责的那部分资金——相对比较顺利。其他一些县的交接相对困难。苏州的董事拒绝将某书院收入转交给学务公所。后者多次要求政府当局干预，最后由巡抚派了一位专员才最终解决。[4]

为了加强学务公所的合法性，改革派的积极分子在未获得财务实权之前，通过选举产生新的教育主管。1905 年年末，苏州巡抚下令全面清理苏属地方，包括教育和慈善机构的所有公共财产和收入。[5]尽管这项指令没有得到完全执行，但总算使争夺教育资金及其管理权的局面告一段落。原先的经董或顾问也开始创办新学堂，并在那里安插自己人，而改革派积极分子们则试图建立一个统一管理教育经费的机制。

---

1 刘广京 (1980)，第 203—204 页。

2 曹炳麟编：《崇明县志》，1930 年；台北：成文出版社，1975 年，第 4 册，第 1590—1591 页。

3 Bastid, M. (1971), p. 153.

4 《时报》1905 年 11 月 25 日，30 日。

5 《东方杂志》1905 年第 2 卷第 11 期，第 5314 页。

传统收入很快就不足以支撑初等教育增长的需求，尤其是在后者完全依靠地方负担的情况下。为了修建和资助他们主持的新学堂，积极分子们竭力向官方要求划拨地方税费，或是收取新的捐税，以及使用地方庙宇等。这些举动引起了一些社会阶层的敌对情绪，有时甚至发展为暴力行为。

1904 年 6 月，无锡的两所学堂获准使用一部分大米贸易的公益捐，此举引起一场流血暴乱，学堂遭到洗劫和焚烧。两名负责收取这项税费（并从中获得非法的好处）的官吏，可能暗中唆使米商抵制商捐，挑起了这场骚乱。总督端方对该二人进行了严厉的惩处，他在奏折中写道："兴办学堂原系地方要政，绅商筹捐经费亦属常情。若该县等早为主持，必不致酿成巨案。乃竟坐视不顾，致使绅商积不相能，匪徒从而煽惑。"[1]

数月后，如皋某镇发生了另一起冲突，起因是一所公立学堂占用了一座破庙作为校舍，学堂被反对的人群摧毁，教师被殴打。当地教育人士认为骚乱是一名"恶僧"与巡警官勾结挑唆的结果。他们向省级政府和改革派的报纸揭发控诉。媒体呼吁舆论支持，指责地方官员无所作为与官场腐败，并揭露民众受操纵以及秘密会社的参与。[2] 在泰兴县，为新政而增设的各种捐税导致一场农民暴动，县官立学堂成为暴动的牺牲品。[3] 随着改革范围的扩大，反对新学堂的浪潮也越来

---

1 端方（1918），《办学滋事办理情形折》（1904 年 11 月），卷 4，第 14—15 页，56—59 页。

2 《时报》1905 年 8 月 7—9 日，11 日，13—14 日。

3 《时报》1905 年 12 月 2—3 日。

越常见。[1]

清政府面临全面的财政危机，此外，某些官员敷衍塞责——如果不是同谋的话，以及资金缺乏的状况，使矛盾演化为破坏行为或者暴力冲突。在物质利益、意识形态分歧与个人纠纷交织的局面下，积极分子们通常的做法是寻求有影响力的士绅介入，以便诉诸上级官府。在一定程度上，创建省一级的团体旨在使社会与官府之间的这种半正式的渠道正规化。

省籍名额之争

停止科举考试引起了一场有关入学资格的争论。在此之前，新学堂的入学名额常常超过报名的人数，因此对报名者的籍贯很少限制。[2] 新学堂的文凭代替以往的功名之后，形势发生了根本的变化，大批文人士子随即改宗，涌向各个新学堂，因此报名者人满为患。一些学堂零星出现了驱逐非本省学生的现象，随之响起了限定学生定额的声音，认为有关省份应当根据它们在校学生的数量，按比分担学校的费用。

江苏省官立学堂有大量来自湖南、浙江、福建和广东的学生。有传闻说这些省份在本地区实行保护主义，禁止江苏的学生就读当地的

1　参看第三章第七节，"教育改革的财政问题"。
2　三江师范学堂于 1903 年创办，旨在为江苏、安徽、江西三省培养教师。学生定额 900 名，第一年招生 650 名，其中江苏 250 名，安徽和江西各 200 名。见柳诒徵（1983），第 758—759 页。

学校。1905 年 11 月,芜湖(安徽省)一所学堂的江苏学生遭到当地同学的驱逐。作为反击,江宁(南京)的学生很快掀起了一场名副其实的"排外"事件。而在此之前,南京的军事学堂与普通官立学堂一向招收来自各省的学生。江苏士绅与苏籍在京官员表态支持自己原籍省份的学生,为本省利益伸张,[1] 要求各学堂为本地学生预留定额,外省为他们的学生支付费用。安徽和江西拒不接受这些要求,认为自己与江苏省享有同等权利,因为三省同属两江总督管辖。矛盾加剧,省当局因为没有得到朝廷的指示,暂时保持观望态度。12 月,"省界"之争触发了江宁学生大罢课。[2] 寻求解决办法已经刻不容缓。

学额事件发生之时,江苏教育总会发起人正在准备召开第一次全体会议。在某种程度上,新发生的事变使积极分子们猝不及防,陷入某种两难境地。一方面,实行学额配置,看似好像复制科举制度中某些措施,即按照各地区的人口和捐税的多寡分配功名名额。[3] 这些措施有违儒家的普世观念,也有悖于新教育全国性和普遍性的目标。另一方面,定额事件不仅与本地学生相关,而且也关系到学生的家庭和整个士绅群体——对他们而言,进入学校接受教育,是获得社会地位与权力关系的基本保障。对于许多求学者,尤其是人数众多的贫穷学子来说,入学首先是取得基本生存条件的方式,而抗议运动的中

---

1 《时报》1905 年 11 月 19、23、24、27 日,12 月 16 日。

2 《江宁府调查员侯鸿鉴报告书》,载《文牍初编》下,第 3—5 页;《时报》1905 年 12 月 26 日。

3 有关科举制度功名的名额分配及其演变,见 Chang, Chung-Li. *The Chinese Gentry*, chapter 2, "A Numerical Analysis of the Gentry of Nineteenth-Century China", Seattle, University of Washington Press, 1955, pp. 71 - 164.

心——三江师范学堂是最吸引学生的机构，因为它与军校一样都免收学杂费。[1]

在这起事件中，士绅领袖的立场相当微妙。尽管他们都具有儒家普世观念，但也无法忽视这些建立在社会、经济基础以及对省份认同感基础上的要求，尤其是"保路保矿运动"等爱国运动大大增强了这一认同感。20世纪最初的几年里，帝国主义列强扩张势力范围的竞赛，中央政府的软弱无能，官僚机构的低效与腐败，都促使地方认同感的增长和蔓延。改革派积极分子借助了公众的这一认同感，要求更多地参与省和城市事务的管理。士绅领袖无意陷入地方主义的泥沼，但是认为江苏是其他省份保护主义的受害者，学堂管理人员搞裙带关系损害了苏省学生的利益。江苏官立学堂与其他地方不同，它们不是由当地士绅，而是由许多非本地籍贯的候补官员管理。[2] 这些候补官员偏向招收与自己同一省籍的人，其中许多人还利用掌管学校的权力，方便家属亲友入学。江苏是清朝纳税最多的省份之一，教育界人

---

1 学额之争限于官立学校。教育改革以前，学生入学需经过筛选，但学堂都是免费的，有些甚至发"膏火"（助学金）以吸引学生。科举取消之后，多数官立学校改为缴费，只有师范学堂和军事学堂免学费、伙食和住宿费，因此特别吸引家境清寒的文人与学生。府县办的中学和师范学校也按同样的原则，但是根据各地情况，差别很大。例如上海龙门师范学堂招生并未严格执行苏松太（苏州、松江、太仓）三府有关学额的规定，原因是报名人数有限。府设中学堂原则上由所属县、厅、州分担经费，但实际上常常是府所在地承担大部分费用。在江苏北部（宁属），县镇地方继续补贴他们学生的学费和伙食费，很可能是因为学生家庭财力有限。对这些问题的进一步考察，见第三章第七节"教育改革的经费问题"。

2 按照清代回避制度，官员和候补官员必须在与本人籍贯以外的省份任职。1905年11月21日江苏教育总会第一次正式大会期间讨论了"学额问题"，到会人员（55人）最后认为解决该问题，应从经济负担角度出发，而不是划分省界畛域："但为本省经济计，不存省界之意见。"载《文牍三编》下，第5页。

士提出"权利须与义务相符"的原则，要求培养人才与各省的提供的资源一致。[1]

事实上，社会压力和经济困境使士绅领袖很难有其他的选择，况且他们自己就是权力下放的支持者，必须照顾到江苏学生的诉求。教育界人士要求彻底取消功名，由选举产生的士绅管理官立学堂，同时给官立学堂制定了细致的按省份分配学额的方案。经过与省当局的交涉，最后达成了妥协：今后江苏官立学堂的招生名额，按20％外省、80％两江总督主管地区的比例分配，后者之中，按江苏60％与安徽40％的比例分配（江西另立学堂）。各省根据该省学生在校人数比例向学校提供资金。这个方案平息了众人的怒气，1906年1月初学生们重新复课。[2]

地方教育主管的任命

改革引起的种种问题——分歧、争执、抵制、阻挠——很大程度上缘于教育行政管理不健全。巡抚端方和总督周馥在苏州和江宁分别设立"学务处"，这两个机构之间缺乏协调，而外部环境又是荆棘丛生。[3] 在地方一级，只有积极分子站稳脚跟的少数几个县才建立了"学务公所"。"学务处"是督抚设立的官方机构，负责执行朝廷有关

---

1 《上学部请明定各省学额并撤销科举名目呈》《上江督周论宁垣学务书》《柳诒徵学务刍议》《致三江师范学堂李观察瑞清论各校罢课书》，载《文牍初编》上，第26—30页，37—58页，90—91页。
2 《东方杂志》1906年第3卷第1期，"杂俎"，第5846页。
3 黄炎培（1982），第54页。

新教育的指示。"学务公所"通常是地方精英向当地政府要求设立的，负责管理县境内的新教育事务。[1] 在学务公所缺失的地方，教育仍旧由知县管理，后者通常会挑选几个熟悉的士绅承担具体职责，而这些人大多对新教育的性质和内容一无所知。[2] 各种机构性质不一和相互矛盾的组织方式，使各地区的教育行政管理参差不齐。受中国文化一体化的影响，江苏教育总会的发起人注意到在教育实践与方法方面，省内"各地趋向不一，学自为风"，[3] 决心以谋划教育行政统一为己任。

传统教育体系围绕科举考试，面向一个相对有限的人群，教学内容在技术层面的差别不大。与之相反，新教育的目标是在清廷监督下，由专业人员和教师施行普及教育。[4] 它首先意味着职业教育队伍的存在。尽管进行了一定的行政调配，新式教育仍然缺少专业管理人员与教师，并且局面难以在短时间里得到改善。由于财政困难，当局出售了大量县官和道台级别的官位，以致在所有的省会城市，都有几百名候补官员在等待职位、差事或空缺。新学堂和其他新政机构成为这些人觊觎的对象，按照官场的规则，政府必须将有限的新职位或差事尽先分配给他们。

---

1 1906 年 4 月、5 月的旨令取消了省"学务处"和县"学务公所"这两个名称。经过调整，前者改为省提学使司，后者改为县劝学所。

2 《潘庶常浩条陈》，载《文牍初编》上，第 109 页。

3 江苏省教育会编：《江苏省教育会十年概况》，1914 年，第 1 页。

4 有关新教育制度与传统教育制度区别的一个讨论，见 Buck, David D. "Educational Modernization in Tsinan", Skinner, William G. and Elvin, Mark ed. (1974), pp. 171 - 173.

为了安置候补官员，官立学堂常常在"总办"（即校长）以下，设立多名"会办"（副校长）等职务。报界抨击说："官立各学堂自总办以次名目繁多，此辈毫不知教育管理之法，而俱坐厚薪，徒为学界之蠹。"[1] 一旦获得任命，这些寻求当官发财的人就设法安置曾经资助他们捐官的人。腐败、浪费的现象司空见惯，如江苏省最大的学府——三江师范学堂，被教育人士不无夸张的抨击说："浪掷公家每岁竭蹶而来之赀财十余万两，可惜荼毒一省可造国民之青年。"[2]

省政府尝试一些补救缺陷的对应措施，如在官方负责人之外任命一位非官方的士绅，加强对学堂的视察，邀请本地精英提供改进建议等。1906 年，两江总督端方恳求朝廷暂停三年向江苏分派候补道员。他写道："江苏一省盐巡各道缺不过七员。江宁省城以督臣治所兼洋务、商务、盐务、军务，所设局所较多，差事较繁，而统计省内外局差亦只二十余处，其候补道员，乃至二百余人之多，殊骇听闻。"[3] 端方正确地意识到，卖官鬻爵导致官僚体系的败坏和官僚职务叠床架屋。[4] 而"道员"正是担任中学堂领导职务所需的头衔。在定额之争中，教育界人士提出"以地方之财办地方之事，即以本地之绅[5]管本地之学"的口号，[6] 实际上也是对清廷长期以来实行捐官政策的

---

1 《官立学堂将改为绅士办理》，载《大公报》1906 年 12 月 15 日，引自桑兵（1989），第 16 页。

2 《上江督周论宁垣学务书》，载《文牍初编》上，第 42 页。

3 端方（1918）：《请停道员分发折》（1906 年 12 月），卷 7，第 22a—b 页。

4 例如在同一个职位上任命多个总办和会办（校领导）。

5 这里"绅士"一词实际上指投身教育的积极人士。

6 《江督周复书》，载《文牍初编》上，第 44 页；《时报》1905 年 11 月 27 日。

回应。

定额事件发生时正值教育界讨论行政机构的组织方式，后者按规定应当在 1906 年末开始运行。1905 年 12 月成立了学部，但是省和地方的教育事务仍旧归巡抚、知府和知县直接管理，而这些官员并不懂得新学教育。改革派大臣端方指出，中央集权体制看似无远弗届，无所不能，实际上难以胜任："盖督抚及府厅州县，地方政治办理纷繁，万不能潜心学务。"[1]

端方是清廷外派考察西方制度的五名大臣之一。对外国教育体系的专业化和效率印象深刻，他要求清廷建立独立、专业化和地方教育人士参与的教育行政制度：

> 用人行政之间，多一事外干涉之人，即多一曲徇通融之弊，抑其影响有不止此者。方今学风嚣张，论者每谓学界之人，喜谈政界之事。实则现在办学务者，举为政界之人。督率于上者，既不能中学界之肯綮，反动于下者，必出而持政界之短长。实不如特设机关，使之自成系统。政体既立，观听随之，趋向亦随之。如是而有学界专一之人才。[2]

端方使用谨慎的措辞，建议清廷在维持中央监督的同时，设立与地方精英合作的教育领导机构。实际上，教育并非唯一需要朝野合作

1　端方（1918）：《条陈学务篇》（1905 年），卷 6，第 73a 页。
2　同上，第 73a—b 页。

的领域。为增强工商业的活力，1903 年新设立的商部鼓励商人自行设立商会，随着次年上海商务总会的成立，各地商会数量大增。相形之下，上海绅商在"试行自治"的名义下，创设了城厢内外马路总工程局，"整顿地方一切之事，抵制外人侵占，开通内地风气，助官司之不及，兴民生之大利"。这些制度性的机构都是为了更好地调动人力和物力资源，当然它们也势必扩大本地精英的权力。

清廷在教育方面的行政能力非常有限，而社会精英的参与极大促进了新学校的迅速发展，但是清廷对是否将他们的权力制度化一事犹豫不决。清廷一向明令禁止文人组织正式的团体。然而，投身教育的积极人士和士绅都期望更多地参与地方事务。巴斯蒂教授（Marianne Bastid）在对张謇个案的分析中，明确指出从 1901 年起，张謇就认为"教育改革与地方自治的概念紧密相连。……对他来说，地方自治意味着士绅参与本地事务的权利"。[1] 从义和团运动之后到江苏教育总会成立之前，地方自治的概念开始成形，并逐渐成为许多人的政治理念。1904 至 1905 年之间，上海商务总会与上海马路工程局的诞生即是明证，与此同时，江苏各地出现了许多自发组织的学务公所与各种学会。江苏学务总会的发起人密切关注上述这些现象，他们谋划组织一个囊括全省的教育团体，以便影响事情的进程，统一教育实践并支持各地积极分子掌握教育管理权。最早的学务公所难道不都是从学会演变过来的吗？

普及教育的目标，资源调动的需要，大批文人塾师的转型，教师

---

1 Bastid, M. (1971), p. 61.

职业化，教育行政规范化以及增强教学监督，所有这些新教育蕴含着要求清廷扩大它在教育领域的干预，加强与此相关的监督和规划。这些任务与以往面向科举的教育很少存在共同之处，而清廷在现代化进程中步履蹒跚。官僚系统腐败、衰弱和缺乏活力。不过，统治阶层奉行的儒家文化讲求一致性，这种特质方便了改革派士绅出来填补官方的不足，从而减少政治动荡和文化冲击带来的紧张。清廷踌躇不决，内部的派别之争和国库空虚使它难以大力推行必要的改革。出于对清廷权威的尊重，积极人士保持一种谨慎的合作态度，他们的目标是"逐步实行国家改革，同时等待遥遥无期的立宪来临"（巴斯蒂）。

二　江苏教育总会的创始人

设立江苏学务总会的计划最初来自常州一名颇有权势的绅士恽祖祁，这个建议受到朝廷大员王清穆的大力支持。二人都常去上海，前者为料理生意，后者为办理公务。随后，其他一些江苏积极分子也参加了筹备。[1]

黄炎培在他的回忆录[2]中特别提到上海改革人士扮演的角色，包

1　关于江苏教育总会成立的缘起，姚文楠（1918），卷11，第15b—16a页；江苏省教育会编（1914），第1—2页；黄炎培（1982），第54—55页。

2　黄炎培（1982），第54—55页。有关《时报》的朋友圈子，见包天笑（1980），下册，第393—398页。

括沈恩孚、姚文楠、袁希涛、杨廷栋、雷奋、方还、刘垣（厚生）、
孟昭常和他自己。[1] 总的来说，这些人大都属于龙门书院的圈子或是
从日本留学归来的青年文士。他们常常在《时报》所在地聚会，并且
在其他地方也有很多碰面的机会。居住上海的活动人士后来成为江苏
教育总会的中坚。

因此，有必要介绍一下江苏教育总会主要创始人，[2] 尤其是介绍
他们各人的社会和政治关系网络。

改革派士绅

江苏教育总会的创始人中包含多位在地区享有威望的士绅。他们
曾经是官吏、文士或者商人，都属于广义的士绅。他们的活动常常涵
盖工业、商业、教育界和其他与地方公共事务有关的领域。

最早的发起人恽祖祁，出身于阳湖县（常州）的一个富裕家族，
通过捐官和为军队服务获得道台职务。卸职回乡后，他与兄弟一起投
资张謇创办的大生纱厂，在上海似乎还有其他的投资活动。在常州，
恽祖祁是当地商会、学务公所和府中学堂的创办人。[3]

王清穆祖籍崇明，这是一个毗邻上海的岛屿。他的职业生涯以官
场为主。1892 年他考取进士，并于中日甲午战争后进入总理衙门，

---

1 如果仅仅根据入会时间——如同 Schwintzer 所为——名义上这些人并不都是教育会发
  起人。
2 《江苏教育总会提名录》，1907 年，第 24 页。
3 《武进县志》，上海：上海人民出版社，1988 年，第 917 页；《大生企业系统史》，南
  京：江苏古籍出版社，1990 年，第 19 页。

自 1904 年起，由商部委派负责江苏省和浙江省的商务。王清穆支持改革，积极帮助崇明家乡发展新教育，并推动张謇在那里设立大生纺织二厂。1906 年，王放弃调任新职，选择与张謇、许鼎霖和王同愈共同经营苏省铁路公司。[1] 王清穆是教育总会创始人中唯一的在职官员，由他出面呈报总会成立，很可能更为便利。

举人许鼎霖（1857—1915）是退休官员，原籍江苏省赣榆县。他在追求利润的同时也分享"工业救国"的目标，与张謇和一些宁波商人在上海和江苏北部设立了玻璃厂、面粉加工厂、运输公司和农业公司。[2] 江苏教育总会创立以后，他才开始参与教育领域。[3] 对教育会来说，边缘地区的士绅积极分子人数有限，能够得到后者的支持弥足珍贵。

周廷弼（1852—1923）既非官员又非文士。他原籍无锡，从1878 年起就担任买办，是江苏工商界最有权势的人物之一。他的商业版图延伸至江苏、浙江、湖北、中国北方一些省份甚至日本的一些地方。此外他大量参与社会和教育领域的活动。1905 年，他是上海打铁公所学堂、无锡同乡会学堂、无锡商会和一所无锡中学堂的赞助人。[4]

---

1 王炳章等：《忧国忧民忧乡的王清穆》，载吴康编《上海人物史料——上海文史资料选辑第 70 辑》，上海：1992 年，第 97—105 页；唐文治：《茹经先生自订年谱》，上海：商务印书馆，1935 年，第 55、60 页；《大生企业系统史》（1990）第 43、74 页；《文牍初编》上，第 209—212 页；《文牍三编》下，第 106 页。

2 刘绍唐编：《民国人物小传》第 5 册，台北：传记文学出版社，1980 年，第 183—188 页。

3 同上；《文牍三编》下，第 99 页。

4 王赓唐等：《无锡解放前著名的六家民族工商业资本》，载《江苏工商文史资料——江苏文史资料第 31 辑》，1989 年，第 14—17 页。

王同愈（1855—1941）是原籍苏州的翰林进士，担任湖北学政时曾协助张之洞对书院进行改革。回江苏后，他主持了苏经、苏纶丝厂改组，并创办了苏州商会和苏州学务公所。他也是江苏"保路保矿运动"最活跃的领袖之一。[1] 王同愈的周围聚集了众多的苏州绅商，从某种程度上来说，王是他们的代表。

苏属的积极分子在联合全省的计划中占据主导地位。不过，会长的位置还是留给了江苏众望所归的人物——张謇。张在工业领域获得的成功、在教育方面的创举以及他与当局的特殊关系，都使他成为省内公认的改革派士绅首领。张謇比任何人都更清楚，繁荣的苏属地区和经济相对落后的宁属地区的结合，在政治、经济和文化方面有着诸多的益处。投身现代工业之前，他在省内许多地区担任过半官方的职务，[2] 了解各地情形，并与多个绅商群体和官府建立了纽带。[3] 张謇的业务从江北起步，1895 年以后已经延伸到长江两岸。他尤其关切

---

1 引自朱有瓛（1986），第 408—409 页；朱英（1991），第 224—227 页。

2 1876 至 1884 年，张謇担任时在江苏任职的吴长庆（1829—1884）私人秘书（幕友）。吴曾经管理水利工程并且是著名的改革派官员沈葆桢（1820—1879）的亲密朋友。1880 年代，张謇曾先后主持江苏太仓、赣榆、崇明和江宁等地的书院。他办工厂的资本主要来自江苏各地。此外，他还制定过江苏北部发展经济、教育，改革盐政和兴修水利的各种计划。有关张謇的繁多活动，见《张季子九录》（1931），卷 7，《年谱》下，第 1—14 页（1895—1905 年）；张謇：《柳西草堂日记》，台北：文海出版社，1986 年，卷 5—6；何磊、徐博东：《吴长庆》，载罗明、徐彻编《清代人物传稿》（下编）第 7 卷，沈阳：辽宁出版社，1992 年，第 90—94 页；《大生企业系统史》（1990），第 18—21 页；Chu, Samuel C. *Reformer in Modern China: Chang Chien*, pp. 72, 76 - 79.

3 一些官员，例如上海道台袁树勋也在张謇的企业投资。江西巡抚瑞澄与张謇和许鼎麟合作创立了省营瓷器公司，见《大生企业系统史》（1990），第 81 页；章开沅：《辛亥革命与江浙资产阶级》，载《辛亥革命七十周年学术讨论会文集》上，第 271 页。

江北同胞的命运：由于生活疾苦、文化程度低，许多江北移民在上海只能从事令人鄙夷和无需技能的行业。[1] 从 1900 年起，他吸收江苏南部和浙江的资金，开垦江北沿海地区，种植棉花。此举除了为他的纱厂提供原料以外，还试图缓解通州、扬州和淮安三个地区的人口压力。他甚至还曾尝试说服的两位江北的友人许鼎霖和丁宝铨放弃仕途，跟他一起献身开发沿海地区的事业，但未能成功。[2] 张謇的才智、号召力，加上他的道德感召力、人际关系、丰富的经历以及造福天下的儒家经世派理念、对城市和偏远农村一视同仁的关切态度，都使他成为江苏教育总会领袖无可争议的首选人物。

当然，并非所有的士绅都像张謇或热情的积极分子那样理想主义。他们参与新教育的动机各不相同：对现代化事业发展的兴趣，赞同政治和经济改革的立场，爱国情怀，等等，不一而足。其中一部分人，是出于保全自己的社会地位或者寻求社会升迁的实际考虑。不过无论如何，这些进步士绅和后起之秀的积极分子正在从传统地方精英之中脱颖而出，成为一批投身改革的先锋。上海城市的跨地区性质极大地影响了教育总会的活动方式，但是跟地方的传统联系仍是总会的生存基础。在此意义上，教育总会发起人包括了各地区的领袖人物，这是组成一个省级团体必不可少的条件。

总会的另一个特点是在 1905 年 12 月入会的首批会员中，有相当

---

1 刘厚生：《张謇传记》，香港：龙门书店，1965 年，第 250—252 页；有关对苏北人的偏见：Honig, Emily. *Creating Chinese Ethnicity：Subei People in Shanghai*，1850—1980，New Haven, Conn. ，Yale University Press, 1992.

2 《张季子九录》（1931），《年谱》下，第 13a 页。

数量享有高功名的士绅，包括十五名进士，[1] 其中有些人退休回乡，另一些人放弃官位，就任一些地方职务。他们的进士同侪随后也来接替或是直接入会。拥有其他科举功名的会员数量就更大了。[2]

大批高功名的文人加入江苏教育总会与 18 世纪、19 世纪以来的社会与经济发展有关。一方面，人口增长和官职渠道阻塞使许多文人无缘官场。[3] 另一方面，加入总会的现象也表明地方精英大量参与公共事务，文人和其他士绅的关系更接近了。[4] 这一趋势受到清廷的鼓励。根据翰林院的新规定，最新一届的进士不必在北京翰林院学习三年，就可以立即到各省任教或者担任教育部门的行政负责人。在江苏教育总会的进士成员中，蒋炳章担任苏州高等小学堂的监督（校长），章际治主管南京高等小学堂，潘浩则先出任省学务处顾问，接着主持

---

1 张謇、王清穆、王同愈、邓邦述（1868—1969，江宁）、杨允升（1872—?，徐州）、孙宝书（1857—?，通州）、沙元炳（1865—1927，如皋），沈文瀚（泰兴）、蒋炳章（1864—1930，吴县），邵松年（1848—?，常熟），沈同芳（1870—1917，江阴），缪荃孙（1844—1919，江阴）何震彝（江阴），刘树屏（1857—1917，常州），屠寄（1856—1921，常州），见《江苏教育总会题名录》（1907）。

2 E. P. Schwintzer 通过地方志查出 1905 至 1911 年之间，江苏教育总会的干部籍贯分属 21 个县，其中包括 9 个进士、21 个举人和 15 个贡生："教育救国：黄炎培和 20 世纪早期中国的教育改革运动"，见 Schwintzer, E. P. (1992), chapter 3, "Background of Leaders of the Jiangsu Provincial Education Association", vol. 1, p. 151; Appendix: "Background to leaders of the Jiangsu Provincial Education Association, 1905—1910", 载于 Twenty-one County Gazetteers, vol. 2, pp. 735 - 746. 当时江苏省有 73 个县（含厅、州）。

3 Jones, Susan Mann & Kuhn, Philip A. 分析了人口压力对清朝政治体制造成的后果：Fairbank, J. K. ed. *The Cambridge History of China*, vol. 10: *Late Ch'ing*, *1800—1911*, Part I, Chapter 3, pp. 108 - 119.

4 见 Rankin, M. B. 和其他人的综述，Fairbank, J. K. ed., *The Cambridge History of China*, vol. 13, *Republic China 1912—1949*, Part 2, Chapter 1, pp. 1 - 73.

苏州中学堂，而夏寅官则是东台中学堂校长。[1] 他们中间的一些人甚至随后放弃进入官场，选择留在家乡所在的省份工作。蒋炳章后来成为江苏教育总会的副会长，他和章际治、夏寅官等人都是他们所属县的士绅首领，很多人以后进入谘议局成为省议员。高功名文士的加入为地方精英增加了潜在的影响力，并且加快了官僚体系与地方士绅之间的互相渗透。长期以来，清廷与地方精英之间的平衡是保持政治秩序稳定的关键。这一平衡现在开始逐渐被打破。

人才济济的上海

江苏教育总会的许多发起人都住在上海及其周围地区（见表Ⅱ-1），其中有些人是本地的士绅：姚文楠（上海）、袁希涛（宝山）、沈恩孚（苏州，1864—1944）、方还（昆山，1867—?）和马良（丹徒，1840—1939）等；另一些属于受过新教育的青年知识分子，例如孟昭常（常州，1871—1918）、雷奋（松江，1877—1919）、刘垣（常州，1873—?）、杨廷栋（苏州，1877—1950）与黄炎培（川沙）等。[2] 前一批人大多属于龙门书院的圈子，[3] 或者来自上海附近。后一批人普遍比前者年轻，毕业于日本或中国的新学堂，除了后来担任大生二厂经理的刘垣以外，大多从事都市新职业如新闻、出版和教育。

1　江苏学务公所编：《江苏学务文牍》，苏州：1910 年，卷 1，1908 年 3 至 5 月（旧历，该书无页码）。

2　黄炎培指出这些人是江苏教育总会真正的发起人，见黄炎培（1982）第 54 页。实际上这群朋友在教育总会和上海、江苏的政治运动里都非常活跃。

3　参见第一章。

表 II-1　江苏教育总会会长与干事员的个人背景（1905—1911）

姓名	年龄*	籍贯	宁属/苏属	功名/学位	教育总会职务	年数	职业
白作霖	32	通州	宁属	举人	调查组	2	学堂校长
包天笑	29	吴县	苏属	生员	调查组、其他组	5	记者、教师、小说家
蔡朝臣	—	宿迁	宁属	—		1	—
蔡凤声	—	宿迁	宁属	—		1	—
程桂南	—	海州	宁属	—		1	—
程先甲	34	江宁	宁属	举人		1	—
仇继恒	46	上元	宁属	进士	财务组、调查组和其他组	3	—
楚南强	29	宜兴	苏属	—	调查组	1	教师
邓邦述	—	江宁	宁属	进士	副会长	1	—
狄葆贤	33	溧阳	苏属	举人	其他组	2	报社经理
董瑞椿	35	吴县	苏属	贡生	其他组	1	教师
范祎	39	元和	苏属	—	调查组、其他组	3	教师
方还	38	新阳	苏属	贡生	财务组、调查组和其他组	5	学务公所董事、教育会与商会会长
费元韫	26	吴江	苏属	日本留学	调查组	1	省视学
高人俊	38	吴县	苏属	贡生	其他组	1	—
龚杰	30	元和	苏属	生员	财务组、其他组	6	学堂校长
何震彝	—	江阴	苏属	进士	其他组	1	—

（续表）

姓名	年龄*	籍贯	宁属/苏属	功名/学位	教育总会职务	年数	职业
侯必昌	31	上元	宁属	举人	调查组	1	教师
黄继曾	23	金山	苏属	—	财务组	1	—
黄守恒	31	嘉定	苏属	—	调查组	1	学务公所董事
黄炎培	27	川沙	苏属	举人	调查组	5	学堂校长
贾丰臻	24	上海	苏属	生员、留日学士	其他组	1	教师、校长
蒋炳章	36	吴县	苏属	进士	副会长	2	学务顾问、教育会总董
蒋凤梧	32	常熟	苏属	生员	调查组	2	省视学
雷奋	26	华亭	苏属	日本学士	其他组、调查组	3	记者、教师
李平书	52	上海	苏属	贡生	财务组	4	市政总董、学堂校长
林克培	36	崇明	苏属	举人	调查组	1	—
林康侯	29	上海	苏属	南洋公学、日本留学	调查组、其他组	2	学堂校长、铁路公司
刘树屏	48	阳湖	苏属	进士	财务组	1	学堂校长
刘永昌	30	昭文	苏属	生员	调查组	1	教师、编辑
陆承卓	37	宿迁	宁属	—	其他组	1	—
陆规亮	33	娄县	苏属	—	调查组	3	学堂校长、省视学
陆基	42	常州	苏属	贡生	其他组	1	学堂校长

（续表）

姓名	年龄*	籍贯	宁属/苏属	功名/学位	教育总会职务	年数	职业
陆文椿	—	—	—	—	调查组、其他组	2	—
罗治	—	—	—	—	其他组	1	—
马超群	—	华亭	苏属	—	其他组	1	—
马良	65	丹阳	苏属	神学博士	其他组	5	大学校长
孟昭常	34	武进	苏属	举人	财务组、其他组	2	记者
穆湘瑶	32	上海	苏属	南洋公学、举人	调查组	1	上海市政、学堂校长
濮祁	—	江宁	宁属	—	其他组	1	—
沈恩孚	41	吴县	苏属	举人	调查组、驻会书记	5	学堂校长、出版社
沈同芳	33	江阴	苏属	进士	驻会书记	3	驻会书记、铁路公司
史量才	25	娄县	苏属	生员	其他组	1	学堂校长、铁路公司
苏本炎	33	上海	苏属	生员	其他组	1	买办、商人
唐文治	40	太仓	苏属	进士	会长	2	南洋公学校长
田北湖	33	六合	宁属	—	调查组、其他组	3	编辑出版
王景曾	—	—	—	—	调查组、其他组	2	—
王立廷	34	砀山	宁属	举人	调查组	1	—

（续表）

姓名	年龄*	籍贯	宁属/苏属	功名/学位	教育总会职务	年数	职业
王清穆	46	崇明	苏属	进士	财务组	5	官员、铁路公司经理
王同愈	50	元和	苏属	进士	副会长	4	学务公所总董，工业界，商会
王义成	31	清河	宁属	生员	调查组	1	教育会副会长
汪钟霖	38	吴县	苏属	举人	调查组	1	教师、记者
魏家骅	—	江宁	宁属	—	副会长	1	—
翁顺孙	39	常熟	苏属	—	财务组、其他组	3	—
吴本善	37	吴县	苏属	—	财务组、其他组	2	学务顾问、学务公所理事
吴涑	40	清河	宁属	—	其他组	2	—
吴馨	32	上海	苏属	—	财务组、其他组、调查组	5	学堂校长、学务顾问
夏清贻	31	嘉定	苏属	贡生	调查组、其他组	3	学堂校长、教师
夏仁瑞	—	江宁	宁属	举人	调查组、其他组	3	学务顾问、江苏教育总会江宁事务所驻会
夏月璇	33	嘉定	苏属	—	其他组	2	教师
许鼎霖	48	赣榆	宁属	举人	财务组、其他组、副会长	6	实业、教育会会长
徐念慈	30	昭文	苏属	—	调查组	2	记者、小说家

（续表）

姓名	年龄*	籍贯	宁属/苏属	功名/学位	教育总会职务	年数	职业
姚明辉	23	上海	苏属	—	调查组	1	教师
姚文楠	48	上海	苏属	举人	其他组	1	学务公所董事、上海市议会主席
严保诚	33	阳湖	苏属	—	调查组、其他组	5	学堂校长
杨保恒	32	上海	苏属	生员	其他组	1	教师、学堂校长
杨天骥	23	震泽	苏属	南洋公学	其他组	3	教师
杨廷栋	27	吴县	苏属	日本学士	其他组	1	记者、铁路公司
杨允升	33	铜山	宁属	进士	调查组	1	—
俞复	39	金匮	苏属	举人	其他组	1	编辑出版
袁希涛	39	宝山	苏属	举人	调查组、其他组	4	学堂校长、学务公所董事
恽毓昌	—	阳湖	苏属	—	其他组	1	钱庄
恽祖祁	62	阳湖	苏属	生员	副会长	1	学务顾问、钱庄
曾朴	33	常熟	苏属	举人	其他组	3	记者、小说家
曾铸	56	上海	苏属	—	财务组、其他组	3	商人
张謇	52	通州	宁属	进士	会长、副会长	6	学堂校长、实业

（续表）

姓名	年龄*	籍贯	宁属/苏属	功名/学位	教育总会职务	年数	职业
张季量	38	常熟	苏属	—	调查组、其他组	2	编辑出版
张汝芹	41	江宁	宁属	举人、日本学士	调查组	1	—
张相文	39	桃源	宁属	—	调查组	1	学堂校长、教师
赵钲铎	—	东台	宁属	—	调查组	1	—
赵钲宏	29	东台	宁属	生员	调查组	1	教师
周绂顺	33	泰州	宁属	生员	调查组	1	—
周廷弼	63	无锡	苏属	—	财务组	3	工业、商人
朱寿朋	36	上海	苏属	进士	财务组、其他组	2	—

　　* 1905 年的岁数。
　　——资料来源：《江苏教育总会会员提名一览表》，1907 年，第 1—19 页；《江苏教育会会员姓名录》，1918 年，第 1—61 页；《文牍三编》下，《江苏全省教育会一览表》，第 91—106 页；《江苏省教育会历年职员任期久暂表》，《江苏省教育会年鉴》1915 年第 1 卷，第 1—21 页；李盛平编《中国近现代人名大词典》；徐友春编《民国人物大字典》。
　　更详尽的江苏教育总会高层领导背景，见 E. P. Schwintzer, *Education to Save the Nation: Huang Yanpei and the Educational Reform Movement in Early Twentieth Century China* (1992)，附录列表 1："Background to leaders of the Jiangsu Provincial Education Association, 1905—1910, as recorded in twenty-one county gazetteers"；列表 2："Educational and political positions held by leaders of Educational Association, 1905—1910"，第 2 卷，第 735—746 页。

　　第一批人从 1890 年代就开始集会，发展了像经学会那样的网络关系，参与商业活动、城市自治与抵制租界扩张。在与江苏教育总会关系密切的上海士绅中，有几个人值得一提，那就是华成保险公司的经理李平书（1853—1922）、米业公所的顾问与理事姚文楠、中国图书公司总编辑沈恩孚以及沈的门生、丝织品店主吴馨（1873—1919）。他们也是许多公立学堂或私立学堂的赞助人。虽然事务繁忙，但新式教育仍是他们参与最多的领域之一。姚文楠精通财政，曾是书院董事，上海县学务公所成立后担任总董，由他经管的书院收入转交因此很顺利。

上海也是文人与商人一贯合作的场所。1905 年，绅商在道台袁树勋的支持下用"上海县城厢内外工程局"的形式试行地方自治，总董李平书成为名副其实的城市领袖。从 1905 年到 1911 年，姚文楠、沈恩孚和吴馨先后出任上海县议事会议长。与过去由政府指派的董事不同，从 1907 年起，这些职位都通过选举产生，从而大大加强了领导人权力的合法性以及动员能力。

20 世纪初，上海成为全国第一大经济和文化中心，教育总会的年轻一代在城市的新型部门找到自己的用武之地。黄炎培说服了他的川沙同乡和企业家杨斯盛，把原本准备投资家族事业的资金用于设立浦东中学。黄的友人龚杰（1875—?）、林康侯（1876—1964）和史量才（1880—1934）分别担任记者和新学堂的校长。雷奋、包天笑、陈景韩（1877—1965）是政论报刊《时报》出色的编辑，他们创造了简明生动的评论风格，尤其吸引青年读者。[1] 另外，杨廷栋在《大陆报》担任记者，他是中国最早将卢梭的《社会契约论》完整翻译为汉译本的人（1902 年出版，书名《路索民约论》）。孟昭常就职于强有力的商学公会（1903 年创立），后者与上海商务总会联系紧密。[2] 孟昭常的兄长孟森（1868—1938）是郑孝胥的好友，随后担任《东方杂志》的主编。江苏教育总会的其他积极分子，如曾朴、徐念慈、包天笑和陈景韩，为报纸撰写长篇连载小说，作品深受大众喜爱。无锡的俞复、丁宝书等人致力于编写新式小学教材，1902 年在上海创设文明书局，专门编印出版新式学堂教科书、文学艺术译著等。身处万象更新的大都市，改革派积极分子在运用新的传播和通信工具方面表现出了充分的才智。

　　年轻一代与老辈士绅之间也有很多交接。有些年轻人曾经涉足龙门书院或者经学会圈子，与前面提到过的上海士绅过从。在教育总会

1　仅苏州（包括城乡）一地，《时报》发行量即达 3 000 份。有关《时报》的材料和上海积极分子在该报社频繁聚会的文献很多，仅引黄炎培：《辛亥革命前后之上海与上海新闻界》，载《国讯》，重庆：1941 年，第 314 期，第 15—16 页；郑逸梅：《上海〈时报〉琐记》，载汤伟康编《上海逸事》，上海：上海文化出版社，1987 年，第 142—143 页；严独鹤：《辛亥革命时期上海新闻界动态》（1962），第 78—85 页；包天笑：《辛亥革命前后的上海新闻界》，载《辛亥革命回忆录》第 4 卷，1962 年，第 86—89 页；包天笑（1980）下册，第 378—398 页；413—469 页；486—493 页；戈公振（1935），第 144—147 页。参见 Joan Judge 一书（1996）。

2　徐鼎新、钱小明：《上海总商会史》，上海：上海社会科学院出版社，1991 年，第 63 页。

拥有自己的会所以前,《时报》社是各方活跃人士的聚会地。[1] 袁希涛、沈恩孚、马良和总会的其他发起人也常常活跃在其他各种学会里。年轻的雷奋和年长的马良擅长演讲,他们常常被邀请在各种动员或宣传会议上发言,并受到听众的热烈欢迎。上海城市的影响鼓舞了积极分子的信念,他们决心把活动范围扩展到全省。

江苏教育总会促成了省内士绅与上海活跃分子的结合,后者成为维持总会日常工作的骨干,前者则提供了覆盖全省各地区的网络,以及与它相连的地方官僚体系。

曾在日本留学学习政法的学生,如雷奋、杨廷栋、孟氏兄弟等,扮演了士绅领导人身边顾问和理论家的角色,充实了江苏教育总会章程的制度内容,后来他们又为立宪派团体建构组织形式。[2] 与老一辈相比,青年积极分子与权力当局的关系更浅但思想更为激进,他们需要著名士绅的社会威望和对官场的影响力以支持他们的行动。反之,老一辈的士绅领袖也需要依靠年轻人的充沛精力去实施具体计划。

这两类人物之间自然而然地形成某种互补性,并且不限于教育领域,而是延伸到经济和政治领域。江苏教育总会创办时正逢保路保矿运动兴起,许多青年积极分子——史量才、林康侯、龚杰、杨廷栋、刘垣等都进入苏省铁路公司(该公司通过民间认股于 1906 年成立),

---

1 《时报》社设有一间"息楼",供来往的客人与记者的朋友们使用。据包天笑回忆,经常来息楼的客人有沈恩孚、袁希涛、黄炎培、龚杰、林康侯、史量才、吴馨、朱少屏、杨白民等,可以说基本囊括了江苏教育总会的发起人。包还对他们每人做了介绍:包天笑 (1980),第 393—398 页。有关时报,参见 Joan Judge (1996), pp. 32 - 53.

2 黄炎培,《我所经历的宪政运动》,载《宪政》,重庆:1944 年,第 1 期。

协助公司领导王清穆、张謇、王同愈、许鼎霖。[1] 是年年底，"预备立宪公会"诞生，孟氏兄弟、雷奋、杨廷栋和其他一些原日本留学生，在郑孝胥、张謇和汤寿潜的领导下主持公会日常事务。

上海的重要性使它成为省教育会总部的最佳选地。1906 年 4 月，当省政府要求江苏教育总会将总部迁往省会（详见下文）时，总会表示坚决反对，强调一旦移往江宁，它将失去上海城市的人力和财力资源。总会主要干部在上海多所学校任职并在许多团体活动，不可能离开上海常驻他处。此外，总部的迁移会使江苏教育总会失去商人们提供的经济支持。[2]

商人的支持

商人通常资助行业或所在城市的福利事业，教育团体不是他们特别惠顾的对象。不过总会最早的会员名单中（1905 年 12 月），也包括一些文人士子的名字，尤其是福建商人曾铸和他的女婿苏本炎、建筑商杨斯盛、《申报》经理席子佩[3] 以及商务印书馆经理夏瑞芳

---

1 这些著名的绅士也是江苏教育总会的主要领导人。
2 《两江学务处照会》《复两江学务处论总学会应设上海书》，载《文牍初编》上，第 9—13 页。
3 席子佩原籍上海青浦县，曾担任买办与《申报》经理（该报为英国资本）。1907 年在编辑与职员的要求下，他用华人资本向英国公司买下报纸，继续担任经理，至 1913 年，将该报卖与史量才。见徐忍寒：《申报七十年七大事记，1872—1949》，载《上海地方史资料》第 5 辑，1986 年，第 26—27 页。

(1871—1914)。[1]

　　支持教育总会最积极的商人通常是因为职业与教育界关系密切，或是出于个人之间的友谊。如曾铸是抵制美货运动的领袖，1905 年被选为商务总会总理和上海马路总工程局办事总董兼顾问。他是李平书的好友，也是张謇的合作伙伴之一。[2] 杨斯盛是黄炎培的保护人和他办学的资助人。他为公共事业慷慨解囊，赢得上海士绅的广泛敬重。席子佩与张謇、夏瑞芳与张元济关系亲密。[3] 可以想见，报馆和出版公司与教育界之间更是联系频繁。作为一名精明能干的商人，夏瑞芳很早就抓住了编印新教材带来的商机。从 1902 年起，他就用可观的薪金聘用张元济和其他文士，为商务印书馆编写新教材，并出版面向大众的期刊——《东方杂志》以及后来的《教育杂志》。商人与文人士子之间也进行纯商业的合作，例如曾铸与李平书、张謇以及马良一起创建了一家保险公司和一家出版公司；周廷弼投资张謇和许鼎霖所办的工厂。

　　涉足教育和公共事务，一向是传统商人争取社会地位的战略。曾铸和苏家分别是第二代、第三代定居上海的福建商人。在商界获得成功以后，他们通过建立宗族"善庄"、参与同乡会和行业公所的活动

1　李新、孙思白编：《民国人物传》，北京：中华书局，1978 年，第 1 卷，第 291—294 页。

2　有关李平书与曾铸和杨斯盛的友谊，见李平书：《李平书七十自叙》，上海：上海古籍出版社，1989 年，第 53—54 页。

3　有关张謇与席子佩和张元济的关系，以及跟上海新闻界与其他上海人物的关系，见张朋园：《立宪派与辛亥革命》(1983)，第 53—56，59—60 页以及注 5—7；第 219—220 页以及注 14—16；第 227 页；张元济应夏瑞芳的邀请，1902 年进入上海商务印书馆工作。

加强自己的地位，此外还创建了几所新式学堂。杨斯盛和夏瑞芳都是学徒出身的企业家。在各自行业内站住脚以后，他们积极资助公共事业与慈善机构。两人还努力发展自己行业的工艺学堂，培养技工，并且资助各自的家乡——川沙和青浦的地方教育。

尽管如此，商人对教育的支持尚属个别。从职业和文化角度，文人和商人分别属于两个不同的世界，并且城市的大多数人偏向按照各自的地缘关系集合。[1] 不过在文人士子中间还是出现了一种变化，受社会达尔文主义的影响，寻求"利"的行为不再被片面的看成是贪婪的表现，或是庸俗的会带来社会危害的行为方式。相反，它被看成为谋求社会繁荣的基本出发点。"民富则国强"的概念，逐渐深入人心。[2] 文人士子开始倾向支持"经济人"的牟利行为，并且越来越赞成通过教育推广技术知识。这些新观念并非上海的积极分子独有，但是它们在那里的贯彻和实行似乎更具系统性。相形之下，大都市的现代通讯方式与社会条件以更有力的方式支持了这些观念的传播。许多报纸文章参加讨论这些问题。受人尊敬的士绅张謇、王清穆和马良等人常常在商人的集会上发表讲话，他们的观点随后被登载在报刊上。[3]

新设立的公共机构也为文士与商人的合作带来了前所未有的机会。上海城厢内外工程局的规章中注明，工程局总董必须由一名本籍绅士担任，帮董本籍和客籍各一人，"均须股实商人，不用绅士"。议

---

1 B. Goodman (1995), pp. 14 - 38.

2 Willington K. K. Chan (1977), chapters 2 - 3.

3 参见《时报》，1904—1905 年；包天笑（1980），下册，第 425，491 页。

事会董事不分土、客籍与绅商身份，每月集会一次研究公共事务。试行地方自治为学会的活动带来了新的气象，尤其是扩大了地方精英的参与面。各种学会与各类团体集合了社会背景不同的人物，例如马良、袁希涛和沈恩孚主持的"沪学会"，商人中的积极分子创办的"商学公会"，以及上海绅商共同发起的"地方自治研究会"和"地方公益研究会"，都是声名昭著的团体。[1] 与"商务总会"联系密切的商学公会显示了商人群体的变化。主持该公会的核心人物——孙氏兄弟（孙多森、孙多钰）和刘氏兄弟（刘柏森、刘垣）都是受过相当教育并且出身官宦文士家庭的企业家，在官府和士绅圈子里享有广泛的人际关系。在创办新学堂方面，他们比一般的商人更积极，并且密切关注政治和社会形势。

文人士绅对商人的影响也越来越大。自从张謇办大生纱厂成功，商人对大生系统的投资意向大大增加，各种计划纷纷上马，诸如渔业公司、河运公司、开发江北沿海滩涂、大生二厂等。[2] 金融界似乎对这些士绅的经营能力很有信心，尤其看重他们与官僚网络的关系。例如，为了挽救汉冶萍公司，[3] 盛宣怀通过郑孝胥、张謇和汤寿潜动员江浙商人认股。面对俄罗斯和日本势力在满洲的扩张，东北的督抚们

1 上海通社编：《上海研究资料续集》，上海：中华书局，1937年（上海书店1984年再版，第156—157页）；《地方自治研究会丙午年报告书》，上海：1906年。
2 《近代上海大事记》（1989），第593，596页；第67—68页；刘厚生（1965），第258页。例如1905年3月至5月期间，张謇、汤寿潜和许鼎霖向渔业与河运领域实力雄厚的浙商筹款。
3 参见第五章第一节。

寻求与南方士绅合作，吸引商人投资东北地区的开发计划。[1] 1910
年，赵凤昌筹划了一项中美商人经济合作的方案，上海、汉口、广东
和天津的商会联名委托张謇代表他们，赴北京与清廷周旋和申请
批准。

社会和经济活动之外，以上海为主要舞台的民族主义运动，成为
文人和商人之间联盟的新连接点。与以往以文人和学生为主的爱国主
义运动不同，1904 年至 1905 年的抗议运动集合了上海各类民众，各
种群体都被动员起来捍卫自己的权益。

1904 年 12 月，黄包车夫周生有被一名喝醉酒的俄罗斯水手杀
害，引起周的宁波同胞的极大愤怒，宁波同乡会起来声援，这也是上
海最强大的市民团体。上海商务总会决定抵制当地的俄国银行。其他
社会团体以及海外华人随之加入抵制运动，直到最后肇事者被惩
处。[2] 1905 年 5 月，福建和广东的同乡团体首先发起抵制美货运动，
抗议美国延长歧视华工的法律，这两个省份有大量同胞居住在美国。
抵制美货运动持续了好几个月，并发展成为一场全国性的抗争。[3] 其
间，一名广东女子被无故羁押，导致民众抗议，甚至攻打公共租界巡

1 劳祖德整理：《郑孝胥日记》，北京：中华书局，1993 年，第 2—3 册；《张季子九录·
  年谱下》(1931)，第 20 a—b 页。民族主义的关怀之外，清末民初满洲（东北）被许多
  或富裕或贫穷的精英视为潜在的财源地。李厚佑出身宁波帮最富裕的家庭之一，曾经
  为开发东北垦殖投资巨款，黄炎培则准备投入浦东学校的基金。孟昭常 1918 年在东北
  身亡。满洲确实充满机会，但是政治、社会条件恶劣，导致许多企业失败。
2 《近代上海大事记》，第 586—592 页；熊月之：《上海拒俄运动》，载唐振常、沈恒春编
  《上海史研究》2 编，上海：学林出版社，1988 年，第 245—246 页。
3 《近代上海大事记》，第 595—609 页，章开沅 (1983)，第 265 页。章先生认为资产阶
  级从 1905 年的抵制美货运动开始成为独立的政治力量。

捕房（警察局）。[1] 这些自发的抗议活动很容易激化，然而列强的傲慢和朝廷的软弱无能引起公众普遍的愤怒，报纸和公众舆论也纷纷支持民众的抗争。闽商领袖曾铸因为在抵制美货运动中所表现的过人勇气，[2] 被视为爱国首领。周生有案发生以后，曾铸就提出不能指望官员，主张商人自行组织团体谋求解决办法。[3]

这些运动的规模使士绅领袖感到震撼，把它们看作"爱国思想"的表现。[4] 张謇写道："此等国民知识，文明竞争，五年之前所不敢望。幸而有之，是宜养成，以收赞助政府之效。"他亲自出面推动通州地区的商人支持抵制美货运动。大闹会审公廨事件（即广东妇女羁押事件）中，当局迫于外交使团的压力，准备牺牲上海道台袁树勋，而张謇在两江总督周馥面前，竭力为袁的立场辩护。[5]

文人积极分子不赞成使用暴力，但是支持民众表达爱国情怀的游行示威，在类似的行动中，普通百姓常常比文人士子先行一步。与此相反，1905 年 11 月开始的保路保矿运动，是一场由士绅率先发起的运动。清政府由于财政困难，将矿场和铁路的开发权转让给它的外国债权人，引起各省极大的不满。1902 年到 1911 年期间，"收回利权

---

1 《近代上海大事记》，第 608—609 页。有关同乡会在这些事件中扮演的重要角色，见 B. Goodman, *Native Place*, *City*, *and Nation* (1995), pp. 176‑195.

2 1905 年 8 月清廷命令总督周馥严厉惩罚曾铸和其他抵制美货运动领导人，但周馥未真正执行该项旨令：《近代上海大事记》(1989)，1905 年 8 月 22 日，第 602 页。

3 《近代上海大事记》，1905 年 1 月 14 日，第 590 页。

4 李平书：《论上海》，姚文楠 (1918)，卷 30，第 36a 页；王同愈：《王同愈集》，顾廷龙编，上海：上海古籍出版社，1998 年，第 558 页。

5 张謇研究中心等编：《张謇全集》，南京：江苏古籍出版社，1994 年第 1 卷，第 89—91 页；M. Bastid (1971)，p. 69.

运动"的浪潮席卷了中部和南部的绝大多数省份，并且成为最后导致清廷垮台的因素之一。

上海是保路保矿运动的主要战场之一。地方人士反对将上海—杭州—宁波铁路线的建筑权转让给英国人，这条铁路线将连接从江苏南部到浙江东北部的这三座城市。这场始于1905年的运动一直持续到1907年，最后达成一项折中方案：清政府出面接受英商贷款，由英商将铁路线的所有权和管理权转让给一家中国公司。1906年，两个毗邻的省份——江苏和浙江分别建立了铁路公司，士绅领袖被股东们推举主持建造沪甬铁路线。[1] 这是士绅精英第一次与一般民众（铁路公司拥有大量小股东）共同进行的抗争运动。上海最具政治色彩的报刊《时报》寄希望于商界，呼吁他们跨越地缘界限，以团结为重，更多地投入这场由学界发起的保护利权的运动：

> 吾国四民之中，农工程度太庳，不能直接与政府交涉，其为士者，虽有政治之能力，而财力短绌，无所资以与政府相争。故自借款问题发表以来，函电交驰日数十通，而外部概置之不理。其有物与政府相争交易，而稍能发其畏忌者，惟吾商界之同人耳。……要之，今日之事，固吾国君民相争开幕之第一出也，保垂亡之路在此，开立宪之始基亦在此时。[2]

1　这些公司的组成情况有待进一步研究，它们后来遇到大量管理和财务问题，参见 Willington K. K. Chan (1977), chapter 7.

2　《敬告江苏商界同心御侮书》，载《时报》1907年11月11日。

士绅领袖们并不想利用民众运动与清廷进行政治对抗，但是相信对朝廷施加压力的必要。《时报》的言论表明民族主义意识对国内政治的影响，它不可能不影响教育工作者的行动方向。尽管面临种种阻挠，在上海及其周边地区改革派的影响下，士绅、商人和青年积极分子分享共同的动力和实践经验，开启了合作的新篇章。

三 江苏教育总会的组织形式

总会的建立

前文中已经提到江苏教育总会促进全省教育统一的抱负，按照这样的目标，由张謇来担任会长尤其合适。江苏因为总督和巡抚同居一省，致使教育行政事务格外复杂（这也是教育总会不设在江宁或苏州的原因之一，这两座城市分别是总督和巡抚的官府所在地）。[1] 其次，总会的创办人大多来自苏属地区，而张謇本人属于宁属地区，又特别关注国家和行政的一体化，坚持按地区融合的原则组织教育总会。

接受担任会长后，张謇邀请他的朋友沈同芳（1872—1917）来上海负责总会的文案工作。沈同芳是与张謇同届（1894 年）的进士翰

---

1 有关这点以及张謇的立场，见 E. P. Schwintzer（1992），chapter 3，"Zhang Jian is selected as General Manager"，pp. 143 - 145；参见《复两江学务处论总学会应设上海书》，《文牍初编》上，第 9—13 页。

林，擅长文稿并热心改革。1905 年 10 月 5 日，发起人筹备总会成立，指定了 12 人起草团体的章程和规则。四天后召开大会，宣布成立第一个囊括全省的团体。它最初定名为"江苏学务总会"（1906 年 12 月遵照学部颁布教育会章程，改名"江苏教育总会"），随后又举行了多次会议修订会章，并在 10 月 28 日的《时报》上刊登了简章。从 11 月 22 日起，在《时报》上介绍会员或地方代表的条件与全体大会的开会日期。发起人号召各地学界推选代表，向总会通报他们的名字和身份，要求派遣代表的县出具正式的介绍信。与此同时，总会在上海公共租界北部的闸北酱园弄租了一个会址。[1]

江苏各地热烈响应了总会同人的号召。一周之后，教育总会又发布告示说明由一两个人推荐的代表，只能以个人名义加入总会。[2] 1905 年 12 月 12 日，119 名代表和会员参加了全体大会。江苏全省 73 个厅州县中，有 55 个派了代表，3 个委托邻县代表出席。据统计，参加此次大会有宁属 36 个县中的 25 个，苏属 37 个县中的 35 个。[3] 代表中有些人是当地学务公所委派的，还有一些由教育会委派。不过，大约半数代表只有"学界代表"的头衔，这意味着这些地方还没有任何全县性质的教育主管机构。

由于大会议案数量过多，全体大会开了六天，超出预期的天数。

---

1 江苏教育总会后来在上海老西门外造了一栋会所，但始终位于租界之外，1917 年建立的中华职业教育社也位于此处。1927 年总会会所被国民党市党部占据，1930 年代职教社领导人黄炎培等通过募捐，在法租界华龙路建造了新的职教社会所，即今天上海市雁荡路 80 号中华职业教育社所在地。

2 《时报》1905 年 12 月 1 日。

3 《文牍初编》上，第 1—214 页。

最初几天讨论了总会的组织方式。暂定简章经过修改后获得通过，接着选举负责人，张謇几乎是全票当选（121 票中 118 张赞成）会长。副会长恽祖祁和王同愈，经济部干事许鼎霖、曾铸、王清穆、周廷弼、刘树屏和李平书也大多是高票当选。调查员六人由会长提名：杨允升、张相文（淮安—海州）、白作霖（扬州—通州）、侯必昌（江宁—镇江）、汪钟霖（苏州）和袁希涛（常州—松江—太仓），并经过大会同意。此外设置了三个机构：董事会、评议会和干事会，成员由各地代表推选。在随后的几天里，大会讨论了与会者提出的首批提案。[1]

按照发起人的设想成立的江苏教育总会受到地方积极人士热烈的欢迎。省级团体的组织满足了后者对交流信息、寻求精神支持、借鉴实践经验以及与官僚机构交涉的需求。

1906 年初，江苏教育总会向新设立的学部和省政府申请登记。4月，朝廷认可了它的存在，[2] 但是两江提学使不满总会设在上海，再三要求它迁往省会。[3] 江苏教育总会向省府反复解释了会址必须设在上海的理由。[4] 最后双方达成一个折中方案，除了上海的总部以外，教育总会在江宁和苏州分别设立两个事务所，由两位副会长负责。1906 年 9 月 16 日，学部颁布了教育会章程，下令在各省和各州县组织教育会。这些法令极大促进了新教育组团体的发展。当然，清廷加

1　有关大会召开情况及会议内容，见《文牍三编》下，第 1—5 页。

2　有关朝廷的动机，教育总会内部意见的共同点和分歧，见 Schwintzer, E. P. (1992), Vol. 1, pp. 154 – 161.

3　《两江学务处照会》，载《文牍初编》上，第 9—10 页。

4　《复两江学务处论总学会应设上海书》，载《文牍初编》上，第 10—13 页。

强控制的意图，与江苏教育总会创始人的初衷相去甚远。[1]

目标与章程

官僚当局对任何个人组成的团体形式都非常敏感。谨慎起见，创始人明文限定总会的目标为"研究本省学务之得失，以图学界之进步"。然而仔细分析条文细目，可以发现"学务（即教育）"一词被赋予了相当广泛的意义：

1. "注重师范"，推动道、府官员兴办师范学校，培养教员和学校管理人员；多建初等小学，以便普及教育。

2. "考求实业"，鼓励创办实业学校，培养从事农、工、商的技能。

3. "提倡尚武精神"，各学校注重体育，作为征兵和保送军事学堂的参考。

4. "预备地方自治"，培养地方裁判（司法人员）和警察，为地方自治做准备。

5. "联合本省学界"，通过调查和信息交流，联系全省教育界。

6. 加强与他省教育界的联系和交流。

此外，章程还明确表示总会"不涉学界外事"。[2]

这一纲领反映了总会涵盖新教育各个层面的意愿：除了教学本

1　黄炎培（1931），第 108 页。

2　《江苏学务总会暂定章程》，载《时报》1905 年 9 月 28 日；《东方杂志》1905 年第 2 卷第 12 期，第 5575—5578 页；《文牍初编》上，第 3—4 页。

身，还包括国民精神的改造，参与政治改革，推动现代化不可或缺的经济进步，等等。

入会条件结合了地方代表性和个人选择。教育总会接纳两类会员：地方代表和个人入会。地方代表包括学董、地方总董、教育会会长以及在地方上有名望的人物。个体申请人可以是地方从事教育的士绅，推广新教育的积极分子，或者——该条款意味深长——在商界或实业界有成就者。会员注册费最初定为鹰洋10元，加上年费6元。这笔费用数目不小，不过，总会需要维持日常运行的经费，并且地方学务负责人等其会费多半是由地方机构分担的（见下文）。[1]

在接纳会员方面，教育总会不像传统的文学社那样设限，相反在既定的宽泛框架内，尽可能多吸收会员。有关地方代表的条件显示了参与改革的群体本身不均衡的状态，即包括在地方上负责学务的士绅以及年轻一代的活跃分子。这样的措施难免引起一些不同阵营人员之间的冲突，但是有利于教育总会扩大范围，方便不同群体的分工合作：年长的士绅往往负总管之责，商人负责财务，年轻人执行具体任务。

教育总会的发起人认为推行新式教育是对中国社会进行全面改革的基础。他们指出虽然到处都在谈论改革，但是人们并不清楚应当以什么方式进行："今言教育者，动曰改良，曰普及……民事待理，非止一端，良否且无由知，何从改革？坐是愚者迷惘，贤者竭蹶。欲不

1　许多地方人士认为参加省教育会代表本地，因此使用当地公费缴会费。

为空文塞责难矣。"[1] 江苏教育总会不仅仅是一个学习和交流的团体，它谋求引导个人参与公益事务，培养人们的责任感和自主精神。与科举考试不同，教育不再是一种获取个人名望或利益的途径，它将培养有文化、有独立精神并为国家的政治、经济进步作贡献的公民。[2]

总会对成立动机的解释尤其强调了它对"合群"观念的认同：

> 吾以为中国事事皆败于涣散。利在合群社会者，合群之
> 起点也。江苏学会者，尤江苏合群之起点也。由社会之合
> 群，而推之于官场。由江苏学会之合群，而推之于各省。[3]

积极分子们对团体的张力充满信心，希望借此推动地方和省的行动主义，抵制官僚体系的冷漠和无动于衷。

受宪制概念的启发，文人士子们提出相对政府的行政权力，教育团体具有某种准立法权："社会处立法之地位，地方官处执法之地位。"[4] 根据法治国家的模式，他们认为江苏教育总会作为一个有代表性的团体，应当拥有独立的立法权，并且经常将"学会"等同于"社会"的概念，把学会描述为地方自治的雏形机构。积极分子借鉴西方立宪学说的方式，很容易偏离概念原本的词义。不过，他们试图确立的，是改革者集体参与教育事务的合法性。遵照权力分立的原

---

1 《上江苏学政唐条陈学务书》，载《文牍初编》上，第 65 页。
2 《文牍初编》上，第 65、86 页。
3 《复两江学务处论总学会应设上海书》，载《文牍初编》上，第 12 页。
4 《复宁属学务处沈观察桐论官绅办学意见书》，载《文牍初编》上，第 85 页。

则，教育总会在与地方当局交涉时俨然以教育界议会的面目出现，并竭力说服后者，这种分享权力的模式有利于消除社会机体和官员之间长期存在的对立和分歧。[1]

对会章解释的模糊之处不止于此。按照它的目标和组织方式，江苏教育总会同时承担一部分原则上属于地方当局的行政事务。事实上，在关注确立立法权的同时，总会创始人还寄希望于行政和政治改革。全面现代化的计划意味朝廷必须承担大量的新任务，社会参与扩大的同时蕴含着朝廷改革的前景。从改革者的角度，"学会"干预地方事务的模式符合顾炎武（1613—1682）和冯桂芬（1809—1874）在17世纪和19世纪提出的设想，即赋予地方社会一定程度的自主权，从而制约官府的从属人员滥用权力，并改善朝廷和民众之间的沟通状况。[2]

组织结构

1904年5月成立的上海商务总会借鉴了公共租界工部局章程中

---

1 《复宁属学务处沈观察桐论官绅办学意见书》，载《文牍初编》上，第84页。

2 有关清末地方自治的讨论：Kuhn, Philip A. "Local Self-Government Under the Republic: Problems of control, autonomy, and mobilization", Wakeman, Frederick Jr. & Carolyn Grant eds., *Conflits and Control in Late Imperial China*, Berkeley & Los Angeles, University of California Press, 1975, pp. 261 - 268; Min Tu-Ki, *National Polity and Local Power: The Transformation of Late Imperial China*, Ed. by Kuhn, Philip A. & Brook, Timothy, Cambridge Mass., Council on East Asian Studies, Harvard University, 1989, Chapter 4, "The Theory of Political Feudalism in the Ch'ing Period", pp. 89 - 136.

"民主"选举程序。[1] 受此启发，江苏教育总会采用商务总会的"宪制"框架，设立了一名会长、两名副会长以及评议员会、会董会和干事员会。[2] 会长负责教育总会的领导，并拥有特别决定权和仲裁权。评议员会享有立法权，提出有关教育和预算的议案，并按照三分之二多数的原则表决通过。会董会负责执行与各地区相关的提案。干事员会在会长的领导下处理日常事务，并在财务问题上拥有一定的决定权。但是实际上财务问题以及其他地方事务，在很大程度上取决于地方会董、会长与经济部的协商。经济部由具有相当影响力的人物组成，他们实际上负责为江苏教育总会筹款。[3]

干事员会是教育总会最具活力的机构。它维持社团活动的连续性，保持总会与地方之间的日常联系。干事员会最初有 22 名成员，1906 年增加到 28 名，分布在 5 个部。

1."经济部"6 人，通常都富有经济管理的经验。该部门负责集资、监督收入和支出以及与教育筹款相关的问题。

2."调查部"12 人，这些人是干事员会里最活跃的成员。该部门负责收集与教育相关的信息，主持日常工作。它的成员常常被派往各地解决问题。该部门是总会和基层联结的中介。

3."普通部"和"专门部"各由两位精于普通教育和专门教育的

---

1 《上学部设立学务总会呈》，载《文牍初编》上，第 2 页；有关上海总商会，参见徐鼎新、钱小明（1991），第 58—63 页。

2 《江苏学务总会暂定章程》，载《时报》1905 年 9 月 28 日，《东方杂志》1905 年第 2 卷第 12 期，第 5575—5578 页；《文牍四编》上，第 3—4 页。

3 1905 至 1908 年，财务部主要成员为许鼎霖、曾铸、王清穆、周庭弼和李平书（李钟珏）。

专家坐镇。他们负责在各自的专业领域里收集信息、审查教材，以谋统一教学方法。

4."庶务部"有6位办事员，其中两位为常驻人员，即驻会书记和他的助理。该部门负责教育总会的文书工作，包括与行政当局、地方网络之间的信件往来和文件交流以及后勤、会计、接待与筹备会议等。

从以上的分工可以看出江苏教育总会特殊性质。原则上它是一个专业性质的协会，但实际上承担很多由官府委托的行政事务：最明显的例子，就是上海道台习惯性地将审查学校教材的任务交给教育总会。

除驻会书记和他的助理外，江苏教育总会的职员都是义务工作。他们的任命通过推选与投票相结合的程序产生。评议员会和会董会的人数定为各73人，即每个厅州县1人。评议员最初由地区推选，随后按照1906年11月全体大会的做法，由府级代表投票选举。通常都是地区学堂有一定地位的积极分子，包括教师、学堂校长和学监或视学，其中有许多人都曾短暂地留学日本学习新教育。在这个教育总会中间层里，活跃着一批最积极的地方成员。会董会每个县1人，通常由当地管理学务的士绅担任。会长、两名副会长以及干事员会成员，每年由全体大会投票选出。[1]

教育总会的架构形式反映了创始人的三大考虑：覆盖全省，地区基础和实际运作的需要。按照它的宏图，总会试图集合改革派积极分

---

[1] 《文牍三编》上，第二届全体大会（1906年11月），第9—10页。

子，同时顾及地区传统，士绅的地缘关系是整个团体的基石之一。会长和副会长的裁决权（后者的裁决权较小），则赋予领导机构类似总统制的属性，这一属性又因张謇个人的权威而强化。不过最重要的，可能是一种以士绅社会身份和道德威望为特征的组织模式，这一模式继续维持着中心城市与地域宽广的乡村社会之间的联系。在最发达的地区，新的国民情感有助于老一辈士绅与年轻一代的新式精英结盟。与社会结构协调的方式表明江苏教育总会集合各方的力量的决心，而不是以新旧划线。不过，后面我们会看到，地方设立教育会仍将遭遇种种冲突。

干事员会的组织方式更多地出于日常工作本身的需要：教育总会需要处理大量官府和地方基层的诉求，干事员必须经常开会讨论，提出解决方案或意见。这样的职责只有住在上海附近，并能够投入时间和精力的少壮人物能够承担。最后，总会领导人的声名，融合教育人士与地方士绅的架构，都使它成为省和地方官府无法回避的对话者。

运行方式

在同时代的学会中，江苏教育总会是少数能够长期维持团结和稳定的团体。它涵盖全省的机制，多少受到官僚体制的启发。随着时间的推进，尤其在 1906 年至 1908 年期间，总会为了适应形势需要，对组织机构作了相应的改变。[1] 为了保证干事员会的正常运行，1906

---

[1] 《文牍三编》上，第 21—22 页；《文牍四编》上，第 11—21 页。

年 11 月的全体大会决定将定居上海[1]列为干事员候选人的必要条件。教育总会在实际运行中碰到众多的困难，包括地理上的距离，缺少物质手段，领导人职务繁多，各类任务的义务性质，个人责任心强弱不一，等等。这些因素都阻碍了大部分职员定期和按时履行他们的职责。73 位评议员（1908 年起为 75 位）之中，出席月会的仅 15 人左右。[2] 干事员会的 28 位成员中，也只有十来人定期参加周会。

不过，这种情况并未妨碍出席者遵守他们自己制定的会议程序。全体大会每年按时召开，平均有一百多位代表参加。1908 年，由于客观形势，总会不得不对章程做了一些补充。为了防止批评起见，总会规定评议员会开会的有效法定人数为 10 人，干事员会的法定人数为 7 人。[3]

原则上，会董会的成员由县级教育负责人担任。1906 年，江苏教育总会原来希望通过各县代表和会员中投票选举的方式，选拔那些最活跃的教育界人士。但是这年 5 月学部设立县劝学所的规定，迫使总会将会董的职位直接授予劝学所负责人，以保证跟地方机构的联系，[4] 并且决定只在每年年会的时候召集会董会。此外，暑假期间分

---

1 江宁与扬州的会员要求教育总会的地方分部设在他们各自的城市里。

2 有关江苏教育总会的运行，从 1907 年开始主要的会议记录逐渐出版。其中包括通过的决议以及相关的执行报告如下：《文牍三编》，1905 年 12 月至 1908 年 7 月会议记录，第 1—90 页；《文牍四编》丙，1908 年 8 月至 1909 年 7 月会议记录，第 8—109 页；《文牍六编》丁，1910 年 8 月至 1911 年 7 月会议记录，第 1—109 页。（未能查阅《文牍五编》，它应当载有教育会从 1909 年 8 月至 1910 年 7 月的会议记录。）

3 《文牍四编》，目次丙，第 14、18 页。

4 《文牍三编》下，第二届全体大会（1906 年 11 月），第 7 页；《江苏教育总会章程》（1908 年 11 月第二次改订），《文牍四编》丁，第 4 页。

别举行宁属和苏属地区的会议。原则上，会董的职责在于跟总会交流地方情况，并且在实行总会计划时共同筹划资金。但是实际上，地方基层能否响应总会的行动，这完全取决于积极分子的主动性和他们在当地的力量对比状况，以及是否掌握一定的资金。

拥有某种立法权的评议员会，同会董会一样，都极少开会，因为分处各地的评议员很难每月来上海聚集。许多人身兼数职，1908年末开始的省谘议局筹备工作使这些人更加忙碌。尽管如此，评议员和会董仍然是江苏教育总会连接各地的主要支柱，因为他们中间的许多人都是当地最活跃的教育人士。他们通过定期出席年会、保持通讯联系的方式积极参与总会团体生活。许多有关教育的计划也是由他们发起的。

评议员会和会董会在年度全体大会开幕前集合，协调提交大会讨论的提案。从1908年起，年会结束后，三个机构联合举行"职员会"，确定如何执行年会通过的提案。

教育总会的日常工作由干事员会定期召开的周会负责。该机构严格遵守法定人数的规定。1906年至1910年之间，身为干事员的《时报》记者包天笑在回忆录中提到，他的朋友们因为担心法定人数不足，每到周五下午就三番五次给他打电话，确保他到场参加会议。[1] 会议记录巨细无遗地记载了会议的基本情况。我们可以通过这些记录看到干事员会处理大量问题，包括发展教育的计划，信息交流，为地方难题寻求解决方法，调解冲突，等等。干事员会是江苏教育总会的

---

[1] 包天笑（1980）下册，第420—421页。

核心机构，主要成员是上海教育界的活跃分子，尤其是袁希涛、沈恩孚、吴馨、龚杰、方还、黄炎培、雷奋等人。张謇由于职务繁重，很少出席每周的工作例会。但是副会长王同愈以及继张謇之后接任会长的唐文治，都经常参加并主持周会。虽然教育总会也像许多团体那样，依靠有限的积极分子运行。不过它的职员经常变动，说明积极分子拥有相当的数量。总会能够稳定有序地运作，很大程度上归功于这个充满活力的核心。

教育总会相对稳定的核心，是否有碍团体生活的民主程序付诸实际呢？尽管士绅领袖名高望重，上海的积极分子享有天时地利的条件，当选的负责人非常看重选举程序赋予他们的合法性。每次投票后，张謇都会在日记里记录自己当选的票数。1906 年副会长恽祖祁被淘汰，选举程序很可能起了作用，恽因为贪图权力和财物受到抨击。[1] 选举也使各地区最活跃的积极分子——如果不是最有影响的人——进入评议员会。选举实践对干事员的选择有较大的局限性，因为候选人必须在上海常住。尽管如此，选举程序保证了集体领导的模式以及实行授权代表的原则。会议记录显示，重要决策都遵循了少数服从多数的原则，尽管这些记录过分简略，使我们无从了解辩论的实际过程、可能发生的分歧以及投票细节等珍贵信息。可以想见，民主程序的实施处在比较初级的阶段，但重要的是，它有助于消除常见的

1　恽祖祁与常州当地教育工作者的关系也很紧张，武阳留日与留欧学生、教育总会武阳评议员都曾向总会揭露恽的问题，参见《留欧武阳学生来书》，载《文牍初编》下，第170—176 页。

分裂因素与形成依附关系的隐患。[1]

从根本上说，江苏教育总会对地方的影响取决于他们与地方社会的人际关系。总会的组织架构以及会员的行为方式都表明，地域归属感常常比团体的共同目标更重要。不过分享共同的目标也是上海总会和各地分会之间相互依存的基础，就像我们从前面的学额事件中可以看到的那样。这一点在后来的地方学务资金用于小学教育、教育行政职员选举等问题上（见下文），也表现得很清楚。省教育总会在寻求解决办法方面，始终扮演着决定性角色。从 1908 年起，基层的诉求更多地转向扩展教育机构。地方积极分子经常处于孤立局面，力量单薄。他们寻求处于官府之外、能够帮助他们跟前者通话的中介以及在教育领域享有仲裁能力的团体的帮助。教育总会成为他们诉求的对象，并且总会总是尽量应对，采取相应的措施，必要时诉诸官府。江苏教育总会的"影响力体系"和仲裁能力赋予它相当大的影响力和权威。

面对自身的新义务，朝廷加强了对教育的规划和管治，但是承担的具体任务和费用有限，多数时候是让各地根据自己的资源与主动性自行负责。在这样的背景下，教育总会努力成为改革的旗帜，谋划省新教育体制的宏图，同时尊重地方利益与特殊性。它同时具有利益集团和分享共同使命的团体特征。[2] 包天笑的回忆充分体现了总会的这一特征。包叙述说他加入教育总会是因为《时报》同事和苏州同乡的

---

1 江苏教育总会的组织和运行方式被许多地方的教育会模仿，例如无锡。高田幸男 (1994)，第 245 页。依附关系是 "clientelism" 一词的中文翻译，指在社会关系中建立类似雇主与雇员之间相互依附的关系。

2 Jacques-A. Basso, *Les groupes de pression*, Paris, PUF, coll. "Que sais-je?", 1983, p. 12.

建议：前者谋求建立报纸与教育界的联系，后者希望加强家乡在教育会的分量。[1] 一些地方积极分子，如教育人士、泰州教育会的负责人王思源，由于诉诸官僚机构无效，他对教育总会的认同更趋坚定。1907 年，王思源去南京想与宁属提学使商谈地区教育的一些问题。然而，官府只给他安排了一场没有实质效益的仪式性会面。他写道："始知行政者之精神难以专注，而益知总会之设不可缓也。"[2]

长期以来，士绅诉诸官员是一种传统的参与公共事务的方式，而通过团体介入则是一种新现象——即便是建立在精英参与的基础上，这使官府很难一下子接受。总会干事员会的成员是一些地方上的积极人士，缺少著名士绅那样的权威。要使教育总会能够成为官府真正的对话者，总会必须保持一致，得到士绅领导人的有力支持。捍卫选举程序是树立团体权威的基础，因此，当江苏提学使毛庆蕃（1846—1924）旁敲侧击地指责上海的干事员不经过会长同意，私自处理某些总会事务时，张謇当仁不让地为通过投票由多数决定的工作方式辩护，并将它与传统的"人治"方式进行对比：

　　此间商、学各会已养成一种习惯，实为地方自治之起点。公习知中外掌故，以法治者，则在组织之始，即存一永久性质，不视人为转移。以人治者，则其人即号开通，而萧规曹随，古已罕见。人亡政息，此亦吾国数千年来受弱之一

1　包天笑 (1980) 下册，第 420 页。
2　《文牍三编》中，第 42—43 页。

大原因。[1]

事关原则，张謇使用了激烈的反驳语气。政府当局试图将积极分子的团体置于自己的掌控之下，防止它们成为独立的社会力量。但是张謇非常清楚，仅仅依靠几个有名望的士绅，是难以承担教育总会的日常事务的。传统的个别干预模式已经不敷需要：改革的普遍规模需要社会团体日常的参与，并且面对地方官府，这些团体必须享有一定的权威。

在遵守既定规则方面，张謇是坚定、诚实的典范。前文提及，即便是私交，如果对方的行为有可能影响教育总会的声誉，他也会反对。1906 年，他的朋友罗振玉时任苏州师范学堂校长，因侵占公共土地一事与本地学务公所发生纠纷。原籍浙江的罗振玉公开指责苏州士绅排外，并连带怪罪负责调查的江苏教育总会。总会的领导人毫不犹豫地为履行团体职能的职员辩护，指责罗振玉的立场有可能引起不同省籍人员之间的隔阂。[2]

在协会内部，张謇要求会员们加强自律，严厉批评滥用会员头衔、借此插手本地非教育范围事务的人，"本会自卫之法，不可不严。深愿诸君互相纠察（监督）。恶者斥去，毋使败群。纠察与排挤不同。纠察是相爱，排挤是相恶。纠察是公心，纯为爱惜团体，排挤是私

---

1 《苏提学使毛来书》《张会长复苏提学使毛论社会性质书》，载《文牍三编》上，第56—58 页。参见巴斯蒂对张謇函件的评论：Bastid, M. (1971), pp. 167 - 173.

2 《文牍初编》下，第 94—97 页。

心，纯为利益个人主义，绝殊事实"。[1] 由于官场对中间机构的猜疑以及了解地方情况中的困难，总会在处理地方问题方面加倍谨慎。1906 年 9 月以后教育会的存在合法化了，但是官府也加强了控制措施，并告诫各地教育会不得越过教育事务的界限，一旦违反，官府可以解散教育团体。出于维护自身权威的需要，省教育会也与官府合作追查违背法规的行为，同时也加强了对新入会者的登记审查。[2]

尽管大多数办事人员都是无偿工作，一个团体仍需要一定的财力支撑才能持久有效地运转。教育总会的年预算并不仅仅依靠会员缴费——尽管收费不低。总会创立的第一年，注册费和会费共计 3 862 元，此外张謇为它争取了米捐与纱捐 4 372 元。教育总会第二年总共收入 18 293 元，其中上海商人提供了几千元。此后，总会每年的支出都在约 1 万元左右，结余部分转入基金。然而总会的活动不断增加，加上它建造会址的计划，这些都需要更多的资金。为此，总会呼吁江苏籍官员为它认捐。原籍常州的前京师大学堂总教习张鹤龄，认捐每季度 200 元。总会的会员和职员们也纷纷捐款筹集建设经费。为了保持团体的独立性，总会最初不准备寻求政府帮助。不过最后它还是接受了总督端方批给的每季度 1 千元的补助（从 1908 年起）。上海知县批给教育总会位于老西门外的一块公地。1908 年 11 月到 1909 年 4 月期间，教育会总共花费了 18 526 元，建筑了一栋西式的二层楼房作为会址（图Ⅱ-1），并且专门设置了一个可以容纳数百人的大

---

1 《张会长辞会长意见书》，载《文牍三编》上，第 62 页。
2 申请入会者必须由两位会员推荐。

会议厅。总会职员自豪地宣称，会议厅象征着"国民公共心之甫在萌芽"。1

图Ⅱ-1　江苏省教育总会会所（1909—1927）正面图
（1909 年落成，位于上海林荫路 165 号）

教育总会的成功并非偶然。自从社会团体合法化和科考制度废除以来，教育会承担了大量有关新教育发展的工作。江苏教育总会比

---

1 《江苏学务总会会计报告》（1906）；《江苏省教育会历年会务简明报告表》附录（1927）；《文牍三编》下，第 62—77 页；《文牍四编》丙，第 6—7 页。

其他省成立早，走在前边。根据总会自己的估计，它每年在 1 万元预算基础上处理的事务数量，"较之省垣学务公所有过无不及"：

> 两年以来，本省官长官既深知地方教育非地方自谋，断无普及之望。教育总会所以辅助行政之机关，齐一阖省之视听，于行政一方面，有百利而无一害。[1]

自 1906 年至 1907 年起，清政府将已经设立的各种教育会纳入了官方教育管理系统。由于无法直接扩大和强化自身结构以适应新增长的需求，官府不得不寻求跟士绅合作，并且鼓励积极分子的参与。这些举措巩固了新一代精英的地位，巩固了江苏教育总会作为团体的影响。

号召地方精英的积极参与，早在 19 世纪中叶就已出现[2]，Mary Backus Rankin 的研究更是把这种现象追溯到 16 世纪末、17 世纪初。[3] 实行现代化的必要性与绅商们的积极干预，为精英参与注入了新的活力。包天笑回忆说："那时这个江苏教育总会，在江苏教育界中，颇有势力，以张謇为会长，可以直接与江苏最高长官相交接，因

---

1 《文牍三编》上，第 67—68 页。
2 民政部在一份奏折中承认这一情况：《民政部奏请敕各省抄报乡社情形以重治本折》，载《东方杂志》1906 年第 3 卷第 4 期，第 9216—9217 页。
3 Rankin, M. B. "The Origins of a Chinese Public Sphere: Local Elites and Community Affaires in Late Imperial China", in *Études chinoises*, Paris, AFEC, 1990, vol. 9/2, pp. 13‑60; 有关讨论，见 Will, Pierre-Etienne. "L'État, la sphère publique et la redistribution des subsistances à l'époque des Qing", in Vandermeersch, Léon (1994), pp. 271‑292.

此之故，也很有反对他们的人，称之为'学阀'，还有一班人，骂之为'西门破靴党'。"[1] "西门"影射总会位于上海城墙老西门外的新会址。

在政治与社会的整合方面，江苏教育总会的领导人与崇尚儒家学说的朝廷奉行同样的原则，因此它能够部分地补充官府的不足和缺陷。张鹤龄解释他对教育总会的精神和经济支持时说："教育会事得公主持，每有解决，无所迎合于官吏，亦无所袒徇于社会，庶几其宪法之初基。"[2]

教育会负责人的特征与社会构成

教育总会的运行在很大程度上依靠它一批最活跃的积极分子。从前面干事员会的演变可以看到，这支核心力量人数有限，流动性大。从 1905 到 1911 年的六年时间里，干事员会的成员，包括会长总共 84 人，平均每人仅任职两年多一点。[3] 每周例会的参加者很少会超过十来人。担任干事员会的成员需要能够投入大量时间，地方教育的负责人明显难以承担。

职员流动性频繁，与他们担任的职务繁多、职业或地域的限制以及个人职业生涯有关。曾经担任四年副会长的王同愈非常勤恳就业，

---

1 包天笑（1980）下册，第 419—421 页；此处第 420 页。

2 《奉天提学使张鹤龄致江苏教育总会的信》，载《文牍三编》上，第 71 页。

3 有关江苏教育总会主要干部的个人情况，见第二章表 II - 1。以下不再另外注出。

1909 年他接受了学部的指派，出任江西省提学使。[1] 这年干事员会里最活跃的成员之一袁希涛，应朋友的邀请加入天津教育行政部门。通州的教育人士白作霖赴北京学部工作，著名小说家曾朴成为总督端方的幕僚，陆基和张相文远赴他省任教。根据个人的情况，积极分子们相互替补。另一位进士翰林蒋炳章（1864—1930 年）接替王同愈担任教育总会的苏属的副会长，沈恩孚接替了沈同芳的驻会书记的职位。黄炎培原先是浦东中学的校长，学校创始人杨斯盛去世后因学校内部纠纷去任，转而担任了教育总会的常任调查员：他在这个职位上，曾经跑遍了江苏 73 个县中的四分之三。[2] 因为住所远离上海，许多地区的代表无法担任总会核心机构的职务，结果导致苏属职员的比重远远超过宁属职员，达到 59 人与 23 人之比。苏属职员中，包括参与总会成立的创始人和许多松江、苏州和太仓地区的积极分子。不过这一差别也是宁属和苏属会员分布不均等的写照。

尽管领导层不稳定和地域分布不均等，江苏教育总会仍然具有相当的影响力，这跟一些深层因素有关：团体的奋斗精神，改革派地位的上升，得益于改革救国信念的传播和当局执行的新政方针，以及另一个矛盾因素，即在一个充满敌视的环境中进行改革的巨大压力，它促使积极分子们加强团结。对立势力零星而分散，包括官员、地方豪强、保守派文人以及改革的牺牲者。此外，积极人士还面对行政和物质方面的重重障碍，更不用说保守的思想观念和陈旧的价值观仍然主

---

1 曹云源：《吴县志》，1933 年，卷 28，第 18 页。
2 黄炎培（1981），第 55 页。

导着社会主体。江苏教育总会努力调和与其他地方士绅的关系，但是某些敌对行为，例如检举、诽谤，表明两大阵营之间仍然存在鸿沟。另一方面，朝廷仍然保持对文人士子的意识形态控制，并且使用警察监视学生或者教师。处在这样的敌对气氛中，总会的积极分子们必须相互支持，保持队伍的团结一致，否则将难以展开他们的改革宏图。

江苏教育总会的积极分子中，有许多献身地方事业或者学术发展的杰出人物。例如，无锡的裘廷梁（1857—1943）是白话文运动的先驱之一，早在1894年就创办了《无锡白话报》。桃源的张相文（1866—1933）是著名地理学家，曾于清末创立"中国地学会"；常熟的丁祖荫（1871—1930）和吴江的金松岑（1873—1947）都是著名的教师和政论家。许多教师能够发表文章，编写高质量的教材。传播新文化、发展新教育的前景大大激发了他们的创造力。在文化教育大变动的时期，他们代表了士绅群体分化过程中的进步精英。作为科举考试制度的最后一批"产品"，他们成为向新知识界转化的先锋，积极投身地方社会的改革实践，并在民族主义驱动下更新儒家的经世观念。开明士绅文人从开埠港口向小城镇输送了与以往不同的思想和价值观，同时继续发扬政治与社会整合的传统原则。Mary Rankin 指出浙江省也显示了同样的趋势：

> 商业化和对外贸易带来的社会变化，并没有局限于大城市，而是扩展到了浙江繁荣地区的小城镇，促使精英们结成新的关系网络和扮演新的角色。帝国晚期的政治与社会整合原则依然存在（尽管处于衰退中）；社会变革并未引起现代

城市中心与农村社会联系的中断。[1]

Ernst P. Schwintzer 对曾经担任江苏教育总会三大机构职务的人做了详尽的研究。他的研究表明，相比地方上老一代的士绅，总会领导层的主要成员是相对年轻的改革派人士：1906 年他们的平均年龄为 35 岁（据 1905 至 1910 年之间任职的 276 名职员中的 177 人计算）。他们之中的许多人都是拥有传统的高功名如进士和举人，担任学堂教师、学务公所或地方教育会负责人，许多人后来通过选举出任谘议局议员，或者地方"自治公所"的负责人。由此可见，加入江苏教育总会也是他们在政治领域上升的起点。其中很多人后来成为教育界的专业人士，在 1911 年辛亥革命后的几十年里扮演重要角色。[2]

表 II-1 介绍了有关会长和干事员会成员基本情况。我们在此略作补充。从 1905 年到 1911 年，江苏教育总会共有两任会长：1905 年至 1908 年在任的张謇（图 II-2），和 1909 年至 1911 年在任的唐文治。他们两人都是进士出身，博学多才，享有道德盛誉，并且具有丰富的政治和行政经验。张謇是绅商眼中的"魅力型"的领袖人物，在中国面临认同危机的时候，他的勇气和实践，象征着回应世纪难题的意志。如同他的同僚王清穆，唐文治（1865—1954）的职业生涯始于官府。他曾于 1903 年至 1907 年担任高级官员至农工商部左侍郎兼署

1　Rankin, M. B. (1986), pp. 242-243；参见高田幸男 (1994)，第 242—254 页。

2　Schwintzer, E. P. (1992), Chapter 3, "Background of Leaders of the Jiangsu Provincial Education Association", vol. 1, pp. 145-154; Appendix: Background to leaders of the Jiangsu Provincial Education Association, 1905—1910, as recorded in Twenty-one County Gazetteers, vol. 2, pp. 735-746.

理尚书（代部长），是教育总会的领导人中官阶最高的一位。1907 年母亲过世后，唐返回家乡太仓服丧，随后担任上海南洋公学（即后来的"交通大学"）的监督（校长）达十四年之久，并在余生致力于国学的教授与研究。政治上唐文治与张謇都在 1890 年代就倾向改革，并且都是光绪的帝师翁同龢（1830—1904）的门生。

图Ⅱ- 2　张謇画像（约 1908 年）

唐文治祖籍江苏太仓州，他对家乡一向关注：1895 年康有为发起反对签订《马关条约》的"公车上书"，唐曾帮助江苏举人撰写本省请愿书。后来他又支持保路保矿运动。1903 年，他被调至新成立的农工商部就职，为中央政府谋划工业政策、修订最早的商业法条例以及帮助各地创建商会。回到家乡后，他在同胞的要求下主持太仓中学堂的管理和教学工作，每星期往返一次。[1] 1909 年年底他继任江苏教育总会会长，并正式退出政坛。这年他还被苏属议员推举担任"苏属自治筹办处"的总办。从朝廷大员到士绅领袖[2]，唐文治的个人选择象征着官府和绅商势力之间的公开角逐，也表明王朝末期力量对比的逆转。[3]

在同一时期，副会长一职由 7 位士绅领袖（包括张謇）轮流担任。黄汉文回忆唐文治 1908 年当选教育总会会长说："当时风气，任教育会会长、副会长的既要是科举出身，又要有'新思想'，热心教育。"[4] 在曾经担任总会领导人的 8 人中，有 5 个进士，2 个举人。绝大多数人曾经有过一定的官职。

从 1905 年 12 月到 1911 年辛亥革命前夕，总共有 84 人出任过会长、副会长或干事员。1905 年他们之中最年轻的 23 岁（姚明辉和杨天骥，1882 年生），最年长的 65 岁（马良，1840 年生）。30 岁以下的 13 人，40 岁以下的 41 人，40 岁以上和 50 岁以上的分别为 9 人和 6 人。平均年龄 37 岁（按照 84 人中 69 人的年龄计算）。年龄之外，

---

1 唐文治 1892 年中进士，1898 年进入总理衙门，曾多次出使日本和其他西方国家。刘绍棠编：《民国人物小传》(1975)，第 1 卷，第 127—128 页；《近现代人名大辞典》(1989)，第 596 页；《太仓州志》(1919)，卷 10，第 52 页；黄汉文：《记唐文治先生》，载《江苏文史资料选辑》第 19 辑，南京：江苏古籍出版社，1987 年，第 85—139 页；唐文治，《茹经先生自订年谱》(1935)，第 52—70 页。

2 唐文治会长比张謇更经常到会，他主持教育总会的会议每月多达四五次，非常关心总会事务并努力寻求解决问题的办法。见 黄汉文 (1987)，第 98 页。

3 新儒家哲学家冯友兰 (1895—1990) 在他的自传中记叙说，他父亲 1898 年中进士，随后在湖北省获得一个官职。他的朋友们劝他辞职，回家乡河南省恢复士绅的身份。在他们眼里士绅的前景胜过官员。见冯友兰《三松堂自序》，北京：生活·读书·新知三联出版社，1984 年，第 34 页。

4 黄汉文 (1987)，第 98 页。

江苏教育总会领导层的结构反映了进步士绅与青年改革人士的结合。1905 年，这些开明士绅的年龄在 37 岁到 62 岁之间。部分职员，如恽祖祁（常州）、姚文楠（上海）、袁希涛（宝山）、方还（昆山）、吴本善（苏州）和夏仁瑞（江宁），还担任所属县份的地方总董或学务负责人。士绅在地方上的地位通常与他们的社会背景以及个人对地方事务的主动性相关。

　　江苏教育总会的大部分领导人物属于新精英群体。他们大多担任学校校长或教学负责人、教员、督学、记者、编辑，以及地方教育会的会长或地方学务公所的负责人。商人数量很少；不过，很多士绅同时从事教育和经济活动。朝廷政治方针的转向，方便了新社会阶层的崛起。青年积极分子是率先投入改革的一批人，他们很快就在与教育和信息传播相关的机构里占据了重要位置。年青的改革人士如黄炎培、包天笑、王培孙、史量才等文士，没有家庭财富或其他背景的凭借，大多依靠担任家庭教师谋生，而城市新产业的发展给他们带来了社会升迁的机会。朝廷对西方和日本模式的向往，也有利新式人才的成长。被派往日本短期留学的文人，通常很快就被拔擢为学堂校长或地方教育的负责人。[1] 总而言之，清末新政时期，取得外国文凭开始成为职业与社会晋升的一种重要途径，并在此后的 1920 年代，成为知识分子和行政人员当中的主要趋势。

1　江苏同乡会于 1903 年在日本创建，拥有一百来名留学生会员。1904 年，江苏省派遣
　　至日本和欧洲各 40 名学生。同年，各县送两人到日本接受教师培训。官立学校和其他
　　行政机构也参与派遣留学生。1906 年，江苏留日学生超过 558 人。有关派遣留学生的
　　整体状况，见王树槐（1985），第 233—240 页。

关于江苏教育总会领导层职员的职业结构，Ernst P. Schwintzer 认为他们之中很少有教员。从教育总会的领导人和会员整体看，从事教师职业的人仅占很小的比例。不过，对"教员"一词的定义有待商榷。当时的大部分学校，校长与教务主任都参加教学，如马良在震旦学院和复旦公学教授拉丁语和法语，唐文治在高等实业学堂（南洋公学）教授国学。中等学堂的校长黄炎培、白作霖和王培孙也在各自的学校定期授课。由于缺少教师和出于对教育事业的关切，记者与报纸编辑也参加授课。包天笑在回忆录里详细记载了他自己和雷奋、史量才等人在上海的几个女校上课的情况。小学校长直接参与教学更是普遍现象。教育总会的职员名单里（表Ⅱ-1）职业一栏显示，许多从事不同职业的人同时身兼教员职务。

四 建立地方分会网络

创设地方组织的困难

从 1905 到 1906 年间，江苏教育总会创立前后，有二十多个地方教育会在江苏各地成立。最早设立教育会的地方包括江宁、通州、东台、上海、常熟、昆山、吴江、常州。1906 年以后，在响应教育总会的号召下，其他县也开始建立支会，不少地区原先就存在以教育人士为主的小型学会。但是江苏教育总会的雄心是鼓励各县组织一个联合整个教育界的团体，积极分子和地方教育以及学校的负责人员共同组织全体大会，制定章程和选举负责人。

马良、王清穆和许鼎霖这几位总会领袖帮助各自的家乡——丹徒、崇明和赣榆——很快建立了当地的教育会，[1] 但是这种方式并不适用于其他一些地区，尤其是比较边远和落后的地方。清河县（淮安府）学务公所在一封致江苏教育总会的信中表示，希望等派往日本学习的学生夏季回国后再组织教育会。[2] 盐城也报告说要延后考虑，等去日本的学生回来改组已有的一个研究会。[3] 江苏最北面的宿迁县，一直等到张謇亲自出面与知县交涉，才得以建立地方教育会。[4] 地方人士碰到很多组织方面的障碍，经常要求省教育总会干预。

这些障碍有时会被政治化。有些地方的人指责积极分子们企图"聚徒立会"。在高邮县（扬州府），教育会要求整顿学务，被地方经董阻挠，"多方抑格不能行，更目学会为结党，以禀请改良为挟制，倾动上听污蔑为名"。[5] 在金山，教育会的发起人被污蔑为"开坛设会"。[6] 收取会费也遭到攻击。桃源和金坛的知县和地方董事，指责教育会收取会费是为了满足私人利益。[7] 尽管朝廷 1906 年有关教育会的章程准许收取会费，但是有些官员们无视该项规定，坚持认为此

---

1 《文牍初编》下，第 187 页；《文牍三编》下，第 99、106 页。
2 《文牍初编》下，第 56 页。
3 《文牍初编》下，第 55 页。
4 《文牍初编》下，第 67 页。
5 《董增禄等报告权董诬控书》，载《文牍初编》下，第 23—24 页。
6 《致苏松太道瑞辨明沈嘉树等被诬报书》，载《文牍初编》下，第 113—115 页。
7 《桃源评议员张相文报告书》；《调查员袁孝廉希涛报告金坛学务情形书》，载《文牍初编》下，第 60、193、197 页。

举属于营利行为。[1]

从根本上来看，教育界人士组成团体，对一直享有绝对权力的县官形成了某种挑战。泰州事件可以说是这股普遍敌意的表现。1906年2月，江苏教育总会的年轻成员凌文渊，与当地学界同人创建了泰州学会。然而，知县听说了积极分子们的改革意图后，立即下令解散该学会，并振振有词地辩护说："以一学会而干涉行政教育，既共和国亦无此政体，无此会章。浍略有知识，不敢阻遏新机，亦不容莠言乱政。"[2] 事实上，新成立的学会批评财务管理腐败，知县感到受了冒犯。该事被提交省提学使司和江苏教育总会裁决。为了保全县官的面子，教育总会声称事件有"误会"的成分，同时在省当局面前坚决捍卫组织团体的权利：

> 行政人之对于社会，鄙意[3]则谓有补救而无解散，亦非为社会之自恃已足也，尤当体行政人办事之苦心。否则，社会预存一非礼压制之见，以对行政人；行政人又预存一聚众要挟之心，以对社会。行政人尚有去官之一日，社会恐无团结之一日。[4]

---

1 《咨呈学部请明定教育会办公经费文》，载《文牍三编》上，第4—5页。

2 《泰州牧张报告撤销总理字样电》，载《文牍初编》下，第30—31页。

3 江苏教育总会最初几年，致行政当局信件使用张謇会长个人的名义，但实际上大部分文稿是驻会书记沈同芳所撰。见沈同芳《江苏学务总会文牍初编叙例目次》，载《文牍初编》，第3页。

4 《致两江学务处沈观察桐书》，载《文牍初编》下，第33页。

海州和金坛也发生了同样性质的事件。当地官员认为教育事务属于他们的职权范围，教育会不受官府管辖，有悖于传统观念和一贯做法。虽然士绅一直参与地方公共事务，但是多半经由官员挑选，而不是以自主社会团体的身份参与。图保[1]与乡镇各级地方经董，以及间或操持县级事务的总董，都是与官府合作的士绅或个人，由知县或地方社会委托。[2] 地方经董和教育会支持者的根本区别，在于前者以个人名义履行半官方的职能，而后者要求拥有结社权利以及团体成为独立于官府的法人。在积极分子看来，"法人"身份将允许他们集体承担整合地方教育的任务。一直以来，地方精英参与传统教育的管理，但是管理方式不一，各自为政，参与程度视官员与老辈士绅的个人关系而定。与此相反，新成立的教育会致力于发展和统一教育行政，这意味着接收地方官员和旧士绅手中的特权。虽然并非所有的人都怀抱敌意，但在很多情况下，新旧交替的冲突是预料之中的。两大阵营对立的局面，在江苏欠发达的地区尤其突出。在其他一些地区，风气开通与各种势力之间的相互制约，促成了双方之间更加宽容、合作的态度。

此外，学务公所和教育会的职能混淆不清是普遍情形。在许多地方，第一个学务公所常常是改革派积极分子设立的，同时或者随后又设立了教育会。两个机构由同一批人领导的现象很常见。上海、苏

1　图和保原是地方防御系统的单位，包括一百个左右的家庭，清末演变为地方行政单位。有关基层行政组织，见 Hsiao, Kung-ch'uan (1960)。

2　县以下地方负责人对名称、性质、任命方式以及报酬的差别极大，有些致力地方公益，另一些则成为地方公害。见《民政部奏请敕各省抄报乡社情形以重治本折》，载《东方杂志》1906 年第 3 卷第 4 期，第 9216—9217 页。

州、无锡、常熟、通州和江宁都是如此。江苏教育总会最初号召各地教育会和学务公所派代表入会时，也没有特别强调两个机构的不同职能。它回答有关两者权限区别时解释说："查地方办理学务，其起点多在学会。学务公所者，亦学会组织之一部分，本不当歧而二。"[1]但此后各处的状况，这两个机构之间极易产生冲突：因为知县按照上级指令设立教育行政机构，通常任命以往的地方经董执掌学务公所，而这些人不谙教育，冲突难以避免。"于是学界或不满其所为，始组织学会，而公所之绅，则或从而嫉之，种此恶遂收恶果。此近日官与绅龃龉，绅与绅有龃龉之大略也。"[2]

法律框架的不确定性

地方组织遇到的主要障碍之一，是县官与某些朝廷大员难以接受自由结社的原则。无论是在观念还是在政治层面，高度中央集权的清朝都不允许任何社会组织上升到与官府平级的程度。在很大程度上，明朝的覆灭被认为缘于官员与文人组成的派系之间的争斗。[3] 因此，个人结社组成的团体，如秘密会社、宗教派别、文人集会等，都被严格禁止。文人士子干预行政会受到惩罚，被取消科举功名。

在处于 20 世纪转折点的中国，"公民结社"的概念具有特别的意

---

1 《复泰州学会书》，载《文牍初编》下，第 42 页。

2 同上，第 42—43 页。

3 《上江苏学政唐条陈学务书》《复宁属学务处沈观察桐论官绅办学意见书》，载《文牍初编》上，第 64—65；83—84 页。

义。这一概念是从西方和日本引进的，在 1904 年以后逐步获得朝廷的准许。不过尽管已经合法化，教育会的存在却并没有明确的法律保障。积极分子们要求对教育问题行使监督权和享有话语权。但是有关结社的原则没有明确的文字依据，远非所有官员和地方精英愿意接受。

江苏教育总会在解决争执时尽量采取调和的立场，同时努力说服省府接受结社原则。1906 年年初，总会向省学政[1] 和两江学务处递交了一份长篇辩护词，强调官府与士绅合作的官方政策，指出把社会团体排斥在公共事务之外的时代已经过去了，西方和日本的例子证明自由结社在各国的政治与社会现代化中扮演了积极的角色。作者还论证了立法权与行政权必须分开的原理[2]：在当时观念的背景下，这一分离并不否认官府制裁的权力，但是它蕴含着与地方精英分享权力的前景。

在 1906 年末教育会合法化之前，积极分子只能依赖官府的意愿，批准团体的设立或采取改革措施。官员不屑进行原则性的辩论，在最好的情况下，他们用施舍恩惠的传统方式回应改革派的要求。1906 年 9 月颁布的官府教育会章程，将教育会置于县官和省提学使监督之下，在省和地方都"只许设教育会一所"，它们的职能是"补助教育行政，图教育之普及，应与学务公所及劝学所联络一气"。[3]

教育会纳入教育管理系统，这意味着官方承认地方精英在教育领

1　1906 年 4 月 25 日旨令改学政为提学使。

2　《上江苏学政唐条陈学务书》《复宁属学务处观察沈观桐论官绅办学意见书》，载《文牍初编》上，第 64—66；83—87 页。

3　《学部奏定教育会章程》，载《文牍初编》上，第 19—20 页；《东方杂志》1906 年第 3 卷第 9 期，第 7503—7508 页。

域的主导地位，同时也是朝廷延伸职能的一种方式。省和地方的教育行政机关——提学使司和县劝学所——的职责所在与统属关系，以及它们与地方教育会的关系进一步明确化了。[1] 新的法律框架是对积极分子的诉求和公共舆论批评的回应，同时也表明中央权力不得不扩大自身管辖的范围。学部阐明自己的意图说：

> 窃维教育之道普及为先，中国疆域广远，人民繁庶，仅恃地方官吏董率督催，以谋教育普及，戛戛乎其难之也。势必上下相维，官绅相通，藉绅之力，以辅官之不足，地方学务，乃能发达。[2]

在总的方向上，江苏教育总会的目标与官府一致。它努力帮助各地建立教育会，正是为了更好地调动和使用地方资源，创造和谐与有序的环境，建立公共教育部门。这一目标需要将以往由士绅个人直接管理的方式，改为由官府统一管理的更为标准化的方式。这样的改变需要地方力量在联合基础上重新组织政治权力。但是官府缺乏意愿和力量将上述逻辑贯彻到底。

1905—1908 年间地方教育会的演变

江苏教育总会最初打算以上海总部为核心，建立一个连接地方教

---

1 将在下一章里继续讨论这个问题。
2 《学部奏酌拟教育会章程书》，载《东方杂志》1906 年第 3 卷第 9 期，第 7503 页。

育支会的网络。但 1906 年颁布的教育会官方章程不允许这样的安排，因为这将会使省教育会享有控制地方教育会的权力，从而变得过分强大。根据学部的规定，省教育会和地方教育会之间只能保持协作关系，而不是从属关系："凡分会之于总会，不为隶属，惟须联络统合，以图扩充。"省教育会对地方教育会没有任何指挥权，后者按照行政区划设立。

在 1905 年到 1908 年之间，江苏教育总会的地方分会网络的基本建立。分会的数量从最初的二十来个，到 1908 年逐渐扩展到全省大部分州县。但是许多地方分会组织薄弱，处境艰难甚至无法维持，有些地方无人愿意出任教育会的负责人。[1] 教育会会长辞职司空见惯。从 1906 年到 1908 年间，教育总会每年都从各地分会收到至少十多则申诉，报告自己遭到有官员作靠山者或者地方恶霸的攻击等。

尽管障碍重重，江苏教育总会及其积极分子仍然坚持建设分会网络。总会向各地负责人与各地保持通讯，每年分发出版的江苏教育总会文牍交流信息，帮助地方熟悉组织方式与选举程序。每当发生纠纷，总会或者与有关官府交涉，或者派调查员前往当地调解。调查员通常致力和解双方争执，同时注意避免引起官员的猜忌，邀请他们担任名义上的仲裁人。经过不懈的努力，教育总会的分支网络逐渐成形。1908 年的统计收集了 56 个县教育会的情况（见表 Ⅱ-2）。全省73 个县中，仅 5 个（荆溪、宝应、太湖、靖江、太平）尚未建立教

---

1 《泰兴公举代表书》，载《文牍初编》下，第 77—78 页。

育会，或未将有关信息报告教育总会。在同处一城的相邻县份，[1] 积极分子比行政区划整合提前一步，率先联合建立一个教育会。值得指出的是，地理位置比较边缘的地区如淮安府和徐州府，虽然资源相对较少，教育会网络却相当完整。

表Ⅱ-2 江苏教育总会与各地分会（1905—1908）

府县	创立日期*	登记日期*	会员人数	年会费	主要活动
江宁府					
江宁府	1905 年 6 月	1907 年 2 月	80	1 银元	师范传习所
上元/江宁	1907 年 1 月	1907 年 2 月	80	1 银元	教育研究会
句容	1907 年 10 月	1907 年 11 月	85	自由交纳	教育研究会
溧水	1906 年	—	—	—	—
六合	1906 年 11 月	—	—	—	—
高淳	1907 年 10 月	1908 年 4 月	80	铜钱 1 200 文	私塾改良、高等小学堂、初等小学堂
扬州府					
江都	1906 年 3 月	1906 年 4 月	55	1 银元	教育研究会
甘泉	1906 年 4 月	1906 年 4 月	57	1 银元	教育研究会
仪征	1906 年 3 月	—	—	—	—

---

1 面对某些中心城市人口增长和经济发展的需要，清政府将原行政单位划小，例如苏州分为三个县，江宁、无锡和常熟各分为两个县。几个县衙常常同处一城。苏州的情况就是如此。

（续表）

府县	创立日期*	登记日期*	会员人数	年会费	主要活动
高邮	1906 年 10 月	—	—	—	—
兴化	1907 年 6 月	1907 年 7 月	84	1 银元	教育研究会、初等学堂，编辑本地历史地理教科书
泰州	1907 年 3 月	1907 年 4 月	99	3 银元	教育研究所、半日制学堂
东台	1904 年 10 月	1905 年 8 月	78	3 银元	初等师范学堂、高等小学堂
淮安府					
山阳	1907 年 3 月	—	—	—	—
阜宁	1907 年 4 月	1907 年 5 月	116	铜钱 500 文	—
盐城	1906 年 6 月	1906 年 7 月	126	1 银元	法政讲习所、女子学堂、养蚕学校
清河	1907 年 11 月	1907 年 12 月	121	2 银元	—
安东	1906 年 11 月	1906 年 11 月	48	2 银元	城内初等小学堂一处、四乡小学七处、私塾九处
桃源	1907 年 9 月	1907 年 10 月	—	1 银元	两等小学堂
徐州府					
铜山	1906 年 1 月	1906 年 2 月	141	铜钱 1 200 文	公立高等小学教育研究会，教育品制造所

(续表)

府县	创立日期*	登记日期*	会员人数	年会费	主要活动
萧县	1906 年 1 月	1906 年 1 月	139	铜钱 800 文	师范传习所
砀山	1905 年 9 月	1905 年 11 月	180	未定	师范传习所
丰县	1908 年 1 月	1908 年 2 月	84	2 银元	师范传习所，私塾改良会
沛县	1907 年 12 月	1907 年 12 月	209	1 银元	教育研究会，师范传习所
邳州	1906 年 10 月	1906 年 12 月	55	铜钱 1 000 文	教育研究，阅报所
宿迁	1907 年 8 月	1907 年 9 月	47	铜钱 1 000 文	教育研究，师范传习所
睢宁	1907 年 1 月	1907 年 4 月	103	铜钱 1 000 文	—
海州府					
海州	1907 年 10 月	1907 年 12 月	141	2 银元以上	教育研究会
赣榆	1907 年 1 月	1907 年 1 月	61	不详	劝导私塾改良 17 所，合法者五处立案
沭阳	1907 年 10 月	1907 年 10 月	184	1 银元	私塾改良研究
通州府					
通州	1905 年 5 月	1907 年 4 月	141	2 银元	教育研究实习会，地方自治会附设法政讲习所

（续表）

府县	创立日期*	登记日期*	会员人数	年会费	主要活动
如皋	1906 年 10 月	1907 年 1 月	129	4 银元	教员实习研究会，春秋两季调查本邑学校
泰兴	1909 年 9 月	—	—	—	—
海门**	1906 年 10 月	1906 年 10 月	36	2 银元	师范传习所，私塾改良
苏州府					
长洲/元和/吴县	1906 年 11 月	1907 年 2 月	186	2 银元	教育研究会，师范传习所附设师范讲习会
昆山/新阳	1905 年 7 月	1906 年冬—1907 年	136	不详	师范传习所，宣讲所，劝学所，私塾改良，城内 4 所初等小学堂，法政讲习所，与商会合办商业夜课学堂
常熟/昭文	1905 年 9 月	1906 年 8 月	276	1.2 银元	师范传习所、宣讲所、初等和高等小学堂、女子学堂
吴江/震泽	1905 年 9 月	1907 年 2 月	120	4 银元	格致与音乐艺徒学堂
松江府					
华亭/娄县	1906 年 10 月	1907 年 4 月	187	2 银元（注册费）	教育研究月会、政法讲习所

（续表）

府县	创立日期*	登记日期*	会员人数	年会费	主要活动
奉贤	1908 年 1 月	1908 年 1 月	96	1 银元	教育研究月会
金山	1906 年 6 月	1906 年 6 月	101	1 银元	初等师范学堂、15 所县级小学堂
南汇	1907 年 11 月	1908 年 2 月	156	1 银元	—
青浦	1907 年 1 月	1907 年 2 月	51	2 银元（注册费）	本地学堂调研
上海	1905 年 10 月	—	—	—	3 所师范传习所、本地学堂调研
川沙	1906 年 2 月	—	—	—	—
常州府					
武进/阳湖	1905 年 10 月	1908 年 3 月	131	2.4 银元	教育研究、宣讲所、教学报刊
无锡/金匮	1906 年 6 月	1907 年 3 月	121	2.4 银元	教育研讨会、传统学堂改革协会、体育艺徒学堂
江阴	1906 年 10 月	1906 年 12 月	122	1 银元	读本和文献中心
宜兴/荆溪	1905 年 8 月	—	—	—	—
靖江	约 1906 年	—	—	—	已解散
镇江府					
丹徒	1906 年 7 月	1907 年 11 月	112	1 银元	师范传习所、初等小学堂
丹阳	1907 年 2 月	1907 年 3 月	50	铜钱 1 000 文以上	教育研究、宣讲所

（续表）

府县	创立日期*	登记日期*	会员人数	年会费	主要活动
溧阳	1906 年 6 月	1906 年 9 月	260	0.6 银元至 2 银元	多所县属小学堂、
金坛	1906 年 12 月	—	—	—	—
太仓州					
太仓/镇洋	1906 年 11 月	1907 年 1 月	56	1 银元	教育研究周会
崇明	1907 年 1 月	1907 年 2 月	102	4 银元	教育研究、师范传习所、宣讲所、教学文章展厅、格致和政法讲习所
嘉定	1907 年 6 月	1907 年 9 月	41	3 银元	教育研究、教学文章展厅
宝山	1907 年 1 月	1907 年 2 月	61	0.6 银元	每周日赴四乡宣传

　　* 此处日期均为阴历，未转换为阳历日期。
　　** 直属两江总督管辖。
　　——资料来源：《文牍三编》下，第 91—108 页；《上海县续志》，第 11 卷，第 14b 页；黄炎培主编《川沙县志》，1936 年，第 614 页。

　　大多数教育会成立于 1907 年年底之前，经过官方登记正式合法化。根据各自的集合能力，各分会的会员从 30 名左右到 270 多名不等。尽管非教育界人士也可以入会，这些数字仍然远远低于省内文人的数量。[1] 除了一些地方士绅外，教育会容纳的会员主要是新学堂的教员与职员，这点与教育总会干部的状况相似。以常熟—昭文两县合建的教育会为例，该会共有 276 名会员。这两个县人口众多，地理位置交叉，1912 年后合并为一个县。1909 年，这两个县的新教育部门总共聘用了 189 人（包括教职员）。私塾教师的人数很可能远远超过这个数字，因为"私塾的学生是新式学堂的 10 倍"。[2] 上海县教育会明确规定，有生员（秀才）功名的人都可以成为教育会会员。[3] 不过，这项融合新旧阵营的措施并非在所有的地方都有效，利益对立和相互的敌意往往导致许多人事纠纷。

从各县人口统计中，可以看到不同地区之间地理条件和人口数量的巨大差异。我们刚才谈到，常熟—昭文这样一个大"双县"的新式学堂，总共只雇用了 189 人；而在全省面积最小的县之一——川沙，1912 年新式学堂的教职员仅有 54 人。[4] 总的来说，根据地理数据以及其他一些资料，可以了解各地教育发展的不同程度。教育会会员人数的多少，一般与县的大小成正比：人口在 10 万到 30 万之间的"小"县，如赣榆、青浦、太仓/镇洋、嘉定、宝山，教育会会员较少（40 到 60 人），而人口在 80 万到 100 万及以上（包括 1912 年前尚未合并的二至三个县）的"大"县，如盐城、铜山、通州、苏州、常州

1　据张仲礼的估计，太平天国起事后，江苏的文士总数达 105 458 人（包括通过科举考试和捐纳获得功名者）。平均每县达 1 445 人。Chang, Chung-Li. *The Chinese gentry*, Seattle: University of Washington Press, 1955, Tableau n° 32, p. 164.

2　《常熟市志》，上海：上海人民出版社，1990 年，第 702、736 页。

3　《上海学务公会草章》，载《文牍初编》下，第 119 页。

4　《川沙县志》（1990），第 764 页。

等，会员人数动辄达到百人以上。不过，有些地区规模并不小，如安东、宿迁、海门、丹阳，教育会却发展困难。相比之下，某些中小规模的县，如吴江/震泽、昆山/新阳、华亭/娄县、南汇，入会人数相当可观。值得一提的是，在贫困的徐州地区，8 个县中有 5 个县的会员人数超过百人，小小的沛县居然高达 200 人以上！

尽管会员人数在 1905 年到 1911 年间得到较大的增长（见表Ⅱ-3 与图Ⅱ-3），江苏教育总会仍然是一个人数有限的团体。不过，在它的积极干预下，地方教育会的建设使总会拥有一个得以施展影响力的结构性网络。1908 年，江苏教育总会本身只有 562 名注册会员，但是各地方分会的会员人数总计则达到 5 124 人，即总会人数的 10 倍——并且该数字还是不完全统计的结果。这一出色的成绩不无矛盾地表明，尽管大城市的影响日益增长，致力改革的计划仍然需要深深植根于传统社会的架构之中。

表Ⅱ-3　江苏教育总会会员人数（各府汇总）

年份 府名	1905	1906	1907	1908	1909	1910	1911
宁属							
江宁	13	18	29	47	49	50	50
扬州	18	36	53	76	77	79	79
淮安	6	10	14	31	34	37	37
徐州	10	12	16	30	35	35	35
海州	2	4	6	16	22	25	25

(续表)

年份 府名	1905	1906	1907	1908	1909	1910	1911
通州	10	19	29	43	47	48	48
宁属总计	59	99	147	243	264	274	274
苏属							
苏州	38	60	74	90	102	102	102
松江	22	52	56	72	75	79	79
常州	20	55	74	84	87	89	89
镇江	8	13	15	19	20	23	23
太仓	27	49	53	54	62	65	65
苏属总计	115	229	272	319	346	358	358
全省总计	174	328	419	562	610	632	632

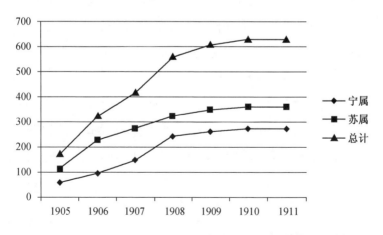

图Ⅱ-3　江苏教育总会会员人数演变（1905—1911）

第三章　地方精英与教育改革

在开始分析江苏教育总会的各类活动之前，有必要先介绍一下该会干事员会周会的内容。作为执行机构，干事会很快成为总会的决策中心。为了加强与基层的通讯交流，总会从 1907 年开始按月列表简要记载各类会议，并且补充了 1905—1906 两年的主要会议记录。这些记录使用表格的形式，登载在逐年出版的《江苏教育总会文牍》年度文件汇编中。每次会议都标注了开会日期、会议性质、到会人数和会议日程。各类会议的讨论内容通常分作两项归类：第一类称作"报告及提议事件"，指收到的交流信息与报告、建议等；第二类"议决事件"列出讨论后采取的决定。[1]

除了每年的全体大会，和不定期召开的评议员会，干事员会的周会占的分量最大。每次周会大约处理 12 件事务。会议日程中五分之二的内容是官府、地方教育机构（教育会或劝学所）以及其他团体或

---

1 《江苏教育总会文牍》从 1907 年的三编开始登载 "本会开会一览表"，除了日期、到会人数等，报告内容最初只分两栏 "报告及提议事件" 和 "议案"。1911 年出版的六编 "议决事件" 下增加一栏，列出议决结果。

个人致干事员会的通讯函件。江苏教育总会创立的最初几年，这类通讯报告的比例相对较低，但自1908年起逐渐上升，原因是地方机构逐渐成立以及各地有关教育的问题增多。与此同时，江苏教育总会与各类团体和其他省份的交流也日益扩大。

表Ⅲ-1和表Ⅲ-2分别显示了干事员会议的议题分布以及议题性质。如表格所示，"地方"事务占据议事日程的主要部分，主要涉及官府、地方机构与学校提出的各种问题，要求总会加以干预、咨询解惑或是报告冲突事件。财务问题在其中占了很大的比重。干事员会经过讨论后，做出处理决定：或者将问题转呈官府，要求后者介入和解决问题；或者向地方机构核实事实，或者直接提出建议。必要的时候，干事员会派调查员赴当地澄清问题，调解双方争论。有时会与提学使司共同调查。在调查基础上，建立有关文档作为处理问题的根据，以及反馈地方和官府。

表Ⅲ-1　提交议程的事务类型

单位:%

报告及提议事件	40
议决事件	60
总计	100

表Ⅲ-2　议决事务种类

单位:%

地方事务 (其中财务问题)	72 (15)
总会事务	24
个人事务	4
总计	100

——根据《江苏教育总会文牍》（1907，1908，1909，1911）所载"本会开会一览表"估算。

总会事务虽然仅占四分之一，但包括了不少涉及全省乃至全国范围的重要行动。此外，还有江苏教育总会内部的各种事宜以及总部和地方分会之间的关系问题。这些事务数量众多，处理得当对团体的成功运行至关重要。

最后，"个人"事务通常与教员、学生或文人要求获得担保或官方奖学金有关。不过，依照会章和官府规定的教育会章程，干事员会原则上拒绝干预行政或司法裁决的个人问题。

干事员会的日常工作，充分反映了江苏教育总会承担的双重使命：一方面作为一个半职业团体参与建立新教育制度；另一方面作为一个准教育行政机构，参与解决地方教育事务的种种问题。江苏教育总会扮演新事物促进人和调解中介的双重角色。它的调解对象，不仅仅限于省总会与地方分会之间的关系，也涉及与省级官府、地方社会以及学校之间的关系。

一 为选举地方教育行政主管而努力

清廷对教育的控制

科举制度的废除以及教育事务的倍增，最终促使清廷彻底改革教育行政部门，将教育从礼部中分出，1905 年 12 月成立学部专门管理。几个月以后，学部添加了省和县的下属部门：原来学政和县主管科举的学官被撤销，改为省级设"提学使司"，县级设"劝学所"。[1] 至此，清廷有了真正意义上的新学教育官署。1912 年以后，中华民国基本沿用了这一架构。

新旧体系之间的根本区别在于，新体系旨在管理一个以普及教育为目标的教育系统，为国家现代化服务；[2] 旧体系按照一种静态的方式，履行维持正统观念和为官僚体系筛选精英的职能。[3] 新教育体系按照学校阶段和知识种类划分，而不像旧制度那样仅仅偏重对知识的筛选。[4] 教育行政管理以日本模式为范本，相比以科举考试为中心的旧体系，具有三大明显的特征：

——管理者专业化；

——教育行政地区化；

——教育团体的协商空间扩大。

---

1 1905 年 12 月 6 日，1906 年 4 月 25 日与 6 月 15 日的旨令：朱有瓛（1989），第二辑下册，第 142、144 页。

2 "今中国振兴国务，固宜注重普通之学，令全国之民无人不学，尤以明定宗旨宣示天下为握要之图。"《学部奏请宣示教育宗旨折》（1906 年 3 月 25 日），朱有瓛（1987），第二辑上册，第 151 页。

3 见第一章第二节中"传统教育特征"部分。

4 科举制度中，学政是北京的官员，被派往各省主持科考（举人）与会考（进士）；或者担任省一级的学政，任期三年，负责省内各类岁科考（秀才）。督抚虽然只担任名义上的科考主管，但是他们主管官立书院，以及扶持地方教育，负责任命书院的实际领导（山长）和筹集资金。府州县官在地方一级履行同样的职责。地方学官（学正、训导、教谕等）辅助州县官一起主持岁考，但是他们的主要职责在于监督文人士子、数目有限的官塾以及主持祭祀等礼仪活动。清代地方学官不再负责教学工作。此外，县级学官隶属县官，但不纳入普通官制，不受回避制度的限制。

首先，知识教学的考核职能过去由皇帝委派的大臣、地区官员和学官（见图Ⅲ-1）三者分担，现在由一个教育官署统一领导（见图Ⅲ-2和图Ⅲ-3）。

第二，教学机构更有机地纳入各级教育体系。为避免出现不必要的行政管理重叠，撤销了府级学官。各府负责协调所属县的行政事务，不再直接管理学区。

第三，新体系首次在行政机构的各个层级将社会人士的参与进行了制度化。无论是中央学部，还是省提学使司，各类顾问（资议官、议长、议绅）的职能都正式化。通过著名人士参与决策的合法化，朝廷将社会活力纳入体制内。这是前所未有的措施。黄炎培写道："由官厅延聘地方人士，赞画行政，这种参议制度，在当时其他行政方面，都还没有见过。然亦根据各省现行制度而来，当时有几省像直隶等，设有学务处，这就是学务公所的前身。"[1] 更重要的是，在绅商的要求下和迫于现代化的需要，朝廷部分地放弃了"回避制度"以及与之对应的用人原则。[2]

有关教育行政人员的职责规定是上述特征的具体化。省提学使负责管理整个教育系统，权限远远超过从前的学政。[3] 提学使由学部任命，主持提学使司（亦称学务公所）。但在履行职责方面，直接隶属

1　黄炎培（1931），第107页。
2　教育行政纳入省官府系统，必然要在当地雇佣教育官员。在科举制度中，各省考官属于京官，被派往各地主持考试，回避制度禁止他们雇佣当地人士担任幕僚。
3　科举时代的学政属于京官，通常都是进士出身。他们的主要职责限于主持省内各地的院试（童生）与岁科考（秀才）。

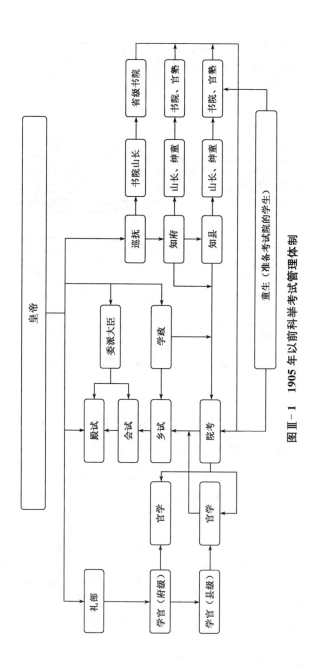

图Ⅲ-1 1905年以前科举考试管理体制

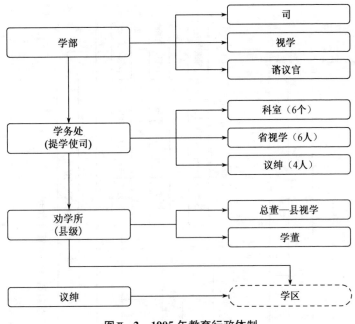

图Ⅲ-2　1905 年教育行政体制

于巡抚：这样的安排，是为了协调地理行政区域内的各地官府。[1] 提学使司包括一些议绅、六个职能部门以及一批视学。出于同样的行政开放原则，各课负责人（课：与科同义）和视学的职位，不仅可由候补官员担任，也可以在士绅中遴选品德学问优秀者。[2] 担任学务公所

1 "现在停止科举，专办学堂，一切教育行政及扩张兴学之经费，督饬办学之考成，与地方行政，在在均有关系。学政分任事权较为不属，与督抚为敌体，诸事既不便于禀承；与地方为客官，一切更不灵于呼应。"《学部政务处奏请裁学政设提学使折》，1906 年 4 月 25 日，见朱有瓛（1989），第二辑下册，第 142 页。

2 《大清教育法令》，第 12—16 页；朱有瓛（1989），第二辑下册，第 143 页；舒新城编：《中国近代教育史资料》，1961 年初版，1985 第三版，第 1 册，第 282 页。

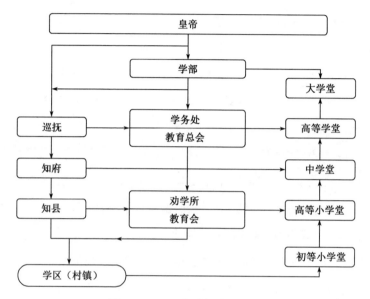

图Ⅲ-3 1905年学校管理体制

职务的士绅由提学使甄选，最后由督抚任命。这些规定后来成为积极分子与权力当局之间的主要分歧。

在朝廷看来，这些新的措施旨在引进官府外部的技术专业人士，以弥补官僚体系的不足，而不致影响官府的控制权。新的公共部门的出现以及它们提供的专业服务（军队、警察、教育、工商业等），有可能导致官僚体系的膨胀。为了避免增加官僚的规模，同时又满足新政现代化的需要，清廷采用的办法是把一部分外界的专业人才纳入有关官府部门，或者将部分职权委托精英个人及其团体行使。具体方式由官府各部和地方督巡根据需要选择。

作为一个正在扩张的新部门，教育行政从一开始就采用了一种不很正规的混合形式。除了提学使由学部任命以外，省级官府的教育部门——学务公所——由候补官员、士绅以及官员或官立学堂校长任命的各式人物组成。这种混杂的组织方式因学部颁发的法令而合法化。发生在朝廷部门中的这些变化，使中央权力与地方精英之间的力量平衡发生变化。

虽然省级教育部门具有"官绅"混合的特点，但是它与县级的劝学所不同，后者隶属知县、由省提学使司管辖，其成员完全来自本地的精英群体。每个县设劝学所，按照镇乡划分"学区"，由劝学所主管所有的教育事务。劝学所的总董同时负有县视学的职责，由当地县官选择任命。总董在地方士绅中选出"品行端正、夙能留心学务者"的劝学员，负责各学区。这样的组织方式旨在调动基层的人力和物质资源，为教育现代化服务，[1] 同时也表现了清廷深入地方和关键新兴部门的方式。尽管如此，教育部门始终面对着预算紧张和资金短缺的问题。此外，虽然新的基层教育新政满足了积极分子参与的要求，但是它的半官方性质，引发了履行职权的合法性问题，以及在负责人选择方面的分歧。

出于同样的强化控制和吸收精英积极分子的动机，清廷为新创立的教育会（亦称学会）在体制中保留了重要的位置。由学部公布的教育会章程明确后者的角色："教育会设立之宗旨，期于补助教育行政，图教育之普及，应与学务公所及劝学所联络一气（第1条）。"为了利

---

1 劝学所的职责之一就是筹集新教育所需要的资金。见《学部奏定劝学所章程》（1906年5月15日），朱有瓛（1989），第二辑下册，第144—147页。

用非官方的力量，并将之纳入新的教育体制，学部仔细规范了教育会的组织与运行方式，以防任何越轨现象。清廷明确规定，每个省、县只能建立一个教育会，由省、县官府批准设立。省教育总会与各县教育分会之间，没有隶属关系，只有协作关系。章程还规定教育会必须将职员（即干部）名单和所有文件（会员名单、会议记录、团体活动、账目），送交提学使和当地知县审查。此外，严令禁止教育会从事政治活动，一旦出现不当行为，官府有权令其解散。作为奖赏，教育会由提学使进行考核，成绩优良者可以得到嘉奖，出色人物可以被任命为本省学务议绅或是其他官方职务。[1]

江苏教育总会不得不服从学部颁布的教育会章程，[2] 名义上接受了对地方分会的领导权的丧失，但是并没有完全放弃它试图成为教育界准议会的抱负。章程赋予团体合法的身份，使总会能够以法人身份活动。教育会与各级官府之间确立了有机联系，从而使它的运作和交流渠道正规化。此外，只允许设立一个省级和地方教育会的规定，对江苏教育总会这样先前建立并得到官方认可的团体有利，它在地方层面符合总会主张的统一原则。事实上，清廷承认教育会团体大大促成了各地教育会的建立。地方官员无法再横加阻拦，1907 年至 1908 年间，教育会成立的数量有了名副其实的飞跃。

---

1 《学部奏酌拟教育会章程》，载《东方杂志》1906 年第 3 卷第 9 期，第 7503—7508 页。
2 "（江苏学务总会）颇能团结一省教育界，时时纠正清季对学界猜疑的心理，和压迫或敷衍的过举。学部为欲施以限制，乃公布教育会章程。"黄炎培 (1931)，第 108 页。

与官府的分歧

　　自创立伊始，江苏教育总会就要求担任学务工作的官绅（包括省官立学堂的负责人）通过学界选举产生。[1] 在它看来，选举制度是唯一能够防止官府机能失调和公职商品化的措施。与此同时，报刊和改革派的著述也不断谴责官府的积弊和恶习，如徇私、裙带关系、任人唯亲、贿赂、挪用资金、暗中阻挠等。教育总会向学部要求说："苏省宁属各校与它省学堂性质不同，惟旧习已深，总应改归绅办。绅士之膺是选者，参用投票选举之法，且定一年任满易人之例，非连举不得连任，藉免把持盘踞之渐。似此稍为变通，庶与各国学校规则，略有贯输，而官场腐败之积弊，或有扫除更张之一日，即学界文明之进步，或有显豁呈露之一日。"[2] 苏州和江宁的积极人士要求府级和省级学堂的监督通过选举产生。[3] 常熟—昭文和吴江—震泽的教育会在推广新教育的过程中遭遇严重阻碍，他们强烈要求普及选举教育行政负责人，包括提学使司的议长、议绅、课员与视学等职位。[4]

　　1906 年至 1907 年省学务公所（1906 年前名学务处）改组期

1　有关江苏教育总会要求教育行政与学校负责人由学界公举：《文牍初编》上，第 41、51、84—85 页。参见第二章第一节"教育改革带来的问题"。

2　《上学部请明定各省学额并撤销科举名目呈》，载《文牍初编》上，第 30 页。

3　《文牍初编》下，第 2 页；《文牍三编》下，第 20 页。

4　《文牍初编》下，第 104—108 页。

间，[1] 江苏教育总会的积极分子公开反对以单纯任命方式指定学务负责人。1906 年 11 月经过全体大会的讨论，通过一项提案，建议由学界选举议绅、职员与视学，随后由教育总会呈报提学使批准。总会的驻办书记沈同芳专门撰写了一篇有关的论述，由总会转发。[2] 地方积极分子的意见书批评学部章程说："事由督抚奏派札派，不采舆论，不由公举，往往由徇情滥竽，徒糜薪水，了无建白者。"[3] 但与基层会员的期许不同，总会领导人没有马上就学务公所的组织方式表态。

1906 年 11 月，教育总会江宁办事处自发组织了两名江北地区议长的选举，并将两人的名字上报，建议正式任命。[4] 1907 年年末，有关选举的争论再次成为焦点：教育总会的正副会长张謇和王同愈一年前被江宁和苏州的学务处分别任命为议长，[5] 上书学部建议今后议长通过选举产生，任期一年。[6] 两位领导人详尽论述选举制度的益处，举江苏教育总会、上海商务总会和上海城厢内外工程局的选举为例，并指出官方任命蕴含的破坏性后果：

　　一省之中或人才辈出，何以确定此一人可为议长？此四

1　提学使由学部任命后，先派送日本考察三个月。因此，江苏的两个提学使司——江宁和苏州各一——迟至 1906 年年底 1907 年年初才组织完毕。

2　《文牍二编》上，第 27—32 页；《文牍三编》下，第 8 页。

3　《江震学会论选举省学务公所职员书》，载《文牍初编》下，第 107 页。

4　《文牍二编》上，第 94—96 页。

5　遵循督抚分治的行政建制，江苏省保持两个省教育行政机构（学务公所）直至清朝灭亡。

6　《会长张謇王同愈上学部督抚论议长议绅应由选举书》，载《文牍三编》上，第 5—8 页。

人可为议绅？不由公众选举，而仅由个人委托，提学使将何从延聘？恐蹈从前延聘幕僚之故辙。此未安者一。提学使之延聘，或仅取一二人之荐剡，而荐剡之人，即诚皆贤，然在地方办事，断不能尽人而悦，稍有与之龃龉，贤者必隐避之不遑，尚何所施其赞画。其下者，位置私人，则赵孟能贵赵孟能贱矣。此未安者二。从前在籍绅董，往往把持盘踞，为地方之患。其敢把持盘踞者，任事无期限，历时愈久，则巢窟愈固，致成专断欺罔之渐。而人民又不知有所谓选举，以舆论予之者，仍可以舆论夺之。今议长议绅，亦无任事期限，及任满更举之明文，与从前屡憎与人之绅董者何异？此未安者三。有此三者，知为地方任事，必由选举，而议长议绅其由丞也。[1]

由于江宁和苏州分设提学使司，原籍镇江的改革人士马良和茅谦担心家乡在苏州学务公所没有代表，要求教育总会主持选举，确保每个地区选出一或二人，以收“均势之效，如此则地方教育可以上下沟通，获益匪浅”。[2]

从更广泛的意义上，清朝的政治系统缺乏代表地方需求的机制，通过选举可以将学务公所内一些非江苏籍的候补官员改换成本地的教

---

1 《会长张謇王同愈上学部督抚论议长议绅应由选举书》，载《文牍三编》上，第 6—7 页。

2 马良、茅谦：《意见书》，载《文牍二编》上，第 20—21 页。镇江府地理位置毗邻江宁、扬州，但是行政上属苏州巡抚管辖。马良、茅谦的意见表明镇江教育人士担心地区被忽视，而选举有助于保持地区利益的平衡。

育人士。比如，吴江—震泽教育会指责以往的学官与任职地区缺少联系，对当地人的意见漠不关心。常熟—昭文的会员则为教育管理缺乏有力的领导而忧心忡忡：

> 近来苏垣学堂尚多不满人意之处，而内地州县之对学务，往往是非不明，横生意见。以故顽绅劣董反得把持公款，动辄阻挠；而苦心兴学者不为人谅。贤者无所劝，不肖者无所惩，则人亦何为而不灰心也。推原其故，由于学务处不尽得人选，遇事颟顸，无形之中贻害甚大。[1]

这些太湖地区（尤其常熟—昭文和吴江—震泽）的地方教育会，由许多充满热情的青年文人主持，他们积极捍卫地方利益，希望代表地方的机构纳入官府体系。

官府的立场

尽管社团组织已经纳入法律框架，朝廷及其官僚机构坚持具有监管它们的特权，部分官员对它们的存在始终持怀疑态度。江苏教育总会关于选举劝学公所成员的提议，学部和总督端方都没有接受，端方很巧妙地提出难以确定投票者的资格。他的立场说明，即便是最开放的官员，也不认同非官僚系统精英人士的制度改革逻

---

1 《常昭会员论办学人员当由选举之意见书》，载《文牍初编》下，第104—105页。

辑。1905 年两江总督周馥对江苏教育总会要求的答复，有相当的代表性：

> 以地方之财办地方之事，即以本地之绅管本地之学，名
> 义既正，情意易孚，亟应照办。所虑者此时程度犹有未足，
> 委员管理不善，则大吏一概撤去自易。巨绅管理不善，则瞻
> 徇更多，比肩共事之人，惮于举发。此事不可不虑之于
> 始耳。[1]

持相同观点的学务处观察沈桐，[2] 在致信江苏教育总会时，提出无法实行选举学校负责人的理由是社会整体知识和能力不足。他承认官员对学堂管理不善，但认为很难找到足够的德才兼备的人来替代这些官员。[3] 这样的论调在地方官员中也很有市场，他们时常借口某些积极分子的个人问题，排斥他们。张謇驳斥这种论调说："至今日各地方官解散社会（指学会、教育会），辄藉口于在事之不得其人（或曰嗜好甚深，或曰声名素劣）……然宁苏两属中所谓处执法之地位者，其能免于以上藉口者几何？又何以自解于社会也？"他认为只要社会团体参与立法的权利未被承认，官员就不会摈弃猜疑

---

1 《江督周复书》，载《文牍初编》上，第 44 页。
2 此处指成立提学使以前，督抚于 1904—1905 年间设立的主管新教育的机构——学务处，江苏总共有三个，分别位于苏州、江宁和清江。根据 1906 年 4 月学部的令旨，它们随后被改为提学使司。参见第二章第一节"教育改革带来的问题"。
3 《两江学务处沈观察来书》，载《文牍初编》上，第 82—83 页。

的态度。[1]

教育总会动员麾下的队伍继续向官府施压，甚至不惜得罪官方合作人。1908 年，在一桩涉及视学人选事务中，苏属提学使毛庆蕃利用总会的一个疏忽，含沙射影地指责总会在省内扮演的角色。他还比较了江苏官绅冲突与天津官绅团结的局面，高度赞扬由雄心勃勃的直隶总督袁世凯主导的官僚集权发展模式。[2] 这一比较似是而非，因为直隶教育总会成立于 1909 年，由提学使的副手发起，实际上是袁世凯势力的直接产物，并且教育会的会长们都由行政官员担任，[3] 会员也更合作，不像他们的江苏同人那样不服管教。直隶模式与它的提倡人的风格有关：袁世凯精明能干，他也依靠有名望的人物，例如1904 年任命著名的改革派官员严修（1860—1929）掌管直隶学务处，随后严修得到擢升，清末担任学部侍郎一职。[4] 张謇和严修是当时舆论公认的一南一北两大教育家。但两人的不同之处，在于张謇更"政治化"的行动方式，自觉充任了改革派士绅的首领。

江苏教育改革的特点，一是江苏教育总会的独立性，二是总会与

1 "总之社会解说一日不明，即行政人之疑虑一日不解"：《复宁学务处沈观察桐论官绅办学意见书》，载《文牍初编》上，第 83—86 页。"社会处法之地位，地方官处执法之地位"，是教育总会反复向官方或舆论陈述的观念，这个表述用来指自己的身份——社会之代表，以及作为团体选举教育行政负责人的权利。

2 《咨苏提学使毛论委派省视学书》《苏提学使毛复文》，载《文牍三编》中，第 149—155 页。在调任江苏以前，毛庆蕃曾任直隶省的按察使（臬司），并主管法政学校。见《东方杂志》1905 年第 2 卷第 8 期，第 4673 页。

3 《教育杂志》1909 年第 1 卷第 3 期，第 233 页。

4 有关严修的职业生涯，见《中国近现代人名大辞典》，第 283 页。清朝垮台后，严修将主要精力投入教育，他是南开学校及大学的创始人之一。贾毅君：《民国名人传》，北京：文化学社，1937 年，长沙：岳麓书社 1993 年再版，第 365—370 页。

官府之间既合作又对抗的复杂的关系。处于远离京城的地理位置，商业化和自由程度较高的开放口岸环境，江苏教育总会与官府是性质不同的主体，而非后者的附属。尽管省级官府拒绝满足它有关选举的要求，但是面对总会针锋相对、坚不退让的立场，当局不得不做出一定的让步。双方在学务公所（即提学使司）职员的问题上达成某种折中方案，议绅和视学大多在总会的地区骨干中挑选。此外，根据具体情况，总会也出面干预一些地方教育负责人的任命，后者的任命权原则上属于知县和提学使。官府方面也需要教育总会的支持，因为省和县的这些种职位都会招来地方人士的觊觎和争执，从而导致政府和士绅之间，以及士绅内部的紧张关系。

另一方面，学务公所的情形不容乐观，某些职员显然没能抵挡渎职的诱惑。1909 年 9 月，江苏教育总会在省谘议局第一次会议上再次公开批评，使谘议局通过了数项改组学务公所的提案。总会再次要求选举议绅，考核公所各科职员。[1] 与此同时，立宪派的喉舌《时报》披露，苏属学务公所的 27 名职员中，[2] 只有 3 人毕业于新式学堂，其他人大多是候补官员。提学使司雇用的财务和后勤人员——多为浙江或湖南人——挪用资金。某些议绅三年来从未来过公所，却照样领取薪水；还有一些议绅虽然曾经露面，但从未提出过任何建议。此外，学务公所没有固定的工作时间。[3]

---

1 王树槐：《清末民初江苏省的谘议局与省议会》，载《历史学报》1978 年第 6 期，第 319 页。
2 苏属劝学公所有 32 位成员，其中 5 人为议绅。
3 《时报》1909 年 11 月 12 日、28 日；12 月 3 日、6 日，引自王树槐（1985），第 232—233 页。参见第四章第二节。

　　江苏教育总会的士绅领袖与积极分子把民主选举看作对地方利益的维护以及对团体自身的保护。我们从积极人士的言论中可以发现，很多时候选举并不仅仅针对官方任命，而是解决内部分歧，使多数人达成共识的必要措施。总会希望在教育界建立威信，但是同时也希望国家干预的力量重新整合，而不是受到削弱。民国成立后，地方积极分子大批进入政府体系，致力于强化国家对教育的干预能力。[1] 江苏教育总会不仅是利益集团，也是时代变革的推动者：在光绪帝和慈禧太后消失的前夕，朝政局势不确定以及改革的种种障碍严重削弱了清廷行动的能动性。

二　教育改革的困难与纠纷

　　部颁教育会的规章赋予它们重大的任务，却并未规定具体的行动方式及其范围。虽然官府负责监管，但大量实际问题——从学制到教学人员，从教育经费到学校管理——需要教育会直接面对，尤其是衰败的旧体制遗留的种种弊端仍然影响着教育改革。

与省官府合作克服新学制弊端

　　新政教育改革实行五年之后，《时报》刊登了一篇教育工作者的

1　参见第五章第二节"地方精英执政"。

文章，对新教育体制的缺陷做了一番鞭辟入里的批评，值得在这里引用一长段：

> 推厥（教育）弊端，要可一言以蔽之曰盲行而已。惟盲行也，故未尝调查，而学校区数，可以约略计之。学龄儿童数，可以悬揣定之。教育用费，可以挹注行之。师范毕业生之额，或浮于现办小学校预定之教员数。中学生之选，或逾于高等小学三年以上修业生数。于是有地点等同之争，有学额多少之争，有款目加减之争。校员则争席面，学生则争保送。惟教育盲行也，故未尝研究，而章程均取诸已有者，不问其情形，如何办法，如何教科，均择其通用者。不问其宗旨如何，收效如何。学年可以随意定，课书可以随意教，教员学生可以随时变迁。于是行与实违，教与用违，程度之相差，教材之不合，校风之散漫无纪，俱置若罔闻焉。惟盲行也，故未尝实习经事久者，则容于多而失之太疏。阅世浅者，则议论多而操之太促。甫即之以为热忱，积久见苦而懈心萌矣。甫行之差觉可喜，积渐生弊，而恶果彰矣。踌躇满志，谓为能事已尽而，不知其未也。浅尝辄止，谓为不出范围而不知其非也。于是有调停无践履，有辩驳无商量，有昙花一现之观，无果实成熟之日。惟盲行也，故未尝统筹，而甲种之机关，足以为梗于乙部。上颁之功令，或亦难责之下行。在理实见为应行，筹费弥形其不足，现办者不留余地，待办者正属多端。于是行一事，有种种之阻挠。发一令，有

着着之扞格。奉行故事，敷衍目前，相沿成习而不可复遏。
惟盲行也，故未尝计久远谋公益，一学校也，可视之如传
舍，可据之为私产。堂长一成不易，董事不厌其多，学案之
争，不出把持侵没等语。大局所寄，徒有补苴粉饰之观，甚
且以尽义务之美名，为攘利权之实地。于是旅进旅退，莫名
其端，患得患失交讧于内，学界上有攻击、有党同，独无持
正不阿，报达一的之行动。世道人心于是乎系? [1]

教育行政与教学设施脱节，学校制度、教学方法缺乏规范，学校
管理松散、各自为政，管理人员缺少经验，缺乏远见，部门主义、腐
化、派别冲突——作者历数了新学制实践中出现的各种乱象。其中某
些问题与改革计划本身的弱点相关，尤其是专职人员缺乏经验和专业
能力。其他一些问题，似乎与国家的衰弱和社会风气败坏有关。

与 19 世纪的工业化国家不同，中国教育改革并非源于较长时间
的社会与政治演变。[2] 它是对一场严重的普遍性危机作出的迟到而仓
促的回应。清廷试图移植西式学制，然而，无论是官府还是社会，都

---

1 《教育感言》，载《时报》1907 年 8 月 19、20、23 日，引文 8 月 19 日；《东方杂志》转
载，1907 年第 4 卷第 11 期。
2 法国于 1882 年实行全国免费和强迫初等教育制度。教育史专家 Prost 在谈到 1800—
1882 年时期的法国教育进步时指出："共和国的立法者继承了持续了一个世纪的遗产。
推广初等教育的广泛运动几乎覆盖了全法国。普及小学教育并非基佐、杜瑞、费里
(Guizot, Duruy, Ferry) 之辈的功劳，但是他们——包括法卢 (Falloux) ——认识到
民众受教育的愿望和对教育寄托的希望，采取了鼓励和推动教育的增长的政策。"基
佐、杜瑞、费里都是第三共和国初期的政治家。见 Prost, Antoine. *Histoire de
l'enseignement en France 1800 - 1967*, Paris, Armand Colin, Coll. U, 2e éd., 1970.

极其缺乏建立新教育所需的财力和人力。尽管派遣了大批学生和文士去日本学习新教育，但官府决策常常缺少一些最基本的信息。

新教育没有预算经费——要制定预算，必须首先改革财税制度以及朝廷财政体系。从中央到省、再到地方，各级官府都依靠东挪西补的方式填补亏空。新政使命重大，资源却有限。但是最严重的，还是孱弱而腐败的官僚体系惯习：上级将改革的任务用行政命令的方式下达给各级官员，而缺乏教育、行政能力或者善意的官员，常常敷衍了事。学部和省学务公所职责重叠、下级人员众多，它们的创立固然是为了加强官府领导，但是改进教育行政的作用有限。此外，如同其他朝廷部门，学部运行遵循的是派别之间的游戏规则，[1] 更不用说朝廷各部门之间缺乏协调合作。实际上，清政府内部，并不缺乏忠诚和出色的改革家。正是因为他们的努力，新制度得以排除官僚体系的障碍而取得某些成果。1901 年后，京师大学堂极其艰巨的人事改组可谓其中最具说服力的例子，尤其是当时在北京官场一片指责之声和上级主管部门意见分歧的情况下。[2]

教育部门的缺陷严重，常常招致报刊的尖锐批评。《教育杂志》记者兼江苏教育总会评议员蒋维乔为此深感不安：

1　1901 年 12 月，改革人士张百熙被任命为管学大臣。1903 年朝廷又任命保守的蒙古官员荣庆担任另一位管学大臣。一年之后，孙家鼐成为第三位管学大臣。1905 年 12 月设立学部遵循了同样的派系平衡原则：荣庆任尚书，他的两位副手侍郎分别是主张改革的熙英和严修。前引《时报》文章批评了这种现象，并揭露学部官员的选择根据资历，而不是根据他们主管教育的能力：《教育感言》，载《时报》1907 年 8 月 20 日。

2　有关张百熙及其同事在设立京师大学堂过程中遇到的重重障碍，参见当时见证人的叙述：朱有瓛（1987），第二辑上册，第 956—969 页。

二十余省中之提学，问有能尽力提倡使一省教育蒸蒸日上者乎？殆无有矣。其上者，于教育事业不加反对，略与扶持，已觉不可多得。其次者，循例敷衍，但求无事。其下者，则顽固陋劣，对于教育界，尽吾力以摧折之而已。而行政官之疲精耗神从事者，则在考试。[1]

上面这些批评会令人认为官府放宽了对公众舆论的控制。实际上，自从实行新政以来，官府的压制目标集中于革命和反清宣传。在教育方面，官府的严厉态度时常受到财政手段不足的限制，而后者又受制于结构性的因素：学务公所除了办公经费以外，既无资金来源，又无合适的地方工作人员。作为地方教育系统的官署，在全盘筹划方面，完全听命于督抚。[2] 同样，各地的劝学所原则上从属于学务处，实际上听命于当地知县，两者之间的协调时常难以通畅。然而，这是清廷第一次建立起专门和相对完整的新学教育体系。它将社会上的一些积极成分纳入其中，并建立了与地方精英合作的制度化形式。正是在这一有限而矛盾的框架中，省学务公所与江苏教育总会之间存在既争执又合作的行动方式。

双方的合作采取多种形式，采取主动的并不限于一方。江宁学务

---

1 蒋维乔：《论宣统二年之教育》，载《教育杂志》1911 年第 3 卷第 1 期，第 24—26 页。

2 一些教育人士要求增加教育行政的权力，提学使直接隶属学部，不归督抚节制：《教育感言》，载《时报》1907 年 8 月 20 日；汤寿潜：《学部头等咨议官汤京卿寿潜呈学部管见十二则》，载《东方杂志》1907 年第 4 卷第 2 期，第 8855—8856 页。学务公所归督抚管辖，没有统筹规划教育的实际权力。官立学校的设立与经费来源由省级官府负责，不属于提学使的职权范围。

公所的负责人，定期举行与学堂监督和地方教育负责人参加的工作会议。[1] 江苏教育总会则提出各方面的建议，包括教育发展的政策，以及具体问题解决办法等。总会也时常扮演中间人的角色，传达学务公所的指令和规定，并且借助官方的权威来传播自己的意见。例如，总会向提学使报告自己有关学生问题的看法，学务公所向各学校转发了由总会起草的加强学堂纪律规则的规定。学务公所经常委托教育总会从事调查、核实以及准备某些文件。有些时候，两个机构协同一起调查某些问题，并协商处理办法。作为地方的"共鸣箱"，教育总会不断介入各级官府层面，以回应各地区和各学校的诉求。意识到自己的行动局限与范围的制约，总会通常会耐心寻求解决具体问题的办法，同时大致保持符合官方章程规定的框架。

从实践角度看，这一合作关系有助于补充国家机器的不足。不过，有组织的精英团体是合作过程的受益者，它们是官府履行职责需要依赖的对象。随着时间的推移，这一局面有可能使力量对比朝着不利于官府的方向倾斜。

整顿江北师范学堂

学校从属根据资金的来源而定，导致管理方式的不一致。根据资金来源与个人信念，督抚、府县官或是主管学务的地方士绅选择学校主管，并由其聘用教职员。学校各自为政，相互之间隔绝，行政人员

---

1 《文牍初编》上，第82页；江宁学务公所：《江宁学务杂志》，1906—1911年。

缺乏经验，这些问题引发了许多妒忌、指责和混乱的现象，而规章制度松弛致使放任自流与腐败。江北师范学堂的问题是这种状况的一个例子。

江北学堂于 1903 年在清江（清河）设立，最初是一所"高等学堂"，[1] 创办者为驻该地的漕运总督。最初的目标是在相对贫困的淮安—扬州—徐州—海州地区设立一个新教育机构。三年以后，由于该学校教学程度不够标准，加上当地培养小学教员的需要，省与地区当局跟地方士绅达成一致，把这所学校改成了初级师范学堂。[2]

江北学堂改制以前，江苏教育总会就收到该校学生一封请愿书，批评学堂管理不善。[3] 1907 年秋天，总会的两名调查员龚杰和林康侯 [4] 在该地区公办期间，走访了这所不久以前改制的师范学堂。看到学校设施简陋、管理松散、教学质量低劣，两人大为吃惊。总会干事员会听取了他们的报告后，决定将此事转报督抚。总督端方非常赞赏教育总会的主动行为，希望总会对官立学堂进行定期调查，以便改善这些学校的管理和教学水平。但是提学使试图将问题大事化小，让江北师范学堂校长自己写了一份报告，指称总会的调查与事实不符。端方倾向接受总会的建议，决定由江苏教育总会和提学使司于 1908 年

1　根据学部规定，高等学堂相当于京师大学堂以及其他大学的预备学校。有高等学堂的文凭可以获得举人的头衔。

2　有关江北高等学堂开办和改制的情况：朱有瓛（1987）第二辑上册，第 643—644 页；（1989）第二辑下册，第 431—434 页。

3　《江北高等学堂学生论校事积弊书》，载《文牍初编》上，第 52—55 页。

4　龚杰时任上海金业高等小学堂的校长，林康侯时任南洋高等学校附属小学的校长。两人都出身于富裕的商人家庭。

4 月进行共同调查。[1] 总会派出龙门师范学堂校长兼苏属学务处议绅袁希涛为代表；提学使司派了省视学程桂南——也是总会的一名骨干——担任官方调查员。

袁希涛和程桂南比他们的两位年轻同仁更为宽容，他们对该校确实存在的物质条件困难表现了非常理解的态度，认为这些困难跟地区经济水平落后有关。由于担任校长的官员缺席，他们与教务长进行了长时间的交谈。调查员指出，学校中仆役人数惊人，除了厨师和茶房以外，共有 35 人，其中听差和斋夫多至 28 人，而教师只有十来人，学生 250 名。一半以上的教员上课不能讲解或者解释不明晰，还有几位声名狼藉（嫖妓、沉湎鸦片或赌博）。教务长在日常管理上不尽其职。二年级学生每周仅有两小时国文课，体操课却有六小时。行政怠惰松散，致使假期后的开学时间延迟了近一个月。此外，鉴于地区和学校的财力、物力有限，一所师范学堂维持两个预科班负担沉重而收效甚微。

两位调查员向省政当局提出了几项改进的方法，袁希涛写道：

> 邓校长于教育理由颇为明晰，其行检亦未为人所诋，但有谓其精神未能贯注，且微有官气者。然观其为人，苟得振励精神，躬亲处理一切，当于校务日有起色。拟请宁提学使加以诫勉，使益奋兴。某某某三教员物议沸腾，断不足为师

---

1 有关江北师范学校事件，学界与江苏教育总会、官府之间的信函来往：《文牍四编》乙，第 14—25 页；教育总会报告有关信息与干事员会讨论情况：《本会开会一览表》，载《文牍三编》下，第 29—30、34、38、40—41、56、67、69、71、76 页，《文牍四编》丙，第 13、17、48—49、58、69、71 页。

范之师范，并其余学力不及，教授未合法之教员，应若何分
别缓急，物色替人，斟酌撤换之处，及高等预科能否设法改
送之处，均候总会声复宁提学使，听后查核施行。[1]

继第二次调查后，提学使司同意采取措施，命令邓教务长改进管
理问题、辞退能力不够或品行有争议的教员。但这些指令迟迟未能执
行。地方人士、学生以及教职员继续向江苏教育总会申诉，揭露学堂
腐败和浪费资源的现象。上海江北籍的学生要求由原籍江北的张相文
(1867—1933)替换现任校长，张相文是著名的教育家和地理学家，
他也是教育总会活跃的职员之一。江北的积极分子还提出其他一些改
革建议。干事员会决定请会长张謇和许鼎霖出面要求总督干预。1909
年年初终于任命了新校长，江北师范学堂的改组在提学使领导下和在
江苏教育总会的建议下进行。派往当地的省视学濮祁，也是一位江苏
教育总会的骨干。

江北学堂管理不善的问题持续了很多年，一位当地的教员痛心
地说：

江北土瘠而贫，士子就学远方跋涉不易。延聘他处教
员，又以道途往返迟滞为苦。改设师范，其便利于我江北各
属者良多。迄于今又四年矣。统核前后所糜近二十万，而高
等以未卒业而罢，师范腐败之声又腾播于学界人之口，一误

---

1 《袁希涛调查江北师范学堂报告》，载《文牍三编》中，第25页。

再误，言之痛心。[1]

江北师范学堂的问题反映了新学制建立的重重障碍：江北高等学堂的设立，既无总体规划，又没有教学安排，由官员按照科举考试制度逻辑进行，这一逻辑的原则是让各个地区都享有进入京师大学堂的机会（毕业文凭相当于进士，是取消科举考试后进入官员队伍的资格证书）。沿海大城市的学校得益于教会学校和中国早期现代学堂带来的成果，[2] 相反，在江北地区，教学和管理人才以及有影响力、有组织的精英群体十分罕见。官府与地方人士试图挽救，将高等学堂改为初级师范，但是没能直接改变学校的状况，如果没有教育总会的帮助，局面很难完全扭转。

江北师范学堂事件显示了江苏教育总会的行动方式。总会接到地方人士的申诉以后，针对具体问题，调查了解情况，研究问题所在，要求官府干预，并协同后者落实解决方案。新学制将学校文凭与科举的功名等级（生员、举人、进士）挂钩，提学使需要花大量时间对毕业生进行复核考试以及授予科举头衔。[3] 而江苏教育总会之所以更具有回应能力，能够及时在考察基础上提出改进意见，是因为总会拥有组织性的地方网络，不受官僚等级制度的限制，并且能够依靠一批经验丰富、忠于改革事业的成员。从人数对比就可以看到巨大的差异：

---

1 《江北学界王登云等条列江北师范学堂腐败情形书》，载《文牍四编》乙，第 15 页。

2 仅举一例：1906 年年初江苏学政唐景崇巡视各属学校，上海大批官立、公立和私立学校获得荣誉嘉奖及匾额。《江苏学政唐察学榜示》，载《文牍初编》上，第 71—81 页。

3 蒋维乔：《论宣统二年之教育》，载《教育杂志》1911 年第 3 卷第 1 期，第 2425—2426 页。

总会干事员会依靠 10 多名积极分子运转，而两个提学使司则各自拥有 30 多名职员。

不过，江北师范学堂的整顿在很大程度上也是本地积极分子多方面努力的结果。对处于贫穷和偏远地区的本地精英来说，江北师范学堂是新教育发展的核心所在，它耗费了从当地资源提取的大批资金（主要来自盐商）。当地人士动员了他们所拥有的一切关系网络，促使教育总会介入师范学堂整顿。江苏大多数地区都在上海拥有非官方的社团，如同乡会、行会公所、学生团体等，在必要的时候，它们都可以充当地区与江苏教育总会之间的中继站。

南菁高等学堂改制

教育总会与官府双方互相依存的关系使总会的势力逐渐增强，以致成为可以与官府抗衡的力量。南菁高等学堂的改制提供了一个双方竞争的显著事例。

南菁高等学堂位于江阴县（常州府），它改自原来的南菁书院，1882 年由学政黄体芳（1832—1899）创建，因此不归地方官府管辖，而是由历届学政领导。南菁学堂拥有非常充足的资源，[1] 它面向全省

---

1 南菁书院拥有 5 万亩田地，还有几千两银子存在钱庄或典当生息：Bastid, M. (1971), Texte Ⅲ, *Commentaire*, p. 153, note n° 5。1904 年书院改建学校，当时的江苏巡抚端方认为该书院年收入 8 307 两银子（合 11 538 银元）不够偿付工程费用以及学校每年的经费。他决定增加 1 000 两银子。端方（1918）卷 4，第 60 页。然而，1906 年，根据教育总会的计算，南菁的年收入总数达 10 800 两银子。《文牍二编》下，第 130 页。南菁拥有的土地来自多方面的捐赠，租金通常低廉。

的士子文人招徒，并在古典文献革新方面享有盛名。然而，当江苏学政被提学使替换之后，[1] 南菁学堂失去了它的直接保护人，开始衰落。校长金鉽（1904 至 1906 年担任校长）是一个传统文人，在管理和教学方面很少建树。南菁学堂继续向学生和教职员发放膏火和津贴：1906 年，这些补助金的总额高达银 5 538 两（学堂总收入 9 307 两），其中一半是蜡烛、灯油费！学堂招生仍然以古文写作为主，不符合高等学堂的章程。南菁因此失去了建立在学生高水准基础上的声望，[2] 随之失去的还有书院的自由学术风气、远近闻名的教员群体以及省学政亲自践行的严格监督。随着这样的衰落，南菁学堂成为学生骚乱的据点和各方面指责的对象，而它的雄厚资金，则成为贪婪文人和地方士绅窥觎的对象。[3]

江苏教育总会在召开第一次全体大会时，就被告知了南菁学堂的糟糕状况，[4] 1906 年总会收到多份当地教育人士的报告和南菁学生的请愿书。总会职员经过讨论，决定采取一项类似"休克疗法"的计划，由会长张謇转交省级官府。该计划建议年底暂时关闭南菁学堂，随后将它改组为文科学堂。这样一方面可以保护历史遗产，另一方面

---

1 学政与巡抚的官阶处于同等级别，不受督抚节制。为了协调各种行政机构，清廷将学政置于巡抚之上。江苏在巡抚之上还有两江总督，清廷为此任命两位学政，以回应这个局面。

2 南菁书院的学生直接由学政亲自在各县最优秀的年轻文士中挑选。

3 有关南菁书院和南菁学堂 1882—1911 年这段时期的经费、组织与演变情况，见《南菁学校大事记》，第 1—5 页；《江苏省南菁中学百年校庆专刊》，第 87、89 页；朱有瓛（1986），第一辑下册，第 415—428 页；(1987) 第二辑上册，第 597—604 页；《南菁学堂学生报告校中情形书》，载《文牍二编》下，第 106—109 页；Bastid, M. (1971), Texte Ⅲ et Commentaire, pp. 143‑155.

4 《文牍三编》下，1905 年 11 月 21 日的会议记录，第 6 页。

可以在西化的教育系统里增加中国传统知识的分量。尽管总会领导人主张现代化，但是也非常遗憾新学校体制中没有保留一个以古典文化为专业的中心，而这方面的教师眼看着很快会缺失。此时已经升任两江总督的端方接受了教育总会的改组原则。在等待学部批准期间，1906 年末南菁学堂停课，按照教育总会的意见，学校被直接置于提学使的管理之下。翰林出身的江阴人章际治（1855—1922）——也是总会成员，被推荐管理南菁的资金，以使其免遭受任何形式的掠夺。教育总会组织了实地调查，随后就学科安排、招生、场地规划、资金筹集方式以及负责人的甄选提出了一系列建议。[1]

　　然而，学部希望加强培养教员的机构，1907 年年初，它表示倾向将南菁学堂改为高等师范学堂，不过同意让江苏省自己采取最后决定。江苏教育总会提出反对意见，认为江宁和苏州已经有两所高等师范学堂以及多所地区师范学堂，足以满足目前对中等教育的教员需求。作为论据，总会还提出资金问题，而这是省级官府不得不关心的问题：师范学校免学杂费并且学科多样化，改为师范学堂须要数量可观的资金，而利用南菁原有的资源改组为文科学堂对本省而言花费有限。

　　1907 年 7 月，干事员会派黄炎培赴江阴帮助章际治制定改建计划和准备改建工程。但是直到年底也没有开始施工。章际治核对账

1　有关南菁学堂改制的材料，包括学生请愿书、调查员报告、改组方案、总会干事会的讨论，以及总会与行政当局交换函件：《文牍二编》下，第 106—135 页；《文牍三编》上，第 56—58 页；中，第 149、198—209 页；下，第 35、44、50 页；《文牍四编》丙，第 93—94、104 页。

目，试图追回被挪用的资金，结果遭到垂涎学堂资金的官僚和文人的横加指责。不堪各方重压的章际治要求辞职。教育总会担心官府行动低效，并且顾虑官僚贪腐，[1] 决定采取一种更彻底的解决方式。在催促官府加快行动的同时，总会提议将南菁学堂身份从官立改为公立，理由是学堂的财产中很大的一部分来自捐赠，符合公立的定义。然而这一提议遭到新上任的提学使毛庆蕃的拒绝。毛是一位勤奋的官员，袁世凯的崇拜者，他不愿让官立学堂置于地方士绅的管辖之下。尽管事属徒劳无益，他还是给张謇写了一封信，指责上海干事会的职员不经会长同意而擅自作主。[2] 由于教育总会的改组方案已经得到总督的批准，毛庆蕃无法完全推翻。不过他还是试图插手，以便打消积极分子的企图。最后毛庆蕃对原计划做了几处修改，并于 1908 年春赴南菁检查改建工程。上述分歧并没有延滞行政程序：1909 年秋天南菁学堂重新开门，章际治仍旧负责后勤管理。而负责施工的企业，是江苏教育总会的会员与忠实的朋友——杨斯盛的建筑公司。

毛庆蕃和教育总会之间的分歧，表现了双方处于现代化进程中不同角色的不同立场。毛庆蕃显示了他忠于官僚体系利益的立场：虽然他认可江苏教育总会的技术性效用，但是对地方精英对官僚领域的侵入以及它们的影响力存有戒心。显而易见，教育总会非常希望将资源

---

1 1907 年 7 月黄炎培到南菁学校调查期间，章际治报告说原校长金鉽得到巡抚同意，在派遣日本学习的经费中提取了 400 两银子。会计账目显示其他问题，如用私人名义购买股票，一笔钱庄存款不知取向，或者出售学校物品账款不全等。见《黄炎培第二次调查南菁学堂报告》，载《文牍三编》中，第 199—200 页。

2 参见第二章第三节。

丰富的南菁学堂，置于地方精英和它自己的监管之下。[1]

海州的冲突与教学

1908 年 3 月，直隶州海州发生了一场学界内部的冲突：争执的双方一边是中学校长卢殿虎和学生，另一边是当地的教育会。教育会批评学校管理方式浪费资金。卢殿虎要求辞职，但是学生们挺身而出支持校长，指责教育会谋私利，企图扶持自己人取代原校长和危害学校。教育会气愤之下，转而指责卢殿虎操纵学生，以便个人独揽大权。[2] 随着事态的恶化，双方都诉诸江苏教育总会，后者派海州籍的副会长许鼎霖前往调解。

许鼎霖的调查表明，这所中学堂按照朝廷在府州设中学的规定设立，它的开办和日常经费耗尽了这个贫困地区大部分可支配的教育资金。[3] 教育会的职责是推广初等教育，但是它的积极分子们几乎没有任何经费开展活动。中学开支浩大，经费主要用于教员薪水和学生的

1　例如书院时期，南菁只有 20 名住院生，外加 30 名不住院但参加考试的学生。南菁第一次改组后招收了 100 名学生；第二次改组计划招收 600 名学生。由教育总会与地方精英监管学校可以采用多种形式，最常见的是成立董事会，具有决定校长人选和制定财政方针大权。民国时期，江苏教育会多名骨干是上海同济专科学校（同济大学前身）、南京东南大学等学校董事会的成员。董事会似乎是从私立学校借鉴的制度。

2　《海州丁锡福、张福年报告整顿学务情形书》，载《文牍三编》中，第 126—130 页；下，《干事员临时会》：1908 年 5 月 11 日，第 78 页。

3　清廷 1901 年 11 月 14 日旨令要求各省将书院改为高等学堂，各府书院改为中学堂，各县书院改为小学堂。鉴于财政困难，朝廷同意先在省会设立一些学校。由于无法接受所要求入学的人，督抚鼓励府州县设立中学堂和小学堂，以便保证从初级学校到省级高等学堂和专门学堂课程的连贯性。

伙食。教育会因此怀疑校长管理松弛和浪费资金，认为如果改善管理，节省出来的经费可以用来开办几所初等小学堂和一个师范传习所。但是卢殿虎反对他们的观点。卢是一个称职而勤奋的校长，[1] 拒绝地方士绅以任何形式干涉学校管理。

许鼎霖让事态缓和下来，与知府达成一致后，为平息冲突采取了一系列措施：中学堂今后按月公布账目，预算呈报教育会。师范传习所作为中学堂的附属部分开办。教育会将召集绅商为开办初等小学堂筹集捐款。[2] 事件就此结束。[3]

海州的冲突标志着士绅群体对教学安排与管理的直接影响力的减弱，让位于学校主管，而后者更能适应新教育制度在教学与行政方面的复杂局面。根据新标准任命的校长掌握更大的职业权力，在忙于学校事务的同时，很少顾及地方发展全局，并且后者也不在他的职责范围之内。而教育会的成员则更加关心所属地区在整体上的平衡。

与前面江北师范和南菁学堂的事件不同，海州冲突的一方并未指摘校长的能力，解决过程中也没有寻求官府介入。这一事件源于地方精英内部的利益冲突和意见分歧，争论双方争夺有限资源的控制权。因此，教育总会试图促进双方和解，并派出调解人。后者首先取得了当地官府的同意，这对化解矛盾是非常有益的。调解人的人选也至关重要：许鼎霖是前官员，后来改行从事实业，经常辗转于上海、省内

---

1 卢殿虎是南菁高等学校的首批毕业生。行政工作之外，他每天教授 5 小时的英文。
2 许鼎霖允诺带头提供一笔私人资助。
3 《许鼎霖报告调查海州中学堂、教育会冲突情形并筹办办法书》，载《文牍四编》乙，第73—78 页。

其他城市以及靠近海州的家乡赣榆县。[1]

　　在 1905—1906 年以来的教育界演变背景中，海州事件一定的典型意义。科举制度取消以后，对新学堂持一概反对的态度逐渐缓和。教育界各方面的纠纷如今变为争夺学校的管理权以及用于教育的经费。卷入冲突的群体包括教育官署、地方士绅（通常为教育会的成员）以及学校教职员等。常州一年以前开办的府属中学堂，由于地方士绅与校长意见不合而无法开学：前者筹集了开办资金，坚持由自己控制学校；后者则要求享有对学堂财务的完全支配权。[2] 1907 年 11 月，泰州教育会（扬州府）声称地区中学堂腐败不堪，请求江苏教育总会和省提学使司共同调查。[3] 1908 年 3 月，徐州中学堂学生质疑校长聘用的教员，该校长将有关学生一律开除。学生们打电报向江苏教育总会求援。经过协商，最后改换校长人选，新校长也是教育总会的评议员。[4]

　　很明显，各类纠纷中财务问题——不可避免——出现的频率很高。不要忘记，新学制将筹集中等和初等教育资金的任务交给地方承担。大量资源被用于开办一所中学堂和一两所高等小学堂。大众化的初等教育因此被忽视。海州中学堂吸收了大部分用于教育的公共收

1　在上面提到的江北师范学堂案例中，两位最初的调查员龚杰和林康侯利用江北之行，查看当地修建铁路线的地理条件，后者是江苏新式精英的另一个计划。

2　《苏提学使毛照会批常州府详中学堂办理情形文》，载《文牍三编》中，第 193—198 页。

3　《文牍三编》中，第 43—44 页；下，《干事员会》：1907 年 11 月 23 日，第 36 页。

4　《文牍三编》下，《干事员会》：1908 年 3 月 3 日、24 日；4 月 11、15 日，5 月 11 日；6 月 23 日，第 55、61、70、76、90 页。

入，包括地租、公用地的收入、粮食附加税等。[1] 此外还从当地征收的学捐中抽取了一笔资金，这项新税激发了村民和乡镇董事的抵触情绪。[2] 即便如此，每年给予初等小学堂每名学生的预算仅为 9 元，而中学堂却高达每名 100 元。[3] 海州教育会人士确有理由敲响警钟："在科举未废以前，凡有一二千家村落，尚有私塾十余处。今则十无二三。民间少一识字之人，即多一为匪之人。若不合力挽回，前途殆不堪设想。"[4] 教育总会的调解人许鼎霖曾提出一个乐观的计划：1909 年加速开办初等小学堂 108 所，即海州 54 个镇每镇两所，1911 年再翻一番。[5] 事实证明，这个计划纯属空想。1910 年，海州总共只有 23 所新学堂，其中两所是中学堂。[6]

　　积极分子抱有发展新教育的热忱，但是有时会忽略一个根本问题，即实际可支配的教育资金与他们的理想目标不一致。但是很少有人认真考虑这样的问题。将公共收入用于中学以上的教学机构，会导致危险的局面：追逐功名（文凭）仍然在继续，只是换了一个形式，代价却远远超过以往。大批家庭清贫的年轻人无缘进入正规教育渠道，无论朝廷还是地区都不能对他们弃之不问，否则长此以往，将会

---

1 《文牍四编》乙，第 74 页；丙《干事员会》：1908 年 9 月 1 日，第 22 页。

2 《海州丁锡福、张福年报告学务书》，载《文牍三编》中，第 124、128 页。该报告叙述了地方官与胥吏如何逼迫乡镇董事收取学捐，同时唆使农民仇视新学校。出于躲避学捐的动机，一些相对富裕的家庭甚至迁往他处。

3 根据下列资料提供的数字计算：《文牍四编》乙，第 76—77 页；缪荃孙（1945），第 5 卷，《海州》，第 103—104 页。

4 《文牍三编》中，第 124 页。

5 《文牍四编》乙，第 77—78 页。

6 《文牍六编》乙，第 33 页。

造成社会内部的严重分裂。

三 江苏教育总会与教师

学堂管理问题

许多新学堂由于管理不善、教学水平差、学生纪律松懈而受到指摘。[1] 最大的问题是教育行政和教员能力方面的缺陷。

如前文所示，学堂的校长（称为监督）往往从有进士头衔或者道员官衔的人当中挑选，与个人的专业能力毫无关系。[2] 这一惯习旨在减轻人数众多的候补官员对官僚系统的压力，同时也反映了一种观念：教育机构是官僚体系的一部分。校长的职务与职业生涯没有跟官制体系分离，对很多人来说，负责一所学校只是转向其他职位的过渡阶段。很多监督难得光临他们领导的学校，在管理方法上，专横跋扈和放任自流都很常见，承袭了清朝官员传统的行事风格和旧时书院的

---

1 见《学务刍言》，载《申报》1906 年 9 月 7 日；《教育感言》，载《时报》1907 年 8 月 19 日，转载于《东方杂志》1906 年第 3 卷第 7907—7911 页；1907 年，第 4 卷第 11 页，第 10777—10785 页。有关学校管理的案例研究，可参考法国学者 Nguyen-Tri Christine 有关南洋公学的博士论文，Nguyen-Tri, Christine. "L'école publique de Nanyang—élite et éducation moderne à Shanghai, 1897—1937", Thèse de doctorat, Paris, EHESS, 1990.

2 《教育感言》，同上。学部视学有关各省教育的报告（河南、江宁、安徽、江西、湖南、湖北），载《教育杂志》1910 年第 2 卷第 8 期，第 1976—1977 页。

一些做法。书院的行政管理在总体上比较松散，它们的性质与功能不需要山长、董事驻院以及实施严格的纪律。而现代学校人数众多，事务繁杂，负责人员进行日常管理必不可少。

教员群体的能力差经常引起学生们的抗议。这种状况并不完全是新的。科举制度时期学习内容围绕练习写作八股文，以至于许多文士缺乏其他领域的知识（即使是在人文学科领域里）。很多教员只会照本宣科而不知道解释课本内容。他们被新学堂的教职吸引，因为学校的报酬高于一般的私塾，况且许多文士的生活并不富裕。有些人去日本学习了两三个月，掌握了一点有限的现代知识。还有许多人依靠个人关系获得学校教职。一旦获得任命，很少有教学或纪律方面的监督。应当说教职员的散漫无羁跟周围的社会风气相关。按照当时的风俗，教职员遇到婚丧、生孩子等家事可以随便缺勤，有些小学教师还率领学生参加庆贺礼仪。有些学校采用按时计薪的方式，教员在多所学校任课，这难免影响授课的质量。就读学校的学生，年龄从 15 岁到 30 岁不等，程度参差不齐，常常和教员们一样不遵守纪律。学生时常对学堂聘用的教师或者对教学方法不满，随之酿成冲突或者引起罢课。

江苏教育总会试图通过自身的影响力补救上述种种缺陷。1908年，总会上书提学使要求学校加强纪律措施：

> 敝会迭据各处报告，每因教员不满人意，致学堂多生事
> 故，或教授管理未能合法，或例假期外任意旷课。社会之訾

议渐多，学堂之信用渐少，教育前途不无障碍。[1]

学堂的监督和堂长的权力很大，尤其是教职员招聘由他们负责。由于清政府尚不具备定期检测教员水平的条件，积极分子认为可以首先加强学校负责人的遴选："监督、堂长于学堂关系最重。稽查各项职员之勤惰，是其专责。苟得深明教育、热心任事之人主持校务，自无种种流弊。"为了挑选具有职业能力的学校负责人，教育总会建议各学堂严格制定选择堂长与教职员的程序，"凡教员管理员，均须研究教育学及教授法、管理法诸书"；逐步替换不称职者，加强省视学监督，并确立教员旷课、缺课的惩戒办法。实际上，定期视察与相应的教学标准确实在逐步建立。

健全教学人员管理的制度需要时间。迫于当下的形势，积极分子出面干预仍然是实用和比较灵活的方式。改革人士可以影响官府的决定，或是帮助某些学校主管改进缺陷。如果涉及重要的位置，他们会竭力推荐合适的候选人，就像 1907—1908 年在南菁高等学堂改制时所做的那样。[2] 江苏教育总会以这样的方式影响一些官立或公立学堂，如上海的龙门师范学堂、缪荃孙负责的江宁高等学堂和蒋炳章领导的苏州高等学堂等。地方教育会也能影响一些地区学堂堂长的选择。如果有关人选遭到质疑，教育总会会向官府提供通过调查举证的材料来支持它的立场。1904—1905 年两江总督根据士绅们的调查报

1　《咨呈宁、苏提学使请饬各学堂慎监督、堂长之选并明定教员旷课惩戒章程文》，载《文牍四编》甲，第 27—28 页。

2　见前文第三章第二节"南菁高等学堂的改制"。

告，撤换了三江师范的总办。[1] 在泰州，调查者发现小学堂和中学堂的堂长犯有严重渎职的行为，并使他们遭到撤职处理。[2]

导致严重事件的学校管理问题中，很大部分缘于旧学堂向现代学校转型的困难，它意味着一场移植外国模式的文化嫁接。这样的移植需要反复调适，江苏教育总会为此做了大量的努力。在此意义上，它完全当得起"行政辅助机构"的称号。不过应当指出，总会的行动方式，包括影响官府决策以及具有个人指向的解决方案——指定或替换学校负责人，尽管有其必需的理由，仍然符合传统行政控制的方式。

职业化模式及其局限

在学堂堂长的任命和教员的聘用问题上，江苏教育总会的建议和实践还含有避免过分教条主义的动机。有些报刊主张只任聘有高等学堂或者大学文凭的人。但是当时类似的毕业生人数很少，这种主张实际上难以实行。1908 年，江宁提学使计划将小学堂和中学堂的所有校长和教员全部换成师范学堂的毕业生，江苏教育总会不赞成这一计划，指出教员接受的培训并不足以胜任校长一职，一概排斥其他文凭的获得者，是毫无道理的做法："国家设立师范学堂，系为造就一般教习人才，非为造就一般校长人才。盖校长之才，神而明之存乎其人，未可悬一格一位也。观于江北师范前教务兼庶务长某君，师范

---

1 朱有瓛（1989），第二辑下册，第 351 页。
2 《文牍三编》中，第 34—42 页。

生也，而诟病丛生。两江师范、宁属师范今监督某某二公，非师范生也，而措置裕如，可以为鉴。至于各科教习之选，必举他项学堂毕业生，概从摈弃，亦属做法自弊……"[1] 实际上，某些中等或高等学堂的堂长并非毕业于新学堂，但是他们在实践中建立起了职业管理风格。例如，前官员翰林李瑞清（1867—1920）和唐文治，都对他们各自领导的学校——两江师范学堂和上海高等实业学堂——的治理与发展做出了杰出的贡献。

与官僚形式主义相反，积极分子们试图强化"专业人士的权力"。中国教育虽然有相当的发展，但是教育职业尚未定型。[2] 科举制度在人们心中的分量依然很重。大多数被任命为提学使、堂长或教师的文人，仍然寄希望进入某个官署担任官职。他们之中，只有很少的人完全放弃仕途、献身教育事业。新学制的一大根本问题，就在于教育人员的不稳定性和非职业化。

积极分子们的目标之一，是将教育与官员职业分离。名副其实的专业教育人士已经开始涌现。一些著名的私立学堂管理出色，很大程度源于校长和教员的稳定性，他们对校务和教学鞠躬尽瘁，毫不松

---

1 《宁垣事务所咨复宁提学使陈公议各学堂聘用师范生办法暨规定薪水文》，载《文牍四编》乙，第9页。

2 参见下列分析：Rawski, Evelyn S. *Education and Popular Literacy in Ch'ing China*, Ann Arbor, University of Michigan Press, 1979; Borthwick, Sally. "Knowledge and Education", Rozman, Gilbert ed. *The Modernization of China*, New York, Free Press, 1982, chap. 6.

懈，例如上海民立中学的苏本铫（1873—1948）[1] 和南洋中学的王培孙（1871—1952）[2]，分别担任者两所学校的校长长达四十多年。李登辉曾先后担任复旦公学（后复旦大学）教务长和校长，[3] 他从1906年起，为复旦几乎奉献了毕生的精力。这样献身教育的人物也出现在由江苏教育总会成员担任校长的一些官立学堂：总会1909年至1911年间的会长唐文治，曾经担任上海高等实业学堂校长达14年之久。青年积极分子贾丰臻（1879—？），从1910年至1927年，十七年如一日，身体力行地领导上海龙门师范学堂（即今日上海中学）。[4] 在南通（通州），由张謇的门生领导的几所学校也是如此。这些新型教育家的成绩被历史见证记载而流传。[5]

这些"职业教育家"在严谨治校的同时，还致力保存中国教育传统中的某些特色：书院主持人不受干涉的独立权力和因人施教的教学

---

1 苏本铫是苏本炎的弟弟，有关他主持民立中学的情形，见汪国浩、吴珏：《民立中学简史》，《解放前上海的学校——上海文史资料第59辑》，上海：上海人民出版社，1988年，第337—340页。苏家另外办有民立女子中学和民立幼童学校，由苏氏姊妹苏本嵒等主持。

2 有关王培孙和南洋中学，见《呕心沥血办教育的王培孙》，载《上海人物史料》（1992），第222—225页。

3 有关李登辉和复旦公学，见何碧辉：《爱国教育家李登辉》，载《解放前上海的学校》（1988），第55—59页。

4 有关贾丰臻与龙门师范学校，见许晚成：《上海百业人才小史》，上海：龙文书店，1945年，第387页；陆人骧：《上海中学一百二十周年》，同前，第219—232页；周承忠、朱梦华：《龙门师范学校》，载《上海地方史料（四）》，第108—117页。两位作者写道："贾校长办事认真，天天到校，督策学生用功，监督教师勤惰，改进校务措施，不到几年，校中面貌崭然一新，成绩斐然。"第114页。龙门师范学堂于1912年改名为江苏省立第二师范学校，1927年改名为江苏省立上海中学，1950年改为上海市上海中学至今。

5 见朱有瓛（1987）第二辑上册，（1989）第二辑下册。

方法。务本女塾最早的学生之一、著名的女性教育家吴若安，回忆女塾创始人吴馨说："吴怀疚先生，声望远非与蔡（元培）先生相比，但其作风踏实，治学较严，待人和蔼。"[1] 务本女塾培养了包括吴若安在内的许多中国最早的女校校长。胡适（1891—1962）回忆 1905 年至 1907 年间他在上海澄衷学堂的求学生活时，对教师杨天骥（1882—1958）和总教白作霖赞赏备至："澄衷的好处在于管理严肃，考试的认真。还有一桩好处，就是学校办事人真能注意到每个学生的功课和品行。白振民（白作霖）先生自己虽不教书，却认得个个学生，时时叫学生去问话。……这种编制和管理，是很可以供现在办中学的人参考的。"[2] 值得一提的是，吴馨、杨天骥和白作霖都是江苏教育总会干事员会的骨干成员。

这些校长和教师致力于向学生传授科学知识、爱国主义思想和社会达尔文主义的进化观以及培养学生对体育的兴趣，但是不再宣扬效忠皇帝的传统美德。也许他们没有完全意识到，弘扬职业精神的同时，动摇了以往皇朝天下一尊的意识形态和政治理念。张謇很可能是最早意识到职业精英与政治权力分离的必要性：他竭力鼓励学生选择官场以外的职业。[3] 从比较的角度看，江苏教育总会及其支持者代表了一种与法国教育相似的历史经验。整个 19 世纪，法国的教师与共

---

1 吴若安：《回忆上海务本女学》（口述回忆，1986 年 7 月 31 日），朱有瓛（1989），第二辑下册，第 602—609 页；参见同书其他有关务本女学的记忆与文献：第 589—602 页。

2 胡适：《四十自述》，上海：亚东图书馆，1939 年，上海书店再版，1987 年，第 95—100 页，108—110 页。

3 Bastid M. (1971), p. 86.

和主义者坚持不懈地支持学校摆脱天主教会影响。[1] 而中国的改革人士，在协助国家推进现代化的同时，完成了某种"教育世俗化"，这是一种相对政治而言的世俗化。积极分子们无视与某些传统纽带决裂所蕴含的风险，将爱国主义与独立精神塑造为新的价值原观：在他们的观念中，对民族国家的忠诚将先于对皇帝的忠诚。

教师群体的更新与形象提升

出于对教师群体缺陷的担忧，江苏教育总会计划在地方组织培训班，加速教师的培养与旧塾师的转型。[2] 本着这一目标，总会在 1909 年到 1911 年间，在上海的新总部开设了单级教授练习所。[3] 在总会的推动下，常州、苏州、常熟—昭文和嘉定等地的劝学所和地方教育会相继开办了传授单级教授方法的传习所。[4] 总会职员也利用到地方调查之际，向教育界建议推广复式教学方法。1910 年江苏教育总会增设常任调查员，将推广单级教授、改良私塾纳入在各地调查的项目，这种方式有利于密切总会与教师之间的接触，也强化了城市和农村的联系。

---

1 Prost, Antoine（1970），pp. 92 - 94，105，142 - 147.

2 见第二章表 II - 2。

3 单级复式教授小学从日本引进，以便适应农村学生居住分散的需要，同时对乡间为数众多的私塾进行改造。具体见下文第三章第六节。

4 《文牍四编》甲，第 26—27 页；《教育杂志》1909 年第 1 卷第 13 期，第 1205—1208 页；1910 年，第 2 卷第 2 期，第 1313 页；《嘉定县续志》，1930 年，卷 7，第 543—544 页；《常熟市志》，1990 年，第 737 页。

大多数总会骨干担任或者曾经担任校长的职务，对教师问题自然非常关切。1908 年，看到通州师范学堂的教师水平下降，张謇要求学部修改师范学堂章程。由于高等学堂和专门学堂提供更高的薪酬和待遇，导致师范学堂的教师或求职者转而他就。张謇非常敏锐地指出，不能使用道德标准要求教师：

> 高尚卓立不可责望于人人。……何况中国沿科举之颓波，学子歆利禄之余热。使人人知教员无厚利可图，而国家又无虚名维絷，试问世界真肯身殉教育者几人？

他提出了一系列改善教师从业条件的措施，[1] 这可能是最早提出的有关教师职业待遇的方案之一。教育总会迫切希望提升教师行业的价值、褒扬其在国家复兴中扮演的重要角色。它从不错过机会颂扬职业伦理以及彰显教师的社会地位。1906 年，两名江苏籍教师在广西省执教时被害身亡。教育总会竭力敦促该省官府惩办凶手、发布讣告以及抚恤家属。[2] 为了表彰教职员和资助人对教育的贡献，官府和社会各界都采取了许多方式，包括授予荣誉头衔、在报刊登载吊唁和纪念文章、举行公共追悼会、组织纪念演讲活动等。1908 年 5 月和 6 月，曾铸和杨斯盛两位著名的教育赞助人相继辞世，江苏教育总会与上海商务总会、上海城厢内外总工程局、商团公会联合会、江浙寓沪

---

1 《张会长上学部请增订师范学堂章程书》，载《文牍四编》甲，第 3—9 页。
2 《文牍二编》上，第 128—134 页。

绅商、学界同人与浦东中学等都分别组织了追悼会，教育总会还为捐款最多的杨斯盛申请朝廷的奖叙。[1] 各界举行的这类纪念活动还包括展览会、摄影展、公共茶会、家长招待会、体育比赛以及其他悼念仪式。类似的活动开创了公众生活的新风俗，成为新都市文化的一部分。

从教师角度，有些教师以个人名义向江苏教育总会陈述自己的困难，这方面的文件很少看到，也许没有被收入教育总会编辑出版的文牍。总会是一个以地域联合为特征的团体，并非教师团体。它认为教师组织应当从地方，更确切地说，从县一级开始建立。在某些地区，例如清河，地方教育会主要由教员组成。[2] 1911 年，嘉定县出现了由小学教职员的团体。常熟—昭文的教育会和劝学所于 1909 年组织教师集体访问上海和无锡的学堂。应当指出，人数有限的镇乡小学由教师本人管理，一如以往的私塾。城市的教师队伍尚在初创阶段，人员分散，数量有限。[3] 各地教师通常面对艰苦的工作条件；很多人为了增加有限的收入，不得不在性质迥异的不同学堂兼课。教师职业化、固定化的时机尚未成熟。

从总体上考察，江苏教育总会是一个集合地方士绅的团体。新教育体制的设立，在很大程度上，取决于地方士绅动员资金的能力，以

---

1 《近代上海大事记》，第 653 页；《曾铸诔词》，载《文牍三编》中，第 176—177 页；《咨呈江督端苏抚陈杨斯盛毁家兴学请专折入奏文》，载《文牍三编》中，第 184—192 页。

2 《文牍四编》丙，第 63—64 页。

3 1909 年，常熟—昭文两县共有 189 名新学校的教员。同一时期，据江苏教育总会江宁事务所的估计，江苏宁属地区平均每县只有 40 名教员。《文牍四编》甲，第 2 页。

及他们建立教育设施的意愿。毫不奇怪，在 1910 年总会的全体大会上，大多数会员没有接受两位会长唐文治和蒋炳章提出的降低会费的提案，显而易见，他们希望保持自己对当地资金相对的控制权。[1] 1911 年，总会曾试图创立一个师范学校联合会，该学会到辛亥革命以后才开始真正运行，主要功能限于协调师范学校校长之间的行动。

四　江苏教育总会与学生

学生的抗议

如同前文所示，新学堂的主要问题之一与学生纪律有关，学生和学校之间的冲突频繁。引起学生抗议的理由层出不穷：从爱国动机到日常的琐碎细节、学校规章、教师能力、伙食质量等。寄宿学校的环境有利于年轻人的集体行动，而自由主义意识形态的传播进一步助长反叛精神。此外，学生年龄较大（高等小学堂和中学堂的学生年龄在 14 岁到 30 岁之间），可能也是容易插手学校管理的原因之一。

教育家沈亮榮指出，由于中国长期以来注重科举考试而没有发展学校教育，因此，各省学堂的主持者没有管理现代学校的经验，既不

1　1910 年 8 月 18 日，《文牍六编》丁，第 15 页。教育总会的会费相对一般教师的收入是比较高的。

懂得如何让学生服从，又不检点自己的行为，以至于学校风气败坏，冲突不断。[1] 对江苏教育总会来说，学生不负责任的行为的根本原因，源于官僚体制的结构性因素——通过行政手段与官员考成的方式办理新教育：

> 揆厥原因，大抵前数年间，学校风气未开，官长以兴学为考成，其招学生之来也，则礼数加优（如不收学费及月奖银洋），及闻学生之散也，则神色若沮。在总握枢机者，又未审办学之方法及散学之处置，加以官场滥用之名词，动日办理不善，致阓茸州县诟学堂如教堂，谓其妨碍考成也。学生以为官长且莫我何，而骄纵悖戾之性质，乃从此酿成矣……[作者举出报载某些学校的例子]其放任主义，所谓管理，所谓教育，几乎无不仰承学生之意旨。[2]

教育总会调查了多处退学风潮，指出"由于校园之不能称职者固多，由于学生之太无知识者亦复不少"，认为需要对学生加强国家观念和公德教育，"有国家思想，而后有国家学派，否则学校如林，徒为他人伸张教育权耳，否则造就个人衣食主义耳"。总会帮助行政当

1　《普及教育节省经费条议》，载《东方杂志》1908 年第 5 卷第 1 期，第 11290 页。
2　《广告各分会论校员、学生积习书》，载《文牍初编》上，第 112—118 页。

局起草了严格学生纪律的规章，发给各个学校执行。[1] 1906 年夏，教育总会建议学校和各地教育会分会组织演讲，帮助学生纠正不遵守纪律的现象，利用报刊登载和宣传有关内容。在他们领导的学校里，积极分子提倡学生"自治"，参加劳动和管理自己的日常生活，但是反对在校内实行共和、平等原则，认为学生必须服从学校纪律，如同军人服从军纪。教育总会的评议员金松岑（1873—1947），曾参加南洋公学罢课与建立爱国学社，[2] 他以过来人的身份，批评部分学生滥用自由平等观念说："世界上无论共和各国，有两大社会不能用自由平等之制：其一则军队，其二即学堂。"[3] 这一观点为担任校长或学堂董事的教育人士分享，他们甚至怀疑从西方引进这些概念是外国人故意误导中国学生："近者有人至东洋调查，谓日本公私各校，其对学生以服从为训令。其对中国学生，则杂以平等自由诸说。意在利我鹬蚌之争，而彼则坐收渔翁之利……"[4] 创办震旦学院的马良是学生参与学校管理的践行者，1905 年 12 月他受教育总会委派前往日本，调解中国留学生停课退学风潮，在盛赞日本学习欧美教育得法的同

1　《复两江务处论论校员、学生积习书》，载《文牍初编》上，第 87—90 页；《咨呈督府、提学使请饬发校外规则文》，载《文牍二编》上，第 9—11 页。江宁提学使转发教育总会的上述两份文件，载舒新城编《中国近代教育史资料》（1933），第四册，第 152—158 页。

2　1902 年 10 月，南洋公学总办粗暴地开除三名学生，学生抗议无效，导致 200 多人离校，在中国教育会帮助下成立爱国学社，中国教育会是由蔡元培、蒋智由等人发起的激进团体，主张反清革命。受苏报案（1903）影响，学校只存在了六个月。见张大椿：《清末上海两大学潮》，载《上海地方史料（四）》（1986），第 118—122 页；朱有瓛（1987），第二辑上册，第 684—705 页。

3　金楙基（金松岑），《江震两邑统一学制议》，载《文牍二编》下，第 38 页。

4　《广告各分会论校员、学生积习书》，载《文牍初编》上，第 113 页。

时，也表示了对日人向中国学生灌输自由平等思想的不满。[1] 可见这类观念流传广泛。

纪律和团结问题，在教育总会领导人眼里，是朝廷实行现代化的重要条件。改革人士对年轻一代寄予很高的期望，因此再三向学生们强调建立学校秩序的必要性，警惕盲目搬用西方概念。张謇很早就告诫通州师范生说：没有法律秩序，就没有真正的自由；没有普及教育，就没有真正的平等。[2] 每当发生冲突，教育总会总是劝告学生诉诸学校当局，听从后者妥善解决问题，而不是动辄采取极端行动。受西方自由主义思想影响的年轻人，要求享有表达意见的权利和改变学校的权力关系。这样的要求是学校行政当局与教员无法接受的。的确，积极分子唤起了学生的爱国热情与民族主义情怀，但是并未挑战传统的社会秩序，这一秩序建立在学生无条件地服从师长权威上，而后者应当建立在集严厉与关爱为一体的基础上。教育总会的职员和上海澄衷学堂出色的总教白作霖是这方面的显著例子：1906 年学生班长胡适因为同学被开除写信向他抗议，白作霖拒不接受，并记过惩罚，胡适尽管非常尊重他，还是觉得不公平而退学转入另一所学堂。[3]

---

1 "彼国教其学生，事事皆讲服从，如服从义务，服从宪法等语，皆为教育之宗旨。独语我学生，则平等自由排满革命之说，日相浸灌。此非欲鹬蚌相争，而彼坐收渔人之利，其意何居？"《马观察良上江督禀》，载《文牍初编》上，第 128 页。

2 "愿诸生一己则思尽秩序之义为自由，对大众则思能普及教育为平等。"载《师范学校年假演说》，1903 年；参见《师范学校开学演说》，1904 年，载《张季子九录》，卷 1，第 16—20 页。

3 胡适（1987），第 108—110 页。

复旦公学与中国公学的学潮

学潮非常频繁，最常见的情况是，学生们因某种缘故宣布"退学"。江苏教育总会常常被要求担当调解人的角色。但在震旦—复旦公学和中国公学两次学潮中，总会不得不加大了干预的力度。

震旦学院的学潮发生于 1905 年 3 月，在江苏教育总会创立之前，但是学潮中的几位关键人物随后都是总会的发起人和骨干。震旦学院 1902 年由马良在天主教会的协助下创办。1905 年 3 月，由于法国教士试图加强对学校的控制，全校学生起而抵制。随后马良和大部分学生离开震旦学院，另外筹办学校，他们得到上海和江苏绅商的大力援助。上海"沪学会"组织了声援会议，并邀请马良主持该团体。严复、熊师复和袁希涛主动参加筹办新学校，张謇和曾铸也给予很大的援助，曾铸带头捐款 1 万银元；总督周馥（1837—1921）拨银 1 万两作为开办经费，并拨出吴淞口官地 70 余亩用于兴建未来的校址；江南提督将吴淞旧提督行辕衙门借给他们做临时校舍。因为天主教会人士袭用了"震旦"（意为曙光）的名字，新校最后采用了"复旦"（意为复兴）做校名，这个名字更符合创办人的心愿。经过 6 个月的细致筹备，复旦公学在吴淞正式成立，由马良（后严复）任校长，袁希涛担任教务长。1907 年 4 月，端方认为复旦公学教学使用英文课本，可以作为派遣欧美留学生的预备学校，同意由省财政局每月补助经费银 1 400 两。[1]

中国公学诞生的背景完全不同，它的创办发起人是日本罢课回国的中国留学生——为抗议日本政府颁布的取缔留学生规则。在青年革命者陈天华（1875—1905）蹈海自尽的激励下，约三千名留学生于 1905 年 12 月返回中国。中日冲突通过外交方式解决后，尚有不到三百名的学生滞留上海，继续他们有关创办一所留学预备学校的计划。该校取名中国公学，作为最早的学员之一，胡适回忆说公学实行"共和制度"，由学生管理并教授部分课程。由于缺乏地方社会和官府的支持，虽然 1906 年 2 月学校开始上课，但是不久就无可避免地陷入财政困境。负责庶务的学生姚宏业（1887—1906）激愤之下跳黄浦江自杀，此后私人、学生家属以及湖南、四川、广东各省开始认捐相助。[2]

官府补助和私人捐款最终挽救了中国公学。该校是革命党人、激进分子群集之地，此时端方履任两江总督，对中国公学采取羁绊与控制并行的政策，1907 年 6 月批准省官署每月拨银 1 000 两作为经费，随后又拨给吴淞官地 104 亩建筑校舍；1908 年学校又得到大清银行贷款银 10 万两作建筑费。端方批准郑孝胥担任监督（校长）并成立

---

1 有关震旦学院集体退学风潮和创立复旦公学的参考文献：朱有瓛（1987），第二辑上册，第 705—719 页；张大椿（1986），第 123—127 页；《近代上海大事记》，第 592 页；《东方杂志》1905 年第 2 卷第 3 期，"杂俎"，第 3625 页；第 2 卷第 6 期，第 4286—4287 页。此外不再分别注出。

2 有关中国公学事件及其发生经过的参考文献：朱有瓛（1987），第二辑上册，第 719—752 页。该书收录了大批有关资料与参与者的回忆；参见参与事件的见证人胡适的有关叙述：胡适《四十自述》（1939）。此外不再分别注出。

了董事会。这些制度上的变化没有按学校原来的章程经过全体学生的同意，在学生与办事同学之间引发频繁冲突，最后在该年 9 月分裂为两所学校。由于新公学的经费无法维持，一年以后，在董事会士绅们的调解下重新与原来的公学合并为一所学校。

中国公学的情况与复旦公学完全不同。从留学生（据记载八千人）在日本罢课，江苏教育总会就因为学生的要求而介入了冲突，派马良赴日本安定学生情绪，总会与两江总督以及上海的社团取得联系，以便安置回国的学生。苏松太道瑞澂担心学生群集再诱发风潮，也要求教育总会汇集绅商设法解决。绅商领袖张謇、郑孝胥 [1] 与曾铸等人支持了学生创办中国公学的计划，向官方提出安置学生以及要求各省筹集官私资金建校。[2] 但是学部与两江总督周馥推诿，不愿积极提供援助。学生中湖南、四川和广东籍占大多数，很多人剪辫穿西装，被官府怀疑有颠覆倾向，也未引起上海社会的好感。江苏教育总会一度放弃扶植中国公学：缺乏官方援助，后者的计划显得越来越不切实际。

有些总会的职员例如田北湖、杨天骥以个人名义忝列中国公学最早的教员。而教育总会再次积极介入是在总督端方的积极干预之后。[3] 1908 年春天中国公学成立校董会，张謇出任会长，沈恩孚和

1　郑孝胥负责中国公学的经费，对周馥不肯通融的态度明显不满。见劳祖德整理《郑孝胥日记》，北京：中华书局，1993 年，第二册。

2　有关江苏教育总会在事件初期的立场：《复苏松太道瑞协助中国公学书》《复日本留学生论取缔规则书》，载《文牍初编》上，第 100—102 页；第 122—128 页。

3　士绅与端方的关系似乎胜过周馥。政治上周馥属于淮军李鸿章系统，而教育总会的领导人与张之洞、翁同龢更接近。

马良等人担任董事，该年冬天开始动工建筑新校舍。江苏教育总会领导人的立场转变，反映了他们务实的立场，督抚的支持，使他们意识到中国公学犹事有可为，并将该校纳入省教育规划之中。[1]

尽管当时大批地方精英投身教育改革，但是全省没有一所国人自办的私立高等学堂。复旦是唯一的例外，但是它依靠的实际上是官府的资助。马良曾经解释说，周馥的慷慨之举缘于马氏兄弟（马建忠和马良）和淮军之间的深厚渊源——马氏兄弟对李鸿章麾下的洋务事业曾经做过很大的贡献。不过，周馥对两所学校的态度不同，也因为马良属于在社会上有影响力、与官府关系紧密的士绅之列。此外，与中国公学不同，复旦公学与地方的关系更紧密，更容易触动积极分子的爱国爱乡情愫。

江苏教育总会的立场以及它的成员在不同层次的参与，显示了总会领导人在教育领域里势力逐渐扩大。复旦事件高潮时期，张謇受法国天主教会聘请担任震旦学院的校董，他与曾铸、李平书等上海绅商也同样支持震旦，在官府面前为它辩护，称之为"中西绅商公立之高等学堂"。[2] 中国公学分裂后重新合并，教育总会将该校纳入它正在构建的江苏省教育框架之内，将它的教学方向定为南洋工科大学的预科，并且得到了总督端方和苏松太道瑞澂的批准："盖大吏之规划与社会之持论既灼知世界之趋势在实业，实业之趋势又在工业，教育方

---

1 《中国公学募捐启》，载《文牍六编》戊，第 10—12 页。李平书担任了中国"新公学"的董事长，即因为不满改制另外成立的学校，他后来说服新公学的学生接受调停合并。

2 《近代上海大事记》，1905 年 3 月 31 日，第 593 页；《复苏松太道瑞震旦情形书》，载《文牍二编》下，第 83—84 页。

针至是而大定矣。"[1] 1911 年，中国公学在吴淞的新校舍建成，可容
纳 600 名学生寄宿。为了达到扩大招生的目标，教育总会非常兴奋地
为公学向各省封疆大吏与社会贤达募捐。通过士绅与高官的携手合
作，总会至少暂时将中国公学纳入了省教育规划。

学生闹事等纠纷，官府通常不是弹压就是无动于衷。教育总会的
士绅偏向避免事态扩大、说服化解或者采取息事宁人的儒家方式。当
官府重申禁止教师、学生剪发与穿西装时，教育总会采取间接的反驳
方式，并举出总督端方在这方面的宽容大度为例。[2] 士绅们经常袒护
因政治原因被捕或者跟警察发生冲突的学生。他们虽然不接受激进的
革命言论，但是理解年轻人的爱国动机，并选择父兄对子弟的态度对
待这些言行。

教育改革人士原则上禁止学生们以任何形式参与政治以及干预学
校以外的事务。尽管如此，他们自己也支持过教会学校的爱国主义罢
课运动、参加过抵制美货运动。在他们领导的学校里，学生举行爱国
集会并不罕见。不过江苏的学生运动似乎远不如湖南、四川所达到的
规模。[3] 绅商的影响力和开放态度，可能在某种程度上削弱了年轻人
的激进倾向。黄炎培、穆湘瑶和金松岑等青年积极分子，曾经参加过

---

1 《宁提学使陈请张会长筹办江宁工科大学书》《张会长复宁提学使书》，载《文牍四编》
  甲，第 28—30 页；《中国公学募捐启》，载《文牍六编》戊，第 10—12 页，转载于朱
  有瓛 (1987)，第二辑上册，第 737 页。
2 《文牍二编》上，第 11—17 页。
3 桑兵 (1989)，第 18 页。

1902 年南洋公学的学生罢课运动，[1] 而他们的兄长辈，也曾经厕身于政治和爱国运动的行列（教育总会有多名成员曾参加过 1895 年的公车上书运动）。尽管如此，兄长式的宽容不等于认同学生们的激进爱国主义。江苏教育总会的领导人致力于改善传统权力关系的形式，使之变得更温和、更理性，不过并不想从本质上改变它们。

指导年轻人的意愿

从意识形态和社会阶层角度，当时的学生与地方精英的差别不大，他们大多来自乡村或小城镇，与地方利益联系紧密。被激进革命吸引的只是少数人，大多数人与他们的父兄辈分享捍卫地方利益和向官府争取权利的观念。年轻学生也希望利用教育总会的与官府的特殊关系，解决他们个人或者集体的问题。

尽管冲突频繁，但随着科举制度的消失，学生们不再经常"集体退学"：新学校已经成为获取功名和官方职位的唯一途径。另一方面，由于教育行政结构混杂，学生卷入冲突的利害关系也变得更复杂了。每当与地方人士或者学校当局发生纠纷时，他们越来越多地诉诸教育总会，例如上文提到的海州、江北和南菁学校的学生。为了促使教育总会采取行动，徐州和江北的学生 [2] 还动员了留日徐州府同乡会和旅

---

1 黄炎培和穆湘瑶都是南洋公学特班的学生并参加了罢课。随后黄返回家乡川沙举办新教育；穆与金松岑等人参加了创办爱国学社。张大椿（1986），第 118—122 页；朱有瓛（1987），第二辑上册，第 684—705 页。
2 参见第三章第二节中"整顿江北师范学堂"。

沪同乡学生出面干预。[1] 许多留学国外——尤其是日本——的学生向教育总会报告跟家乡教育有关的各种问题。教育总会被看作"地方自治机关中最相当之法庭"[2]。地方精英内部虽有分歧，但是都很拥护江苏教育会所扮演的主持公论和仲裁人角色。

对于想深造的青年学生，教育总会根据具体情况提供一些服务。由于外国文凭变得非常重要，希望赴国外留学的学生要求教育总会的担保，以便获得签证或者官府补助。总会也向有关机构推荐介绍有前途的知识青年，并且扮演顾问或担保人的角色。

在学生配额的关键领域，总会的地位举足轻重。它广泛参加了省内一些学校的学生配额的分配[3]以及相关规则的制定。1908 年，总督端方计划开办一所南洋高等商业学堂。[4] 教育总会江宁办事处要求将校名中的"南洋"改为"江南"：理由是"南洋"意味着学校涵盖东南沿海的 4 个省份，而"江南"则仅仅涉及江苏和安徽两个省份。这一建议旨在保留有关资源为江南地区所用，以免被其他省份染指。江南商务局接受了教育总会的建议，并将商业学校的名额按照江苏和安徽各占 40％；外省占 20％的比例分配（外省学生需缴纳略高于江

---

1 《文牍三编》下，《干事员会》："报告留日徐府同乡会周子丹等函告徐府中学堂散学事"，1908 年 4 月 15 日；"报告旅沪淮扬徐海学生宣治铭等十五人公函，接江北师范肄业生来函历指江北师范学堂办理情形并教员韩棠等之历史"，1908 年 4 月 23 日。第70—71 页。

2 《留欧武阳学生来书》，载《文牍初编》下，第 172 页。

3 见第二章第一节中"省籍名额之争"。

4 两江总督同时担任南洋大臣。

苏和安徽学生的学费）。这也是江南高等学堂实行的学额比例。[1]

　　在类似事件中，江苏教育总会取得的最足以称道的成果可能就是使用美国归还庚子赔款派送赴美留学生的定额问题，[2] 这场行动由江苏和浙江教育总会联袂进行。最初，朝廷准备通过公开考试的方式招收赴美留学生，不预先分配名额。江浙两个教育总会要求朝廷依照各省负担的庚子赔款总数，按比例分配留美学生名额。1909 年，经过与浙江同仁几个月的书信往还——通过驻上海的浙江旅沪学会，双方同意以江苏—浙江教育总会的名义，向学部递交了一份正式申请，同时附上一份完整的清单，详细列出各省分摊的赔款总数、各省已经偿还的部分以及按照这个比例江浙两省应该得到的留学生份额。[3] 很明显，江苏的赔款负担最重，总数达银 250 万两（已付 175 万两），远远超过面积广袤和富裕的省份四川所负担的 220 万两。浙江负担 140 万两（已付 98 万两），也高于湖北的 120 万两和直隶的 80 万两。在第一批派送留美的 90 名学生中，江苏只分到了 4 个名额(4.7%)，而按照它所支付的 14.4% 的赔款比例，它应该得到 13 个名额。学部似乎聆听了教育总会的声音，在 1910 年派遣第二批留美学生予以补偿：这一次江苏获得 26 个名额。[4]

---

1 《宁垣事务所致江南商务局请更定商业学堂名称书》，载《文牍四编》甲，第 30—31 页；《江南商务局移复宁垣事务所文》，同前，第 31—32 页。

2 1908 年，美国国会决定将一部分因 1900 年义和团事件而获得的庚子赔款归还中国，用于资助派往美国的中国留学生。见舒新城编（1939），第七章《庚子赔款与留美》，第 72—86 页。

3 《江苏、浙江教育总会合词呈学部请明定选派学生赴美章程文》，载《教育杂志》1909 年第 1 卷第 7 期，第 593—594 页。

4 《教育杂志》1910 年第 2 卷第 4 期，第 1602 页。

"权利与义务成正比"是教育界人士、学生与地方社会共同分享的原则，这一原则蕴含着提倡省际竞争，放弃或者部分地放弃以全国平衡为目标的传统原则。教育总会关注本省经济的发展，竭力引导赴美留学的学生选择将来有利于本省发展的科学、技术专业。很明显，新的按比例分配的观念也是社会达尔文思想的产物。尽管没有提出理论阐述，总会的领导人和积极分子在实践层面摒弃了全国平均化的传统原则，后者被视为导致停滞不前的因素。在他们看来，现代化和加强官方干预能力有赖于发挥地方的活力。

五 新学制在地方层面的进展

地方精英的分化与冲突

依照学部规定的新章程，在江苏教育总会的推动下，1906—1907年江苏大部分县都设立了劝学所和教育会。朝廷的新政策受到积极分子们的欢迎，它确立了由地方人士来管理地方教育事务的原则。改革派认为，士绅与地方社会关系更密切，在推动新教育方面比官员更具优势。[1] 然而，尽管新精英群体的权力制度化了，并且许多地方通过

---

[1] "盖地方普通教育，为人民义务教育。非高等、专门学科，无官为担任之理。重以风尚不同，因势利导，民间视官恒不若视绅为亲密。"《江苏学务总会改设教育总会公呈督抚文》，载《文牍二编》上，第1—2页。

选举推选领导人，但教育管理人员仍然很难树立他们的权威。

毫无疑问，教育改革增加了士绅的参与，但是同时也导致士绅群体的分化。官府把管理初等教育和筹集资金的职责交给地方承担，引起各方的觊觎和争执。文人和地方士绅的内部冲突很快达到前所未有的程度。各种手段无所不用：诉讼、造谣、污蔑、斗殴……劝学所和教育会的负责人、县视学和学堂校长，是攻击的主要目标。但是其他人也难以幸免，即便是江苏教育总会的领导人、声名卓著的士绅如张謇或沙元炳，或是上海城厢总工程局的领导成员，等等。有些冲突源于私人纠纷，另一些演变为派别对立。很快，教育总会就不得不花费大量的精力处理这些问题。

谣言传播是冲突肇因之一。在江宁县，文人们要求解除县视学的职务，理由是后者不称职以及行为不检：该视学所租的住房与劝学所同在一处，据传闻，他虐待母亲以讨好妻子。然而，调查表明该视学家庭生活正常，他在所属学区帮助开办或改善了十多所初等小学堂。[1]

高等小学堂通常是县一级拥有公共资源最多的学校，校长被无中生有地指责侵吞挪用非常常见。劝学所负责人因管理地方教育经费也常常遭到类似的攻击。泰兴士绅沈文瀚报告江苏教育总会说，由于当地筹款困难和流言蜚语盛行，在不到两年的时间里，已经有三任劝学所总董辞职。[2] 层出不穷的攻击非常可能与校长和视学—总董的薪

1　江宁事件：《文牍四编》丙，第 24—28 页。

2　泰兴事件：《文牍三编》中，第 136—138 页。

酬——前者为 40 银元至 80 银元，后者 30 银元至 40 银元——以及他们所掌握的财权有关。总会解释道："社会开新之始，一切因革损益，主任者岂能尽如人意。而新政奉给又较优于昔岁之士林，亦足招旁观之疑忌。"《时报》也批评说："学案之争，不出把持侵没等语。"[1]

某些指控背后明显怀有个人恩怨。如皋的一名学生因家庭纠纷，向提学使状告地方教育会会长沙元炳挪用公款。[2] 1905—1906 年间，张謇提议四个毗邻的县——通州、如皋、海门和崇明——将资金合在一起共同开办中学堂。海门某些士绅散发传单、传播谣言指责张謇想独揽大权。[3] 有些文人开始使用现代通信手段攻击对手：例如海门教育会副会长有一天在一份上海的报纸上读到一封匿名信，揭露他的所谓恶习。[4]

在追逐权力的过程中，某些人不惜借用意识形态或政治问题进行恶意控告，试图借此触动官府。安东县劝学所董事与高等小学校长朱榮被人指控毁坏孔庙、散播反孔言论，为此遭到革衿处分。[5] 宿迁教育会被对立派揭发有反清言论、穿西方服装。[6] 川沙某些教员因不满一次视察的结果，向官府告发视学黄炎培曾经卷入一起政治事件（即

1　《文牍四编》丙，第 25—26 页；《教育感言》，载《时报》1907 年 8 月 19 日。

2　如皋事件：《文牍二编》中，第 145—152 页。

3　海门事件 1：《文牍初编》下，第 78—84 页；"补编"：第 1—4 页。

4　海门事件 2：《文牍三编》中，第 139—143 页。

5　安东事件：《文牍二编》中，第 73—91 页。

6　宿迁事件：《文牍三编》中，第 107—123 页。

1903 年"党案"[1]），并他还在担任校长的浦东中学继续传播反清言论。[2]

教育诉讼成为普遍现象，以致"案积连篇"，1909 年安徽巡抚通令地方官员整顿学务诉讼说："近年开办学堂以来，地方劣绅则争产之念多，而急公之念少。地方官有司衙门，则兴学之事简，而理讼之事繁。公德不彰，私嫌易起，盖以功不己，出权不我，则必以破坏为能。"[3] 随着地方人士参与面的扩大，参与者随之增多，年轻一代起来反对老辈经董独揽大权，还有一些后来者试图从中得到好处……

教育机构的负责人，远比通常腐败的官员群体脆弱，因为他们所掌握的权力性质与官府和以往的权力关系不同。在传统的权力体系中，个人在服从官府的权威外，仅仅服从家庭、宗族权威，以及在需要时遵从行会一类机构的决定。法国汉学家 Vandermeersch 认为中国社会外部服膺某种权威，内部实行相互分离的社会自我管理。[4] 在地方层面，官府的实体规模有限，它仅有的代表是知县和一些驻在较大城镇的官员及数量不等的胥吏。在朝廷和民众之间，除了负责安全的保甲与负责税收的机构，不存在起中介作用的有机架构。[5] 士绅确实

---

1 1903 年，黄炎培与友人在南汇新场演说中涉及反清。被县官拘押期间，得到传教士的营救得以逃亡日本避难。

2 川沙事件：《文牍三编》中，第 179—181 页。

3 《教育杂志》1909 年第 1 卷第 4 期，第 326 页。

4 Vandermeersch, Léon. "Pouvoir d'État et société civile dans la tradition confucianiste", in *Études sinologiques*, Paris: PUF, 1994, pp. 331 - 346.

5 在有关长江三角洲的研究中，黄宗智指出该地区与华北地区的大村庄不同，除了宗族以外，乡村一级不存在政治组织。Huang, Philip C. C. *The Peasant Family and Rural Development in the Yangzi Delta*, *1350—1988*, Stanford, California: Stanford University Press, 1990, pp. 149 - 152.

经常协助官府主持公共事务，但是这些任务属于个人性质。相反，劝学所和教育会负责公共教育的规划、管理和集资，属于一种制度化和长期性的中间权力。[1] 江苏教育总会及其积极分子试图通过选举产生负责人的方式增加合法性，可是在很多人眼里，他们仍然被看作是小团体或者家族的代表。如皋事件中清楚地显示了这一点，为此，教育总会写道："盖凡地方兴学之人，必与地方他事有干涉，事事牵连，加以污蔑，则办事者将无立足之地，无喘息之时。势必人人自危，贤者引蔽之不遑，不肖者抢攘之愈便。"[2]

毁坏学校的集体骚乱，在传统背景下难以想象。一位记者写道："然则前之受官吏追呼而不得一逞者，以力不敌也。今则易官吏为绅士，则以吾侪之力与绅士抗，易易耳。"[3] 在表面的争执之下，真正受到质疑的，是具有"地方自治"性质的机构本身的合法性，尽管它们已经具备了官方赋予的正式身份。在朝廷强制缺失的领域里，心怀不满的人反而排斥他们同类的权威。

江苏教育总会希望地方教育会成为公共舆论的场所。但是许多人缺乏通过辩论达成共识的习惯，偏向采用极端方式除去对手。安东事件的调查员夏清贻批评诬告者说："诚欲改良，整顿筹商可也，稽查可也，即意有不合，申请派查可也，公开会议可也，似无庸究办。事

---

1 王树槐在他的有关研究中，解释了地方士绅在传统架构中履行的职责与地方自治之间的区别，见《清末江苏地方自治风潮》，台北：《"中央研究院"近代史研究所集刊》，1977 年第 6 期，第 313 页。
2 《致江督为如皋教育会会长辩诬书》，载《文牍二编》中，第 151 页。
3 《毁学果竟成风气耶?》，载《东方杂志》1910 年第 7 卷第 11 期，第 78 页。有关反对学校的暴力问题，见下文第三章第七节。

关一邑之公，官绅皆负责任，似无庸其归案。即使归案究办矣，既非抗传不到，又未审实定罪，更万无须用刑讯之处，何必革衿而后可归案究办耶。"[1] 海门的议绅兼学董沈文瀚也表达了类似的观点："学风嚣竞原于是非之未明，众议争持原于权限之未立……恐他日地方公益不但无出身担荷之人，必且以局外讲求为戒，其有关于政治习俗，实非浅鲜，影响所及，可为深忧。"[2] 事实上，由于争执激烈，有些地方已经看不到敢于任事兴学的积极分子了。

教育总会尽其所能地把握局势，加强它与官府和地方社会之间的联系，试图向政治开放的方向消除地方人事和资金争夺的纠纷。对于诽谤行为，总会要求按照诬告的法律程序处理。[3] 当青年积极分子遭受指控，尤其是涉及黄炎培和被政治化的川沙事件中，总会促使官府采取宽容态度。端方虽然表面上同意，仍然会同提学使对浦东中学进行了调查。幸亏杨斯盛出面辩护和担保，才使黄炎培安然脱身。[4] 官府依然保持着严厉的政治控制，不过为了建立新教育体制，官府不得不依靠改革人士分担解决教育事务重任。

---

1 《夏清贻调查安东校长朱棨被诬报告》，载《文牍二编》中，第 87 页。清代法律规定对有功名者不得使用刑法审判。

2 《泰兴沈文瀚报告办学困难书》，载《文牍三编》中，第 137—138 页。

3 尤其安东县事件，见前文，载《文牍二编》中，第 89—90 页。

4 由于川沙人的控告，1907 年 10 月提学使毛庆蕃视察了浦东中学，对黄炎培印象很坏。毛发现该校学生剪辫穿西装，学校设有佛教课。随后他私下向杨斯盛了解黄炎培的革命倾向，预备以后再次视察浦东中学，并且决定取消黄的视学职务，但保留校长的职务。此外，他还要求上海和川沙当局监视黄的言行。江苏学务公所：《江苏学务文牍》，1910 年二编卷 2。

教育总会的仲裁实践

面对重重困难，教育总会坚持改进并发展地方分会。一切都有待努力：地方负责人经常缺乏经验，同时社会整体也存在大量问题。

在资金方面，临时应付是常见现象。例如，清河和盐城的教育会被控侵占经费。教育总会的调查员发现主要问题在于资金使用没有计划。他们帮助教育会负责人整理账目，并督促他们把财务管理权移交给劝学所负责人。[1] 账目不透明很容易导致谣言滋生，总会特派人员和干事员会都反复向地方教育机构和公立学校建议，定期公布它们的收支账目。

高等小学堂的优越地位也是引起具体困难和质疑的根源之一。按照官府的规定，每个县都要设一所高等小学，它通常吸收了地方上大部分教育资金，在一些贫困县更是耗尽了几乎所有的可用资金，以致用于开办其他学校的经费所剩无几。总会的两位调查员龚杰和林康侯在盐城视察时发现，该县教育会"自经理财政后，不知量入为出；所经理之高等小学堂，每年用款五千余吊（约合 3 800 银元），学生仅三数十人……初等小学四处，其科目之配置，课本之陈腐，均不合法"。在其他地方也出现类似的混乱状况，譬如负责人的薪金高得出奇。在吴江—震泽，教育总会的调查员注意到该地高等小学堂堂长的

1　盐城事件：《文牍二编》中，第 71—73 页；《文牍三编》中，第 61—91 页。清河事件：《文牍四编》乙，第 62—68 页。

年工资高达 800 银元，尽管他身兼数职：除了校长工作之外，他还担任几门课的教授，并且承担部分地方教育行政的事务。[1]

　　教育总会领导人要求地方认真改进这些混乱现象以及滥用职权的问题。它在这方面可以说扮演了重要的劝导者角色，很多时候，调查员在了解地方或学校的具体问题后，向有关人员提出详细的改进方案，这种方式可以说是开放港口城市的具体经验向地方基层传播的表现（有关教育资金见下文第七节"教育改革的财政问题"）。

　　地方教育会的作用有些类似议事会。通常由教育会成员选举劝学所的负责人，而劝学所形似当地教育事务的执行机构。然而，由于缺乏"民主"传统，选举结果常常遭到其他人的质疑。地方教育会的最初倡导者常常是一些相对年轻的积极分子、新学堂或外国学堂（主要是日本学堂）的毕业生，他们的活动时常会引起一些保守士绅、原先的学官、学董或是其他文人的不满。桃源县的学董及其支持者甚至组织了第二个教育会，与"年轻人"的教育会对抗。两个教育会都声称只有自己才合法。由于官府规定的章程只允许一个教育会存在，总会不得不派人前往调解。龚杰和林康侯此时正在江北地区视察，他们成功地说服两派和解，合并为一个教育会。[2] 教育总会的仲裁角色受到普遍欢迎，每当冲突发生，地方人士经常要求总会出面调解。

1　吴江—震泽事件：《文牍二编》下，第 49—52 页。
2　桃源事件：《文牍三编》中，第 96—103 页。

引入代表制的努力

地方教育会通常由普通绅士与学校教师及教育管理人员组成。由于镇乡也要争取自己的利益，它们的代表要求参加决定资源或津贴分配的教育机构。在某些情况下，教育会因为太"受欢迎"导致无法控制局面，尤其是要求加入者蜂拥而至，使团体陷入瘫痪。例如淮安府的大县盐城重组教育会时，会场里挤进了近千人，造成一片混乱喧哗。组织者被迫将大会推迟到第二天，并限制与会人数，由 8 个镇和 2 个盐场各自派 20 名代表参加。1910 年常熟—昭文召开教育会年度大会时，120 多名要求入会者突然涌入，险些推翻原来的领导机构。由于匆忙更改选举规则，导致会议无法继续。清河、泰州和苏州的教育会也遇到同样的问题。[1]

这些事故与教育会身份模糊有关。作为法人团体，教育会有权利选择自己的成员和维持领导机构。但是这种保护团体的做法，有悖于教育总会的地方自治观念——促使教育会成为地方教育领域的议事会。可是怎样才能够维持团体正常运行必需的纪律呢？江苏教育总会采取了一些团体通行的办法：新成员须有两名老会员的推荐，并且经过审批。另一方面，积极分子们把目前的状况看作地方自治机构建立以前的过渡时期。在谈到县视学和劝学所总董的人选时，总会认为目

---

1 常熟—昭文：《文牍六编》乙，第 47—49 页；泰州：第 24—25 页；苏州：第 45—46 页。

前由知县任命的情况是实行地方自治以前的暂时措施："观政治史之通例，凡人民自治之能力未充，只可以少数人治理，而未便授权与多数人，致滋纷扰。"[1] 一旦选举人资格确定，县议事会将在它的权力范围内推选负责人，教育会将在地方自治制度框架下活动。在此之前，教育总会考虑首先引导地方教育会研究如何推广初等教育，以便扩大地方自治的社会基础。[2]

地方社会和教育界缺少统一政治框架，造成教育界的一些混乱现象。朝廷的监管能力十分薄弱。而民主实践主要取决于地方人士内部的力量对比以及团体负责人团结各方面人士的能力。这方面能成功的范例，除了上海和无锡这些最发达的地区以外，[3] 还有一些不算很富裕的地区。教育总会通过自身的表率传播新的游戏规则，并且尽可能地推动地方人士通过辩论、选举、对话以及账目公开来解决内部分歧，减少纠纷，最终在教育领域和政治领域里，建立一种以地方分权和地方精英参与为特色的运作模式。在这一社会进程中，提高城镇乡团体组织水平的策略，无疑是走向宪制和地方自治的第一步。

---

1 《江苏教育总会通告各劝学所、教育会研究职务问题文》，载《教育杂志》1910 年第 2 卷第 3 期，第 1525 页。

2 同上，第 1522—1526 页，尤其第 1526 页。

3 无锡—金匮两县在发展新教育方面走在前列。为了平息地方精英内部的争执，地方教育会负责人裘廷梁于 1908—1909 年间提出一系列建议，将教育经费在县城和镇乡之间进行了合理分配。他的建议受到各方面的赞赏，江苏教育总会、《教育杂志》以及《预备立宪公会报》都予以转载。《会员裘廷梁锡金均教育费私议》，载《文牍四编》丁，附录，第 92—101 页；关于无锡教育，参见高田幸男（1994），第 242—254 页。

六 改革初等教育

科举考试取消后，权威人士如严复、罗振玉、张謇、汤寿潜，改革派的杂志如《时报》《东方杂志》《教育杂志》《中外日报》等，都主张优先发展初等教育。[1] 改革派人士认为普及教育不仅是强国之道，[2] 而且还是实行立宪与地方自治不可或缺的基础条件。官府的经济支持必不可少，然而，清廷财政的困境迫使教育总会寻求其他经济来源，从而达到它雄心勃勃的教育与政治目标，为此付出的精力可能超过它的预想。

改造私塾

积极分子首先着手的目标是将传统的学堂——私塾——改造为现代的初等小学。最早开始扩大初等教育、改变传统教育的倡议来自私人。在儒家"养民教民"传统的影响下，一些文人士子一贯关注扩大教育范围的问题。1904 年以后，大众教育发展采取三种形式：开办

1　严复：《论教育与国家之关系》，载《中外日报》1905 年 12 月 16 日；《论停科举后宜专办学校》，载《时报》1905 年 9 月 3 日；罗振玉：《各省十年间教育之计划》，载《教育世界》，1906 年第 6 期。

2　有关 1900 年至 1911 年间民众教育的发展状况以及与其相关的争论，见 Bailey, Paul. *Reform the people — Changing attitudes towards popular education un early twentieth-century China*, Edinburgh University Press, 1990, chap. 1 - 3, pp. 17 - 133.

夜校、半日学堂、改良私塾。[1] 在地方层面，许多教育总会的会员们以个人或学会的形式，从事类似的活动。上海的团体"群学会"与"沪学会"最为活跃，从 1902 年起，它们就开设面向平民阶层，传播科学的短期学习班或者夜课。[2] 在这方面，新成立的教育行政机构——教育会和劝学所——也开始显示它们的用途。王同愈、彭福孙和蒋炳章担任了苏州这两个机构的负责人，他们在 1906—1907 年间开办了 15 所半日学堂。[3] 教育总会的调查报告显示，尽管大量私塾继续存在，但几乎所有的县都设立了免费的初等学堂。这一现象说明地方人士致力的方向，并非完全像后来新教育批评者所说的那样只注重精英教育。

在这些种种旨在普及教育的尝试中，上海私塾改良总会值得特别注意。它的目标是用少花钱的办法改私塾为学校，最初由沈亮榮（1868—?）于 1904 年 6 月在他的家乡川沙龚镇试办。沈是教育总会的成员，在苏州高等学校任教。他希望"就向有之私塾而厘正之，明定课程，指示教法，谆谆劝导，切实调查"。几个月以后他在当地官绅学商界的广泛支持下，发起成立了苏州私塾改良社。这个团体吸收了许多成员，按月会考各私塾的学生，参加人数每次都在三百余人。另外又设立了师范讲习所，使私塾教师能够白天照常上课，晚上来参

---

1 Bailey, Paul. (1990), Chap. 3, "Popular Education Developments 1904—1911", pp. 98 - 133.

2 《上海县续志》(1918)，卷 11，第 15—16 页；胡怀琛：《上海的学艺团体》，载《上海通志馆期刊》1935 年第 2 卷，第 842、846 页。

3 《东方杂志》1906 年第 3 卷第 9 期，第 7529—7530 页；1907 年第 4 卷第 3 期，第 9075 页；1907 年第 4 卷第 4 期，第 9309 页。

加补习科学，实行"概免束脩，来者不拒"。由于成绩显著，这项活动很快就推广到附近的苏松太各属以及邻近的省份。1905 年 5 月，上海绅商李厚佑、王省三、张美翊、姚文楠等人与沈亮棨商议，设私塾改良总会于上海，利用上海交通和通信条件广泛推广改良运动。为了奔赴各处提倡设立私塾改良会，沈辞去了他在苏州的教职。在上海绅商学界的经济支持下，从 5 月到 12 月，他的足迹遍及苏松太地区的大城市以及僻陋镇集，到处开会演说，并与当地官绅学人士一起成立了四十余处分会。私塾改良会的迅猛发展引起了当时的两江总督周馥的注意，1906 年周馥邀请沈亮棨到江苏宁属地区推广该项运动。海州、徐州、淮安和扬州的士绅给予了积极支持，并设立了一个连接上海私塾改良总会的江北支部。从江苏南部发起的这场运动随后蔓延到全国，尤其是浙江省和北京。

沈亮棨的创举激起地方积极分子的极大热情。上海总会更是把私塾改良推广到城内外以及英法美租界内的私塾教员中。扬州一位教育总会的职员张鹤弟（1877—?）成为私塾改良的积极拥护者，他不辞辛劳地奔赴江苏北部的一些落后地区，宣传这一主张，努力普及新教育方法。

各地的改良会通常举行面向大众的演说会，组织私塾学生会考，并给私塾教员和学生发奖励。它们激励塾师传授新知识，例如数学和科学，分发新教材以取代经书，用启发式和解说代替以往建立在背诵基础上的教学法。在有条件的地方，改良会还自己编写教材，并为塾师设立师范讲习所。后者经过培训有望得到官方颁给的小学教师证书。私塾改良在各地的演讲内容还包括"劝戒洋烟（鸦片）、不缠足、兴实业、地方自治诸要事"。改良总会的报告写道："江北学风尚未大开，民气异常狂悍，且地瘠民贫，学堂万难遍设，办私塾改良会以补学堂之不足，最为相宜，到处演说劝导，以开通社会习俗之锢蔽，尤属要紧。"[1]

私塾改良得到地方社会以及官府的有力支持，它从最初的个人与小镇的实验，演变为一场以上海—苏州为轴心的广泛运动，逐渐扩大了阵地。积极分子的行动主义扮演了决定性的角色，改良总会所采取的战略——建立与地方合作者的联系、城市与乡镇的联系，对动员塾师和学生参与改良和筹集资金效果彰著。1907—1908 年间，逐步成立的地方教育会与劝学所把改良私塾的活动纳入了它们的工作范围。在它们的推动下，开办了许多培训塾师的师范讲习所。

在张謇的家乡通州，地方教育官署对近 1 400 名私塾教员进行了考核，选择其中优秀者免费送师范学校简易科学习。根据常任调查员黄炎培——他同时担任 1909 年设立的省谘议局调查员——的报告，[2]至 1910 年年末，锡金（无锡—金匮）开办为期半年的师范传习所，轮流设于各乡镇，专收私塾教员与有志学习师范的年轻人，每日授课

---

1 《私塾改良总会书记员报告两年会事概略》，载《文牍初编》，补编：第 10—15 页。有关私塾改良推广的情形：《何震彝论私塾改良会设江北支会之关系》，载《文牍二编》上，第 32—34 页；《私塾改良总会孙多焱等呈江督文》，载《文牍四编》丁，第 101—103 页；沈恩孚：《私塾改良总会文牍序》，载《文牍六编》戊，第 15—16 页；朱有瓛(1987)，第二辑上册，第 310—337 页；Bastid, M.（1971），p. 89；Bailey, Paul (1990)，p. 118。

2 这些报告涵盖了黄炎培于 1910 年 6 月到 1911 年 6 月，在江苏的两个省府江宁和苏州所属的 32 个县所做的调查，提供了大量有关各地教育不同面相的珍贵细节。黄炎培：《常任调查员调查报告》，载《文牍六编》丙，第 1—229 页。

三小时,全境改良私塾达 70 余所。扬州城厢有私塾 240 所,其中 72 所的师生参加了改良会组织的每年两次的会考。在素来领先的江苏南部地区,7 000 所私塾中的 1 000 所实行了改良。丹徒私塾改良会有幸得到道台的特别支持,开办 6 年入会私塾 120 所,并于城乡分设支会五处,每季会考学生一次,每年会考塾师两次,1910 年下学期参加人数达 160 人。该改良会取得如此出色的成绩,原因之一是财政独立,享有一笔 769 银元的年收入。[1]

总会的调查同时揭示了各地之间的巨大差别,如江宁城厢 91 所私塾仅 5 所被视为教授合法,上元县乡间 135 所私塾只有 11 所实行了改良。东台县 1 100 所私塾强烈抵制任何改良的企图;而桃源县的教育人士自认对统计所得的 270 所私塾束手无策。即便在苏州(长元吴三县),一位教育总会成员反映说,未经改良的"不合格之私塾多于小学几及三倍,优劣诚有等差,腐败实居多数"。改良私塾与旧私塾的比例在苏属地区为一比七,在靠近上海的川沙厅降至一比十,在江北东台县更是跌到一比三十。[2] 私塾改良尽管花费有限,仍然占了当地部分教育经费。根据沈亮榘的计算,每月会考 40 名学生的费用大约 100 元(主考人报酬、教科书赠送、学生与塾师的奖金等),此

1　同上,通州:第 6—7 页;无锡:第 22 页;扬州(江都—甘泉):第 32 页;丹徒:第 93 页。

2　同上,江宁:第 39—40 页;东台:第 107 页;川沙:第 26 页。载《文牍三编》上,苏州:第 103—104;下,桃源:第 77 页。黄炎培写道:"(川沙)全境私塾 171 所,内男教员 156 人,女教员 15 人,学生共 2 585 人,教科书大都用四子书(指《论语》《大学》《中庸》《孟子》四部儒家经典),间有用商务印书馆本者。"于此可见私塾改良与否的一个侧面。

外还要加上培训私塾教员的费用。许多地方教育经费有限，没有多余的预算来资助类似的活动。

教育总会的积极分子们发现他们的宣传目标常常遭到歪曲。有些新学堂实际上沿用跟私塾同样的教学方法。在很多时候，大张旗鼓地呼吁改良私塾反而促进私塾泛滥，教学内容与方法都毫无变化，甚至有些私塾摇身一变，打出学校名义的旗帜。最糟糕的是新学堂常常招不满学生，越来越多的学生重返私塾。[1] 据苏属学务公所 1909 年统计，该地区计有小学堂 800 所，私塾数量则达 7 000 所。王树槐指出私塾拥有的学生数量比学堂多两倍。[2]

私塾繁盛的原因一是地理距离近，二是费用低。不过社会保守也是重要因素，尤其是在江北地区，许多家庭指责新学校教学生练习体操且读经书时间过少。还有人不满学堂取消体罚，或是担心学生会沾染坏习惯。官员大多数思想保守，他们对学堂管理人、教员和学生有违儒家价值观言行的惩戒，也助长了社会上的保守立场。[3]

纵观各方面，私塾改良很像是一场改革者与传统主义者之间的博弈。1907—1908 年间，朝廷官员放言人民知识太低，难以加快立宪

---

1 一位记者报道说："扬州城内外学堂林立，招生不易，缺额甚多。皆父兄控子弟一入学堂，濡沾习气，虽曾在堂肄业，亦多改入私塾。致私塾异常发达。调查今岁新添私塾，计有五十余处，所收学生，均已逾额矣。"载《教育杂志》1909 年第 1 卷第 2 期，第 132 页。1908 年 10 月，常熟教育会的负责人丁祖荫报告说每年都有大批学生离开学校重入私塾。他建议教育总会通过公众决议要求行政当局干预私塾改良。《丁祖荫论改良私塾》，载《文牍三编》中，第 160—161 页。

2 王树槐（1985），第 261 页，注 481。

3 黄炎培：《常任调查员调查报告》，载《文牍六编》丙，第 35 页；王树槐（1985），第 261—263 页。

进程，保守之风一时甚嚣尘上。继张之洞在湖北创建存古学堂之后，其他省份的官员和文士中不乏响应者。要求恢复科举的声音也时有耳闻。[1] 面对这些预警信号，江苏教育总会感到当务之急是巩固已经取得改革成果，后者尚处在弱小境地，必须尽可能增加学校和学生的数量。然而，在许多地方，改良私塾成为放弃发展新教育的借口，[2] 一些接受改良的私塾在教学质量等方面也常常不尽人意。[3] 面对这种局势，教育总会的领导人决定暂时搁置私塾改良，将主要精力集中于在各地推广单级复式教学。

推广单级小学

在江苏教育总会看来，单级小学是一个既有助于推广新教育受众又方便改造私塾的好方式。单级小学的意思是不同程度的学生在同一个班级学习，由一个教员负责传授不同的课程，这种方式后来被称为复式教学（Combined Instruction）。这种方式与私塾有相似之处，差别是私塾的课程限于汉字、书法、读经讲经（儒家经典）以及练习写诗作文，教授方法根据每个学生个人的情况而定。相反，在单级小学里，课程多样化和现代化了（包括广义的科学、数学等），并且一个

---

1 朱有瓛（1989），第二辑下册，第503—534页；《上学部请明奖谕旨勿复科举书》，载《文牍三编》上，第1—3页，收入朱有瓛（1987），第二辑上册，第114—116页。

2 沈颐：《论改良私塾》，载《教育杂志》第2卷第12期，第119—124页。

3 科举考试取消以后，新教育发展加快，在经费方面与改良私塾形成竞争。许多地方没有多余的经费负担私塾学生和教员会考所需的费用。例如通州和镇江，地方教育部门无法负担塾师培训的费用，从而降低了私塾改良的效果和益处。

班级按照学生的程度分成不同的小组，授课内容根据每个小组的程度安排。在一些小地方，一所学校和一位教员就可以传授从初等到高等小学的内容。单级小学的形式有利于减轻地方财政的负担，同时增加学校的数量。张謇很早就在家乡进行推广。1906年，他在一次对通州—如皋—泰兴—海门小学教员的讲话中指出，举办单级小学是唯一能够在偏僻、贫困的乡村普及教育的办法。[1] 此举很可能源于1903年他参观日本乡村小学受到的启发。[2] 通州师范学校也率先引入单级小学科目。

1908年推广新教育的困难促使教育总会领导人转向引进单级小学：

> 新政百端待举，兴学款项筹措维艰，而环顾已成立之各校，其不善组织者，往往有学生过少，教员过多之憾。非研究单级教授法，势难为继。[3]

总会决定首先从培养师资下手，开办一个单级教授练习所。1909年春天派了三位经过精选的优秀教员——龙门师范的杨保恒（1873—1916）、通州师范的周维城（1882—1918）和浦东中学的俞旨一（?）——去日本学习三个月。回来之后，从1909年7月到1910年6

---

1 《张殿撰正告通五属各小学校教员》，载《文牍初编》补编：第9—10页。
2 1903年在日本旅行期间，张謇特地要求参观市町村小学校，了解地方教育的资金来源，见《张季子九录》，卷10，专录4。
3 《复吉林提学曹书》，载《文牍四编》甲，第62—63页。

月，他们主持了设在教育总会新会址内的单级教授练习所（图Ⅲ‑4）。来自江苏各地以及七个其他省份的一百多位小学教员接受了培训。课程包括理论和实践两部分，实践在上海的两所小学进行。开办两期培训班以后，总会在它的两大阵地——上海和通州的师范学校——各自开设了一个单级教授班，随后又把这项经验推广到江宁的两江师范学堂。1911 年 8 月，学部公布了推广单级教授、二部教授的办法，并列入 1911 年筹备立宪教育领域应完成的任务清单之内。[1]

图Ⅲ‑4　江苏教育总会附设单级教授练习所 1909 年冬第一期学员摄影

---

1 《文牍四编》甲，第 22—26 页；丙，第 50、85、95—96、110—112 页。《文牍五编》甲，第 9、14—16；78—79 页；乙，第 35—36 页。转引自朱有瓛（1987），第二辑上册，第 342—345 页。《文牍六编》甲，第 44 页。朱有瓛（1987），第二辑上册，第 338—349 页。

官方认可是必不可少的，不过教育总会主要依赖的对象是地方精英，他们的主动精神比官员更加重要，尤其是在村镇一级官府代表缺失的情况下。单级教学实际上是新教育适应农村条件的方式。单级小学可以设在公共建筑、庙宇或普通房屋里，从而省去建造学校以及维修的费用。在江苏开办一个 50 名学生的单级小学，一年所需的费用仅为 300 元，在内地省份可能更低。杨保恒解释说："吾苏省地势平坦，乡僻之地，村落疏散，儿童通学不便，生徒寡少，编制单级最为相宜。各府厅州县之任教育者，苟能研究而倡导之，实与教育前途大有裨益。"[1] 在教育总会看来，单级小学还可以作为私塾改良的标准。从教学方法与课程角度考虑，前者比后者显然需要更多的训练。由此可见培养授课技能的必要性。

单级小学很快被地方列入教育发展的日程。江苏近三分之一的县积极响应。地方教育机构组织了培训班或者练习所，并设立一个模范单级小学作为示范样板。[2] 教育总会的创举也引起了一些乡村或者落后地区的兴趣。常州办短期单级讲习会，70％到80％的报名者是周围四乡的教员。位于江苏最北部的山阳县和睢宁县，从上海单级练习所回去的教员向教育总会报告，他们根据在当地传授所学到的教授方法，设立实验班级，并提出他们的意见。为了保持跟学员的联系，上

---

1 《考察单级教授杨保恒、俞旨一、周维城回国后谈话纪略》，载《文牍四编》丙，第112 页；朱有瓛（1987），第二辑上册，第 341 页。

2 根据江苏教育总会与地方教育会的通讯以及黄炎培 1910—1911 年的调查报告，已经组织传授单级教授活动的地方有山阳、睢宁、铜山、清河、高邮、宝应、江宁、通州、如皋、常州、江阴、苏州、常熟/昭文、昆山/新阳、松江、上海、川沙、丹阳等地。这些统计尚不完全，但有关材料表明有一些地方没有积极参与。

海成立了一个单级教授研究会以及附设练习所。浙江、广东和直隶的教育总会来信索取有关单级教授的材料，并要求介绍有关经验。广西的学员报告了在当地推广单级教授所产生的积极影响。

传播单级小学模式加强了江苏教育总会的影响力。同时也凸显了行政权力结构与教育改革的不相适应。由于缺少财力，学部满足于不断发布种种旨在扩大教育范围的指令，包括开办半日学堂、改良私塾、简易识字学塾等，却很少顾及教育体制在整体上的差异性以及教育财政问题。[1] 改革者们认为必须对整个初等教育体制进行结构性的修正，尤其在居民人数有限的地方：必须建立地方政治机构，将教育经费纳入地方公共财政。为了加快进程，教育总会决定广泛动员地方和全国的教育人士，从而对清廷施加更直接的压力。

改进学堂章程

教育总会的有关教育普及的行动朝两个方向伸展：一是面向它的上司学部与省学务处；二是朝向地方团体。1908—1909 年间，清廷开始了预备立宪和地方自治的筹备工作，此举引发有关学校课程规章的争论。

根据 1908 年 8 月 27 日颁布的九年预备立宪逐年筹备事宜，学部决定实行义务教育强迫化。规定各县统计人口和每二百户设一所学校

---

1 庄俞：《论简易识字学塾》，载《教育杂志》1910 年第 2 卷第 3 期，第 23—29 页；沈颐：《论改良私塾》，载《教育杂志》1910 年第 2 卷第 12 页，第 119—120 页。

的原则，以及根据 1904 年初等小学堂章程，确立需要开办的学校数量。[1] 在地方改革人士看来，1904 年初等小学堂章程不符合国家的财政状况以及教育质量的要求。首先，学习年限过长。按照该章程的规划，初等小学 5 年，整个学制从小学到大学总共 20 年。[2] 江苏教育总会在上学部书中驳斥说："以江南号称财富之区，凡小学生徒，能毕初等五年之业，而不为家族之生机所迫，以致中辍者，尚属寥寥焉。其他贫瘠之省，更复何望？"[3]

与学部当局的另一项争议涉及课程大纲与课程数目：高等小学每周授课 36 个小时，初等小学 30 个小时，其中近一半时间用于学习儒家经典。1902—1904 学制的教学大纲规定的经书学习包括修身每周 2 小时，读经讲经 12 小时，此外每天再加半小时复习。所学经书包括：

——初小：《孝经》《论语》《孟子》《大学》与缩减本《礼记》。

——高小：《诗经》《书经》《易经》《仪礼》。[4]

江苏教育总会坚决要求学部减少教学大纲内容，以便发展单级小学。它指出读经对儿童心智来说实属难以接受，并且因此减少了学习

---

1 学部公布了一个九年预备立宪逐年教育筹备清单，引起各省激烈的批评，见 Bastid, M. (1971), Commentaire du texte VI, p. 182。

2 《光绪二十九年癸卯学制（奏定学堂章程）系统图及说明》，朱有瓛 (1987)，第二辑上册，第 101—102 页。一个对 1904 年学制及其课程安排的评论：Bastid, M. (1971), Tableaux I - II, pp. 42 - 45。

3 《呈学部请节缩初等小学年限变通科目文》，载《文牍四编》甲，第 9—13 页。

4 1907—1910 年间对 1904 年学制有多次修订或增订：《大学》《中庸》《孟子》从初小移至高小课程大纲，并从大纲中取消《书经》和《易经》，见朱有瓛 (1987)，第二辑上册，第 177—182、191—195、207—220 页。

国文的正常课时（每周仅 4 小时）。总会建议改变教学大纲，按照日本的样板，将初等小学的课程从十门减为四门必修课：修身、国文、算术和体操；经书、历史和地理的有关内容纳入上述课程，其余图画、唱歌、手工等为选修课。

> 睿等经办学务，深悉地方财政之支绌，又目击教员授课及儿童领受之情状，推究国民他日生计之关系，相与考求，目前推广教育之方法，佥谓初等小学之年限愈短，科目愈简，则教育之普及愈易。[1]

积极分子们不再犹豫是否公开批评当局，因为这些批评并非某些著名权威人士的个人行为，而是来自教育界人士和地方精英有组织的团体。上海商务印书馆敏锐地抓住时机，于 1909 年创办了《教育杂志》，给予积极分子们和地方教育会抒发意见、传递信息的机会。教育总会也通过该杂志发起倡议活动以及向清廷表达自己的立场。

1909 年年初，教育总会上书学部要求变通初等小学堂章程，学部接受了它的大部分建议，将主要课程缩减为五门（修身、读经讲经、国文、算术、体操；简易科免读经讲经），初等小学的年限改为三至五年（普通小学五年；简易科三至四年）。学部修订章程维持读经讲经，从第三年开始，又非常矛盾地把每周的课时从 30 个小时延

---

1 《呈学部请节缩初等小学年限变通科目文》，载《文牍四编》甲，第 13 页。

长到 36 个小时（自第二年开始）。[1] 由此造成的课时和科目相差使单级小学的教员的教学更形复杂。1909 年 5 月 15 日的修订章程尽管不尽如人意，但是提供了一个更富有弹性的框架，准许小学简易科变通某些规定。

教育总会马上抓住这个缺口，组织各厅州县劝学所、教育会以及总会的会员讨论学部变通初等小学章程，并要求它们将讨论情况在规定时间之前告知总会，以便在随后的年会上提出议案。讨论要点集中在四个方面：1. 初等小学年限从五年一律改为四年；2. 读经讲经课目一律取消，体操课常规化；3. 每周课时从 36 小时减至 30 小时；4. 单级小学根据实际情况改变各年级课程表与课时数量。[2] 这些要点表明了教育总会与学部之间在初等小学章程方面的分歧，但是它表述方式温和，强调与学部宗旨一致："学部之变通旧章，意在期教育之普及。"基层教育界的大多数反馈意见是赞成初小年限三年至四年，并且基本赞成总会在其他方面的立场。教育媒体也参加了这场讨论。在动员公众舆论与行业人士讨论以及参考日本小学校有关法令的基础上，江苏教育总会用半年时间动手编写小学堂章程 52 条，于 1911 年提交学部与刚成立的资政院，并附带"说贴"及施行细则各三百份，请资政院和正在召开的中央教育会成员讨论，并将修改小学章程提高到普及教育为立宪政体建立基础的原则高度：

---

1 《学部奏酌拟变通初等小学堂章程折》，1909 年 3 月 26 日，朱有瓛（1987），第二辑上册，第 206—209 页。

2 《通告各劝学所、教育会及各会员研究学部变通初等小学章程书》，载《文牍四编》甲，第 58—61 页；《教育杂志》1909 年第 1 卷第 8 期，第 667—669 页。

窃念教育普及为宪政之根本，而欲谋普及之法，要在小学章程。确定义务教育之年限，使地方自治团体，负设置小学之义务，而后学龄儿童之保护者，得尽其使儿童就学之义务。现召集国会，业经缩改期限，而筹办自治，亦粗具规模。亟宜修改小学章程，以为强迫之预备。此事关系全国利害，至为重大。[1]

在地方层面，总会的行动有两个目的，首先是避免地方教育人士遭受学部狭窄框架的束缚，其次是尽量统一全省学校的学制与课程。《教育杂志》总编陆费逵指出，沿海风气开化地区的教育行政人员趋向根据当地条件变通章程条文，而边缘及偏僻地区则严格遵循学部规定。[2] 在江苏，大多数江北县份地区与江南差异甚大，尽管江苏中部与南部的差异相对较小。[3] 有关学部修改章程的讨论显然含有增加地方教育界共识的意图，并且促使后者采取更加适应地方条件的行政管理方式。

教育总会的积极分子努力促使地方教育负责人养成参加公共讨论

---

1 教育总会诉诸资政院、学部：《呈资政院请议修改小学堂章程文》《呈学部请颁行小学堂专章及施行细则文》，载《文牍六编》甲，第 1—2 页。有关中央教育会，见下文第四章第四节。

2 陆费逵：《小学堂章程改正私议》，载《教育杂志》1909 年第 1 卷第 8 期，第 97 页。

3 黄炎培 1910—1911 年的调查表明，在教育发达地区如通州、如皋、无锡等，教育法令的执行更加富有弹性。在这些地方，大多数初等小学向学制四年演变：每周课时不超过 30 小时，读经讲经被取消或者减至最低限度。相反，在清河、宝应、山阳等江苏北部的县份，初等小学课时长，读经讲经每周达 12 小时。这些差别似乎主要来自家长的压力，他们要求孩子长时间留在学校学习，仍然非常注重学习儒家经典。黄炎培：《常任调查员调查报告》，载《文牍六编》丙，第 1—229 页。

的习惯。通过这样的练习，形成一种讨论程序，可以用于对各种公共议题的认识过程中。但是地方的反应并不踊跃。面对明显的动员困难，教育总会于召开 1909 年年会时，组织了一个"教育法令研究会"，由它协调讨论，并负责从上到下地收集各方面的意见。[1] 常任调查员黄炎培在各地巡视时，与行政管理人员和教员频繁会面，向他们解释总会的意图，帮助他们根据当地情况改进教学组织。[2] 为了加强地区横向联系，教育总会于 1910 年南洋劝业会举行时期，在省会江宁发起成立了全省劝学所教育会联合会。[3]

七 教育改革的财政问题

前面已经多次提到新教育的经费问题，这始终是江苏教育总会强烈关注的焦点之一。争夺教育经费引发了大量的个人之间或是机构之间的纠纷。教育总会认为问题的根本解决有赖于将教育经费纳入公共预算以及建立地方公共财政。但是它很清楚，在这一点上，不同阶层的民众远未形成共识。

---

1 基层反馈：1909 年，第 1 卷第 10 期，记事：第 855 页；附录：第 889—891 页。

2 黄炎培：《常任调查员调查报告》；Schwintzer, Ernst P.（1992），vol. 1, pp. 201 - 210.

3 详情见下文第八节。

教育经费的构成与支配

　　教育改革动员了大量国家、地方和私人的资金。教育投资逐年增加。江苏教育经费从 1907 年的 266 万元上升到 1908 年的 285 万元，1909 年更是猛增到 465 万元。[1] 江苏省级官府大约每年在新教育上花费 200 万元左右。这些资金用于维持教育行政、各种官立学堂、教学附属机构、外国留学、考察以及津贴部分公立或私立学堂。资金中的一部分——尤其在改革初期——来自省当局铸铜钱的盈余。[2] 其他部分取自军队改革裁员的兵饷、公共财政从其他项目转拨教育的款项、国库税收划拨教育的部分等，不足部分依靠盐斤加价、增加交易税、开办消费品新税等方式解决。由于清廷与省级官府都没有真正统一的金融财政机构，筹集教育经费基本依靠各省督抚协调进行，[3] 实际上就连开办学校也归各省督抚、学政等负责。清廷的职能往往限于发布指令和制定各种章程及规章制度。省会与府州县逐步形成分担教育费用的机制：督抚负责高等学堂、中等学堂以及几个专门或技术学堂。

1　学部：《教育统计图表》，北京：1907 年，1908 年，1909 年，引自 Bastid, M., Tableau V, p. 78.

2　20 世纪初出现铜钱匮乏危机，各省当局为挽救铜荒起见，成立铜元局铸铜钱，这项措施带来一定的利润，尤其是所铸铜钱往往减低成色。清政府后来禁止铸钱，但是大批质量低劣的铜钱继续流通，引起市场混乱、民众抗议以及社会不满等问题。

3　《学务经费动用库款折》，端方（1918），卷 10，第 47a—49a 页。有关新政筹款的情况，何一民介绍了四川总督锡良为办警察、新军和教育使用的筹款采用的办法，包括裁减旧军队、增加烟酒和鸦片的附加税、内河关税、提高运盐准许缴费、开办彩票、书院与庙宇财产抵充，以及开铸铜钱。何一民：《锡良与晚清四川近代化》，载《四川师范大学学报》1993 年第 3 期，第 132—133 页。

在府、县、镇乡层级，官员与地方精英设法筹集小学校所需的资金。省府投入的 200 万元（约合 144 万银两）主要用于教育金字塔的顶端部分。这项费用在省财政中占了很可观的一部分。不过，相比江苏省每年上缴国库的军费 1 130 万两、对外赔款与借款 780 万两（1911 年省财政总收入 4 270 万两），这个数目就相当有限了。正如施行新政的其他领域，教育经费从一开始就受制于清廷行政与财政改革的缺失。

1907 年，江苏全省的官立学校和公立学校一共花费了银 1 739 385 两（2 415 813 元），其中苏属地区 832 276 两，宁属地区 907 109 两，具体分布情况见表Ⅲ-3。私立学校的经费未计入。

表Ⅲ-3 江苏教育经费来源（1907 年）

单位:%

种类	苏属地区	宁属地区	全省平均
1. 官府资金	24.8	50.8	38.4
2. 地方公款	29.2	17.6	23.1
租金	3.3	6.1	4.7
利息收入	4.2	1.9	3.0
公款提充*	21.8	9.6	15.4
3. 学费	23.2	9.9	16.3
4. 捐税	19.4	14.1	16.7
派捐**	9.9	3.0	6.3
乐捐***	9.5	11.1	10.4
5. 其他	3.3	7.7	5.6
总计	100	100	100

* 公款提充：将用于其他方面的公款转到教育部门。

** 派捐：在某些交易活动上外加的捐税。

*** 乐捐：富裕家庭的捐资。

——资料来源：王树槐：《中国现代化的区域研究：江苏省（1860—1916）》(1985 年)，第 243 页。

　　官府拨款占教育经费总数的三分之一强（38.4％），地方负担（地方公款加捐税）39.8％，学费 16.3％。需要特别注意的是，学费在苏属地区达到总额的 23.2％。它标志新教育与原先科举制度相对平等原则的决裂，在一定程度上符合对新教育精英主义性质的批评。不过，受科举考试平等原则的影响，最初的官立和地方公立学校都是免费的。[1]

　　1907 年，在各方面的坚持下，清廷决定各类学校一律收学费，但是师范学校和军校除外。这一措施的初衷是使富裕家庭分担学校财政，从而减轻清廷和地方的沉重负担。改革派非常清楚问题所在，他们希望通过增加学费和私人资助来建立新教育系统。然而，在这样的情况下，学生如果没有经济后盾，将难以继续进行中学、大学的学习。这一变化蕴含着严重的社会和政治后果。[2]

　　表Ⅲ-3 显示 1907 年的教育经费来源，从中可以看到地方资源在教育改革过程中占了相当大的比重（全省平均 39.8％，其中公款 23.1％，捐税 16.7％）：负担总数与官府基本持平甚至略高于后者的

---

1 学部公布有关缴纳学费的规定在地方执行情况差别很大，例如常熟县城镇乡初等小学一律不收费。见《常熟市志》（1990），第 741 页；参见黄炎培的调查报告，《文牍六编》丙，第 1—229 页。

2 Borthwick, Sally (1982), pp. 108 - 109. 清末教育改革的积极分子黄炎培也承认，"科举废，学校制兴，转不免带多少贵族教育的意味，这倒是科举时代所料想不到的"。黄炎培 (1931)，序言，第 6 页。

38.4%。地方资金中，租金（土地与房屋）与利息收入即地方原先用于义学、书院以及补助科举考试的宾兴公车款项。这部分只占了很小的比例——不到地方资金总数的三分之一，说明新旧制度之间差距巨大。其他三分之二的资金则来自公款提充，这个比例在比较富裕的苏属地区达到 21.77%，在宁属地区为 9.58%。

派捐和乐捐在苏属地区占总数将近 20%，在宁属则为 14%。派捐是一种间接税，取自商业教易，制造或服务业；乐捐被称为自愿认捐，数量多少名义上由富裕家庭自由确定。

官府资金的一大部分来自田赋带征，[1] 而地方资金往往取自积谷带征，[2] 这项附加税一向由地方征收用于救济备荒。根据各地情况，其中的一部分被转为教育经费。

实际上，新教育的需要导致增添新税。清政府不负责府县以下的教育费用，它仅仅允许征收某些捐税或是财政转移（例如积谷带征以及某些用于地方公益的商捐等）。此外，县及其以下的财政状况非常复杂，因为根据中国税收传统，国税与地方税之间没有明确的区分。比如常州府立中学的经费由地方经董征收和管理，学校因此被视为公立。相反，泰州学校属于官立学堂，因为它的费用由县官经管。一般说来，在收取各种捐税方面官员和士绅必须合作协调，以免漫无边际地加重农民的负担。

在农业经济占主导地位的时代，农业税是教育经费的主要来

---

1 田赋带征也称忙漕代征或串捐，是发给缴纳田赋的收据时附加的税款。
2 积谷带征是田赋的附加部分，用于地方储存谷物或货币以防灾荒。通常根据存粮多少的需要征收。

源，[1] 官府会注意避免过分加重小农的负担。为了帮助江北穷困地区，它甚至给予后者比江南地区更高比例的教育资金。然而，举办新政增加的各种捐税引起了生活费用的上涨以及民众的不满。有关资源的分配导致中央和地方精英之间的紧张关系，原因有两个。

首先，地方负担了教育投资的大部分，但是只有一小部分的使用权。以苏属地区为例，作为清朝第一大纳税地区，1907 年官府资金只占了教育支出的四分之一 (24.8%)，而该比例在宁属地区高达50.8%，并且这种趋向有增无减。从 1909 年开始，拖延已久的财政改革开始缩减省财政经费，以便将地方资源进一步纳入朝廷手中。例如1911 年，省府确立 1912 年教育预算为 780 000 两，其中留给地方的仅为 174 000 两，用来资助各类学校的经费。[2] 朝廷对此的回应是将该预算削减三分之二以上，780 000 两预算被减至 242 000 两，引起教育人士和公众舆论的激烈批评。[3]

其次，在当时税收制度框架之内，新政所需的经费已经耗尽了所有潜在的财政资源。纳税负担最为沉重的地区反而没有财力保证初等

---

1 很多地方志提到清末民初提取农业附加税充当教育经费，例如：《常熟市志》，第 741 页；《武进县志》，第 747 页；《川沙县志》，第 770 页。《武进县志》（常州）记载 1913 年教育经费总共 99 409 元，其中 99 129 元来自农业附加税。第一个总数的数目似乎偏高，因为武进属于商业比较发达的富裕地区。不过它显示了这部分资金所占的重要比重。川沙县 1910 年按官方规定征收的农业附加税为 83 291 元，而教育经费支出总数为 242 265 元。在一些县里，教育经费主要来自公共土地出租的收入。清末高邮、江阴和常熟拥有的学田数量分别为 6 806 亩、118 700 亩和 16 000 亩。见《高邮县志》(1990)，第 626 页；《江阴市志》(1992)，第 1007 页；《常熟市志》(1990)，第 741 页。

2 苏州学务公所：《江苏提学司宣统四年概算清单》，1911 年，载《江苏学务文牍》（无页码）。

3 王树槐 (1985)，第 308 页；《教育杂志》1910 年第 2 卷第 8 期，第 1949—1952 页；1911 年，第 3 卷第 1 期，第 2427 页。

教育的需要。江苏各县人口从十万到百万不等，大多数县只有1万到2万元的教育经费，其中很大一部分用于地区中学以及几个县高等小学。

作为新的公共部门，新教育集中在大城市，导致城市和农村差距的扩大，威胁社会整合必需的精英的产生方式。这并非朝廷大员们以及改革派积极分子愿意看到的局面，而是实行现代化与朝廷财政收入有限之间不相适应的结果。

这种情况从下面表Ⅲ-4中得到清楚的反映。该表显示嘉定县劝学所所掌握的教育资金，是办理地方自治，清理县公款公产以后编制的1910年地方财政决算的一部分。它没有包括村社在教育方面的投入，后者通常取决于村庄士绅的主动性与动员能力。

嘉定县隶属太仓州，没有中学与师范学堂，只有师范传习所。另有公私82所小学，其中23所为官办或公办，包括2所高等小学、7所两等小学（初等和高等）、13所初等小学和1所初等工艺小学。23所公共学校的年支出为688元。此外，嘉定分担一部分州立中学的费用以及教育行政、教员培训、本地留学生补助等开支。它可能还资助部分私立学校。该县紧靠上海，人口有限（22万），拥有9所高等和两等小学（他处平均2～3所），[1] 可以算作比较富裕的县。相比之

---

1 直隶和四川省分别只有 4.5％和 4.7％的初小毕业生学生能够进入高等小学。Sally Borthwick 认为这是新教育制度最主要的筛选步骤。筛选不是由成绩而是由财力决定。作者比较了上述两省初等小学与高等小学的学生人数后写道："从整体上看，新学校系统不是一个精英教育的机构，因为只有一小部分上新学校的人后来加入了精英阶层。但是新学校系统在两种意义上表达了精英阶层的愿望：首先它表明对精英的形成过程，民众的呼声可以忽略不计；其次它被视为进入精英阶层的途径，尽管走这条道路的人数非常有限。"Borthwick, Sally (1982)，p. 109.

下，江苏北部的情况要差得多。从上文提到的海州学务冲突可见一斑。[1]

表Ⅲ-4　嘉定县教育经费（1910）

（劝学所经管）

经费来源	总数（元）*
1. 基本金利息收入 原书院、宾车、义学基金 高等小学本金 积谷仓拨款	 1 493 369 77
2. 租金 田产：钱 米（613 公斤）** 房产	 154 60 91
3. 捐税 亩捐（田赋带征） 棉花捐 忙银公费拨捐 典捐 盐捐	 4 864 77 15 566 无定额
4. 县署辅助金	600
总计	6 213

　　* 原文计量单位使用铜钱、规银和圆三种，换算比例：1 300 钱＝1 元；0.72 两（规银）＝1 元。

　　** 根据 Bernhardt, Kathryn（*Rents Taxes, and Peasant Resistance—The Lower Yangzi region*, 1840—1950, 1992, p. 149）所列价格计算。

---

1 参见前文第三章第二节中"海州的冲突与教学"。

——资料来源：《嘉定县续志》，黄世祚编，1930 年；台北：成文出版社 1975 年，卷 6，第 484—489 页。（说明：法文版该表积谷仓拨款一项有错，改正后总数从原书 8415 元减为 6213 元：见《嘉定县续志》，第 489 页。）

地方精英领导人非常担忧民众教育衰落的趋势。教育总会创立初始，就要求建立地方预算，将教育经费的各项来源列入其中。它甚至建议实行强迫富人与民众公平分担费用的行政措施："地方绅富于建设学事不肯与大众均平任费者，以不尽义务论。"[1] 但是处于衰败中的清廷无力回应教育界人士的呼吁。1909 年起，省谘议局与地方自治者开始筹备从整体上提出制定财政预算的问题。朝廷与地方如何划分财政收入成为政治问题，省教育会也将从这一角度出发考虑问题。

使教育会的积极分子们感到忧虑的另一个问题是江苏面临的结构性障碍，即初等小学学生数量不足以及初等小学本身数量有限。在初等小学方面，江苏名列各省中的第八位，而它的人口 2 450 万名列全国第三，紧次于四川和直隶两省。[2] 私塾众多始终是改革人士忧心忡忡的问题之一。在他们眼里，私塾与学堂的宗旨不同，质量也不一样。但是正像我们已经看到的那样，清廷与地方精英竭尽所能地维护从科举制度沿袭的儒家普世主义的原则。表Ⅲ-5 与图Ⅲ-5 显示了 1907 年整个江苏省的教育开支分布。[3] 它们表明无论是在省一级还是在县一级，五分之四的教育经费用于小学教育和教学培训。当然，

---

1 《上江苏学政唐陈条陈学务书》，载《文牍初编》上，第 66—67 页。
2 王树槐（1985），第 241—243 页。
3 这些统计数字没有区分初等和高等小学各自的份额。此外，半日学堂在江苏不发达，但在直隶与四川数量众多。

这个比例虽然很高，但是无法满足整个人口的教育需求。即使在初级教育的层面，还可以加上私立学校以及村庄提供的补助成分。经费不足极大地限制了教育改革人士的活动余地。

表Ⅲ-5　江苏省教育开支分布（1907年）

单位：%

学校种类	苏属	宁属	全省
专门学校	3.86	6.45	4.77
技术学校	2.67	7.88	4.51
师范学校	52.67	28.19	44.32
中学	6.86	9.59	7.82
小学	28.95	43.64	34.11
幼稚园	0.04	0.30	0.13
半日学堂	0.42	0.08	0.30
女学堂	4.53	3.13	4.05
总计	100	100	100

注：该项统计显示的教育经费总数为3 572 223元，远远高出表Ⅲ-3：江苏教育经费来源（1907）中的总数2 415 813元。不清楚是否包含了私立学校的经费或者其他来源的经费。

——资料来源：王树槐：《中国现代化的区域研究：江苏省（1860—1916）》（1985年），第245页。

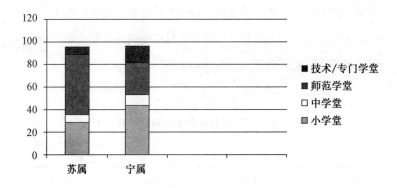

图Ⅲ-5　江苏省教育开支分布（1907年）

地方教育经费的来源与管理

在这样的背景下，可以想见筹集和管理教育资金的困难：它不仅发生在清廷与各省之间，也发生在省府与县，甚至县治所在地与下属的镇乡之间。在这场竞争中，行政地理主体——省、县、镇、乡竞相强调各自的特殊性。从官府与地方社会的角度考察，新式精英主要在县一级争取教育经费。

在这方面，对积谷带征的争夺是一个很好的例子。积谷带征是田赋按比例征收的一种捐税，1870年设立，用来充实公共谷仓，防止饥荒。无锡/金匮首先得到允许，将当地积谷带征的一半用于教育。1906年，许多县以此为例在当地实行同样的措施。然而，苏属学务公所却准备用这笔款子来补充苏州官立学校的经费。作为回应，苏属地区五府的积极分子诉诸京师的江苏籍官员，要求他们出来主持公道。以尚书陆润庠（1841—1915）为首的苏籍京官，支持同乡们的诉求，要求江苏督抚干预。最后省府只得搁置原先的打算。然而1907年年初，出乎他们的意料，知县收到指令将积谷带征款项分为数额不等的三份：其中一半留做备荒，另一半留做教育经费，由省府与地方机构平分。

这个决定引起教育人士的愤怒。在无锡，教育总会会员裘廷梁（1857—1943）坚决维护当地已经施行的措施。参考日本税收体系，他指出积谷带征相当于日本的地方税，省政当局无权从中分润。教育总会最初没有参与这场抗议，不过它一向要求督抚支持地方教育人士。面对地方的强烈反响，教育总会很快出面干预。作为分权与权责相符政策的一贯支持者，张謇将裘廷梁的观点提到原则高度："税有国税地方税之分，学堂有官立公立私立之别。界限不明，上下交争将无已时。"[1] 教育总会要求省府不要打击地方的积极性，尤其是主动将积谷款部分转为教育资金的县。提学使反驳说公立学校也享用了国税，官立学校使用地方税实属正当。为了解决分歧，藩司提出了一项折中方案，但是地方人士拒不接受。1907年8月，新上任的提学使毛庆番最终接受了教育总会的立场，将积谷带征的全部款项留给地方救荒和办学用，以便"卜猜疑阻碍之潜消，官绅联为一体"。[2]

---

1 《张会长请免提苏属积谷款仍留地方办学议（致督抚提学使）》，载《文牍二编》上，第113页。

2 苏州学务公所：《江苏学务文牍》初编，1907年7月22日。有关积谷带征款分配的争论，参加教育总会与当局交换的函件：《文牍初编》下，第84—90页；《文牍二编》上，第113—122页。

积谷带征是地方资源中最重要的一部分，而且带征款向来留存地方使用。[1] 很明显，原提学使企图染指这笔财源，至少染指其中一部分。在积极分子看来，这个打算侵犯了地方的合法权益，尤其是新负担都由地方社会承受，而民众骚乱的威胁使增加捐税难以为继。地方人士的打算是把积谷带征这项久已存在的附加税部分地改为地方税，留给教育专用。吴江—震泽甚至冒着触怒纳税人（田主）的潜在危险，建议改积谷为学捐，从而避免资金被移作他用。江北地区也很快跟进苏南地区的要求。[2]

随着时间的推进，教育人士获准得到一些新税如某些商业税、契税以及公产或宗教财产收入的转移。他们还要求使用一些公共建筑如庙宇，掌握部分公产或者慈善事业的收入。[3] 教育总会则要求官府加快催交欠捐。

苏州劝学所要求提学使敦促当地众多的义庄、行会公所和慈善机

1 积谷带征并不是定期征收。一般的情况，是经过县官和士绅商议，根据需要，在一定区域征收：如因地方谷仓储量下降，救济灾民的需要或借款等。征收根据固定的征额比例（大县谷 40 000 到 50 000 石，小县 30 000 石）。"积谷"形式多样，可以是谷物、钱或混合组成，通常由地方绅士管理。在饥荒救济系统中，地方谷仓只起辅助作用。大灾荒迫使朝廷和地方大量动员资源救济难民。此外，公共谷仓还承担其他功能，例如用平粜方式调剂粮食市场供求、出借谷物救济穷人等。但是这些附属功能久已失效。地方人士在要求准许使用部分积谷款时，保证一旦遇到灾荒归还款项。他们提出的其他理由包括长江下游地区气候潮湿、不利长期储存谷物以及积谷管理中存在腐败、挪用等现象。

2 《文牍三编》中，第 25—26 页。

3 原籍常州的记者和教育工作者庄俞历数了地方教育拥有的资源以及捐税，并且讨论了教育经费的分配与管理方式。见《论地方学务公款》，载《教育杂志》1909 年第 1 卷第 7 期，第 551—564 页。

构清点财产。[1] 虽然这些机构都在它们各自的范围投资教育，但是拒绝拿出一部分公益款用于地方整体的教育事业。改革先锋沈亮榮很早就呼吁统一地方教育资源，谴责在教育财政与学校设立方面，各个机构、团体各自为政的狭隘思想，并认为资源分散的结果导致浪费。[2]

教育经费的结构性困境，源于地方社会相互分割的组织形式。资助教育是地方社会一贯的传统，然而公共利益、公共教育的概念在民众眼里的含义并不相同，很多人认为它属于家庭私事范围，充其量属于一定的集体范围，如宗族、同乡会、行会公所以及慈善团体。

在寻求地方资源的过程中，教育人士不可避免地与其他传统精英发生了冲突。吴江—震泽和江宁的积极分子指责当地积谷管理人贪污，挪用有关款项；教育总会宁垣事务所要求调查江宁府善堂的管理状况。[3] 对经费的需要导致许多类似的财产清理与调查，如苏州、江阴、清河、沛县等地。改革人士的这些举动常常引起当地人士的激烈对抗，尤其是各类公款或有关机构的负责人以及宗教人物。在常熟—昭文和吴江—震泽，管理交易税的经董拒绝交付转给教育的一部分款项。有些僧道人员——后面还会谈到[4]——不惜煽动信徒摧毁学堂。教育总会尽量帮助地方人士诉诸官府，催讨拖延不付的税款、追缴被挪用的经费、开展调查以及进行公产公款清点等。

尽管官府对教育人士表示支持并且时不时地处理纠纷，但教育财

<hr>

1 《长元吴三县劝学所全体职员呈提学使文并批》，载《文牍三编》中，第 155—158 页。
2 沈亮榮：《普及教育节省经费条议》，载《东方杂志》1908 年第 5 卷第 1 期，第 11285—11291 页。
3 《宁垣事务所咨呈江督端请委派员绅调查普育堂文》，载《文牍三编》中，第 1—5 页。
4 见下文第三章第七节。

政仍然十分困难。教育无疑是实行现代化的重要部分，但是很难将地方有限的资源全部投入其中，否则会进一步增加已经很紧张的捐税压力，并且使整个局势变得更糟糕。教育财政需要专门的机构，如同常熟—昭文和昆山—新阳所成立的公产公款局，它们的负责人通过选举产生，定期公布收支报告。资金管理之外，教育作为新的公共部门，将地方政治组织问题提上议事日程。在此意义上，上海提供了参考的样板：1909 年，上海城厢自治议事会将小学设置与管理合理化列入市政计划[1]。尽管出自宪政编查馆的要求，它的这一创举为地方自治的发展奠定了基石。

作为江苏教育总会的常任调查员，黄炎培于 1910 年 12 月到 1911 年 6 月期间，赴省内各地进行了一系列的调查，表Ⅲ-6 根据他报告提供的数字制定，显示了各县在经费管理方面的差异。

表Ⅲ-6 1910—1911 年间江苏各地管理教育经费方式

县	府	小学校数	平均每校人数	经费（元）	管理者	人口（1913 年）
宁属地区						
江宁/上元	江宁	95	—	25 435	劝学所/学校	904 941
通州	通州	74	—	120 000*	劝学所	1 262 546
如皋	同上	106	—	—	学校	1 012 094

---

1 杨逸编：《上海市自治志》，1915 年，公立学校图表：第 61—72 页；大事记：第 171，177—178，188，196—197 页。

（续表）

县	府	小学校数	平均每校人数	经费（元）	管理者	人口（1913 年）
江都/甘泉	扬州	41	—	—	官绅	1 302 560
高邮	同上	35	20.0	16 513	士绅	535 962
兴化	同上	22	44.0	14 607	劝学所/学校	363 556
东台	同上	35	16.8	23 494	官	1 269 476
泰州	同上	26	20.8	16 923	官/劝学所	1 050 984
宝应	同上	18	24.0	15 360	劝学所	411 497
清河	淮安	35	19.2	23 109	劝学所	406 154
山阳	同上	28		13 362	劝学所/教育会	690 307
苏属地区						
南汇	松江	80	—	—	公产公款局	426 461
川沙	同上	17	39.6	3 441	劝学所	104 402
常熟/昭文	苏州	58	—	—	劝学所	832 810
昆山/新阳	同上	41	25.3	24 041	公产公款局	230 649
武进/阳湖	常州	71	55.7	79 560	劝学所	771 715
无锡/金匮	同上	110	46.5	21 000	劝学所	798 286
靖江	同上	33	25.0	—	官	334 272
丹徒	镇江	19	41.0	—	学校	445 803
宜兴/荆溪	常州	35	36.4	5 058	劝学所	521 586
太仓/镇洋	太仓	36	30.6	24 400	劝学所	265 793

* 通州的数字涵盖全部教育经费，而其他县的数字主要指小学堂的经费。

——资料来源：黄炎培：《常任调查员调查报告》，《文牍六编》丙，第1—229 页。

辛亥革命之前，大多数地方的教育人士掌握了当地用于教育的资源。通常的情况下，劝学所从县府那里接收教育经费，将其中的一部分，分配给县城和镇乡的官立和公立学校。镇乡学校的费用在劝学所登记，由当地人士确定与管理。有一些城镇的学校继续直接征收或是通过官府征收指定给它们的捐税。不过各地情况的差别很大，有时甚至不合逻辑。例如江都—甘泉、靖江和丹徒的劝学所不直接管理教育经费，以致不清楚资金总数。在这样的情况下，显然很难改善教学组织。在扬州，盐运使每年向属地的各类学校提供银 3 万至 4 万两，[1]地方其他学校的经费由县官负责。调查员提出批评意见说：

> 规划地方学务，以统一事权、合筹全局为必要。扬城除公私立各学堂外，有两淮盐运使司以盐务经费（即旧时广陵、梅花、安定三书院经费）设立之学堂，计师范一，中学一，高等小学一，初等小学八，岁费银三四万两，由运司特派委员专管之。与地方学堂数分两概，此实江甘学务进步之一障碍也。且地方教育，岂运司之职？……此项经费，既由盐引抽收，即系附捐性质，自应解归所属自治公所各学堂，即由该公所管理，但须声明，按照地方学务章程，不得移充他用，办法最正当亦自周密。[2]

---

1 系盐商提供的原书院经费。
2 黄炎培：《常任调查员调查报告》，载《文牍六编》丙，第 33—34 页。

　　尽管步伐不一，但将地方资金转入新机构的过程总体处在进行之中，[1] 不过这个趋势在镇乡一级仍然影响微弱。

　　投入的资金主要用于小学堂和教育机构——劝学所与教育会。积极分子怎样使用由他们掌握的资金呢？由于总数包括私立学校，很难估计经费与学校总数之间的确切比例。不过统计显示了中心与边缘地区之间、北部与南部之间的不均衡状况。江宁中心地区与江苏南部对经费的管理似乎更有效率，每校达到 30 名至 50 名学生；而大多数江苏北部地区的平均人数仅为 20 来名。常州的公立小学平均每校 80人，这个数字在东台下降到 17 人，而它享有的经费总数接近无锡—金匮。后者高居各县之首，拥有 110 所小学校[2]——其中包括 12 所女学堂，而教育经费仅为 21 000 元（实际开支 25 000 元），这些资金用来负担公立小学和半日小学，补助私立小学，一所初等工业学堂以及赴四乡宣讲费。教育总会的调查员称赞该地教育行政"规划咸有条理"。无锡—金匮在教师培训与私塾改良方面也走在前列，城市与农村之间的平衡胜于他处。[3] 在常州城，自从著名的教育家伍达（1880—1913）主持劝学所以来，12 所公立小学的支出从以往的9 358 元减到 8 417 元，而学生的数量从 733 人增加到 950 人。这个数字尽管有限，但也已经使常州高踞全省首位。

　　相反，在江苏北部之行中，黄炎培不断提到学生人数与学校费用不成比例的现象。由于规划缺乏预见与不合理，学校设立与需要不一

<hr />

1　浙江省教育经费的情况可以作为比较，见 Rankin, Mary B. (1986), pp. 217 - 223.
2　包括私立小学。关于无锡教育人士的组织情况，见高田幸男 (1994)，第 242—254 页。
3　《文牍六编》丙，第 22—23 页。

致，经费管理不善。江都—甘泉、高邮、东台、山阳、宝应等地，将
一大部分地方资金用于高等小学、中学和师范学校，以至于留给初等
小学的经费寥寥无几。非常令人惊奇的是，同属淮安府的清河与山
阳，或是同属扬州府的江都—甘泉、泰州、东台都各自开办费用昂贵
的中学。相反，在江苏南部通常每府只办一所中学，由府属各县共同
负担。当然较大的城市如无锡、镇江或者上海都有好几所私立中学
（更不用说传教士办的教会学校了），它们大多由商人出资兴办。此
外，苏南地区的中心城镇地理距离相对苏北比较近。无论如何，相比
江苏北部，江苏南部的各类学校相应的花费更少，拥有学生的数量也
更多。东台、泰州和山阳中学生的学习条件不如常州的学生，但花费
的官府资金却远超过后者。有些北部的县甚至补贴学生的学费和膳
费。前面已经提到，苏北地区在校人数少，与当地风气保守有关。此
外，教育总会的调查员报告说淮河地区的学校条件极其简陋，东台、
清河与山阳穷困人口众多，自然环境极其脆弱。[1]

除了社会经济与文化条件的差异，地方教育的成绩在很大程度上
取决于教育界人士的团结与他们领导人的水平。对此，黄炎培特别称
赞兴化教育界"机关组织之完密，办事精神之团聚"，为江苏北部各
县中难得一见。"兴化第一问题水利是已，民风淳朴，教育界办事诸
人尤诚恳笃实，各小学虽教授管理待研究者尚多，而其联络一气，认

---

1 黄炎培写道："东台市甚长而无城，其大街即范公堤也，地低下易水，类兴化（县）而
患较杀。惟天阴雨，沿海煎丁不能摊灰淋卤，无所得食，四处求乞。故放振平来无虚
岁。调查员至时，嗷嗷满地矣。""清河一代频岁灾荒，北来饥民，流离满地，一切芜
废。"载《文牍六编》丙，第 106，215 页。

真不苟，有非他属所易及者。"[1] 出色的领导人对地方教育发展起很大作用。前面提到的教育家伍达，在他的推动下，1910—1913 年，常州地区开办了一百多所小学。在宝山县，袁希涛主持地方学务三年时间里，开办了 20 多所农村小学。[2] 反之，教育界分裂导致常熟—昭文教育行政机构的衰败，而教育改革初期它曾经走在各县前列。教育行政的缺陷似乎也是浪费和学校管理不善的主要原因。例如，东台的中学和师范学校分别拥有 20 来名和不到 50 名学生，每年耗费一万多元；因为负责人缺席，两所学校分别由知县和盐运分司负责。邻近的泰州城市繁盛，教育公款也很可观，但是学界人士冲突不断，使教育事业发展大受影响。调查员评论说："所冀地方自治早日成立，一切财政事权，界画清楚，庶大局以定，易有进步。盖办事有专责，则功罪易见，监察付公众，则耳目易周。"[3]

毫无疑问，在新教育取得显著成绩的县镇，地方积极分子的存在与组织起到了关键的作用。同样毫无疑问的是，在很多时候，建立新教育体制遇到的困难超出江苏教育总会的干预能力，尤其是在强有力的政治机制缺失的情况下。教育总会不缺乏有创见的计划，但是把它们付诸实践，需要朝廷或者省府的积极支持。显而易见，基层的困境不可避免地将总会推向国会请愿运动。张謇曾非常具体地阐明两者之间的关联：

---

1 《文牍六编》丙，第 97，105 页。

2 《武进县志》，1988 年，第 720—721，929—930 页；《宝山史话》，第 107 页。

3 《文牍六编》丙，第 114 页。

> 要之，筹治须筹财，筹财须筹税，筹税须定系统比率，
> 定系统比率须国会。有国会而后筹备有事，无国会直无筹备
> 可言。[1]

教育总会的领导人认识到进行政治建设、扩大民意基础的迫切性，尤其是改革陈旧的税制。后者作为清廷的禁脔，长期受制于官员的专横以及地方势力浑水摸鱼的行径。[2] 改革派精英要求在地方自治机构监督下，重新确定田赋，并且确切划分国税和地方税。为此，江苏教育会的领导人参加发起 1909—1911 年间的国会请愿运动，通过各种场合，再三强调教育与政治紧密相关的重要性。1910 年年初，朝廷第一次拒绝了立即召开国会的要求，江苏教育总会邀请各省教育总会派遣教育界代表赴京师，支持各省谘议局的请愿代表。它发出的请愿书再次强调上文张謇提出的观点：

> 夫欲增进人民之程度，而一一唤起其责任心，非推广教
> 育，其道何由？欲推广教育，非宽筹教育费，其道何由？欲
> 宽筹教育费，非厘正国税地方税，其道何由？欲厘正国税、
> 地方税，使教育费之支配，足矣增进全国人民之程度，非速

1　张謇：《豫计地方自治经费厘订地方税界限应请开国会议》，载《张季子九录》，《自治录》，第 14a 页。

2　有关论述，见 Kuhn, Philip A., "The development of local government", *CHOC*, vol. 13, pp. 331—332.

开国会，其道何由？[1]

仇视新学校与毁学风潮

新政的种种改革——军队、警察、学校、地方自治——没有让人民大众看到其意义以及迅速见效的成果，反而增加了他们的赋税负担，后者因为对外赔款和练兵已经非常沉重。为了举办新学校而增加的交易税和消费税数量有限，但是引起许多骚乱事件，被称为"毁学风潮"以及继之而起的"反对地方自治风潮"。江苏也像其他省份一样发生了许多类似的现象。地方教育机构经常向教育总会报告大大小小的这类事件。总会的文档表明暴力冲突少于精英阶层内部的纠纷。尽管如此，毁校骚乱事件非常令人担忧，因为它们具有象征意义、波及效应以及相当的破坏能力。此外还有一个新的因素，这类风潮与传统的地方民众与"外来者"（如官吏）的对立不同，它们通常表现为当地民众内部的冲突。

表Ⅲ-7 显示了报告教育总会的比较重大骚乱事件，它们只是同类事件中的一小部分。骚乱通常以极分散的形式出现，其中许多事件只有几百甚至几十人参与其中。除了两例——山阳（淮安府）和砀山（徐州府）有土匪加入外，[2] 卷入这类事件常见的群体有农民、灾民、

---

1 《江苏教育总会致各省教育总会暨学界书》，载《教育杂志》1910 年第 2 卷第 4 期，第 1605—1606 页。

2 山阳：《文牍二编》中，第 67—68 页；铜山：《文牍六编》乙，第 27—28 页。

商人与僧道教徒。在范围较大的骚乱中，常常有人隐藏在愤怒的人群后面煽风点火，这些人包括地方权势人物、反对现代化的士绅成员、衙门胥吏、吸食鸦片者与赌徒等。大多数骚乱的直接原因是征收捐税和占据庙宇场所。间接的背景因素包括极端贫困、自然灾害、物价上升、抑勒洋价（官府利用铜钱和银的差价敲诈勒索）。[1]

表Ⅲ-7 地方报告江苏教育总会的毁学骚乱起因（1905—1911）*

原因	肇事群体	1905 1906	1906 1907	1907 1908	1908 1909	1910 1911	总数
米价	农民、居民	3	—				3
商捐	商人	2		1	1		4
宗教	教徒、农民	3	1	—	1	3	8
地方自治	教徒、农民	—				2	2
其他	土匪、其他	—	2	1		2	5
总计		8	3	2	2	7	22

　　* 缺少1909—1910年的材料。
　　——资料来源：《江苏学务总会文牍》初编；《江苏教育总会文牍》二编、三编、四编、六编。

　　最大的两次毁学风潮发生在1905—1906年与1910—1911年。这两个时间段与自然灾害和由此引起的饥荒重合。根据王树槐的统计，

---

1 铸钱过多造成铜钱贬值，如嘉定地区1899—1900年间，600到700枚铜钱兑换1块银元；1908—1911年间需要1 200枚铜钱才能兑换1块银元，见《嘉定县续志》（1930），卷5，风俗：第13a—b页。

江苏省 1906 年发生 17 次骚乱事件，1910 年 39 次，1911 年 34 次。[1]
第二次风潮发生在实行地方自治期间。从 1910 年元月到 1911 年 2
月，发生了 37 起反对自治的骚乱，其中 14 次捣毁新学堂。[2] 1910 年
暴力冲突特别剧烈，总共有 32 次，其中 25 次发生在 5 月之前。而根
据《教育杂志》的记者蒋维乔的记载，1909 年内很少发生骚乱。[3]

我们先考察第一次风潮。1906 年春天，恶劣的气候条件和米价
上升引起扬州地区多次抢米事件。路过的饥民顺道破坏学堂，因为听
说教育人士获得一部分积谷带征款以及要求增加售米的附加税。[4]
1906 年江苏各地发生大量抢米事件，原因是收成不良、大城市的需
求增加以及大米出口过多，导致粮食短缺和引起投机行为。米价在造
成骚乱中关系重大，因为它在清朝最后二十年持续上涨："自甲午中
东构衅，交涉势弱，藩篱未能自固。海禁大开，米粮外溢，自此以后
钱荒米贵，年甚一年。"[5] 很多人为此感到不安，上海米业公所董事
姚文楠写道："沪关禁米出海，捕治偷贩，官绅士庶，皇皇于此。而
米粮之出海，利商不利贾，故持之尤力。"[6] 1907 年，两江总督端方

1　王树槐：《清末民初江苏省的灾害》，载《"中央研究院"近代史研究所集刊》，1981 年
　　第 10 期，第 152—155 页；参见 Bastid, M. (1971), pp. 82-83.

2　王树槐：《清末民初江苏地方自治风潮》，载《"中央研究院"近代史研究所集刊》，
　　1977 年第 6 期，第 313—327 页。

3　蒋维乔：《论宣统二年之教育》，载《教育杂志》1911 年第 3 卷第 1 期，第 2427 页。

4　《文牍初编》下，扬州：第 17—19 页；甘泉：第 20—22 页；宝应：第 27—28 页；东
　　台：第 46—51 页。

5　《上海县续志》(1918)，卷 30，第 7b 页。在长江下游地区，米价在 1887 年到 1901 年
　　之间增长了一倍，随后在 1907 年到 1909 年之间再次上涨：Bernhardt, Kathryn
　　(1992), p. 149.

6　姚文楠：《上海米业公所嘉谷堂碑》(1894)，上海博物馆图书资料室编：《上海碑刻资
　　料选集》，上海：上海人民出版社，1984 年，第 365—366 页。

要求朝廷下旨十年内禁止从江苏出口米粮。[1] 同年上海官府为了防止出现抢米的混乱，与地方自治机构共同成立平价局控制米价。在通常的情况下，在受灾地区，行政当局与地方士绅会采取必要的措施，防止投机并组织救济。[2] 但是也会发生由于忽略，或者地方精英分裂，而没有及时采取适当措施的情况。就像 1906 年扬州和东台发生的情况，那里的一些权势人物鼓动绝望的饥民冲击新学堂。江北沿海地区的盐民（又称灶民）制盐生产受气候变化的影响很大。雨季过长对他们是致命的打击，并且他们无权享受官价平粜的米粮。在这样的背景下，尽管地方粮仓在救济饥荒方面仅仅扮演次要的角色，积谷带征的部分款项转为教育用款对盐民的生存显然会有一定影响。[3]

如果没有货币系统紊乱，米价上升造成的后果也许没有那么严重。由于国际金属价格变化，铜钱不受限制地大量外流，市面流通的铜钱不敷需求，各省为此浇铸了大量成色不足的铜钱，导致银贵钱

1　端方（1918）：《禁米出口方法折》1907 年 7 月卷 9，第 3b—6a 页。端方认为 1906 年苏省粮贵且少，是因为去年江苏和安徽遭受水灾，而前江督于 1905 年到 1906 年间两次错误地解除出口米粮的禁令。

2　上海官府与地方自治机构于 1905，1906，1907 和 1910 年多次开办"官米平价、截漕平粜"，委派商人从香港地区、暹罗进口米粮，另外请准省府使用部分漕米，交各乡发粜。1907 年举办平价官米时间长达六个月。贴补米价的经费由积谷总局与市府负担：《上海县续志》，卷 7，第 18b—19a 页；《上海市自治志》，卷 1，第 4a，5b 页及其下。

3　例如 1910 年在盐城（淮安府）和如皋（通州），载《教育杂志》1910 年第 2 卷第 5 期，第 1726 页。

贱。为此，官府三令五申地禁止铜钱出口。[1] 这样的局面在上海和江苏严重影响了商业与国库收入，并给除了"投机者、兑换商以及放高利贷者"以外的其他社会群体带来损失（S. Mann Jone & Ph. A. Kuhn）。货币紊乱也使官府和衙门胥吏在征收捐税时，得以利用银两与铜钱之间的比价，中饱私囊。

农民因此大受其害：他们用粮食和铜钱纳税，而政府使用银两作为税收单位。[2] 根据市场上兑换价格，铜钱需要折合成银两的数目，[3] 银钱折价比率大小以及加收耗损和工费，都方便官府和胥吏滥用职权，加重纳税人的负担。[4] 在上海，铜钱通货膨胀彻底改变了19世纪70年代确定的银钱折价比率。1910 年 1 月，宜兴—荆溪爆发了一场大规模的骚乱，多所学校被拆毁，以及数十家董事家遭破坏。起因是县府进行收费人口调查，乡民受谣言蛊惑，而更深层的因素之一是"频年灾歉，十室九空，县令征收忙漕，抑勒银价过甚，乡民蓄怨

1　《上海县续志》，卷 30，第 7b 页。《近代上海大事记》(1989)，米价腾贵，禁止米粮出口。1894 年，第 496 页；1897 年，第 514 页；1898 年，第 525—526，530，532—533，536 页；1899 年，第 542—545 页；1902 年，第 559—561 页；1903 年，第 565 页。铜价上涨，禁止私毁铜钱、铸铜出口。1899 年，第 539 页；1903 年，第 568 页；1906 年：617—621 页；1907 年：第 627—630 页。

2　有关货币系统的问题及其造成的后果：Ichiko, Chuzo. "Political and institutional reform, 1901—1911: Financial reorganization", *CHOC*, vol. 11, pp. 403 – 407；参见上海县志中有关银钱兑换比率的混乱状况以及纳税时的折算方式：《上海县续志》，卷 1，第 9a—b 页；卷 7，第 4a—5b 页；卷 30，第 8a—9b 页。

3　关于赋税制度与纳税货币折算：Jones, Susan Mann. & Kuhn, Philip A. "Dynastic decline and the roots of rebellion: Disorders in the monetary and taxation systems", *CHOC*, vol. 10, pp. 128 – 132.

4　银价上升，折合的铜钱数目也不断增多，另外折价要加耗费和工折。例如在嘉定，银元折价，纳税人须多付十文至二十文铜钱，"故人民完粮一圆，损失数十文也"。《嘉定县续志》(1930)，卷 3，"折价之源流"，第 6b—8a 页。

已久"。[1]

商人的暴乱多发生在江苏商业繁盛的城镇，如米粮贸易中心无锡，常熟—昭文与吴江—震泽。[2] 农民和其他居民常常在事件过程中卷入。例如在泰兴，增收牙捐（交易中介）和附加盐税虽然跟农民没有直接关系，但是导致几千农民进城抗议，顺路摧毁了一所学堂，而这些捐税并非指定给教育使用。[3] 商人还使用其他办法对抗，尤其是拒付捐税和罢市。Schoppa 认为浙江存在同样的现象，并且指出小商人和绅商精英利益不同之处。[4] 还有一些其他的原因，促使教育人士对某些商贾不满，前者谴责后者某些不道德的行为，例如囤积投机、抬高米粮价格、偷运出口米粮或铜钱以及走私贩私盐等。[5]

教育人士与宗教人士之间关系特别紧张，在僧道眼里，本来由他们掌握的庙宇财产遭到了侵犯，[6] 以致五分之二的骚乱与宗教有关。镇江顺江洲的一位道士因为公立学堂设在他居住的孔庙里，煽动了两三千乡民攻打学校，而作为争夺对象的孔庙是学校管理人的祖先出资

---

1 《东方杂志》1910 年第 7 卷第 3 期，转引自朱有瓛（1987），第二辑上册，第 305 页；Faure, David W. 认为清末最后 15 年，米价上升与铜钱贬值造成的后果远远超过其他引起民变的原因，尤其是在商业化程度较高的江南地区。Faure, David W. "Local Political Disturbances in Kiangsu province, China 1870—1911", Ph. D. Dissertation, Princeton University, 1976, pp. 395 - 397.

2 无锡：商人罢市与暴乱；常熟—昭文：商人和农民暴乱，威胁罢市；吴江—震泽：抵制捐税。《文牍三编》下，第 158—160、154—155 页；《文牍四编》乙，第 95—97 页。参见第二章第一节中"教育财政困境"。

3 《时报》1905 年 12 月 2—3 日。

4 Schoppa, R. Keith (1982), pp. 61 - 62.

5 王树槐（1985），第 264 页；《上海县续志》，卷 1，第 9a—b 页；卷 30，第 7—9 页。

6 王树槐（1977），第 323—325 页。

建立的。[1] 1911 年 2 月，松江府川沙厅发生了一起大规模的暴乱，当地一位道婆与衙门胥吏似乎从中扮演了重要的角色。道婆不满地方人士把选举办事处设在她的庙里；胥吏们则担心地方自治公所影响他们向来的收入。[2] 这场民变集合了几千个农民，造成严重的破坏：包括3 所地方自治办事处，12 所学校，29 个地方议员、参事与乡董的住房。类似的骚乱常常混合着利益冲突和情绪对立：教育人士崇尚科学、理性，排斥宗教，常常把某些宗教行为视为迷信活动。其次在很多时候庙宇缺乏清晰的财产权，如同顺江洲的例子，主持庙宇的僧道并非一定是当初的建庙人。此外，在庙宇设义学、社学或者借用空余房舍也是传统做法。

在乡一级，新的政治与学校组织不可避免地会侵犯某些群体的利益与影响力。有些学校直接收取划归它们的捐税，这意味着触犯了衙门胥吏的禁脔，从而使后者成为新学校的敌人，尤其是最坚决的教育人士要求把一部分或是全部抑勒银价多收的部分全部转给教育部门。他们还要求丈量"无主"土地，其中有许多是被隐匿逃税的田地。[3]总之，学校成为反对者攻击的首选目标，因为它是具有物质形体的新

---

1 《文牍四编》乙，第 103—104 页；丙：第 93—94，98 页；《教育杂志》1909 年第 1 卷第 6 期，第 480—482 页。

2 有关川沙暴乱：《文牍六编》乙，第 50—53 页；参见地方自治公所、浦东同乡会和巡抚顾问所做的调查：《川沙县志》（1936），卷 23，第 9—10，12—17 页；Ma, Amy Fei-man. "Local Self-government and the Local Populace in Ch'uan-sha, 1911", *Select Papers from the Center for Far Eastern Studies*, Chicago, University of Chicago Press, 1975—76, pp. 47‑84；王洪泉《地方自治起波澜》（1992），第 92—94 页。

3 《张季子九录》（1931），《政闻录》：第 15a—b 页；《自治录》：第 15b 页；庄俞：《论地方学务公款》，载《教育杂志》1909 年卷 1 第 7 期，第 555 页。

事物的象征，同时也非常脆弱。

教育总会大量参与了寻求冲突解决的行动。它对骚乱的立场很明确："民学糜变，则运实力以震慑之。"[1] 意思是利用它的地位要求官府的干预。但是地方官员常常袖手旁观，而督抚只是在大规模骚乱时才派兵镇压。商务印书馆的经理张元济认为官府的不作为和旧文人的敌意是造成 1906 年毁学风潮的主要原因。[2] 泰州一所学校与宗教人士发生纠纷，历经三年和五任知县，最后还是在教育总会干预下，由两江总督亲自出面解决。1910 年毁学风潮爆发，教育总会只得诉诸省府下令保护学校，并要求各地官府履行维持学校的责任。[3] 此外，总会期望通过举办政法讲习班和派人到四乡轮流宣讲的方式，提高民众的公民意识，各地劝学所和教育会在 1906—1907 年，组织了不少这样的活动。张謇还向总督端方建议提倡当时上海兴起不久的新戏剧。

攻击学校的民众暴力使教育积极分子倍感沮丧，甚至不知所措。[4] 骚乱涉及的问题不再是借助官府的支持，揭露居心叵测或是贪腐的个别人物所能解决。[5] 骚乱提出一个根本性的问题：新政、对外

---

1 何震彝：《跋》，1906 年 7 月，载《文牍初编》。
2 1906 年 7 月中旬张元济致学部侍郎严修书："南方毁学之案层见叠出，东台未平，宝应趾起。起始皆由官场漠视，学究仇新，匪类乘之，肆其劫掠，若不大加惩戒，教育无自而兴。"张树年编：《张元济年谱》，北京：商务印书馆，1991 年，第 60 页。
3 《江苏教育总会咨请保护学堂》，载《教育杂志》1910 年第 2 卷第 6 期，第 1804 页。
4 蒋维乔：《论宣统二年之教育》，载《教育杂志》1911 年第 3 卷第 1 期，第 2427 页；参见《教育杂志》1910 年第 2 卷第 12 期，杂纂：《教育界之困难》，第 619—622 页。
5 在这方面，江宁学务公所和苏州学务公所的文牍以及江苏教育总会的文牍都包含大量事例。

赔款与借款大大增加了民众的负担。当教育人士抱怨发展教育的经费不敷需要时，小农与普通民众正在承受通货膨胀、物价上涨、捐税增加的沉重后果。在维持生存的农村经济主导下的清末，对教育改革关注的两个群体主要是中产阶级以及文人及其家庭——包括穷困的文人士子，谋求社会升迁的途径和关注子女的前程。普通民众不能感受到新教育与自己的关系，却要为此承受负担。应该说，积极分子们意识到这一矛盾的破坏性后果，希望通过重新测量土地，改革田赋等措施来解决负担不均的问题。但是这样的计划需要时间以及不可或缺的政治决心，尤其是朝廷必须进行一场强有力的赋税改革，并在维持秩序的同时，重新调整朝廷与地方之间的关系。许多骚乱还显示不少地方处于近似无政府的状态。[1]

毁学事件范围广，后果严重，寻找它们背后的主事者尤其困难。自巴士蒂教授有关张謇教育活动的论文发表以来，许多中国和西方的学者都强调了这些民众反抗事件的反精英色彩。[2] Mary Rankin 认为在浙江，新式精英与普通民众之间的对立停留在表面层次，没有引起政治后果。在我看来，地方积极分子在反对新政和新学校的民众抗议当中，负有一定的责任。教育人士经常通过各种方式，要求增加捐税

---

1 实际上，任何改变现状的企图都会引起激烈的反对。例如，从 19 世纪 80 年代起，张謇试图在通州地区进行的任何创新举动都受到攻击或破坏：推广养蚕、建立公共粮仓、滩涂垦荒、水利工程等等。破坏学校只是这个不幸的名单上的最后一项。张謇能一次次度过劫难，是因为他比其他人得到更多的官方支持：《张季子九录》，《自治录》：第8a—10a 页。

2 Ma, Amy Fei-man (1975—1976), pp. 47 - 84; Borthwick, Sally (1983), p. 100 - 103; Bernhardt, Kathryn (1992), pp. 158 - 159; Rankin, Mary B. (1986), pp. 225 - 227, 以及以上各书的注释。

用于教育，但是很少直接面对社会不平等的问题以及新教育如何惠及普通民众、深入乡村的问题，因此失去民众的支持。即使出身并不富裕的家庭，教育总会的积极分子仍然属于文人阶层，他们致力的教育改造虽然具有普及的目标，但是至少与农民的现实利益相关甚少，对繁盛的城市与贫穷的乡村之间日益扩大的差别所造成的后果，也缺少更深入的认识。

八　教育为经济发展服务

教育家与经济问题

1908—1909 年以后，教育总会的领导人越来越关注资金障碍对普及教育的影响，认为"实业不昌，无劲力以为教育之后盾"，[1] 经济衰败，民众穷困程度加深，导致社会不安定因素增加。张謇又一次敲响警钟，指出外贸入超的数目已经超过战争赔款，民众的"生计"——生活手段——受到很大影响。而官府履行职能不力，如江苏北部与安徽连续遭受严重水灾，在很大程度上源于淮河流域水利的失修。大部分教育人士与新闻界抱有同样的忧虑，赞同张謇关于发展地方实业资助教育以及通过教育培养现代经济人才的思想。为了更好地

---

1 《文牍六编》戊，第 10 页。

理解他们在这方面的努力，我们首先回顾一下士绅领袖在经济领域的
活动。

　　为了扩大在地方活动的范围，部分士绅直接参与经济活动，试图
改善地方条件，尤其是在缺少工业投资的地区。年长一辈的前官员许
鼎霖和沈云沛（1854—1918）投身家乡江北地区的工业建设，是这方
面的著名例子。[1] 更年轻的一代，如江阴的吴汀鹭（增元，1870—
1961）与祝丹卿（廷华，1871—1939），宝山的王钟琦（1878—?）与
黄秉臣（1882—?），都是江苏教育总会的成员，也是他们各自家乡地
方实业和文教事业的积极创立者。[2] 出于维护国人利权，耶稣会教士
与道员马良（相伯）帮助他的外甥朱志尧（1863—1955），吸收法国
资本，创建了求新机器厂，为朱后来的工业与金融事业打下基础。[3]
马良原籍丹徒，他在一个华侨商人的帮助下，帮助家乡进行丘陵地带
垦荒、种茶和商业用树。垦荒、水利工程、盐政改革被普遍认为是抵
御自然灾害和减轻人口压力的根本措施。鉴于官府难以提供财政支
持，像张謇或者马良那样的士绅便试图在家乡地区进行示范性的经济
活动。[4]

　　积极分子对城市空间建设也很关注，除了有利于经济活动，还有

1　沈蕃：《辛亥前后的江北名流》（张謇、沈云沛、许鼎霖），载《文史资料精选》第 2
　　卷，《文史资料选辑》编辑部，北京：中国文史出版社，1990 年，第 306—322 页。
2　《江阴市志》（1992），第 1301—1302 页；《宝山县续志》（1921），卷 6，第 397 页。祝
　　丹卿 1903 年考中进士，只当了半年京官就回乡从事地方实业与文教事业。
3　朱文炜：《朱志尧》，载《民国人物传》，第 4 卷，第 237—239 页。
4　陆澄溪：《我的自述》，载《江苏文史资料选辑》，南京：江苏古籍出版社，1986 年第
　　18 辑，第 131 页；张謇：《上度支部大垦淮徐海荒地为规复海军及地方自治教育费基
　　本说》（1908），载《张季子九录》，《政闻录》：第 14a—17b 页。

试图限制外国租界蚕食城区地盘的动机。在筹备南洋劝业会期间，[1]
马良在镇江创立了一个工程公司开筑马路。[2] 在上海，姚文楠、李平
书和其他绅商领袖要求官府允许拆除城墙，以便扩大城区。就像马良
在镇江遇到的反对那样，他们也遇到了士绅内部的强烈抵制，从而不
得不暂且搁置了这项计划。教育总会的领导人也很关注现代基础建
设。他们当中的许多人参加江苏铁路公司的管理工作。出于对省际一
体化的关怀，在建筑上海—杭州铁路线的同时，张謇等人就开始考虑
向北伸延，建设从清河到扬州的铁路线。为了推动吴淞港的建设，宝
山县的教育家袁希涛积极帮助愿意设在那里的企业和学校。地方自治
机构强大的上海和通州则在当地有计划地兴建马路、公路、港口码头
和水电厂。

　　一些与上海商界有联系的积极分子甚至试图去外省发展经济活
动。在张謇和郑孝胥等推动下，1907年上海绅商投资张之洞兴办的
著名冶金和采掘企业——汉冶萍公司，[3] 随后又于1911年租借汉口
官办纱厂。同年在东三省总督的邀请下，他们筹划了一个雄心勃勃的
东北垦荒计划。[4] 鉴于国内其他地方的条件和能够动员的资金有限，

1　见上文第三章第七节。

2　端方（1918）：《公司参款查明办理折》，卷7，第2—5页；野泽丰：《辛亥革命与产业
　　问题——1910年的南洋劝业会与日美实业团访华》，载《纪念辛亥革命七十周年学术
　　讨论会文集》（1983），下册，第2475页。

3　参见第五章第一节中"与革命党人的合作和分歧"。

4　张謇：《张季子九录》，《年谱》下：第18b，20a—21a页。东北至清末才向关内移民开
　　发。为了抵制俄国和日本的扩张，清廷制定了一个大规模垦荒的计划，用每亩0.1两
　　的价格吸引国内资本。20世纪初，宁波富商李厚佑曾大量投资东北。张謇与江苏的其
　　他绅商出于经济与政治动机，对该计划也非常感兴趣并持续到辛亥以后。

积极分子们的雄心常常超过他们的实际能力。

同样，地方教育人士的工商业活动常常只能带来分散与短暂的经验。缺少资本和经营能力以及难以兼任教育与经济职能，都是导致失败的因素。有些文人完全缺少企业家的才能，对他们来说，寻求利润常常是危险的经历。包天笑指出，狄葆贤经营的《时报》和曾朴主持的《小说林》杂志都非常受读者欢迎，但是由于两人不善经营，最后他们的企业都以破产收场。[1]

在经济发展方面，与积极分子比较符合的角色是"开风气"，以及努力影响私人投资转向工业生产部门。官府方面也竭力推行刺激经济的政策。1890—1900 年间维新时期官办企业的失败与当下的财政困难，导致官府除了一些必要的基础建设——尤其通讯部门——以外，暂时不再直接投资工业，而是采取与绅商合作的方式。积极分子们试图跟富商合作，动员投资土地的资金转向工业部门。尽管 1895年后掀起了工业投资的热潮，但是土地不动产和借贷的高利息显然不利于资本转入工业部门。

教育人士在他们自己的领域——教学——中取得了一定的成功。他们认识到教育的目标不同以往，不再限于向民众灌输儒家伦理的"教化"功能以及为清廷培养官员后备军，而是培养个人——包括妇女——的能力，为解决个人的生计与促进国家的富强做贡献。教育家们引进新的概念例如振兴实业、竞争、生产效率与经济增长等影响了很多人。在这方面，教育总会的积极分子是继承和更新 19 世纪"经

---

1 包天笑（1980），中册，第 390—392 页。

世"传统的先锋、激励者和革新家。民国时期，教育总会的一些职员例如林康侯、史量才彻底转入工商业，并成为出色的企业家。穆藕初在教育总会的帮助下得到省津贴赴美国学习工业管理，后来成为上海儒商型的现代工业家。民国时期，他与黄炎培携手合作，成为中国职业教育的创导人，培养了大批技术人才。

倡导技术教育

技术教育很早就被纳入新教育体系与学部制定的章程。省级官员创办了工业、商业、农业等学校。辛亥革命之前，江苏省已经拥有20来所中等与高等实业学堂。它们大多位于江宁、苏州和上海，由新成立的一些行政机构，如商务局、劝业道主持，并纳入省经济发展规划之中。围绕这个实业与技术教育的构架，积极分子们试图在地方层面加以补充，开办一些当地需要的初等实业学堂与艺徒学堂。此外，沿海地区的商业传统与开放风气促使学生更多地选择实用专业，而不是集中于法政专业。[1]

技术教育需要投入更多的资金，包括器材、实验室、车间、技师等。由于通晓现代科学技术的教师极其缺乏，不得不雇用了许多外国教师，他们的薪金高出本国教师，使有限的教育经费更形局促。尽管困难重重，江苏教育总会坚持不懈地介绍、鼓吹和支持发展技术教育。它常常受邀协助官府制定有关的计划，或是直接为官府设计建立

1　王树槐（1985），第 235—236，265 页。

学校的方案。它根据省的需要与条件，规划新的技术教育设施；而省谘议局的成立，更是为它提供了更广阔的活动空间。

教育总会把技术教育看作"商战"时代工业化和民族独立的首要条件。在这个意义上，创办一所省工科大学被看作迫在眉睫的需要。张謇从 1895 年起，就不断要求在上海江南制造局原有的基础上开办工科大学。但是当时政治形势不稳定导致计划搁浅。1905—1906 年出现一个新机会，学部准备创办一所面向东南地区的南洋大学，与此同时，袁世凯已将设在天津的中西学堂改成北洋大学。教育总会的领导人认为把一所多学科大学设在省会的设想不现实：建筑需要用银100 万两，学校经费开支估计每年 30 万至 40 万两，这是省府无法负担的。他们建议在原有一些的学校基础上，先组织各种高等学校作为预科，例如在江宁开设法科与农科，苏州设医科，上海设工科，江阴南菁学校设文科与理科。另外选地址筹办南洋大学，建筑和学校常年经费取自将江南贡院（举行江苏、安徽两省乡试的考场）改建为市场的所得以及在盐斤加价中提成。[1] 权衡缓急，先将上海新建的中国公学作为工科大学预科，在江南制造局附近先建工科大学。"经营四五年后，即可希望成效之发生。有完全之工学，更三数年，各省热心从事工业之处，得有相助为理之人。不如今日之实业之摘埴冥行，瞎骑盲进。其于国计民生关系实重且要。"[2]

1　有关江苏教育总会与学部和督抚之间的通讯：《文牍二编》上，第 104—110 页；《文牍四编》甲，《宁提学使陈请张会长筹办江南工科大学书》，《张会长复宁提学使陈书》，第 28—30 页；张謇：《与周江督谈学务记》《筹划南洋大学致端江督函》；《张季子九录》，《教育录》：第 14b—15b，21b—25b 页；《自治录》：第 9b—11a 页。

2　张謇：《请设工科大学公呈》（1905 年），载《张季子九录》，《教育录》：第 15a—b 页。

　　在两江总督端方的支持下，拆除江南贡院和改建市场的计划得到批准，所得的收入将用于创办南洋大学。为了避免官员侵蚀与成效缓慢，改建工程决定由江宁商会负责通过招商进行。上海在江南制造局附近觅地修建工科大学。但是这个计划并没有马上执行，1911年以前设立专科高等学校预料的计划也没有完全实现。财政紧张可能是原因之一：端方报告说，由于1906年江苏北部的水灾，官府耗费了几百万银两用于赈灾和筹防。[1]　教育总会聊以自慰的是，按照大学预科的方案，南菁学校和中国公学[2]的课程安排转向实用科学。[3]　1910年，中国公学的新校舍竣工，与复旦公学和水产学校[4]并肩屹立在吴淞——中国第一个自辟的商埠。教育总会的领导人希望以后吴淞不仅仅是进口制造品的港口，而且也能是出口制造品的港口。尽管政治局势动荡，辛亥革命之后，他们落实长期以来的规划，首先成立了一批中等技术学校，随后在20世纪20年代又初步建立了江苏省的公共大学系统。

　　在基层一级，教育总会的积极分子们尝试在地方上开办商业、农业技术学校，并将它们纳入自己的经济活动或是地方环境中。张謇比他人更早认识到海洋资源在民族国家竞争中的重要性。出于捍卫"海权"的动机，1904年他说服了农工商部联合沿江沿海各省督抚，共同筹办七省渔业，并征得两江总督同意，利用宁波商人的资金，设立

1　"上年江北水灾，办赈筹防，综计不下数百万，挪移垫用，库储一空。"（1907），端方（1918），卷8，第30a页。

2　参见第三章第四节中"复旦公学与中国公学的学潮"。

3　这两所学校都是由教育人士创办的，并接受官府补助。

4　《中国公学校舍落成会颂词》，载《文牍六编》戊，第10页。

了江浙渔业公司。这家公司负责资助吴淞水产学校，培养现代渔业的技术人员。这个先例被其他沿海省份模仿，1906 年沿海七省联合代表中国第一次参加在意大利举行的万国渔业赛会，1909 年直隶和江苏两省还派员参加在美国举行的渔业赛会。通过参加这样的国际活动，彰显了中国传统的捕鱼疆界，张謇一针见血地指出："渔权所至，海权所在也。"[1] 教育会的其他干部也试图在家乡提倡技术教育。1910 年张謇的朋友沙元炳在如皋创办了一所初等工业学堂。袁希涛与他的朋友们 1907 年在宝山设立了测绘学堂与蚕桑学堂。[2] 类似的学校也出现在苏州、常熟、嘉定和无锡等地。上海商学公会开办了商业与工业学堂。江苏铁路公司在苏州附设一所铁路学堂，培养自己所需的建筑、测量、绘图人员。1910 年，这个学校被改为中等工业学堂。[3] 为了增加地方的技术学校，教育总会还通过自己的影响，推动督抚和提学使在官立各类实业学堂附带开办实业教员讲习所。[4]

由个人或者集体开办的初等与中等技术学校经常遇到种种障碍。有些甚至被迫关闭，另一些转由地方或官方接办。并非人人都有张謇那样的才能与条件。许多充满热情的创办人由于官府的迟缓与不信任

---

1 张謇：《张季子九录》，《年谱》下：第 13b—14a 页；《近代上海大事记》(1989)，第617 页。农工商部在《奏请筹设沿江沿海各省渔业公司水产学校折》(1910 年 1 月 23日)一文中写道："今世国际交涉，各国皆以领海捕鱼权载入公法，盖鱼界所在即海权所关…… 惟兹事体大，非广设公司无由厚集其力，非多建学校，奚以预备其才。"朱有瓛 (1989) 第二辑下册，第 20—21，195 页。

2 黄炎培的调查报告：《文牍六编》丙，第 11—12 页；《近代上海大事记》(1989)，第624 页；《宝山县续志》(1921)，卷 7，第 487 页。

3 朱有瓛 (1989) 第二辑下册，第 196—197 页。

4 《文牍六编》甲，第 6—9 页。

而失败。官府在县以下地方的缺失是一大弱点，在县一级，官员变动频繁，并且大部分人平庸无能，使官府难以有所作为。如同大部分现代事业，大部分学校通常是由某些官员与非官方积极分子合作的结果。在当时特别艰巨的历史条件下，改革者常常走在崎岖不平的道路上。教育总会的作用也许更多的是坚持改革的方向以及保持发展起伏过程中的连续性和一致性。

在妇女自由的问题上，教育总会的领导人看起来相对保守，但是正像前面介绍过的那样，总会积极分子们常常率先创办女子学校以及提倡女子技术学校，对妇女走向社会贡献良多。随着时代演变，女子职业问题受到舆论的重视。妇女被认为应当像男子一样谋求职业，而不是"困守家庭，依赖男子"。庄俞写道："方今生计日艰，男子一人之力，常有不能豢养一家之势。"他建议各地合作，开办女子职业学校。[1] 教育总会宁垣事务所负责人夏仁瑞建议女子职业学校可以招收年纪稍大但愿意学习者，教授烹饪、裁缝、手工等技能，使她们成为谋生有用之才，并认为她们的贡献与"社会生利、分利之前途"关系密切。[2] 在增加家庭与国家财富的远景下，教育总会的一些男士们创设扩大女子就业的职业学校，领军人物张謇带头在通州开办了女子师范学堂和职业学堂。杨白民在上海设立的城东女学的生源来自城市中产阶级家庭，该校以培养女教师为目标。1910 年，教育总会促使省

1　庄俞：《论地方学务公款》，载《教育杂志》1909 年卷 1 第 7 期，第 557—558 页。有关女性教育，见第一章第四节及其下。

2　《会员夏仁瑞上宁提学使陈论整顿女学办法书》，载《文牍三编》上，第 83—84 页；《教育杂志》1909 年第 1 卷第 4 期，记事：张謇准备在通州设一所女子职业学校，第 330 页。庄俞为教育总会会员，夏仁瑞是江苏教育总会江宁事务所的负责人。

谘议局通过了一项开办江苏省女子蚕业学校的提案，该校改自 1904
年史量才创办的上海私立女子蚕业学堂。1911 年教育总会通知各地
劝学所、教育会选送女学生学习蚕桑技术，强调女子技术和职业教育
对个人与国家的重要性：

> 查蚕桑为吾国固有之大利，而育蚕为女子之天职。方今蚕
> 业不振，利权外夺。亟应竭力提倡，使各地方女子咸知讲求栽
> 桑育蚕等事。非仅扩充女子职业，实于生计前途，大有关系。[1]

女子蚕业学校学制四年，报考需要具备高等小学二、三年的程
度，可见从一开始，就是为了培养中等以上的技术人才，以便学成之
后，在江苏各地"振兴蚕业"。女子蚕校后来迁至苏州浒墅关镇，位
于蚕乡中心地区，方便教学与实习相结合。民国时期，学校还兼顾改
良蚕种与养蚕新技术的推广指导工作，尤其是 20 世纪 10 年代至 20
年代，在著名的蚕桑专家郑辟疆（1880—1970）和费达生（1903—
2005）的推动下，成为中国现代蚕桑养殖与改良的重镇，与培养蚕桑
人才的摇篮。[2]

---

1 《通告各劝学所教育会选送女生入女子蚕业学校书》，载《文牍六编》乙，第 43—44 页。
2 高景岳、严学熙：《蚕桑教育家郑辟疆》，载《江苏文史资料选辑》第 13 辑，南京：江
  苏人民出版社，1983 年，第 54—67 页；吴友松：《恋蚕人》，载《人物春秋》，南京：
  江苏人民出版社，1989 年，第 228—232 页。蚕桑专家费达生（1903—2005）14 岁入
  江苏省立女子蚕业学校学习，毕业后赴日本学习蚕丝工业，随后回到母校任教，并创
  建乡村工业——吴江县开弦弓村生丝精制运销合作社。她是郑辟疆夫人，著名社会学
  家费孝通的姐姐。费氏姐弟的父亲费璞安是江苏教育总会最早的会员，后来担任了江
  苏省视学。

实用文化与竞争精神

对于中国社会中的很大一部分人，尤其是文人阶层，学习实用科学或是职业技能仍然遭到蔑视。面对根深蒂固的观念与习惯，教育总会的改革者们必须逆流而上，予以抵制。学部也采取了一系列主动措施，来加强某些学科的教学内容。例如它要求初等小学堂历史、地理、博物三科注重当地风土与物产。许多教育总会的积极分子、教师以及地方教育机构的负责人亲自动手编写教材。这些教材通常称为乡土志或采用其他名称以及简化的地方志书形式，它们收录了大量有关当地环境、日常生活与经济活动的资料，并使用通俗易懂的语言进行介绍。上海劝学所的负责人李维清，鉴于"初等教科注重乡土，而授课苦乏善本"，1907 年编写和出版了《上海乡土志》160 课，课本甚至收入了有关抵制美约和地方自治的内容，而当地的财赋专家姚文楠不仅为之审稿，还亲自增加了田亩、钱粮（田赋）、方单（田地执业印单）、道契四课。[1] 江苏省经常遭受水灾和旱灾的肆虐，教育总会要求省府将水利问题纳入当地学校的地理课本，并且坚决反对开办存古学堂，要求将预算费用转入实用科学教育。[2] 在更广泛的意义上，它的目标是提倡实用文化，使学校课程符合地方环境条件，并且发展

---

1 《移复苏省调查总局请调查民智通塞文》，载《文牍六编》乙，第 44—45 页；上海师范大学图书馆：《上海方志资料考录》甲编，五、《市县乡土志》，上海书店，1987 年，第 225—232 页；胡翔翰等编：《上海小志、上海乡土志、夷患备尝记》，上海书店再版，1989 年，第 55—110 页。

2 《文牍三编》中，第 143—149；《文牍六编》甲，第 44—45 页。

对地区与省的认同意识。

　　教育总会也非常强调在学校加强手工活动以及进行实验的重要性。在它的影响下，两江、龙门、通州师范都在学科中纳入手工课，有些学校还设立了手工场所。通州师范是私校，结构相对灵活，它设立了测量、工艺、农业、蚕桑等学科，甚至开辟了一个植物园和一个实验农场。许多学校的主管和教师组织学生进行远游、植树、采集植物标本等活动。1911 年，江苏教育总会发起各省教育会联合会，并从学部那里成功争取到将手工必修课列入小学与师范学校的课程。教育会联合会的决议案写道：

　　　　吾国人民生计日趋艰窘，提倡实业为目前当务之急。而手工与实业之关系，至为切要。故欲发挥国民之实业思想，当自小学一律教授手工开始。且儿童学习手工，足以确实其形体之观念，养成起勤劳之习惯，并可磨练手指细筋，于智德体三育，均有裨益。[1]

　　在缩小脑力劳动与体力劳动之间的鸿沟方面，教育总会的领导人可以说不惜余力。例如省视学陆瑞清（归亮）批评城市学校使用大量仆役服待学生的日常生活，鼓励学生养成自己动手习惯，增加个人生活能力。教育人士呼吁毕业生不要寻求当官，而是从事其他职业。在

---

1 《各省教育总会联合会议决案》，载《教育杂志》1911 年第 3 卷第 6 期，第 2990—2991 页。

这样的精神指导下，他们要求官府取消授予学校毕业生科举头衔，[1]
建立新的专业职称系统。1910 年江苏省谘议局在南京开办南洋茶务
讲习所，考选皖、赣、鄂、湘茶农茶商子弟 160 人入所，授课与实习
并重，三年毕业，张謇特地奏定学生毕业以技正、技士任用。[2]

如同以往，教育系统履行选拔社会精英的职能，然而选拔第一次
在社会分工的职业范围进行。尽管当时的物质条件还难以保障相对的
机会平等，但是出身不富裕家庭的孩子的职业培训已经开始被提上议
事日程。

在这种思潮的影响下，慈善机构开始改变他们向来的行动目标和
方式：不仅为孤儿和没有生活来源的寡妇提供援助，而且也帮助他们
掌握就业必需的劳动技能。李平书和曾铸在上海设立了类似的机构，
他们的经验被其他地方模仿。上海龙门师范最早的毕业生李廷翰，主
持专门收取贫民子弟的小学校，他注重教学内容与学生需要结合，例
如商业尺牍、记账、珠算等，培养学生吃苦耐劳的习惯，"授学生以
人生必须之智识技术，使终身可无冻馁之虑"。[3] 类似的经验也许尚
属个别、分散的现象，但是关键是教育开始与生产需要趋向一致：人

---

1 陆瑞清：《学生服劳》，载《文牍四编》丁，第 53—57 页；唐文治：《唐蔚芝侍郎咨邮
传部转咨学部文》，载《教育杂志》1910 年第 2 卷第 11 期，第 2250—2253 页。

2 陆澄溪：《我的自述》（1986），第 131 页。陆为南洋茶务讲习所主持人，1905 年曾到
印度、锡兰考察茶叶种植与制作。

3 李廷翰，字墨飞，长期担任小学负责人，曾先后领导专门为贫困家庭设立的时化小学
校和万竹小学校。万竹为上海自治公所市政厅于 1911 年 4 月开办。辛亥革命前时化有
200 名学生，办有高小商科。万竹男女分部，拥有近 400 名学生。李廷翰经常在《教
育杂志》上撰文，讨论有关贫困家庭子女的教育的各种问题：《上海市政厅大事记》，
载《上海市自治志》，第 3b—4a 页。参见历史见证人的记叙，徐昭侯：《李墨飞和万竹
小学》，载《解放前上海的学校——上海文史资料第 59 辑》（1988），第 358—361 页。

人注重实学，从而使每个人都能够掌握生计手段。

教育人士认为学校应当提倡一种建立在社会达尔文主义进化学说和竞争理论上的新文化。[1] 借鉴西人学校的样板，许多学校与学会组织演出、体育竞技赛、学校成绩展览会以及校友会。教育总会把这些活动也看作整合全省教育的方式。1909 年 6 月 3—10 日，总会在上海组织了江苏全省学堂成绩展览会，"以验全省学界之程度，而激发其竞争心、奋勉心"。245 所学校共征集了物品 5 100 多件参加展出，规定中学以上理化、博物、图画、手工四科，小学以下图画、手工、习字三种。参展物品包括图画、刺绣、手工制品、矿物标本、植物、动物与虫类标本等，吸引了七八千参观者（男女分日参加，男宾 5 天，女宾 2 天）。《教育杂志》记者评论说"璀璨玲珑，美不胜数"，展品中"图画最优，标本次之，手工又次之"。学校之中，通州师范学校的动植物和矿物标本与图说、两江师范之动植标本、龙门师范的手工、务本女塾和民立女中的图画与堆绢、兵工学堂的机械画、清华与竞志女校的刺绣被认为最为出色。从切合实用的角度，江南高等学堂的肥皂、嘉定艺徒学堂的黄草凉鞋、如皋工业小学的织物、南汇城西女学的衣服、女子蚕业学堂的丝茧最受称赞。赞扬之外，记者也批评了某些弄虚作假或者追求奢华的现象，赞同教育切合人生实用，知

1　社会达尔文主义的思想深刻影响了清末民初几代人。例如在文牍六编的绪言中，江苏教育总会驻会书记沈恩孚讨论了教育与政治和实业之间的紧密关系，最后总结说："积极与消极之异点，盖中外贫富强弱之大根源。"他的这种观念非常具有代表性。沈恩孚：《江苏教育总会六编绪》，载《文牍六编》，第 1—2 页。

识与生计教育兼顾的观念。[1] 对于教育总会来说，成绩展览会向公众与教育界展示了新教育的两大使命——传授科学知识和改进生产技术。

江苏教育总会积极参加筹备 1910 年在江宁举办的南洋劝业会。劝业会的计划出自总督端方，1905—1906 年他作为五大臣之一赴欧洲考察宪制，深信博览会刺激实业发展的能力。南洋劝业会的创办有三大目标："振兴全国实业；建造南京市面；辅助社会教育。"准备工作从 1908 年开始，规模空前，直隶和其他省份以及江苏各府州县都参加了。端方的倡议得到上海商务总会的响应，双方商定官商合作，用组织股份公司的方式举办，上海商会承诺认集经费 50 万两资金中的三分之一到一半（经费后来追加到 70 万元）。官府的这个计划受到舆论的欢迎，随之各地掀起收集参赛物品的动员热潮，组织物产会或展品协会进行预展等活动。江苏教育总会与上海商务总会在各自的领域里——教育与经济——扮演了重要角色。在地方一级，商会、劝学所、教育会分工收集物品，并在送往省府江宁以前，先送所属各府预展评选。[2] 媒体也进行了大量的宣传报道。

南洋劝业会于 1910 年 6 月 5 日开幕，11 月 29 日闭幕，历时 5 个多月。它由 29 个陈列馆组成，其中包括一个海外华侨产品的陈列馆："展品数量达 7 万多件，包括农产品、工艺、美术、畜产、机械、医

---

1 《教育杂志》1909 年第 1 卷第 7 期，第 597，603—605 页；江苏省教育会：《江苏省教育会二十年概况》，1925 年，第 3 页："世界之进步关于才智竞争，而学校之造端，亦在技能发达。"

2 例如嘉定商会、劝学所和教育会为劝业会提供了 700 件展品，居省内各县第一位，为此它们感到非常骄傲。《嘉定县续志》，卷 2，第 387 页。

药、教育、武器装备等，以农产品、工艺、教育为主。"劝业会在 5
个多月的展览时间里，吸引了大批来自国内各地甚至东南亚的参观
者。野泽丰分析说："国内的团体参观者以江苏省各地的实业团和学
生团体为最多，浙江、广东、湖南次之。外国人以日本人为最多。"
此外，他认为在对外关系上，美国和日本访华实业团的到会有重要的
意义，他们受上海以及各地商务总会的邀请来华访问并暨时参观南洋
劝业会。[1]

南洋劝业会表达了组织民族力量抵制外国侵略的意愿，旨在唤醒
公众意识，激励中国工艺、技术的进步。[2] 该计划通过一种事实上的
地区联合方式，由部分督抚和通商港口上海、武汉的团体协同进行。
日本学者认为对南洋劝业会举办特征可以"看作为农工商部的领导力
量的低落和实业振兴运动的地方分散化"。[3] 不过，难以想象这样规
模的活动没有省府与各省之间官府的协调组织。有些省和地区成立了
合作机构联合会，来准备收集和运送展品。各省省会机构组织了展览
结束之后出售展品。在此意义上，劝业会似乎进一步加强了省府与地
方精英团体之间的合作关系。地方人士所表现的热情有力地说明了他

1　野泽丰（1983）下册，第 2473—2496 页；徐鼎新、钱小明（1991），第 102—106 页。
　　《教育杂志》1909 年第 1 卷第 10 期，第 855 页；第 1 卷第 11 期，第 927—928，931—
　　932 页；1910 年，第 2 卷第 11 期，第 2260—2261 页。沈恩孚：《江苏教育总会六编
　　序》，载《文牍六编》，第 1 页。《东方杂志》1909—1910 年多期跟踪报道有关劝业会的
　　筹备组织和进行状况。

2　1910 年 10 月 21 日《时报》登载时人对南洋劝业会两大目的看法：（1）鼓励仿造洋货
　　以抵制洋货；（2）鼓励改良土货以增加出口。野泽丰赞同这一看法。野泽丰（1983），
　　下册，第 2484 页。

3　同上，第 2474 页。

们共同分享地方和省府的发展目标，以及他们对官府在经济、教育领域里干预的深切期望。[1]

劝业会也是省际社会经济一体化与组织职业团体、地区联合团体的大好时机。全国农业联合会、工业演说大会、报界俱进会都于会议期间成立。1910 年 9 月 24 日教育总会在劝业会场公议厅，召开了江苏劝学所教育会联合会成立大会。[2] 一些地区的学校利用参观展览的机会，组织体育比赛。1910 年 9 月 25 日美国访华实业团访问江苏省谘议局，江苏省谘议局与奉天等 16 省谘议局代表组织了欢迎大会，此时国会请愿运动正在进行高潮中。议长张謇在欢迎词中强调实业改良离不开财政、法律、官制的同时改革，"非在同时改良不能大有功效"，而现今取得初步功效的标志就是谘议局。他的这番讲话受到美国实业团的热烈欢迎。[3] 不久张謇受沪汉粤津各商务总会的委托，赴京师准备中国实业团回访美国以及与美方企业合作的计划，这些活动被他视为"国民外交之始"。[4]

教育在劝业会占了重要的位置，借此向社会传播了教育与实业发展互为表里的观念。尽管很多展品在技术方面尚属初级，日本有关调查评论说"清国工业现已进入工业革命时期，由手工业、家庭工业逐

---

1 江苏许多县志详细记载地方为南洋劝业会所做的各项准备工作，并列出送展产品与得奖清单。

2 《教育杂志》1910 年第 2 卷第 11 期，第 2259 页。参见第四章第四节 "构建教育一体化" 及 "全国教育整合的新机构：中央教育会"。

3 张謇：《张季子九录》，《年谱》下：第 17b 页；野泽丰（1983），下册，第 2481 页。

4 张謇：《张季子九录》，《年谱》下：第 17b—19b 页；《辛亥五月十七日召见拟对》，《政闻录》：第 37b 页。

渐向工厂机械工业发展"（野泽丰）。非常令人惊奇的是，取得很大成绩的南洋劝业会居然在清廷行将垮台之际举办！劝业会开创了一个教育与实业紧密结合的新时期，预示了在民国中央权威缺失的时期，政府当局与社会精英在全国或者省一级合作，继续推进中国现代化的途径。它显示了一种中国社会主动参与的民族复兴方式。

第四章　从教育改革到政治改革

　　1901 年开始实行新政后，要求改革政治制度的呼声日益高涨。1905 年日俄战争更是引起公众舆论和一些高官的强烈反应：日本对俄国的胜利被看作立宪制度对专制制度的胜利。在 1900—1901 年的事变中遭受了重大打击之后，清廷也有意重树自身的权威，于 1906 年 9 月 1 日下诏宣布筹备立宪，并且成立宪政编查馆负责有关准备阶段的工作。[1] 尽管这道诏书的实际意义有限，但还是在绅商圈子里引起热烈反应。[2]

　　皇帝的旨令宣布进行一系列原则上的制度改革，包括行政、司

1　有关立宪改革到背景以及讨论：Min, Tu-ki (1989), chapter 5: "The Late-Ch'ing Provincial Assembly", pp. 138-147. Fincher, John H. *Chinese Democracy — Statist Reform*, *the Self-government Movement and Republican Revolution*, Institute for the Study of Languages and Cultures of Asia and Africa, Tokyo, 1989, chapter 3 "Constitutional Reform and Court Interest in Self-government, 1905—1908", pp. 57-81；参见 Yves Chevrier, "Des réformes à la révolution (1895—1913)", M. -C. Bergère, L. Bianco & Jürgen Domes eds. (1989), pp. 87-121.
2　对这道旨令的反应，见 Thompson, Roger R. *China's Local Councils in the Age of Constitutional Reform*, *1898—1911*, Cambridge, Harvard University Press, 1995, p. 55, pp. 55-70, "Local Elites in Corporatism's Realm".

法、教育改革，确定社会团体参与政治的权利。然而相关改革的实行很快陷于种种矛盾，以及朝廷与官僚体系的分歧中。随着舆论压力不断增长和改革派高官的推动，清廷下达了一个加速立宪过程的具体方案。根据 1908 年 7 月 22 日和 8 月 27 日公布的诏书，1909 年将首先组织省谘议局和一个中央层级的咨政院，接着实行地方自治，最后在 1916 年召开国会。

对于呼唤政治改革已久的江苏教育总会的积极分子们来说，在国内情势紧张之际，清廷的这一决定就像一场带着苦味的胜利。尽管如此，1908 年加快立宪脚步的决定，使他们得以通过"宪制机构"跟官府正式通话，并且公开地影响官府决策。

一 地方精英的政治动员

教育改革进一步削弱了政权的思想和制度基础。清政府鼓励地方行动主义之举，更使精英们憧憬着直接掌握权力。积极分子们很快就从理论上的模仿宪制实践，尤其是外国制度的形式，积极投入为实现立宪体制而进行的政治组织和政治行动。

在这一前景的鼓舞下，教育总会最积极的成员与商会和铁路公司的领导人携手共进，[1] 其中很多人先后或者同时在这些机构里活动，并且通过它们在省一级，甚至全国层面开展政治活动。

地方精英的政治方案

教育总会很快将自己的行动纳入地方自治的政治纲领。如同康有为、梁启超以及 19 世纪末的其他思想家设想的那样，地方自治强调精英和学会的作用。康、梁等人都认为学会是连接立宪政府和选举制的重要中介，它首先教育和动员有知识的中间等级——绅，然后通过普及教育启蒙一般的民众。[2] 在某种程度上，江苏教育总会即是这些理论的实践，它的组织与活动已经远远超过了 17 世纪顾炎武（1613—1682）和 19 世纪冯桂芬（1809—1874）的改革设想，后者早已建议给予地方社会一定程度的自主权，以便抵御下级官吏滥用职权，加强人民与朝廷之间的沟通。

19 世纪末，城市的一些绅商积极分子们进一步汲取了从外国和租界借鉴的原则以及地方人士直接参与治理的思想。其中最重要的一项就是在朝廷与地方之间进行制度性的分权：朝廷实行君主立宪，基层实行地方自治。在西方样板的影响下，19 世纪 90 年代，赞成制度改革的维新人士重新拾起顾炎武、冯桂芬的有关观点，并将它们与新

1　江苏铁路公司由王清穆、张謇、王同愈和许鼎霖领导。它的董事会成员包括沈同芳、沈恩孚、方还、林康侯、龚杰、史量才、黄继增、曾铸、杨斯盛等。这些人几乎全都是江苏教育总会的地区或部门（上海）的主要人物。

2　Chang, Hao (1980), *CHOC*, vol. 11, pp. 307 - 308, pp. 331 - 333.

的政治价值观结合，例如政治参与的权利，创建民主制度。毫无疑问，士绅纳入官府体系的目标是强化朝廷力量，但是它自身也被看作一种价值，即人类社会本身具有的不可剥夺的权利。[1] 文人士子对地方自治的理论宣传很快在绅商与一些城市居民中引起反响，并且为民族主义运动添加了新的身份认同范畴。[2] 对许多人来说，地方自治也是抵制外国侵蚀，是对朝廷无力保护地方利益的回应。与此呼应，教育总会的领导人试图将西方的权利与义务学说连接，尤其是社会有权利支配自身的思想。黄炎培写道：

> 凡所以革新文化，伸张民权，无不以江苏学务总会为中心。时当清季，国政日窳，人心日激，咸认惟行学、惟地方自治，可以基本救国。……以地方政权掩护绅权，以绅权孕育民权，以迄于武汉革命起义，江苏独立之前夕。[3]

---

1 Min, Tu-ki (1989), chapter 4, "The Theory of Political Feudalism in the Ch'ing Period", in *National Policy and Local Power：The Transformation of late Imperial China*, pp. 89-136；Hao Chang (1980), pp. 307-308, 317. 关于地方自治思潮的传播与阐述，参见沈怀玉《清末西洋地方自治思想的输入》《清末地方自治之萌芽，1898—1908》，载《"中央研究院"近代史研究所集刊》，1979 年第 8 期，第 159—182 页；1980，第 9 期，第 291—320 页；R. R. Thompson (1995), pp. 3-20；Kuhn, P. A. *Les origines de l'État chinois moderne*, chapitre IV："La mutation du programme constitutionnel chinois", traduction et présentation de Will, P. -E., Paris, ed. de l'EHESS, 1999, pp. 155-176. Xiao-Planes, Xiaohong. "La construction du politique dans la Chine du début du XXe siècle：L'action des élites locales du Jiangsu", *Annales：Histoire, Sciences sociales*, nov. -déc. 2000, n° 6, pp. 1201-1227.

2 关于地区身份认同与国家认同之间的有机关系以及同乡会、商业公所在民族主义运动中扮演的角色，见 Goodman, B. (1995), chapter 5 et 6, pp. 147-216.

3 黄炎培：《沈信卿先生传》(1944)，载《黄炎培教育文集》，北京：中国文史出版社，1995 年，第 4 卷，第 125 页。

在积极分子们眼里，相对皇权的民权等同于由绅士代表的权利以及地方社会的权利。这个表述并不因此将社会置于朝廷的对立面：它的含义是将地方自治纳入一个重新架构的朝廷蓝图。朝廷需要一种扩大社会参与的形式，来承担现代化的重任。

这个观念深受社会达尔文主义的影响，强调在民族国家竞争时期国家的重要角色。而传统中国的朝廷，恰恰相反，尽管列强的侵犯和窥觎呼唤着根本的改变，但朝廷仍然限于维持相对静止的平衡。具有活力的地区的精英们抨击官方意识形态，并赋予自身民族主义和现代化的新使命。教育总会的领导人沈恩孚写道："积极与消极之异点，盖中外贫富强弱之大根源。"[1] 社会达尔文主义观念带来一个有别于传统模式的国家形象，后者满足于"维持社会和经济的结构"与"经济状况的稳定"。[2] 张謇清楚地认识到清廷的作用是决定性的，尤其是需要改变它以往在财税政策方面的做法："旧时之说主量入为出，今日之计宜量出为入"，清廷应当根据发展的需要，重新考虑责任与义务的分配。[3]

这两种税收观念的对立并非完全是新的，"量入为出"的原则早

1　沈恩孚：《文牍六编》《江苏教育总会文牍六编叙》，第 1 页。

2　参见魏丕信教授对前现代中国政府干预经济发展的主导观念的分析：Will, P.-E. "Appareil d'État et infrastructure économique dans la Chine prémoderne", in Bureaucraties chinoises, Paris, Éditions Le Harmattan, 1987, pp. 11 - 41；—. "Official Conceptions of Economic Development in Late Imperial China"，《郭廷以先生九秩诞辰纪念论文集》，台北："中央研究院"近代史研究所，1995 年，下册，第 313—351 页。

3　《张季子九录》(1931)，《自治录》：《预计地方自治经费厘订地方税界限应请开国会议》，1907 年，第 13a 页。

在古代（《礼记·王制》）就提出了：根据财政收入严格控制开支，从而不可避免地通往持续节流。反之，"量出为入"的原则出现在唐代（《旧唐书·杨炎传》），它与前者反其道而行之，从扩大潜在资源的角度采取开源政策。毫不奇怪，张謇和他的朋友们主张采用这一面向未来，使朝廷在社会、经济生活发挥更积极作用的财政预算原则。

积极分子们主张一种强化领导力，同时更加开放的朝廷，扩大对资源的掌握和调配能力。在这个新的朝廷构架中，地方自治除了应当承担教育和慈善职责以外，也应当成为连接朝廷和地方的中介，发挥它规划和领导地区发展的作用。这样的思想深深影响着上海自治公所以及——尽管不如前者那样直接——省教育总会的行动。

积极分子们企望激活一个陈旧和只顾维持自己生存的国家机器，他们很可能受到1895—1898年间湖南开明官员和激进维新人士合作的影响，而湖南的改革者本身，则受到日本明治时代藩地诸侯推动中央政权改革的启示。[1] 20世纪初，列强对中国的侵略不再采用吞并领土的方式，而是通过攫取资源进行。清朝的规模和权力高度集中的决策方式使地方难以具备足够的抵御外侵的力量；朝廷从自身利益出发，在遭受外来侵犯的地方，有必要增加省的抵抗能力。

世纪交替之际，增加省权的要求大为发展，尤其体现在保路保矿运动中。"经济利权"运动刺激了对资源开发及其经营方式的探讨，

---

1 Chang, Hao. *Liang Ch'i-ch'ao and Intellectual Transition in China*, 1890—1907, Cambridge, Mass., Harvard University Press, 1971, pp. 125 - 128; 一. "Intellectual Change and the Reform Movement, 1890—1898", *CHOC*, vol. 11 (1980), pp. 306 - 307, 317 - 318.

随之扩大到对省级政治空间的要求。从成立谘议局——省权的具体化身——到召开国会只需跨越一步。省级地方主义非常强劲，它借助了官僚系统之外的社会网络的力量，甚至争取到一些督抚的支持。可见它符合加强自身力量，抵制专断的中央权力的需要。

面对内困外患，清廷和地方精英都认为必须重新建构国家政权，使之现代化。归根结底，他们对改革的内容和形式没有根本的分歧。但是，在两个半世纪的统治之后，清廷难以想象跟他人分享改造国家的计划。而积极分子们认为，通过宪制可以一劳永逸地解决清王朝的少数民族问题。他们不认同革命党的反清意识形态，但是对清廷的支持取决于后者的开放程度。与朝廷合作的同时，地方精英也保持着对其的压力。教育总会所处的环境比新政之前成立的学会好得多，它以准备在地方自治体制框架中享有权利的地方精英的面目出现，并且它在章程中就以此为己任。

开展政治教育： 预备立宪公会

1906 年 9 月 1 日诏书发表后，教育总会着手对地方精英的政治教育和组织动员。领导者深信立宪制度是解决中国问题的良药，认为掌握有关的西方概念是最重要的。1906 年初，他们先为总会自己的需要开设了一个讲习班，请曾赴日本学习法政的年轻人如雷奋，或者在这方面有造诣的人士如马良和宋恕（1862—1910）讲解宪制概念。1905 年夏天，上海城厢内外地区开始试行自治，接着预备立宪诏书发布，使教育总会受到极大鼓舞，决定将原来的讲习班扩大为法政讲习所，接受江苏各府的学员参加培训。[1] 总会向督抚要求批准这个计划，强调必须培养与传统文人士子不同的观念和技能。讲习所的目标是培养法官与承担地方自治的负责人。在三年的时间（1906—1908）里，法政讲习所一共培训了来自全省各地的学员 231 人，其中一些人随后去日本继续学习，其他很多人成为活跃于地方政治的积极分子（图Ⅳ-1）。

图Ⅳ-1　江苏教育总会法政讲习所 1907 年毕业摄影

教育总会的样板被仿照，总督和巡抚各自在南京和苏州设立了一

个相似的讲习所，通州也在张謇倡议下开设了一所。而总会的讲习所由预备立宪公会接手，并在 1909 年被纳入筹备地方自治的官方机构。政治教育主要由前日本留学生承担，例如雷奋、杨廷栋和孟氏兄弟——孟森和孟昭常。从 1908 年开始，孟森负责《东方杂志》普及宪制理论的栏目，孟昭常则从 1906 年开始成为预备立宪公会的常任驻会书记（相当于后来的秘书长）。留日回来的法政学生由于对外国制度的了解，成为省士绅领导人的合作者。在北京，跟他们具有同样背景的一些年轻人进入了宪政编查馆。[1]

除了开办讲习所，上海和省内其他城市的学会也进行了大量的传播活动。最活跃的一些教育会建立了宣讲所或者举行宣讲活动。[2] 1907 年至 1908 年之间，至少有 15 个县和一些市镇开办了自治研究所或者地方自治期成会。[3]

地方自治的具体章程将在 1909 年公布。但是北京允许从 1907 年春天起，设立像天津地方自治公所那样的地方机构，后者是直隶总督

1　有关宪政编查馆和它的业绩：Min, Tu-ki (1989), p. 149. 尚小明：《留日学生与清末宪政改革》，载王晓秋、尚小明编《戊戌维新与清末新政——晚清改革史研究》，北京：北京大学出版社，1998 年，第 143—168 页。有关日本顾问和日本模式的影响：Reynolds, Douglas R. *China*, *The Xinzheng Revolution and Japan*, *1898—1912*. Council on East Asian Studies, Harvard University, 1993, pp. 186 - 192. 关于对搬用日本模式到中国乡村社会的批评，见 Thompson, Roger R. (1995).

2　参见第二章、表Ⅱ-2 中标有宣讲活动的县份以及第三章第七节，"地方教育经费的来源与管理"。

3　上海通社 (1984) 下，第 156—157 页；胡怀琛：《上海的学艺团体》，载《上海通志馆期刊》，1935 年第 2 卷，第 823—863 页；《近代上海大事记》(1989)，1905—1911 年各处；王树槐 (1977)，第 314；R. R. Thompson (1995), pp. 59 - 63, 68 - 69. 涉及的城镇包括 (1906—1908，根据时间前后)：浦东、闸北、木渎镇、嘉定、常州、苏州、常熟/昭文、扬州、太仓/镇洋、宝山、江宁、赣榆等。

袁世凯一年以前创办的。[1] 在上海地方自治先例的影响之下，江苏的一些地方主动开始仿效。

政治教育还大量通过出版、撰述和其他传播方式进行，这是预备立宪公会的主要活动之一。预备立宪公会是东南地区立宪派最重要的组织。与一般记者或出版人的写作不同，公会出版的不是政论小册子，而是有关法律、宪法和地方自治的教科书、工具书。它们介绍、解释和阐述宪制概念和制度的运行机制与具体程序。[2] 这些书籍常常重版，甚至多达二十多版，如此之受欢迎，以致公会的出版部甚至有盈余。[3] 1908 年 2 月，上海粤商自治会一个团体就订购了一千本《公民必读》。[4] 不过订购最多的是各级官员……自从清廷下令政治改革，官员们碰到极大的困难，因为他们完全不了解这些外国制度。从1908 年开始，预备立宪公会发行了它的喉舌——《预备立宪公会

---

1 Cameron, Meribeth E. *The Reform Movement in China*, *1898—1912*, Stanford, Stanford University Press, 1931, pp. 111 - 112; Thompson, R. R. (1995), chap. 2: "Yuan Shikai's Foreign Model for China", pp. 37 - 52.

2 1909 年以前，预备立宪公会发行的主要著作及出版次数有如下一些：
 • 孟昭常：《公民必读初编》26 版；
 • 孟昭常：《公民必读二编》15 版；
 • 钱润：《地方自治纲要》15 版；
 • 张家镇：《地方行政制度》13 版；
 • 邵羲：《日本宪法详解》；
 • 汤一鄂：《选举法要论》；
 • 孟森：《谘议局章程讲义》；
 • 孟昭常：《城镇乡地方自治宣讲书》；
 • 沈尔昌：《城镇乡地方自治章程表》。

3 《预备立宪公会报》半月刊，上海：1908 年 3 月至 1910 年 1 月，第 1 卷第 20 期，第 17b 页。

4 《郑孝胥日记》，第 2 卷，第 1128 页。

报》，主要介绍宪制程序以及阐释新公布的官方有关文件。[1] 这份刊物像公会的其他出版物一样，价格低廉，每期五分钱，订阅费每年一元，这显然是企望尽可能地扩大读者群。得力于上海各大书局在各地的发行网络以及遍布各地的发行所、学会和教育会或劝学所，这份刊物在全国各地的发行量似乎相当广泛。

这些出版物在尽量扩大读者群的同时，瞄准的对象跟讲习所如出一辙，即希望担任议员、顾问和地方经董等职务的人。孟昭常撰写的《公民必读初编》明确无误地指出这一点："此书专为养成地方自治之议员董事而作，发行数阅月以来，已叠印十一版，可以觇我国社会之进步矣。"在积极分子眼里，掌握制度原则和程序才能够使新制度正常运行。这种观念也为官方和舆论所分享，从而使学习新规则变得分外重要。在某种程度上，一个庞大的看不到官僚生涯前景的过剩文人队伍，有望从中争取符合他们身份的职位。1907 年，南京法政讲习所开设时，报名者多达 300 人。留日学生的迅速升迁也可以解释这种现象。与此同时，去日本学习法政的学生或培训人员也不断增加。

培训内容主要是西方和日本的政治、法律制度及其程序，[2] 目的是通过借鉴外国经验，改建国家与社会之间的关系。积极分子们认为双方关系疏远，导致社会和决策中心碎片化，决策受制于种种特殊利益的群体，同时缺乏以地域为基础的政治实体。要提高官府的效率，

1　1910 年资政院成立后，《预备立宪公会报》迁往北京，改名《宪政日报》。

2　这种做法并非没有先例：1898 年，梁启超与他的朋友们通过南学会对湖南文人士子进行外国法政启蒙，认为其中一半人经过一年学习，可以胜任议员的职务。见沈家玉前引文（1979），第 175 页。

首要之务是建立地方政治实体以及舆论监督。这场"启蒙"运动的重心是将民众组织为政治共同体，正像上海城厢自治公所的一位负责人穆湘瑶（1874—1937）在公众集会上发言所说：

> 国家行政之机关，大别分为官厅与自治体。地方自治者，为国家所委任而成立者也。其于团体之事，任其处理。苟不与国家生存之目的相背者，国家不能干涉之。而其目的之所存，非为各人之私益，务在增进团体共同之福利。而此团体，实为国家大团体中之一小团体，故对于国家，为间接之行政也。吾国人民，实富于自治之性质者也。各商业之董也，各乡图之董也，各善堂各书院之董也，各有会议，各有事务所，各有组织法，以各谋此一小团体之事体。然其入选也，或不尽为一团体之同意。一举之后，又无别部分以监督之。故其自治之能力，终不发达。今之所谓地方自治者，则以土地为根据，而合此着于土地之人民为一团体，而即谋此一团体之共同利益。盖必如是而始为地方自治也。[1]

穆湘瑶出身上海的商人家庭，是后来著名工业家穆藕初的长兄，当时是一个年轻的文人，曾在南洋公学受过一段为时短暂的新教育，随后担任了上海自治公所内一个区以及警察部门的负责人。他表达的观点

---

[1] 穆湘瑶：《上海地方自治研究会讲演录》，载《宪政杂志》1907 年第 2 期，第 65—70页。

可以代表活跃在地方第一线的积极分子的思想状况。他们的言辞符合中国传统，注重团体或者集体的权利，而不是如同西方自由主义那样强调的个人权利。但是他们明确地要求确定和区分国家（朝廷）与地方（社区）之间的责任与权限，并且承认民众管理地方事务的权利。从西方借鉴立宪体制的模式，使他们认识到地方社区应当组织为自主的政治实体。

立宪公会的政治动员

省教育总会的领导人是两个新政治性团体的发起人：一个是1906年秋天他们和上海自治公所成员共同发起的宪政研究会，[1] 另一个是1906年年末与其他省份绅商积极分子合作成立的预备立宪公会。第一个集合了上海以及江苏一些县的改革派。第二个显示了跨省份的雄心，它集合了中国东南地区最著名的一些绅商以及个人背景相差甚远的著名人士。1907年以后，这两个团体基本混为一体。宪政研究会由教育总会的干部发起，旨在传播中国和外国有关行政、法律、财政、外交的概念以及讨论时政。该会事务所内备有各种关于政法的译本以及日文书、各种报纸杂志供会员观看。[2] 它的一些开创人，尤其是马良（相伯）、雷奋、穆湘瑶、王纳善、林康侯、龚杰等，

1　宪政研究会于1906年12月至1907年1月出版《宪政杂志》。根据目录查阅，该杂志的编撰者大多为教育总会的干事员。非常遗憾，我未能查阅第1卷第1期。

2　《宪政杂志》1907年第1卷第2期，《会报》，第135—136页。

同时也是 1906 年 1 月设立的上海地方自治研究会[1]的活跃分子。这两个团体经常共同召开讲演会、讨论会，探讨社区事务和国家政治问题。参加这些会议的有记者、教师、小商人等，例如在南市开茶庄的胡洪骅[2]（胡适的哥哥，受当时"物竞天择，适者生存"思潮的影响，曾替弟弟胡洪骍改名胡适之）。1910 年至 1911 年担任江苏巡抚的程德全在一份官方文书中指出，江苏南部的商人文化水平高于他处。[3]

地方自治的前景促使城市中等阶级政治化，上海和其他城市出现了许多与此相关的组织。在上海先后成立的东南城地方会、西北城地方会、十六铺地方会等，形似街区委员会。苏州于 1909 年成立了市民公社，与此相同的还有附近的一些县镇如吴江和常熟。[4] 这些组织主要关注街区的公共事务。

与倾心地方政治的团体不同，预备立宪公会关注全国性政治事务。它最初的领导人中，包含郑孝胥、张謇与其他居住上海的绅商领

---

1 《地方自治研究第一年报告书》，上海，1906 年；上海通社编：《上海研究资料》（1984），续编，第 155—156 页。

2 宪政研究会会员名单（第二次）载有 156 个人名并标有各人的职业通讯处地址，见《宪政杂志》1907 年第 1 卷第 2 期，《会报》，第 133—141 页。

3 "商界：此间出品以丝米为大宗，近两年来尤为发达。盖因商人资格甚高，半皆有学问而不愿为官者，时寓于此，讲求有素，故实业颇兴，如郑苏戡孝胥诸人办南洋劝业会是也。"见程德全《抚吴文牍》，载扬州师范学院历史系编《辛亥革命江苏地方史料》，南京：江苏人民出版社，1961 年，第 17 页。

4 马敏、朱英：《传统与近代的两重变奏——晚清苏州商会个案研究》，成都：巴蜀书社，1993 年，第 92—106 页。

袖，上海商学公会的孙多森和刘柏森，[1] 强大的宁波帮商人领袖李云书（厚佑）、周金箴、樊棻等，安徽籍的企业家孙多森与洋行买办胡琪，文人出身的报纸（《申报》《时报》《中外日报》）经营者，商务印书馆编译所的张元济和高梦旦。[2] 在随之加入的公会成员中，包括许多教师、学校负责人、商会代表（来自上海、苏州、无锡、海门、嘉兴等城市）、东南亚华侨、洋行买办、官办或私人企业的经营者以及中下级官员。[3] 两广总督岑春煊（1861—1933）是成立立宪公会的推动者，曾许诺支持开办费一万元。尽管绅商领袖享有众多的官方关系支持，公会坚持以独立团体的面貌出现，声称"本会以提倡社会勉为立宪国民，共同进化，助成新政为宗旨"。[4] 它试图成为一个跨省的主持舆论的民间机构。[5] 公会董事会构成（见表 Ⅳ-1）表明省教育总会成员跟它之间的密切关系。

---

1 孙多鑫（1865—1906）和孙多森（1867—1919）兄弟为安徽籍商人和企业家，与其他商人于1903年创立商学公会，该会办一所商业中学并出版有关教材。1906年，该公会由宁波商人领袖周金镳和刘厚生（刘垣）领导，刘是张謇纱厂的合作人与企业家刘柏森（1869—1940）的弟弟，出身于江苏常州的一个绅商家庭。

2 《郑孝胥日记》，第2册，1906年10—12月，第1056—1073页。

3 《预备立宪公会章程提名表》，1906，1908。在一份1908年出版的名单上，每个会员的名字后面都注明了他的社会身份，分别为儒、商、官。

4 《预备立宪公会报》，1908年，第1卷第20期，第17a页。

5 预备立宪公会筹备期间，郑孝胥曾向商学公会成员建言："上海宜立国民会，会中集股，设科学高等讲习所及大报馆一区，而设法政、交涉、财政、工商各研究所隶于报馆，其宗旨研治实业、主持清议为主。"他的建议得到大家的赞同，见《郑孝胥日记》，第2册，第1057页。

表Ⅳ-1 预备立宪公会董事会 (1908 年)

姓名	省籍	教育总会成员	身份、职业
郑孝胥	福建		前官员，实业
张 謇	江苏	是	前官员，实业
汤寿潜	浙江		前官员，铁路公司
孟昭常	江苏	是	留日生，记者（公会驻办）
张元济	浙江		前官员，出版
许鼎霖	江苏	是	前官员，实业
雷 奋	江苏	是	留日生，记者
李厚佑	浙江		商人，实业
李平书	江苏	是	前官员，上海自治公所总董
周廷弼	江苏	是	商人，实业
胡 琪	安徽		商人，洋行买办
周金箴	浙江		商人，实业
王清穆	江苏	是	前官员，铁路公司
高梦旦	福建		前官员，出版
王同愈	江苏	是	前官员，铁路公司，学务
陆尔奎	江苏	是	教育，出版
王一亭	浙江		商人，买办
杨廷栋	江苏	是	留日生，记者
李家鳌	江苏		前驻海参崴商务会办
张右企	浙江		铁路公司
孟 森	江苏	是	留日生，记者，出版

——资料来源:《预备立宪公会报》，1908，第 1 卷第 20 期，第 17b 页;《预备立宪公会章程提名表》，1906，1908。

立宪公会最初的活动集中于在绅商界进行思想传播和交流，它将自己扮演的角色定义为：

> 伏念立宪之恩命必出自朝廷，立宪之实力必望之政府，立宪之智必责之人民。人民之智识，何由而进，则非得士农工商四民之中，撮集许有智识之民，以发愤为学合群进化之旨，为之提倡……斯年之间，入会者计一百五十三人，皆士农工商四民之中，较有智识、有志倡导国民以仰承朝廷德意者也。[1]

在公会领导人眼里，对人民进行政治教育，尤其是把握理论概念和技术是立宪改革成功的前提条件。会长郑孝胥认为王朝专制和民众在教育方面的缺失，导致民众对公众事务、地方自治和推广新教育态度冷淡。[2] 绅商们自认是有识见的人，属于"先知先觉"者，应当承担教育"后知后觉"的大众。他们试图在政治领域里成为社会的代表，而这个社会本身深受等级与古代圣贤榜样的影响。在地方社区，绅士领导人的吸引力取决于他们的道德品质以及他们在一些"现代"领域取得的成就，例如张謇在兴办教育与实业方面的成功，汤寿潜在收回铁路建筑权上的贡献。这些新式绅商加速了原先的士绅阶层的

---

1 《郑孝胥、张謇等为在上海设预备立宪公会致民政部禀》，载中国第二历史档案馆编《中华民国史档案资料汇编》，南京：江苏人民出版社，1979 年第 1 卷，第 100—102 页。

2 《郑孝胥报告辞》，载《预备立宪公会章程提名表附书函论要》，上海：1908 年，附录第 1 页。

"世俗化"。

　　预备立宪公会也是开放港口城市发展的产物，它集合了上海与东南地区的文人积极分子和商人，其来源地包括江苏、浙江、福建、安徽和广东。它在很多方面与省教育总会和上海自治公所相仿，尊重省籍认同，按照籍贯分配领导人的职务。郑孝胥不仅是福建籍，而且还是上海福建同乡会的会长，1906—1909 年他担任预备立宪公会会长，两个副会长张謇和汤寿潜则分别代表江苏和浙江。如同教育总会，公会也有会址，位于公共租界内，并设有一间对外开放的阅览室。会员人数有限，1907 年为 153 人，1908 年为 202 人，1909 年为 358 人。会费高达 24 元/年，[1] 并对入会条件限制严格：很明显，公会有意保持团体的纯粹性，从而维护它的道德权威。[2]

　　预备立宪公会的特点是它有意识地提倡绅商结合，成员之中的绅商为数可观。1909 年，商人占会员总数的 23％，前官员或有科举功

1　如同教育总会，预备立宪公会活动经费依赖会员会费与捐献。1906 年成立时，二十来个发起人每人付了 50 元，岑春煊提供一万元并答应每年赞助经费一千元。从 1907 年开始，两江总督张鸣岐提供了一千元的资助，会员自由缴纳，数目从 24 元到 74 元不等。随后 24 元似乎被确定为会费。见《预备立宪公会第一年、第四年收支清册》（1907 年，1911 年）。这个数目过高，减少的问题曾被多次提出，见《郑孝胥日记》，第二册，第 1058 页；《预备立宪公会报》1908 年第 1 卷第 20 期，第 18a 页。

2　预备立宪公会的会员提名表揭示一个有意思的现象：它的领导人不是注明自己的职业，而是注明北京政府部门授予他们的名衔——谘议、顾问、参议等。张謇、汤寿潜、伍光建和陈宝琛是学部谘议；张謇和周廷弼为商部顾问，张元济则是邮传部的参议。很可能他们用这样的方式区分职业身份与政治角色。

名的士绅占比 21.5％，并且后者当中有许多人投身实业和商业。[1] 公会第二年的董事会中，只有五人不参与企业管理。[2] 会员名单中还列有其他省的一些"名流"，但是由于距离太远和通讯不便，后者无法随时出席会议，他们多半在自己的省份所在地组织同样性质的立宪团体[3]。总之，从事实业的绅商的压倒性优势使预备立宪公会带有明显的城市精英的色彩，它表现出在政治上的现实主义立场以及对发展现代经济的强烈渴望。

毫不奇怪，立宪公会的首要行动之一是动员上海的商人群体、商务总会、商学公会参加调查商业习惯和拟定商法草案的计划。商人们意识到商法的重要性，同意在费用方面支持立宪公会的创举。后者雇用了专家翻译外国商律，并在调查基础上编写了一份商法草案。1907年 11 月，上述发起机构在上海集会讨论该方案，88 个商会的代表参加了这次会议，其中包括东南亚和东北亚海外华侨的代表。与此同时，中国内地其他城市代表用书信的方式表达了他们的意见。[4] 一年以后，立宪公会将他们撰写的第一份"公司法"草案送交朝廷并表明初衷说：

---

1 有关预备立宪公会的叙述，见《中华民国史档案资料汇编》（1979），第 100—102 页；张玉法（1971），第 365—370 页；王树槐（1985），第 145—146 页；李新等编：《中华民国史》第 1 编《中华民国的创立（下）》，北京：中华书局，1982 年，第 44—50 页；《郑孝胥日记》，第 2—3 册。

2 《预备立宪公会报》，1908 年，第 1 卷第 20 期，第 18b 页。不直接经营企业的是从事记者、编辑和出版工作的年轻一代：孟森、孟昭常兄弟，雷奋（《时报》）、杨廷栋（《大陆报》、翻译、商务印书馆）和陆尔奎（商务印书馆）。杨廷栋是最早将卢梭的《社会契约论》完整翻译为汉译本的人。

3 有关立宪派在其他省的组织状况及其政治倾向：张玉法（1971）第 348—353，370—378 页；李新（1982），第 50—61 页；Fincher, John H.（1989），pp. 95 - 99.

4 《近代上海大事记》，第 642 页；《预备立宪公会报》第 1 卷第 20 期，第 2 卷第 5 期，1908—1909 年；参见章开沅（1983）第 269—270 页。

社会经济困穷，由于商业不振。商业不振，由于法律不备。故于上年发起拟定商法草案一事，及今一年，公司法已将告成，若明年上之政府，竟蒙采用，奏准颁行，则公司一部分先已增订完备矣。今天下工商实业，何一不待公司而后兴。公司发达则商人利赖何可限量，此本会振起商界区区之微志也。[1]

立宪公会定期集合上海的各团体，讨论政治、经济问题，积极推进立宪运动。绅商的目的在于推动朝廷向现代国家转向，并将政治改革与紧迫的经济问题相联结。他们的政治要求与城市中产阶级一致，公会的权威以及社会基础由此得到加强。

1906 年至 1907 年间，绅商领袖在保全路矿权的运动中得到更广泛的民众支持。低廉的铁路股票——5 元一股——大大增加了持股人的队伍。江苏和浙江铁路协会的大会常常集合两千人以上，并在两省的县镇引起很大反响。[2] 立宪公会的绅商领袖与积极分子都站在运动最前列：他们主持江苏和浙江这两个铁路公司的董事会，召集股东大会，并选派代表赴北京谈判。同样，禁鸦片和禁止裹脚也常能引起大众自发的热情。在没有成为一股政治力量之前，上海自治公所的商团

1 《预备立宪公会报》，第 1 卷第 20 期，第 17a 页。

2 Min，Tu-ki (1989)，chapter 6，"The Soochow-Hangchow-Ningpo Railway Dispute"，pp. 181 - 218；Rankin，M. -B. (1986)，chap. 7，"Political Conflict：Railway and Constitutionalist Movements in Zhejiang"，pp. 248 - 298；宓汝成编：《中国近代铁路史资料 (1863—1911)》，北京：中华书局，1963 年第 2 册，第 836—890 页；第 3 册，第 999—1009 页。

最初治理的目标之一即是为了防止禁烟后鸦片吸食者挑起骚乱。

　　最能够广泛动员民众的运动是诱发爱国主义激情的具体事件，无论胜利与否，事件过后行动的动机会减弱。作为纯粹的政治运动，立宪似乎不如前面列举的运动那样能够激发参与热情。为此，1908 年立宪公会决定联合其他省份的政治团体，加速推动立宪进程。

　　跟其他省份相比，预备立宪公会很可能是存在时间最长和活动最频繁的团体之一。这一稳定性源于开放口岸绅商的力量以及它的领导人的决心。它的"等级"结构和它的责任制度起了关键作用：如同教育总会，在几个绅商领袖的权威之下，年轻的积极分子们承担日常工作，同时选举和讨论的程序加强了团体凝聚力。[1] 在教育总会方面，一部分干事员——特别是留日生——专门为立宪公会工作。从整体看，大约十来个人负责团体的运转，这些人保持跟各个网络之间的联系。预备立宪公会的影响力也跟扎根地方紧密相关。1910 年资政院成立后，一些骨干分子因为担任议员北上，还有一些人赴京师主持立宪公会在京师的事务所。留在当地的积极分子则大多投入省谘议局和地方自治机构的各种议政、施政工作。[2]

　　立宪公会的力量主要来自江浙地区，但是它清楚地意识到跟其他

1　1907 年 9 月，公会有人因人事纠纷质疑会长郑孝胥领导，郑要求辞职。董事会开会决定挽留。12 月会员大会改选 1908 年度会董，郑再次高票当选会长。1908 年 12 月，立宪公会接受郑孝胥的建议，副会长两人分别由学界和商界人士担任：张謇被选为会长，孟昭常和周廷弼为副会长。见《郑孝胥日记》，第二册，第 1108—1109，1116，1169 页。

2　立宪公会的另一个问题是它的领导人职务重叠，计划繁多，这显然不利于加强他们跟基层的联系。张謇同时进行多个政治、经济、农业计划。汤寿潜被浙江铁路公司的纠纷缠身。作为立宪公会灵魂人物，郑孝胥 1910 年应东三省总督锡良邀请，赴东北协助后者建设铁路。一年后又接受湖南布政使的职位，同时并未放弃推动立宪进程。

地区的精英携手协商的必要性。然而，中国各省之间的差距很大，缺乏像日本那样的封建传统地方势力，难以与朝廷平分秋色。后者对活跃的地方精英十分提防：筹备立宪诏书颁布后不久，朝廷就取缔了属于康有为、梁启超一派的组织——"政闻社"，此举可以视为对其他新团体的警示。

清廷、 督抚与地方精英之间的博弈

在政治舞台上，朝廷、省一级的督抚与改革派的精英代表了三种不同的政治力量，并且在新政改革相互作用。尽管持续衰弱，北京高层仍然掌握关键的决定权。一种微妙而曲折的平衡维持着三者之间关系：绅商作为地方精英的领头人，在清廷与督抚之间轮流寻求支持。通过 1906 年筹备立宪的诏书，清廷宣布改革国家机器、改善与社会的关系："大权统于朝廷，庶政公诸舆论，以立国家万年有道之基。"[1] 1907 年，清廷取消了只允许朝廷大员向皇帝直接上奏的规定，从而方便了其他官员和社会团体与朝廷的沟通。出于加强中央权力的考虑，善于玩弄分而治之手段的慈禧太后不惜利用地方精英行动主义来遏制督抚日益强大的权力，[2] 例如她考虑让地方精英参与县政。1901 年 4 月成立了政务处，1906 年 9 月 6 日成立了官制编制馆，一年之后又成立了宪政编查馆 (1907 年 8 月 13 日)。

---

[1] 故宫博物院明清档案部编，《清末筹备立宪档案史料》，北京：中华书局，1979 年，上，第 44 页。

[2] Fincher, John H. (1989), pp. 50-51, 74-75.

地方精英要求尽快开放政治，绅商领袖为此纷纷向官僚与朝廷建言。1906—1907 年间，积极分子们的目标是围绕地方自治进行舆论宣传，并奉行一种渐进策略。张謇认为"立宪大本在政府，人民则宜各任实业教育为自治基础。与其多言，不如人人实行，得尺则尺，得寸则寸"。[1]

立宪改革意味着重新分配政治权力，从而引起统治阶级内部的派系斗争。无论是清朝皇室亲贵，还是"清流"与"浊流"[2] 中，都有拥护和反对立宪者。军机大臣瞿鸿禨（1846—1918）和铁良（1863—1938）与庆亲王奕劻（1836—1916）和袁世凯的圈子对抗。担任直隶总督与北洋军事首领的袁世凯被怀疑用支持立宪来掩饰个人野心。绅商领袖与他们双方都保持个人关系，以便争取一切可能推动改革的力量。张謇同时致信铁良和袁世凯，敦促他们采取支持立宪的立场。[3]1908 年慈禧与光绪去世，中枢权力急速弱化的局势迫使地方积极分子更多地寻求与督抚结盟，这尤其体现在 1909 年年末要求速开国会的请愿运动中。

1906 年秋天，清廷开始官制改革，作为建立宪制的第一步。保

---

1 《张季子九录》，《专录》，1906 年，第 14a—b 页。

2 著名历史学家陈寅恪（1890—1969）是清季改革派官员陈宝琛的孙子（1830—1900），后者于 1895—1898 年之间担任湖南巡抚。陈认为清末官员中，瞿鸿禨、张之洞、陶模和岑春煊属于清流，袁世凯、徐世昌、周馥和杨世骧属于浊流。陈寅恪：《寒柳堂集》，台北：文海出版社，1984 年，第 171 页；Meienberger, Norbert *The Emergence of Constitutional Government in China* (1905—1908)*: The Concept Sanctioned By the Empress Dowager*, Bern, Peter Lang, 1980, pp. 95 - 100; Bays, Daniel H. (1978), pp. 197 - 205.

3 见 1906 年张謇致铁良和袁世凯的信函。张謇研究中心等编：《张謇全集》，南京：江苏古籍出版社，1993 年，第 1 卷《政治》，第 102—104 页。

守派与袁世凯的政敌怀疑袁侵蚀皇权，他们成功促使设立责任内阁的计划破产，而后者是实行权力分立的基础。1907 年 5 月，军机大臣瞿鸿禨、新上任的邮传部大臣盛宣怀与岑春煊与江浙立宪派绅商关系密切，他们参与的京师政潮差点波及张謇和郑孝胥，尤其是郑被指责传布谋反思想和蛊惑人心。[1] 绅商领袖深知朝廷的镇压力量，谨慎地避免卷入高层派系斗争，并且与康梁派的政闻社保持一定的距离。[2] 对于朝廷来说，1898 年康梁维新派试图清除慈禧以拥戴光绪的行为难以忘怀，不过最根本的还是绅商领袖与康梁派分歧甚大。后者缺乏在国内的政治基础，它的成员试图从海外动员和发展力量，不可避免地卷入满人贵族与汉人高官的权力游戏。[3] 地方精英的行动以地域政治和经济实体为基础，他们不寻求像朝廷所期望的那样，成为在权力斗争中制约督抚的力量；只要朝廷坚持改革路线，积极分子们更倾向利用制度渠道，而不是派系游戏的双刃武器。

自从进行新政以来，朝廷行为似乎受到两种忧虑的主导：首先是北洋势力的扩大和满人权力的衰落；其次是朝廷权威削弱和地方督抚的自主性增强。1907 年年底，成立责任内阁的计划失败后，官制改革也由于督抚的抵制而搁浅。清廷对付挫折的办法是把大权集中在满

---

1 1907 年 9 月，报载翰林郓毓鼎上书皇帝控告张謇和郑孝胥提倡革命反清，鼓动文人学士，见《郑孝胥日记》，第二册，1907 年，第 1107 页。有关 1907 年京师政治斗争：岑春煊，《乐斋漫笔》，1943 年；荣孟源、章伯锋编《近代稗海》，成都：四川人民出版社，1985 年，第 1 卷，第 100—104 页；Mackinnon, Stephen. (1980), pp. 83 - 88.
2 预备立宪公会和上海地方自治研究会的成员马良和雷奋也担任政闻社上海分部干事。
3 李新 (1982)，第 1 卷下，第 54—56 页；张玉法 (1971)，第 349，356—361 页。

人手里，[1] 结果进一步加深了政治离心力和权力内部的分歧。积极分子们认为朝廷重新集中权力是必要的，只有速开国会才能阻止政治分化过程以及限制君主的专横决定。国会的首要任务，郑孝胥解释说，"以财政、军政、刑律速定统一之法，则疆吏之权既消，地方自治必盛；否则，非统一，非联邦，国民与政府不能直接，而督抚横亘其间，何有立宪乎？"[2] 立宪公会的另一个领导人汤寿潜也表达了相同的意思，指责督抚削弱朝廷权力，要求清廷依靠国民，终结长期以来督抚不一致、不负责任的现象。[3]

立宪派的这种态度是为了笼络王朝当权者或是出于对北洋势力扩张的忧虑？这个问题不易回答。处在当时情况下的清朝，对外屈从列强，对内受革命党和民众骚乱的威胁，开明官员与精英领袖都认可重树国家权威是当务之急。他们试图引进西方议会制度，由此加强社会对国家的支持。在他们看来，具有技术和军事力量的外国列强都是立宪议会制国家。相反，朝廷与人民大众之间缺少有机联系被看成是国力衰弱的重要原因。关键不是破坏国家基础，而是地方精英以有权利以国家权力一部分的面貌出现。因此，他们支持召开国会，同时也支持建立责任内阁和实行官制改革。他们与清廷的分歧不在于加强国

---

1 关于官制改革，见《立宪见闻》，载《宪政初纲—〈东方杂志〉临时增刊》，1906 年，收入中国史学会编《辛亥革命》，上海：上海人民出版社，1957 年，第四册，第 14—23 页；Ichiko, Chuzo. "Political and Institutional Reform, 1901—1911", *CHOC*, vol. 11, pp. 389‑396；Fincher, J. H. (1989), pp. 69‑79；李新 (1982)，第 1 卷下，第 61—68 页。

2 《郑孝胥日记》第二册，1908 年，第 1153 页。

3 《前江西提学使汤寿潜奏呈存亡大计变本治法折》，载《东方杂志》1910 年第 7 卷第 3 期，第 17090—17102 页。

家——这是双方都认可的，而是清廷正在把自身的利益置于国家利益之上。

立宪公会的领导人常常被历史学家认为过分温和，甚至保守。然而，在张謇和郑孝胥的日记、书信中，可以看到他们对朝廷政策经常表示不满甚至愤懑的情绪。有关的分析需要更多地置于当时复杂的历史背景中。立宪派的主要目标大同小异，年轻一代的积极分子往往更激烈，更易情绪化，同时也更容易受到革命党反清思潮的吸引。在通过合法渠道实现立宪的进程中，年长的领导人承担着跟官员保持联系的责任，稍不谨慎就可能被驱逐出局，尤其是那些以声望著称的领袖人物。也许最重要的是，在中国政治史上，这是士绅领袖们第一次有意识地作为社会的代表，在权力系统之外表达立场，同时也积极运用现存的政府机制。[1]

二　规划省立法权

筹备省级选举

限制地方和省机构的目的是改善行政机器的效率，但是最初设计

1　有关朋党与会社政治派系斗争历史综述，见张玉法（1971）第 6—17 页。关于 19 世纪上半期京师政治的幕后文人士子与官员结成派别集团情况，见 Polachek, James. *The Inner Opium War*, Cambridge, Mass. ：Harvard University, 1992.

的形式非常模糊。1907 年 10 月 19 日（阴历九月 13 日）的诏令规定设立谘议局以及筹备地方议事会，但是没有宣布明确的程序。[1] 不过，应苏松太道台瑞澂（1864—1912）的要求，江苏的绅商早就开始准备省谘议局的章程了。[2] 上海的各种团体——省教育总会、预备立宪公会、商务总会、上海总工程局等共同推举起草员七人承担这项任务。他们用了两个月的时间，参考"各国地方议会之性质，依据法理并斟酌吾国风俗习惯"，起草了一份名副其实的省立法会章程。[3] 后者把诏令提出的每一项原则都演绎成具体的法律程序："谘议局成立以后，代表全省保全权利，议员有应尽之职务……谘议局议员选举与被选举权，皆有一定之资格……谘议局之议事，必经多数议员会议而能决……谘议局有议决权无执行权，以别于行政机关。"在谨慎的话语表述形式下，积极分子们毫不含糊地提出了与朝廷相反的制度设计：谘议局不应当仅仅是一个咨询机构，而应当成为对省事务享有决定权的省议会。[4]

1907 年至 1908 年之间，有些省份按照自己的设想建立了谘议局，另一些省份则处在观望之中。官府犹豫不决，改革派官员与非官方的积极分子轮流向京师上书催促。为了将地方精英纳入轨道并且统

1　《清末筹备立宪档案史料》（1979）下，第 667 页。

2　前两广总督岑春煊曾于 1907 年 4 月提出预备立宪机构设想，分三级组成，从上到下分别是资政院、谘议局和县议事会。清廷将折奏发至司道官员征求意见。苏松太道瑞澂因此要求上海的各类机构、团体研拟订谘议局章程草案。

3　《文牍三编》上，第 38—43 页；《近代上海大事记》，第 637、639 页。

4　《文牍三编》上，第 40 页。

一各省的做法，[1] 清廷于 1908 年 7 月 22 日公布了省谘议局章程以及议员选举条例。谘议局的职能大大扩展了，选举时间与谘议局召开时间得到明确的规定。地方精英试图在筹备期间贯彻他们的意图。虽然他们被吸收参加 1908 年年初成立的地方自治总局和江苏谘议局筹备工作，这些机构在他们眼里却过分官僚化。9 月二百多名士绅积极分子在教育总会集合，商量如何筹备谘议局并决定在沪设立谘议局研究会。绅商领袖——江苏宁属地区的张謇、许鼎霖、魏家骅和仇继恒，苏属地区的王清穆、王同愈、马良和蒋炳章被选为筹办处总办。[2] 省督抚接受了这个决定，组织了谘议局筹办处，并任命绅商领袖与布政使（藩司）和提学使同时担任总办。这一决定确立了官员与地方精英共同领导自治筹备的原则，宁属和苏属的谘议局筹办处的官员与所属地区的积极分子几乎各占一半。后者之中，日本留学生担任规章制度起草与普及传播工作，地方精英——其中尤以各地教育负责人为多——在地方上辅助县官以及地方机构和组织选举等。其他职责如文牍、资料、后勤等工作留给候补官员们完成。[3] 这个不同寻常的安排似乎出于官府与积极分子共同的忧虑：他们担心立宪进程由于官僚机构惯常的拖拉和延误而停滞不前，尤其是距离谘议局开幕日期（1909

---

1 有关各省准备谘议局的不同实践，见 Min Tu-ki (1989)，pp. 154 - 157；Fincher，J. H. (1989)，pp. 102 - 108.

2 《东方杂志》1908 年第 5 卷第 9 期，第 12900—12902 页；《近代上海大事记》，第 657 页。参见 J. H. Fincher (1989)，p. 107.

3 《江苏省宁属谘议局筹办处简章》与《职员名单》，载《江苏省宁属谘议局筹办处报告书》，1908 年第 1 册（无页码）；《江苏苏属谘议局筹办处报告书》，1909 年，80a—81b 页。

年 11 月 13 日）只有仅仅一年的准备时间。[1]

谘议局筹办处设计了一个时间表，确定需要完成的任务及期限，行政系统通过考成监督官员执行任务的情况及完成日期。筹办处调查选民资格和人数，并按照清廷诏令指示，安排组织选举的具体工作。在县一级，地方积极分子协助县官成立了调查事务所，其中一部分是直接从已经存在的地方自治机构改换而来。[2] 与此同时，预备立宪公会为地方提供了选民登记表与供调查员解说的口语演讲词，用来向选民解释谘议局的作用，国民的权利和义务，等等。[3] 孟森在《东方杂志》开辟了一个专栏"宪政篇"登载有关宪政进展的各种消息。

相对中国传统的制度和习俗，陌生的新政治组织的植入不可避免地遇到许多困难。尤其是大多数潜在的选民对谘议局的功能和选举程序一无所知。宁属和苏属两个行政实体相互争夺各自属地议员名额。有的城镇则据理力争，投票点应设在本地而不是他处。不过省级官员和士绅领袖们的协作和决断似乎最终控制了局势。江苏成为唯一按照预定时间即 1909 年 4 月进行第二轮选举（复选）的省份。按时选举使议员和积极分子们有比较充分的时间，认真准备提供讨论的议案。此外，尽管督抚分治，宁属和苏属的议员们最终接受合开一个谘议

---

1 《宁属谘议局筹办处成立时之演说词》(1908 年 11 月 4 日)，载《张謇全集》(1994)，第 1 卷，第 107—108 页。

2 见《江苏省宁属谘议局筹办处报告书》(1908)；《江苏苏属谘议局筹办处报告书》(1909)。

3 《预备立宪公会报》，1908 年 8 月 13 日，第 1 卷第 14 期，第 14a—15b 页，以及附录中选民表；1908 年 9 月 13 日，第 16 期第 5a—7a 页。

局，而不是分别设立咨议局。[1]

　　各省之间选举组织的差异很大，在直隶、山西、广西、江西和山东，官方领导占主导优势。相反，在浙江、江苏、福建和广东，绅民的自主性更强。[2] 江苏省的成功缘于地方精英比较强有力的组织、凝聚力强的士绅领袖以及两位满族改革派督抚端方和瑞澂的积极主导。

选举过程与当选者剪影

　　两级有限选举的模式来自日本：经过严格筛选的选民先投票选出选举人团体，后者在第二阶段投票选举他们所属府县的议员。选举人和议员都是按县选举产生。复选程序复杂，以便行政当局监督，同时有利于地方精英成员当选。

　　由于缺少人口统计的确切数字，宪政编查馆根据各省科举学额的百分之五制定议员数目。江苏省学额有限，但是纳税多，因此额外增加议员数目：总共 121 名，其中苏属 66 名，宁属 55 名，另加 4 名八旗满蒙特额，总共 125 名，使江苏跃居全国议员人数第三，位于四川、直隶之后（见表Ⅳ-2 和表Ⅳ-3）。

1　关于第二轮选举，见宪政编查馆奏折：《东方杂志》第 6 卷第 6 期，第 14949 页；关于宁属和苏属议员合并为同一个谘议局，同前，第 6 卷第 5 期，第 14727—14729 页；《张謇全集》(1994)，第 1 卷，第 110—111 页。

2　《东方杂志》1908 年第 5 卷第 10 期，第 89—97 页；Min, Tu-ki (1989), pp. 156 - 157.

表 Ⅳ-2　1909 年江苏各府选举人与议员

府名	初选	复选	议员
江宁	20 815	110	11
扬州	25 408	140	14
淮安	17 654	90	9
徐州	18 966	100	10
海州	7 610	40	4
通州	12 376	70	7
苏州	10 248	110	11
松江	13 018	150	15
常州	19 098	210	21
镇江	10 123	110	11
太仓	7 156	80	8
总计	162 472	1 210	125*

　　* 江宁和镇江京口两个八旗驻防地各有两个议员名额（专额）。因此议员总数不是 121 名，而是 125 名。
　　——资料来源：王树槐，《清末民初江苏省的谘议局与省议会》（《历史学报》1978 年），第 6 期第 315 页。

表 Ⅳ-3　1909 年各省谘议局选举人和议员

省份	议员数（人）	选民数（人）	选民与议员人数之比
安徽	83	77 902	938
奉天	50	52 679	1 053
福建	72	50 034	694

（续表）

省份	议员数（人）	选民数（人）	选民与议员人数之比
甘肃	43	9 249	215
广东	91	141 558	1 555
广西	57	40 284	710
贵州	39	42 526	1 090
黑龙江	30	4 446	144
河南	96	（90 527）	（943）
湖北	80	113 233	1 415
湖南	82	100 487	1 225
江苏	121	162 472	2 772
江西	106	（120 025）	（1 295）
吉林	30	15 362	512
陕西	63	29 055	461
山东	100	119 321	1 193
山西	83	53 669	622
四川	105	191 530	1 824
新疆	（30）	—	—
云南	68	（47 005）	（691）
浙江	114	90 275	792
直隶	140	162 585	1 101

资料来源：MIN, Tu-ki. *National Policy and Local Power*：*The Transformation of Late Imperial China*，(1989), pp. 178‑179. 括号内数字与闵斗基的计算方式有关，具体解释见原文。

选举按照有限方式进行。对选民的数量并没有限定，但是设有许多资格限制，有利于经管地方公益者、新学堂毕业生、有科举功名者、曾经担任过官职者以及比较富裕的人（拥有动产或不动产 5 000 元以上）。江苏共有 162 472 名选民，比直隶少一百来人，居各省第三位。[1]　各县选举人的数目大约是一千至四千人左右，平均占各县人口的 5％，后者的总数从十万到一百多万。

根据闵斗基的计算，江苏创造了平均 2 772 名选举人选 1 名议员的记录（1 340 名选民比 1 名选举人；10 名选举人比 1 名议员）（见表Ⅳ-3），领先四川（1 824 名)、广东（1 555）和湖北（1 415）。参选率达到 40％至 70％，[2]　江苏省被看作风气开通的表现，这个相对较高的参选率显然是士绅领袖、官员与地方积极分子共同努力的结果。在某种程度上，选举程序使传统的官员与地方士绅的合作制度化，并且使本地精英的权力合法化，后者自诩"集合了七十二州县贤良"。

很多省教育总会的积极分子参加登记和统计选民。根据清廷规定的条文，地方官有权剔除不符合规章或者名声恶劣者，不过最让地方积极分子操心的是选民群体的惰性或无知。许多商人不愿登记为选民，害怕以后要他们多缴税，或是因为暴露财产而被经常要求出资。[3]　结

1　有关选民条件以及议员名额分配各省第情况，见《清末筹备立宪档案史料》下，第 670—673 页；Min Tu-ki (1989), pp. 160-162; 及其图表："The Quotas and Electorates for Provincial Assembly Elections", p. 178.

2　参看张朋园提供的材料与记述（1983），第 19—20，22 页；王树槐（1978），第 313—314 页；Fincher, John H. (1989), p. 115.

3　《调查选举浅说》，载《江苏省宁属谘议局筹办处报告书》(1908) 第 1 册（无页码）；张朋园 (1983)，第 15—17 页。

果是省督所在地江宁府的选民与人口比例，远远高过商业发达的苏州和松江府所属县份。

另一个特征是这些选举没有真正意义上的选举人，因为初选或复选选出的人可以不属于选举人范围。在选举宣传时期，谘议局筹办处曾反复强调作为一个被选举者的首要条件为良好的声名、品行和一定的文化程度。由于初选产生的某些选举人品行不端以及才德有碍，复选之前，筹办处专门强调说："议员所得，不过旅费，平时无禄入也。省会所议，皆属一省大政，非若自治局可以与闻本地之事也。"[1] 官府显然试图防止下层士绅或一些农村文化程度有限的强势人物竞争议员位置，把后者当作社会升迁的象征或是能带来收入的官方职位。在县、镇一级，确实有许多人参加初选并且竞争激烈。[2] 选举过程中也出现贿赂情形，并由此引起许多争执。[3]

下层士绅的热情与其他民众的无动于衷形成很大反差。清廷给予有功名者参加选举的权利，使选举规则有利于文人士子，动机似乎是后者比他人更能超脱特殊利益之上。这个用心良苦的举措加强了官员仲裁的分量，但是多少削弱了政治开放的社会基础。

从表Ⅳ-4和表Ⅳ-5可以瞥见，当选的议员大约四十来岁，大多受过传统文化的教育，通常是一名生员（秀才）——尤其比生员更高

---

1 《通饬各属慎重复选札》，载《江苏省宁属谘议局筹办处报告书》(1908) 第2册（无页码）。该文为筹办处司道公文。

2 《东方杂志》1909年第6卷第4期，第14503—14504页；参见前注，《通饬各属慎重复选札》指出，初选当选人中，"名誉素优，才德出众者固不乏人，然诡遇一时，幸而获选者亦复不少"。

3 Min, Tu-ki (1989), pp. 158, 166–168, note° 51.

级别的贡生，其中有些人曾接受过短期的新教育培训。议员大多住在县城或者靠近县城的地方，从那里可以往来管理公益事务。至少一半左右的议员的生活来源取自土地、钱庄或是商业收益。即使从事工业、商业或现代农业的人也大多具有功名，并且主持地方事务。稍微低于四分之一的人从事城市新型职业，他们大多数是留学过日本的前留学生，或是受过书院以及国内新学校教育的学生。还有一些人是教师、学校校长或地方自治事务所的负责人。

表Ⅳ-4　江苏谘议局议员个人情况（1909—1912）

府属	议员数*	平均年纪	地方教育	文化教育**	工商业***	居住县城	居住乡镇	双重地址****
江宁	13	40.5	4	2	—	7	6	1
扬州	14	41.9	3	6	1	7	4	4
淮安	9	45.7	5	2	—	3	6	1
徐州	10	42.1	5	—	—	3	7	—
通州	7	46.1	4	1	2	4	3	—
海州	4	48	1	—	3	2	2	—
苏州	11	41.0	6	2	2	7	2	4
松江	15	43.0	8	5	1	7	6	6
常州	21	39.4	14	5	2	9	11	4
镇江	13	42.5	4	4	3	8	3	4
太仓	8	42.3	5	3	3	5	3	2
江苏	125	42.7	59	30	18	62	54	26

* 江宁府属议员13名，其中包括江宁驻防2名。镇江府属议员13名，其中包括京口驻防2名。

** 文化教育：包括中学堂以上的教师与校长、在官方机构任职者（非官员）、记者、在报社或出版事业任职者。

*** 工商业：包括在现代工业工商业、地方工商业及在商会等机构中任职者。

**** 双重地址：提名表要求提供住所和通信处，有些议员提供两个不同地址。该表收入家庭住址和通信地址不同者，或者不在所属县份工作的人。

——资料来源：江苏谘议局：《江苏谘议局议员提名录》（无年份，估计1909年）

表Ⅳ-5　江苏谘议局议员学历及背景（1909—1912）

府属	议员数	贡生*	举人	进士	新学堂	曾任官吏**
江宁	13	7	3	1	3	1
扬州	14	9	3	1	2	3
淮安	9	8	1	—	—	—
徐州	10	8	2	—	3	—
通州	7	2	1	3	1	1
海州	4	3	—	—	—	1
苏州	11	7	1	2	2	—
松江	15	6	9	—	6	—
常州	21	16	3	—	3	1
镇江	13	8	2	—	1	—
太仓	8	2	3	1	3	1
江苏	125	76	28	8	24	8

* 贡生：包括拔贡、附贡、增贡、岁贡、廪贡等。（说明：该表与原书略有不同，复核之后发现议员填写的生员实际上都是不同类型的贡生，因此将原表格中的生员与贡生合为一栏。此外，新学堂毕业者和曾任旧官吏的人也可能有功名，因此

各类背景相加总数高于议员总数。）

** 旧官吏不包括担任科举时代的学官教谕、训导或学正，省一级的学政除外。

——资料来源：江苏谘议局：《江苏谘议局议员提名录》（无年份，估计为 1909 年）

然而，在社会上最有组织的商人几乎没有代表。除了张謇、许鼎霖，真正从事工商业而没有担任过官吏的只有朱志尧，不过他也具有贡生功名。作为买办和求新机器厂的企业家，朱并非在他从事实业活动的上海而是在家乡青浦当选。上海当选的议员全部都是举人和地方机构的负责人。应当指出，很多上海商人来自其他地区，很可能因没有入籍而无法参加选举。

新学校的毕业生更容易离开家乡到大城市，例如江宁、苏州、上海谋生。省府所在地仍然吸引许多文人士子，但是像扬州那样的小城市也能留住当地的精英。当选议员的黄炎培曾说"大多数议员来自田间"。[1] 这话很可能指相当一部分议员依靠土地为生，黄是川沙县城人，长江下游众多的城镇虽然靠近农村，但是也相当城市化了。有些议员是当地强盛家族的成员，例如高邮的马士杰或者宜兴的储南强。简而言之，第一个省谘议局集合了众多的传统士绅和一小部分在城市新领域（新闻、教育、出版等）担任职务的积极分子。

从它的构成看，第一个省谘议局实现了一个初步的转折，在现代化的影响下，重心从农村向城市转移。尽管如此，农村与城市的联系

---

[1] 黄炎培（1982），第 56 页。对"田间"一词的词义应当谨慎解释，当时小城镇与农村之间往往没有明确的分界。

仍然是相当紧密的，尤其在江苏南部和中部的沿海地区，保持伊懋可
(Marc Elevin) 所说的城市—乡村延续性（urban-rural continuum）的
特点。[1] 传统士绅和现代资产阶级的分界仍然很不确定。幸运的是，
谘议局是在积极分子的推动下诞生的，它同时也受到儒教朝廷的支持
以及地区一体化的传统原则、占优势地位的文人士绅和精英领袖道德
权威的深刻影响。

　　1909 年，新闻媒体与外国观察员都称赞江苏谘议局组织领先其
他省份。王树槐比较了 1909 年的谘议局与 1913 年的省议会，指出后
者的议员素质远逊于前者。[2] 这一差别的主要原因是在 1909 年，官
府的监督更有效，议员候选人的人数也更有限。地方精英的领导人和
积极分子参与了整个监督过程，并且完全认可这一操作方式。

政治参与的新空间：　省谘议局

　　1909 年 8 月开幕的省谘议局标志改革派行动主义的折转，教育
被纳入全省的发展计划之中，并且获得了部分政治与财政手段。虽然
辛亥革命爆发前，教育总会、预备立宪公会以及谘议局本身都未能看
到它们努力的结果，但是谘议局通过的决议预示了后来省教育体系的
扩展方式。

　　1909 年以前，教育总会的积极分子出色地承担了在官府和社会

1　Elvin, Mark. *The Pattern of the Chinese Past*, Oxford, Oxford University Press, 1973.
2　王树槐 (1978)，第 328—329 页。

团体、省和地方之间的中介作用。但是他们动员的努力对象限于教学范围与地方精英中热心教育者。作为一个代议制机构的谘议局给他们提供了扩展活动范围的新舞台，至少在原则上，他们的诉求对象扩大到社会各界与整个地区。谘议局每年集会时间长达 40 天，需要时还可以延长或者另外召集。最重要的是，这个新的政治机构——尽管它的意见仍属于咨询范围，赋予它所通过的决议一种前所未有的具有立法性质的力量。地方精英可以不再扮演"官员顾问"的角色，而是跟官府站在平等的立场上议事。社会团体由此参与决策过程，增强了责任感并且可以凭借制度依据来对付官吏的渎职行为。

设立谘议局是走向宪制的第一步，根据 1908 年公布的章程，谘议局的功能是充当朝廷与地方之间的沟通渠道："谘议局之设，为地方自治与中央集权之枢纽，必使下足以裒集一省之舆论，而上仍无妨于国家统一之大权。"[1] 它虽然不具备真正的立法权，但是享有讨论省政、预算、财政和省法令的权利。谘议局还负责选举进入资政院的省代表，回答外界对它履行职务的提问以及解决地方自治议事会内部的争执。这些广泛的职权范围把地方精英纳入政治体制，使其成为朝廷的辅助和相对督抚权力的轻微平衡力量。朝廷仍然是最高裁决者，但是行省不再是清朝一个简单的行政和地理单位，而是成为一个对公众讨论和社会协商开放的政治空间。积极分子们正是这样看待自己的职责的，正如谘议局议长张謇对督抚的祝词回答："官民不可分而后有政治；江苏政治即国家一省之政治，尽力于江苏，以尽力

---

1 《清末筹备立宪档案史料》(1979) 下，第 668—669 页。

于国家。"[1]

各方面的人物很快开始利用这个政治空间。为了协调官员方面的行动，两位督抚在各自的辖地分别设立了会议厅，由省高级官员和靠近省会的知府与县官组成。[2] 非官方的积极分子们于 1909 年 4 月 26 日成立了江苏谘议局研究会，准备送交谘议局讨论的议案并要求督抚批准。议员与非议员都可以加入这个研究会，它的一些成员还到各地考察民情风俗与制度规章，以及征求各方面的意见。[3] 为了表示谘议局的庄严与长久性质，张謇和总督端方共同策划建筑会址，最后按照日本模式造了一栋辉煌的大楼（图Ⅳ-2）。[4]

改革派士绅以及其立场在谘议局占优势：张謇被选为议长，仇继恒（江宁）与蒋炳章（苏州）被选为副议长。理论家孟森担任了书记长的职务，他的弟弟——预备立宪公会的驻会书记孟昭常当选为常州的议员。教育总会多人进入谘议局。在后者选举的资政院江苏代表中，除了一人以外，几乎全部都是教育总会的发起人以及总部或地方的干部（见表Ⅳ-6）。

1　《答督抚颂词》，1909 年 10 月 14 日，载《张謇全集》（1993），第 1 卷《政治》，第 123 页。

2　苏属地方自治筹备处编：《江苏自治公报类编》，1911 年初版；台北：文海出版社 1989 年再版，卷 5《谕旨奏折》，第 269—270 页。

3　江苏谘议局研究会编：《江苏谘议局研究会报告》，1909 年，第 1—4 页。

4　建筑谘议局会址的主张来自张謇以及他的朋友们，并被总督端方接受。该计划还准备在谘议局会址周围造议员住宅。经费来自各县以及个人捐献。见《江苏省宁属谘议局筹办处报告书》（1908）第 1 册（无页码）；《张季子九录》，《年谱》下，第 16a，17a 页。

图Ⅳ-2　江苏谘议局旧址（位于今南京市湖南路 10 号）

表Ⅳ-6　江苏省谘议局 1909 年选举的资政院议员

姓名	原职务*
许鼎霖	教育总会副会长
孟昭常	教育总会干事员
夏寅官	教育总会地方评议员
雷　奋	教育总会干事员
马士杰	前官员**
潘鸿鼎	教育总会地方评议员
方　还	教育总会干事员

　　* 七人之外此外应加周廷弼，为清廷指定的资政院成员（见下文），他也是省教育总会最早的会员和经济组的干事员。

　　** 马士杰曾在北京政务处任文案官，丁忧回原籍高邮。他是唯一的不属于教育总会发起人或者早期会员者。但是马在民国时期不仅成为省教育总会重要成员，而且是非正式的江苏地方精英集团的主要人物之一。

资政院包括二百名议员，其中一百名由各省谘议局选出，另外一百名由政府与行政机构遴选，范围包括皇室家族、满洲贵胄、少数民族领袖、国家大臣、硕学鸿儒以及一些大纳税人。周廷弼就属于最后一类，他也是教育总会的会员和干事员，年纳税额高达 115 000 元。[1]

第一届谘议局于 1909 年 8 月 3 日开幕，121 名议员出席，会期长达 50 天。张謇的儿子张孝若评论说"当选的议员，也人人自命不凡，为代表民意力争立宪而来"。[2] 年轻的议员黄炎培后来描述了当时普遍的乐观情绪："议长开幕词劈头几句'不明世界大势，不能解决一国问题'。议员多来自田间，听这几句，胸襟顿然扩大。"[3] 积极分子们的优势再次体现在谘议局的机构中，他们中间多人担任了常驻议员（20％）与审查员。常驻议员负责调查省政以及保持谘议局停会期间与行政当局的联系。审查员负责起草提案与准备专题文件，并且可以召开"协议会"。这些职责很像正式议会中的专门委员会。通晓律法的马良和以熟悉财政与税法著称的姚文楠分别担任了与此对应的两个小组的负责人。[4] 为了争取足够的时间讨论提案，谘议局充分利用了官方允许的延长会议期限（临时会）的规定，甚至在清廷垮台后

---

1 见张朋园（1983），第 319—320 页。
2 有关第一届谘议局，见王树槐（1978），第 314—320 页；《东方杂志》1909 年第 6 卷第 13 期，第 16400—406 页。
3 黄炎培（1982），第 56 页。
4 《江苏谘议局第二年度报告》，1911 年第 3 册，第 6b 页；《人文月刊》1934 年第 5 卷第 3 期。

继续保持这一做法（见表Ⅳ-7）。[1]

表Ⅳ-7　江苏省谘议局各届会议（1909—1912）

年份	会议性质	会议时间
1909—1910	第一年常年会	1919.8.3—12.3
	临时会	1910.3.18—4.8
1910—1911	第二年常年会	1910.10.3—11.12
	临时会	1911.3.11—3.30
1911—1912	第三年常年会	1911.9.1—9.17
	第1次临时会	1911.12.20—1912.1.7
	第2次临时会	1912.4.27—8

　　1909 年 8 月谘议局第一届年会对许多议案进行了讨论，其中教育占了相当重要的位置，紧随财政赋税提案之后，在 184 件提案中有 35 件涉及教育，占比 19％。在 46 项通过或送交督抚审核的提案中，有四项直接与教育相关，另一项则关系到一个编撰教科书的官方机构。总的说来，这些提案汇合了教育总会有关省教育行政和省立学校的改革建议以及对教学机构及其经费的管理与监督。上述五项通过的

1　根据清廷《各省谘议局章程》，谘议局会议期分为常年会和临时会两种，常年会会期40 天，需要时可延期 10 天。临时会根据需要召开，会期不超过 20 天。《清末筹备立宪档案史料》(1979) 下，第 678—679 页。

提案 [1] 如下。

1. 裁撤前总督设立的视学官。该视学为官职，不符合学部有关规定，其身份与其他省视学不一致。薪水拨给学务公所增设省视学。

2. 裁撤江楚编译局。该处原为编写教学图书而设，每月耗费1 500元，但是设立八年以来鲜有成果。

3. 整顿学务公所。提学使应督率职员限定钟点每日入所办公，并告知地方办学人员，以便后者按时到所接洽。公所议长、议绅通过教育总会大会开会加倍选举产生，由督抚与提学使从中遴选聘任。提学使定期召开议绅会议，加强对其属下课长、课员的工作监督。

4. 调整省教育系统：a) 规定城镇乡教育费；b) 改造部分省立学堂性质，合并某些省立与地区立学堂，创建技术学校；c) 明确中学堂行政职务要求以及校长职权范围。

5. 建立女子师范学校。教育总会很久以来一直认为这是发展、统一女子教育必不可少的措施。由于缺乏经费，谘议局建议将未来的女子师范设于南菁学堂。[2]

仔细观察第一年谘议局常会期间督抚的态度，[3] 可以看到新式精

---

1 《江苏谘议局第一年度报告》，第一册，《议案报告目次》，第9a页及其下；第56a—b页；《预备立宪公会报》1909年9月28日，第2卷第19期。

2 南菁中学堂改为文科高等学堂后，又不得不重开中学课程。

3 根据章程，谘议局通过的提案需要经过督府的审核批准。督抚如不同意，可以把提案退回谘议局复议并说明理由。如果双方意见仍不一致，交资政院裁决。见前引《各省谘议局章程》，载《清末筹备立宪档案史料》(1979) 下，第678页；王树槐 (1978)，第318页。

英与官府之间的复杂关系。[1] 有关教育的第一项提案建议调整一个行政职务，但是总督很快就毫不犹疑地批准了。第二项与其他一些类似的议案一致，旨在纠正浪费和节约朝廷开支，与此相近的建议还有要求停止用公费津贴一些私人报纸。[2] 尽管总督不愿意取消江楚编译局，但是接受改组该机构的原则，把它的任务改为编撰江南通志。第三项提案更加大胆，它引发了一场与总督的冲突，我们将在下面进一步分析。第四和第五项双方协商后都做了一些细节上的纠正。由于学务处无法控制省内各类官立学堂的经费，[3] 谘议局只能得到一份用于教育的官方经费清单。应当指出，总督张人骏没有反对扩大校长的权力，也没有反对取消主管学校的"总办"职务以及将官立小学堂转让给地方机构管理。督抚与议员双方，都认为有必要阻止官僚系统贪污浪费以及更好地使用有限的资源。

　　总的来说，上述提案的目标寻求使教育经费与设置更加合理化，改进教育行政系统的效率以及统一规范学校的领导权。教育总会以往曾经跟它的监护人学务处有过争执，但是它现在提出的建议是要求增加学务处掌握的经费和加强它的权威，从而真正成为一个全省教育的领导机构。第四项提案同时还明确要求让学务处集中管理与配置所有

1　关于官方的回答以及退回谘议局复议的提案，见《江苏谘议局第一年度报告》，1910年第 2 册，第 8a—9a 页，11b—15a 页，17a—b 页，25a—26b 页；第 5 册，第 11b—114b 页，17b 页。

2　该项提案指出上海商业报纸《中外日报》《舆论时事报》与《申报》中的官方垫款应令提还，上海《泰晤士报》享受官方贴款应停止。见《江苏谘议局第一年度报告》，1910年，第 1 册，第 57b—58a。参见缪荃孙《江南通志稿》，第 6 卷，第 117—119 页。

3　前面已经提到官立学校的经费来源纷杂，包括盐税、关税、商业、货币部门等。有关提案要求将这些款项都纳入学务公所管辖。督抚认为必须首先改造税收与预算体制。

的（官立）学堂的经费。

积极分子期望参加省政策的制定，并对官府行使监督权。但他们同时也要求增加某些官府的物质手段，使后者更加有效率，更加合理化。实际上，地方精英不把自己的行动看作是与官府分离的一种力量——就像"市民社会"概念的含义那样，而是要求成为政治体制中有机的一部分。积极分子们常常通过一些曲折的方式，试图让谘议局成为形似立法机关的议会，使建立在有限选举基础上的省代表机构能够通过一些适合本省区域的法律。在这些关键方面，议员与总督张人骏形成了严重对立。

当局与谘议局之间有关权责的对抗

涉及学务公所的第三个提案被看成是侵犯官府行政权力，遭到总督的反对。提案的作者们希望学务公所对地方教育工作者更加开放：由于该机关上下班时间随意、散漫，外地赶来的教育工作者很难见到负责教育的行政官员。[1] 提案要求通过教育总会选举产生议长、议绅，这也是积极分子们一贯的要求，但是张人骏拒绝讨论这项建议。他这种拒不让步的态度与在其他方面表现的通情达理显得分外突兀。固定学务公所上下班时间与选举议绅可以说是比较次要的问题，如何解释他的强硬立场呢？

---

[1] 有关学务公所组织和运行的缺陷，见本书第三章第一节；王树槐（1985），第232—233页。

初看之下，这场冲突没有严重性，它更像一个朝廷大员的出于正统观念的反应，而不是经过深思熟虑的对抗。不过冲突体现了两种相互对立的逻辑。谘议局对地方精英开放制度性的参与渠道，但是要防止后者侵蚀朝廷权力：整顿官府和任命顾问人员属于朝廷的代表督抚的权力范围。学部裁决双方纠纷所用的词句表示督抚在这一点上毫不含糊："议长、议绅系备本省督抚咨询，佐画学务。照章应由督抚学司遴选，与由教育会公举本无甚异。况用人行政，非谘议局所得干预，该局所请，万难准行。"[1]

一般说来，官员通常会选择省内最有名望的士绅担任这类职务。但是真正的问题不在这里。对于一个试图分而治之的官府来说，选择士绅与地方负责人不失为一个控制社会团体的手段。此外，从根本上说，官府设立谘议局是为自己服务，而不是让它们显示自身的独立性。官府接受民选谘议局通过的决议对张人骏是无法接受的：从雏形的立法权到建立具有一个执法权力且相对北京享有一定独立权力的省政府，只有一步之遥。议员此举跨越了朝廷不容进入的领域。在此意义上，整顿学务公所议案提出了一个原则问题，导致总督和积极分子们互不让步的立场。立宪派喉舌《时报》在此前后，大张旗鼓地批评学务公所的缺陷绝非偶然。[2]

谘议局第二年常会期间，通过了教育总会提交的有关初等教育的提案。这项提案从立宪体制和地区经济发展的背景出发，要求城镇乡

1 《教育杂志》1910 第 2 卷第 7 期，《记事》，第 1891 页。
2 《时报》，1909 年 11 月 12 日，18 日；12 月 3 日，6 日。

自治公所有义务按照学龄儿童人数，设置初等小学，并把 20％ 的地方经费用于发展小学教育。如果学级人数低于 60 人，则办单级复式小学班。教育总会还提出其他一些议题供谘议局讨论，例如裁撤存古学堂，府中学堂移归地方筹款接办，裁撤小学总汇处，添设医学堂与医院一所，设立女子师范与水产中学各一所，等等。[1]

第二年常会时，张人骏表现出了跟议员们合作的积极态度，尤其当讨论的问题与省府施政方向一致时。有时他甚至赞许议员的提案，例如有关普及教育的设想，或者节俭财政支出措施。不过他仍然属于那些高官的典型，对地方精英影响力的增强充满疑虑。这些高官不一定反对改革政治体制以适应新的历史条件，但是认为做出改革决定的应当是权力中枢，而不是源自地方基层的喧嚣。此外，张人骏坚定不移地效忠清廷，是唯一公开表示抵制国会请愿运动的总督，[2] 而其他十七省的督抚都表示支持提前召开国会。[3] 当然其中有些人只是随大流，还有一些人可能出于个人利益的考虑。关键是 1910 年清廷毫无顾忌地加强中央集权的举止，对督抚的权力形成威胁。不过，一部分数量可观的高官，例如与教育总会关系密切的督抚端方、瑞澂、袁树勋、程德全，确实与地方精英持有共同的理念，即建立某种"政治民主"的紧迫性。1911 年 4 月，张人骏拒绝向谘议局提交省预算，导致议员集体辞职。张人骏比较清廉，也不像他的同僚袁世凯或端方那

1　《文牍六编》上，第 32—42 页；《教育杂志》第 2 卷第 11 期，第 2255—2256 页；1911，第 3 卷第 1 期，第 2514 页。

2　见本章第 3 节"国会请愿运动"。

3　王树槐（1978），第 320—321 页；张朋园（1983），第 339—440 页；有关上述督抚的政治倾向，参见张謇的评论，《张季子九录》，《年谱》下，第 18a 页。

样雄心勃勃、精于谋略，他很可能是一个认真和勤勉的官员，但是拒不接受哪怕是相当温和的改变。[1] 然而，"政治民主"首先意味着向社会团体的代表开放言路，并调整清廷与地方的关系。清廷设立省谘议局本身，就是这一精神的表现。

张人骏试图平衡清廷与省之间的利益，并且遏制有时过分高涨的地方精英的热情，这方面他肯定没错。但是就像许多掌权的满洲贵胄一样，他显然没有明白地方立宪派行动的政治含义：建设一个具有主动精神的现代国家，扩大国家的基础和增加它的权力范围。地方精英的政治崛起使张人骏疑虑重重，然而他不明白，没有前者的帮助，朝廷已经无法挽救这个他竭力效忠的王朝了。

当局与谘议局之间有关财政的分歧

谘议局通过的提案只有在督抚认可后才具有法律效力或者权威性。建议案可以出自议员、督抚或者人民。建议的范围包括民政、吏治、财政、经济和教育以及与某些地区或者某些社会部门有关的特殊要求。地方自治与地方行政改革占了建议案的很大一部分。但是社会经济、赋税与财政是重中之重。[2]

行政当局与谘议局的立场分歧经常表现在具体问题上，在这方

1　参见沃秋仲子《张人骏》，载《中国近代名人小传》，北京：中国书店，1988 年再版，第 35 页。

2　王树槐（1978），第 316—317 页。有关江苏谘议局通过的提案，见《东方杂志》1909年第 6 卷第 13 期，第 16400—16406 页；《江苏自治公报类编》（1989），第 1 卷，第171—182 页。

面，即使是靠近地方精英的官员也不例外，例如先后担任巡抚的瑞澂和程德全。1909 年第一届谘议局时，瑞澂递交了苏属地区官府的建议案。[1] 在地方自治经费、禁烟、统一计量器具、统计人口等方面，谘议局和官府没有发生大的分歧。相反，讨论赋税问题时马上出现了分歧。瑞澂要求改进银钱折收比例，以减轻铜元通货膨胀[2] 对田赋与厘金征收造成的影响；以及用印花税代替田房契税，后者因为地方保董与下级官吏勾结作弊而往往名存实亡。[3]

议员并非对财政问题置若罔闻（"至人民一方面，立宪之后，其享受幸福固多，而其经济负担亦必较重"）。[4] 不过他们更多地强调官府征收赋税时滥用职权，尤其是随意制定银钱折算比率，[5] 因此要求按照市场价格确定比率。他们还要求将一部分附加税（陋规）移作地方自治经费。此外，他们同意用印花税代替田房契税，但是要求按比例将其中的一部分分配给地方公益事业使用。[6] 商人们关于将厘金改为认捐的要求得到谘议局的大力支持。为此，1909—1910 年间谘议局曾与各地区商会合作，展开了一场请愿活动。在各地组织了声援活

1　瑞澂从 1906 到 1909 年先后出任上海海关道台、藩司与江苏巡抚。总督张人骏则在 1909 年谘议局开幕前刚到任。

2　见第三章第七节"仇校毁校风潮"。

3　《抚宪瑞扎发谘议局提议草案》，载《江苏自治公报类编》（1989），卷 1，第 3—10 页。

4　《江苏谘议局首届议会闭会演说》，载《张謇全集》第 1 卷，第 126 页（原载《申报》1909 年 12 月 10 日）。报纸、立宪公会与地方自治筹办处都经常重复类似的话语，多纳税被看成立宪制度的有机部分。

5　见第三章第七节"仇校毁校风潮"。

6　《预备立宪公会报》1909 年第 2 卷第 18 期，第 21，25 页；第 2 卷第 19 期，第 23，31—34 页；《江苏自治公报类编》（1989），卷 1，第 12—13 页。

动为改革厘金造声势，厘金被一致认为是发展商业的最大障碍。[1]

官府与谘议局的对立不可避免：官员捍卫朝廷与官府的利益，议员们则捍卫大小纳税人和地方的利益。前者关心官府的金库的收入，后者关心他们的钱袋以及用于地方的捐税比例。另一方面，官员也致力于遏制积极分子们为了实行各种计划而增加捐税，担心由此引起民愤。[2]

以张謇为首的积极分子们经常抱怨官府对谘议局采取的主动行为支持不力。[3] 1910 年，议员们开始弹劾某些官员。他们指责上海道台蔡乃煌解决橡皮投机风潮中的方式，[4] 认为官府无权不经过谘议局同意向外国借款。这年因总督拒绝谘议局审查省预算的要求，导致议员集体辞职。[5] 相比官员，议员们的态度更具进攻性，选举赋予的身份合法性，大大增强了他们对官僚系统的批判力度。

谘议局与省府的对立有其积极意义，尤其在经济领域，他们作为

---

1 《江苏谘议局议决案》，载《预备立宪公会报》1909 年第 2 卷第 23 期，第 32—34 页；《江苏谘议局第二年度报告》，1911 年，第 3 册，第 6a 页。有关谘议局与苏州商人在厘金改革方面的合作，见马敏、朱英（1993），第 360—378 页。

2 参见苏抚程德全 1910 年秋交谘议局议案《支配地方财政案》，载《江苏自治公报类编》（1989），卷 1，第 15—18 页。

3 参见总督致词与议长议员答词，载《江苏谘议局第二年度报告》，1911 年第 3 册，第 3b—5a 页。

4 见第五章第一节"归顺革命"。1909 年年底与 1910 年年初，橡胶（当时称为橡皮）的国际价格暴涨，大批钱庄和商人卷入橡胶股票投机，1910 年春天投机失败，损失惨重。上海道台蔡乃煌向外国银行借款偿还后者给中国钱庄的垫款以及用于维持市面。见 Bergère, M.-C. *Une crise financière à Shanghai à la fin de l'Ancien Régime*, La Haye-Paris, Mouton, 1964；Mark, Elvin.《辛亥革命在上海》，载蔡尚思编《论清末民初的中国社会》，上海：复旦大学出版社，1983 年，第 168—171 页。

5 王树槐（1978），第 321—323 页；《张謇全集》第 1 卷，第 152 页。

合作者共同寻求鼓励私人创业和推广现代经济的组织形式。为了发展
农业生产，瑞澂建议各府辅助建立农会组织，他指出太平天国以后江
苏省仍留有大量荒地，地方官府可以联合农会设立农林公司垦荒植
树。张謇和其他士绅以他们从 1900 年开始办通海垦牧公司的经验为
例，建议开发江苏北部沿海滩地。根据同样的精神，还提出了规划蚕
桑、发展工业以及改进技术教育等方案。有些具体计划——例如取消
官方对造纸垄断、改进盐业生产、修改商会章程——也纷纷被提到议
事日程上。在此过程中，地方精英显然比官员们意愿更强烈，表现得
也更有生气。

　　建造江北铁路是一个很好的例子。积极分子的"经营者"在创建
苏省铁路公司和建筑沪杭甬线时，曾经有过这样的设想：修筑扬州至
清河的铁路网络，纳入江苏北部地区，并将这条铁路线与沪宁线连为
一体。[1] 江苏铁路公司甚至已经开始线路第一段（扬州至清河）工程
的设计与测量，并通过谘议局要求官府支持第二段（清河至海州）测
量。由于该地区洪水肆虐，有关工程准备通过以工代赈、救济难民的
方式进行。然而，张人骏拒绝为银行贷款提供官府担保，借口说这些
工程属于私人经营的范围，[2] 而省府只限于执行朝廷的命令。没有朝
廷的支持，精英领袖们很难实行如此巨大工程的计划。铁路计划最后
搁浅了：江苏铁路公司的股东们不愿跟随领导人的步伐，跟他们相
比，公司的领导人考虑更多的不是利润率，而是捍卫国家主权与江苏

1　这个计划没有完成。近年江苏省已经完成苏北—南通—上海铁路联网。
2　有关张人骏与谘议局的冲突，见王树槐（1977），第 319 页以及第 318—323 页。

省社会与经济的一体化。[1]

治淮工程也是谘议局与总督分歧的提案之一。淮河水流的变动是江苏中部和北部及其相邻地区长期以来的祸害。1906—1907 年间，徐州、海州与淮安三府受灾难民多达三百万人，赈灾耗费用银达六百万两。1909 年这些地区再次遭到淮河水患的袭击。从 1903 年开始，张謇就徒劳无功地向官员进言治理淮河。谘议局一召开，他就重新提出这个在他眼里最为紧迫的问题。治淮费用高昂，谘议局建议由它自己出面，以法人身份组织一个公共工程公司，[2] 但是总督张人骏否认谘议局有权经营一家商业公司，提案被搁置到下一届年会。1910 年 3 月，淮河再次上涨，张人骏不得不同意创建"江淮水利公司"。[3] 朝廷批给第一笔经费用于测量。议员沙元炳担任公司经理，谘议局负责公司与安徽——另一个饱受淮河肆虐的相邻省份——之间的协商配合。

张人骏力图限制地方精英的举动反映了官员们对积极分子们崛起的不安。毫无疑问，像治淮这样范围广泛的工程本来是朝廷应当承担的基础建设。但是清朝末期官僚系统的麻木不作为一再拖延了解决方案的出台。积极分子们试图填补由此导致的政治真空，因为他们与地方的利益确实更直接相关，并且身处制度性官僚腐败之外。不过他们

---

1 《张謇全集》第 1 卷，第 159 页。

2 有关淮河危害情形与治淮计划，见《张謇全集》第 2 卷，第 40—46、60—84 页；有关谘议局讨论治淮，见《江苏谘议局研究会报告》（1909）；庄安正：《张謇导淮始末述略》，载《江苏社会科学》，1995 年第 5 期，第 106—110 页；郑肇经，《中国水利史》，上海：商务印书馆 1939 年初版，上海书店 1992 年再版，第 159—163 页。

3 《江苏谘议局第二年度报告》，1911 年第 3 册，第 5b—6a 页。

心有余而力不足，水利工程公司只不过是一种在形势压力之下做出的治标之策。朝廷在关键问题上的缺失不可避免地导致社会上最积极的成分与其离心离德。

积极分子的态度与他们形象一致——创新的同时忠于儒家士绅传统。关注民众生活状况，救济难民，维持秩序，改善行政实践，兴修基础建设，鼓励经济活动，调整税收方式，这些行动无一不在理想儒教国家的纲领中。[1] 如果是处在中国历史的另一个时代，这些计划和改革也会由具有进取心的官员与地方精英中的领袖人物共同承担。从这个角度，绅商积极分子的立场可以看作是面对清朝末期的官僚系统腐朽无能的反应。

在社会领域，地方精英的领导人多半属于保守派，不过他们并非像市古宙三认为的那样，仅仅出于保护个人特权。[2] 实际上，与其说积极分子的保守性缘于他们的经济利益，不如说缘于他们信奉的传统社会的伦理秩序。他们并非像许多中国历史学家认为的那样代表资产

---

1 有关传统国家对经济发展的观念与干预方式，见 Will, P. -E. "Appareil d'État et infrastructure économique dans la Chine prémoderne", in *Bureaucraties chinoises*, Paris, Éditions L'Harmattan, 1987, pp. 11 - 41; Will, P. -E. "Développement quantitatif et développement qualitatif en Chine à la fin de l'époque impériale", Annales: Histoire, Sciences sociales, XLIX/4, 1994, pp. 863 - 902; Wong, R. Bin. *China Transformed: Historical Change and the Limits of European Experience*, Ithaca, NY: Cornell University Press, 1997.

2 Ichiko Chuzo (市古宙三), "Political and Institutional Reform, 1901—1911", *CHOC*, vol. 11, pp. 377 - 378, 414 - 415. 参看 Rankin, Mary B. (1986) 的有关讨论, pp. 242 - 243.

阶级，[1] 尽管谘议局积极充当商人要求的喉舌，并且一些主要领导人
投资了现代工业等领域。这个问题由来已久，如同白吉尔所说，20
世纪初的"中国社会在整体上还是传统的农业社会"，积极分子们关
注的是本省和整体的民众利益，而不是某些个别群体的利益。并非所
有的士绅都站在某种阶级立场或者个人立场之上，许多人投身政治的
实践表明他们坚信精英对社会应尽责任的伦理契约，相信应当为建设
具有良好的风俗和文明习惯的社会效力。

三　继续立宪步伐

施行地方自治

对中国社会来说，广义上的地方自治并不完全是新事。就像我们
已经看到的那样，长期以来地方人士承担大量半官方事务，例如地方
河工（水利）、慈善事业（善堂）、管理社区粮仓（积谷、义仓）、保
甲以及最近的商会与教育会组织等。然而正如宪政编查馆指出的那
样，长期缺少制度规范蕴含着官绅冲突的趋向：

1　参见耿云志《清末资产阶级立宪派与谘议局》，载《纪念辛亥革命七十周年学术讨论会
　　文集》上，第242—279页；章开沅：《辛亥革命与江浙资产阶级》，同前，下，第
　　1182—1230页。参看白吉尔有关中国资产阶级形成的讨论，Bergère, Marie-Claire.
　　L'Age d'or de la bourgeoisie chinoise, pp. 197–203。

查各直省地方局所，向归绅士经理者，其与官府权限初
无一定，于是视官绅势力之强弱，以为其范围之消长，争而
不胜则互相嫉视，势同水火。近年以来，因官绅积不相能，
动至生事害公者，弊皆官民分际不明，范围不定之所致。[1]

施行地方自治以前，地域社区不存在统一的权力机构。如同前面
穆湘瑶所说，地方的社会生活由各种参差不齐的机构主持，缺少规范
与一致性。人口增长、地方事务增多以及资源动员的需要，这些都表
明有必要建立一个更完整的政治实体。不过，新政时期的地方自治与
其说是一场基层发起的社会运动，不如说是一项旨在扩大朝廷职能的
政治改造方案。清朝传统的国家机器职能相对有限，朝廷必须依赖地
方士绅执政，同时保持对后者的严密控制。[2] 按照日本的样板，地方
自治由两级权力机构组成：县一级组织参议会与地方自治公所，城镇
乡一级组织议事会和参事会（执行机构）。这些机构将取代以往的赋
税和治安单位保甲，后者已经基本不起作用。地方自治机构被赋予新
的使命，包括兴办公共事业，鼓励经济发展与新教育。在省一级，
1909 年谘议局选举结束后，地方自治筹办处——即原先筹备谘议局
的官绅结合班子——的基础上，增加了地区的顾问或代表，随即投入
施行自治的准备工作。谘议局选举后，省府撤换了一些地方顾问，用

1 《宪政编查馆奏折》，转载于王祖畲等编《镇洋县志》，1919 年；台北：成文出版社，
   1975 年影印本，第二册，附录"自治"，第 11a—b 页。
2 有关清廷对地方自治的态度，见马小泉《清末筹备立宪时期地方自治探略》，载中华书
   局编辑部《辛亥革命与近代中国：纪念辛亥革命八十周年国际学术讨论会》，北京：中
   华书局，1994 年，第 615—631 页。

改革派的积极分子替代他们。

　　1908 年年底，预备立宪公会、教育总会、上海商务总会以及其他团体向清廷施加压力，要求立即公布地方自治章程，公布每年应完成的任务清单。[1] 1909 年开始按清单施行时，官员们总体上肯定了地方精英的行动主义，尤其是苏属地区，认为苏省风气开通，以文明著称，地方自治会比较容易施行。[2] 新式精英与官方合作，按照清廷的指示与有关章程，落实地方自治的具体步骤。从他们后来编撰的县志里，可以看到他们对构建地方社会权力和政治参与的认识：

　　　　地方自治者以地方之人办地方之事，所以辅官治之不足而与官治相辅而行者也。吾邑自建县迄于清季，期间民生之休戚，地方之兴革，与夫人事之消长否泰，无不受成于官治。间有浚河、救荒、兴学、善举等之兴办，或上述陈请或慷慨捐资，每由邑中士大夫努力行之。然恒以一长官之去留，贤不肖即于地方生绝大之影响。盖君主政体其执行之枢机，在官而不在民，微独吾邑然也。自光绪甲午（1894）以来，朝廷变法自强，而吾邑地邻上海，开通较早，士民对于地方亦怀鼎新革故之思。迫丙午八月（1906）下诏预备立宪，邑人士之思为地方谋幸福者，咸投袂而起，爰有地方公

1 《东方杂志》1909 第 6 卷第 1 期，第 13888—13889 页。
2 《江苏自治公报类编》（1989），卷 1，第 1—2 页；卷 2，第 254 页。

会之组织。[1]

太仓州镇洋县志的编撰者也写道：

> 地方自治经纬万端，决非朝夕所能。亟其最要者，教育
> 与实业两端。必人人有普通之智识，斯文明渐进气质，不患
> 其蠢愚。人人有普及之技能，斯生计见纾，恒业足资夫事蓄
> 夫……群策群力，相与有成。始置一人一家治，继之一市一
> 乡治，再继之而数十市乡治，全县全省治。刷新天下之耳
> 目，变换积久之弊政，自治之基础巩固于下，国家安有不富
> 且强者乎？然则国家之代为谋，自不如国民之自为谋。与言
> 保育政策，自不如言自由政策之为逾也。[2]

地方精英与官员们共同举办地方自治回应了某些官署至关重要的
需求。在这方面上海的政治动员是明显的例子。设立上海自治公所由
上海道台与绅商共同发起，它的主要动力是防止租界扩张。[3] 面对外
交使团的压力，清廷常常把责任转移到地区官府，而驻沪苏松太道台

1　黄世祚编：《嘉定县续志》，1930 年卷，6《自治志》，第 3b—4a 页。1907 年 6 月（阴
　　历）黄世祚与他人一起发起组织嘉定地方自治局，1911 年 6 月被选为县议会议员以及
　　参事员。

2　王祖畲等编：《镇洋县志》，1919 年第二册，附录《自治》，第 16b—17a 页。王祖畲是
　　前清进士，曾参与编撰多部州、县志。他效忠清廷，但也赞同实行地方自治。

3　Fincher, J. H. (1989), pp. 39 - 41；参见 Elvin, Mark. "The Administration of
　　Shanghai, 1905—1914", Elvin, M. & Skinner, G. W. ed. (1974), pp. 239, 249 -
　　250.

袁树勋、瑞澂通常与上海绅商商议解决问题的办法。由于担心租界侵蚀华界领土，闸北与浦东先后设立了闸北工程总局（1900）和浦东塘工善后总局（1906）。如同南市马路工程总局，这些机构实际上就是地方自治机关的雏形。[1] 为了抵制英国人的觊觎，两江总督早在1902年就将吴淞港改成自动对外开放的商业港口。这些措施几乎都是地方官员与当地精英共同策划和实行的。[2] 在南京、镇江和苏州，地方官员也与绅商领袖们一起采取了性质相同的措施。

外国侵犯只限于一些较大的中心城市，因此这并非地方自治的全部动力。扩大政治生活的前景激发了许多城镇乡相当广泛的动员。按规定首先在县城一级设立自治机构。然而根据巡抚有关苏属地区的报告，有几十个县以下的单位要求提前施行乡镇一级自治的日期。很多地方积极争取获得镇的资格——居民人口达到五万，为达到这一标准，要求允许几个邻近的村镇合并在一起。[3] 这些乡镇往往是商业中心，在江苏数量众多。嘉定南翔是当地最繁华的商业中心，然而当地人士尝试获得镇资格的企图没有成功，因为南翔只有17 000名居民。[4] 有关城镇乡划分的规定非常形式化，对地区经济地理的作用不加考虑。

许多商会对选举规则表示不满，指出对纳税选举人的规定没有包

---

1 闸北工程总局于1906年为当地官府接收，1911年又改成闸北地方自治公所。浦东塘工善后局后来与当地自治机构共存。

2 在1927年被纳入上海特别市之前，南市、闸北、浦东和吴淞四个区域长期实行行政分治。《上海研究资料》（1984），第1册第78—82页，第二册第681—685页；王树槐（1985），第83—84页；Bergère, M-C. (1985), pp. 106－113.

3 《江苏自治公报类编》（1989），卷2，第254，291页。

4 《嘉定县续志》（1930），第6a页。

括厘金，而它是商人最大的纳税项目。但官府怀疑商人们试图更多地进入县议事会。[1] 此外，厘金核算难以操作，商人们的要求没能得到满足。自治章程不利于镇上的商人们参与政治，尽管后者在地区经济中起重要作用。这些规章限制有可能削弱积极分子的动员力量和影响力。

地方自治主要是地方中上层人士的关注对象（尽管不能忽略为数可观的参与选举的选民），它远没有得到广大民众的支持。苏属行政会议厅概括当时的形式说："以今日人民之程度论，一部分为少数明达之士绅，一部分为少数冥顽之旧董，其一部分则多数人民，尚懵然不知自治为何事者。"[2] 办理自治首先需要划定城厢区域，调查户口与选民资格。由于缺乏基层政权组织，社会横向有机联系薄弱，[3] 各地出现大量冲突：县与县之间或者镇乡之间的区域划分，镇乡经董抗拒所管区域被合并，士绅之间相互攻击诋毁。[4] 受各方面盘剥的普通农民，在地方豪强或者僧道挑唆下，强烈反对调查人口，害怕官府借此恢复早已取消的人头税。[5] 即使在比较发达的江苏南部，参加投票

---

1 《江苏自治公报》，1910，第 54—55 期；《江苏自治公报类编》（1989），卷 3，第 556—557 页。

2 《江苏自治公报》，1910，第 61 期；《江苏自治公报类编》（1989），卷 3，第 572 页。

3 Huang, Philip C. C. *The Peasant and Rural Development in the Yangzi Delta*, *1350—1988*, Stanford, California, Stanford University Press, 1990, pp. 144 - 156；有关中国北方和南方不同的乡镇组织，见 Huang, Philip C. C. *The Peasant Economy and Social Change in North China*, Stanford, California, Stanford University Press, 1985, pp. 219 - 248。

4 《江苏自治公报》，1910，第 47，51，53，67 期等；《江苏自治公报类编》（1989），卷 3 及其下。

5 王树槐（1977），第 313—327 页。清廷在实行"摊丁入亩"制度后，按土地面积向土地所有者征收田赋。

的选民也相当有限。[1] 还有不少地方议员当选后立即辞职，以致谘议局通过一项决议禁止随便辞职，[2] 以免牟私利者或者刁生劣监乘机进入权力机构。

建立新权力机构遇到的大量困难，加强了新伙伴——官府与地方积极分子——之间的相互依赖性。省府根据他们在施行地方自治纲领中的表现，用嘉奖或者处分的办法督促地方官员。谘议局筹办处建立了一支测绘队伍，派往各地解决区域划分的纠纷。筹办处的顾问如姚文楠、沈恩孚、黄炎培和杨廷栋——都是教育总会的干事员——常常被派往各地调查情况以及调解纠纷。由此可见，因参与新教育或者创办现代企业而著名的人物再次成为自治运动的中坚。省自治筹办处汇集了许多地方教育家，例如常熟的丁祖荫和无锡的裘廷梁，江阴投身工业的文人吴增元，还涌现了一些更年轻热情的积极分子，如川沙的黄洪培（黄炎培的堂兄），宝山的钱淦，常州的屠宽，等等。[3] 特别值得一提的是，满族官员端方和瑞澂依靠改革派精英大力推进地方政治机构的建立。[4] 在这方面，端方、瑞澂以及随后到任的程德全是积极分子们最可珍贵的对话者。

在两年的时间里，地方自治施行还是取得了很可观的成绩：包括城镇乡区域划分，人口调查，清理公产公款，选举地方议员和董事会或参事会，等等。部分地区完成了土地丈量，重新造册，厘清了土地

1　王树槐（1977），第314—317页。

2　《江苏自治公报类编》（1989），卷1，第173页。

3　县参议会议员与议长、董事会总董与董事名单，见《江苏自治公报类编》（1989），卷1第143—161页。

4　《清代人物传稿》下编，第3卷，第67—76，83—86页。

所有人的赋税负担。[1] 1910 年至 1911 年间，大多数县参议会和很大一部分镇乡议事会通过选举成立。人口登记在实行人丁税纳入农业税（"摊丁入亩"）以后就停止了，而重建人口数据、改革税法是国家现代化必不可少的一环。公产公款的管理以往有很多贪污腐败中饱私囊的情况，清理后将用于地方发展。[2]

尽管存在种种缺陷，选举仍旧更新了基层政治生活，并赋予新的负责人必要的手段来实现地方的现代化。辛亥革命发生之前，地方自治机构未能有足够的时间充分履行它们的职能，然而在以后的时间里，它们仍将程度不同地扮演重要角色。地方自治实施象征着一轮政治更新。[3]

国会请愿运动

对于许多改革派人士和议员来说，地方与省的制度更新是远远不够的。谘议局并非真正意义上的立法机构，而地方自治缺少关键的财政基础。谘议局议员的有关提案充分反映了他们的关注点：除了国会召开，还有确立和划分地方税，改进盐税征收体系，取消厘金，提高关税以及行政改革。涉及税制、货币和行政的关键问题都不是省能够解决的，必须上升到朝廷一级解决。地方精英尤其关心国税和地方税

1　杨立强：《清末民初宝山的新乡绅及其领导的社会改革》，载林克编《上海研究论丛》，上海：上海社会科学院出版社，1997 年，第 11 辑，第 158—195 页。

2　《江苏自治公报类编》（1989），卷 2，第 246—247 页。

3　参看日本学者的有关讨论。杨立强等《近年来国外近代中国资产阶级研究述评》，载《历史研究》1989 年第 2 期，第 115 页。

的划分。

国会请愿运动是地方精英政治动员的高潮。1908 年 8 月的诏书宣告国会将于 1916 年成立。然而从 1907 年开始，在积极分子或者改革派官员中，就不断响起要求立即召开国会的声音。预备立宪公会的成员们最初提倡"稳健"路线，1908 年与上海和地区的各种团体共同讨论如何加快宪制进程。主要领导人都认为现状很难再维持三年，向清廷递交的第一批请愿书要求在两年内召开国会。[1]

1909 年秋天，预备立宪公会领导人再次发起请愿运动，江苏谘议局通过一项提案，要求清廷立即召集国会并成立责任内阁。选举诞生的议员大大增强了积极分子们的合法性，孟森、方还、杨廷栋和凌文渊被派出各地联系各省谘议局。与此同时，张謇力图说服湖广总督瑞澂出面联系各省督抚要求提前召开国会。1909 年 12 月，五十多位议员在上海预备立宪公会集会，协调准备请愿运动。从 1909 年 11 月到 1910 年 12 月，组织了三批队伍赴京师请愿。有几十万人在请愿书上签名，由众多的政治、经济和教育团体以及海外华人团体推举的代表向清廷递交。第一次请愿由江苏发起的全国谘议局联合呈请。第二次请愿增加了各种社会团体，包括江苏教育总会、上海商务总会、苏州和江宁商会等。第三次请愿运动之际，在京师诞生了各省谘议局联合会。十七个省的督抚公开表示他们对运动的支持，并于 10 月 25 日和 11 月 1 日两次发电报致军机处要求速开国会。1910 年 10 月，连

---

1 《国会研究所讨论议案》，载《预备立宪公会报》1908 年，第 1 卷第 6—10 期，第 16a—b 页；第 1 卷第 11 期，第 16 页。《郑孝胥日记》，第 2 册，1908 年，第 1129，1137—1138，1141—1142，1147—1152 页。

资政院也认可了请愿者的行动。但是清廷拒不让步：1910 年 11 月 4 日下诏仅仅同意提前三年，于 1913 年召开国会，同时下令驱散了在京师聚集的请愿者，并且镇压了一些外省的发起人。[1] 立宪派加强了他们与改革派督抚的联系，不再犹豫呼唤"民意"。政治与社会形势都非常令人担忧。

请愿书用悲愤的语调，把国会召开与否说成是国家生死问题，是挽救皇朝的最后举动。民族主义的情绪非常强烈，面对列强扩大租界，西藏、云南、新疆的边界分歧，日本和俄国在满洲的扩张，列强对中国财政控制加强……，公众舆论非常担心一场外来危机导致国家陷入日益穷困和四分五裂的困境。[2] 许多中国人，包括国会请愿者，都认为列强企图瓜分中国领土。与此同时，朝廷权力衰微，光绪与慈禧去世以后（1908 年 11 月）舆论支持缺失的状况更形严重，而掌握中枢大权的满族亲贵集团四分五裂、不负责任。张謇写道：

> 外则海军未立，陆军不足，海疆要塞，不能自固，船舰

---

1 有关江苏积极分子参与请愿运动的情况，见王树槐（1985），第 143—151 页；张玉法（1971），第 393—498 页；《张謇全集》，第 1 卷，第 127—129，134—143，145—149 页；耿云志（1983），第 11224—11230 页；Fincher, J. H.（1989），pp. 146‐149；韦庆远等：《清末宪政史》，北京：中国人民大学出版社，1993 年，第 302—354 页。

2 1909 年日本获得满洲南部安东—奉天铁路线租借地，并且觊觎吉林—长春铁路线租借地。英国人和德国人于 1908 年组织了四国财团（英、法、德、美），1910 年贷款给清廷修建铁路，贷款条件对借款人非常不利。1909 年有传言说列强在海牙会议上缔结秘密决议，将接管清廷财政。《张謇全集》，第 1 卷，第 128，134 页；《郑孝胥日记》，第 3 册，第 1278—1279 页；Wright, Mary C. "Introduction: The Rising Tide of Change", Wright, Mary C. ed., *China in Revolution: The First Phase, 1900‐1913*, New Haven and London, Yale University Press, 1968, pp. 3‐21.

枪炮，听命于人；内则至艰至巨之责任，悉加于监国一身；政府俯仰委蛇，曾不闻有所设施，足以分监国之忧劳，而轻天下集视于监国之责望。[1]

国内的形势也跟外患日深同样令人担忧：朝廷财政危机，民众穷困，社会不稳定，民变与兵变有增无已，舆论越趋激烈，地区主义增长……所有这些王朝垮台的迹象都聚齐了，再加上反清意识形态传播广泛。对于改革派的士绅来说，反清并非要务，帝制仍然是国家统一的最后一道壁垒，它的垮台将导致中国的灭亡："朝廷若无雷霆之举动，以昭苏薄海之生计，恐人心一去不复回，国运已倾而莫挽。"[2] 立宪派希望再次与清廷结盟，与其说出于忠诚，不如说出于实际政治的需要：江苏和浙江两省的谘议局，教育总会和上海商务总会，是寥寥无几的几个庆贺清廷 1910 年 11 月 4 日诏书的机构和团体。[3]

然而，立宪派的队伍并非立场一致，尤其是许多人不同程度地受激进公众舆论的影响。由于中枢权力乖张跋扈和革命党的反清宣传，舆论日益激化。在京师，摄政王家族饱受谴责，名义上掌权的监国载沣（1883—1952）游移不定，满族亲贵集团相互争权夺利。两个最有权势的军机大臣，袁世凯被随便解职，张之洞则于 1909 年去世。这

---

1 《请速开国会建设责任内阁以图补救意见书》，载《张謇全集》，第 1 卷，第 134—135 页。

2 《国会代表第二次请愿书》，载《申报》，1910 年 6 月 14 至 17 日；载《张謇全集》，第 1 卷，第 148 页。

3 《政治官报》，《电报类》，第 1091、1094 期，转引自韦庆远（1993）第 346、433 页。

年改革派干将端方也被解除了他的直隶总督新职务，缘由是他派人对慈禧与光绪殡葬仪仗队伍照相。1911 年 5 月，清廷成立了高度集权并由清朝贵族主导的内阁，导致舆情大哗并招来各省谘议局联合会、资政院以及相当一部分官员的严厉批评。

1911 年 6 月，张謇和他的朋友们跟下野的袁世凯恢复了联系，后者在政界与军界仍享有相当的影响力。这一举动是否是在有意识地准备未来呢？答案是肯定的，然而地方精英却无法预知这一联盟会因为力量过于不平衡，而难以按照计划向期望的方向演进。

四 构建教育一体化

从 1909 年到 1911 年，省教育总会着手深化和扩大教育组织，旨在推进教育体制的均质化。在全省和全国推动教育一体化，是与国会请愿运动同时进行的。

省际教育整合

前面已经指出，教育总会的领导人一贯关注地方教育一体化。为了更好地保障跟地方的联系，1908 年教育总会修改了会章，以便让地方劝学所的负责人直接担任总会在各地的会董。[1] 要保持跟这些行政管理者的联系，必须能够见到他们。可是参加总会年会的地方负责人非常不稳定，尤其是来自江苏北部地区的人。

有些领导人建议总会替边远县的代表出路费。但是大多数人没有接受这个建议，很可能是为了节省经费以用于建筑总会会址。[2] 总会于是要求宁属和苏属学务处用行政手段促使地方代表来上海参加年会，不过收效甚微。经费有限和地理距离过远使他们只能放弃扩大年会参加人数的计划：缺乏现代通信手段，调查员常常需要好几天才能抵达江苏北部的一些县。此外，尽管会员多次要求，总会也没有能够出版月刊。它的一体化雄心，随着时间推移，大受挫折。1910 年 8 月 17 日，在年会之前召开的干事会上，60 多名干事中只有 11 人出席。这种情况引起总会负责人的警觉："欲全省教育之进行，不能不集合讨论，互谋趋一之方法。"[3] 该年年会通过一项决议，利用南洋劝业会开幕之际组织一个全省各属劝学所和教育会的联合会。利用劝业会加强省际教育界的联系是个理想的办法，因为所有的县都要到会展览当地的产品和学校成绩。

江苏劝学所教育会联合会于 1910 年 9 月 24 日在南洋劝业会会场公议厅成立。[4] 全省的教育人士第一次聚集在一起，讨论教育和经济

1　参见第二章第三节"组织机构"。

2　《文牍三编》下，第 33 页。

3　《文牍四编》下，第 42 页；《文牍六编》目次丁，第 12—14 页；《江苏教育会十年概况》（1914），第 11 页。

4　《江苏教育会十年概况》（1914），第 11—12 页；《教育杂志》1910 年第 2 卷第 11 期，第 2259 页。

发展问题。联合会决定每年集合一次，表决通过了省教育总会提交谘议局的有关初等教育的议案。教育总会决定让它的常任调查员同时兼任联合会的调查员。新设的联合会使总会可以更方便地跟地方教育负责人沟通，向他们传达有关信息并保持与地方的联系。

加强跟地方的联系如此紧迫，是因为正在进行中的地方自治将把教育事务置于县镇乡议会的领导下。这个分权体制意味着重新分配教育经费和重新调整教育人事。江苏教育总会的领导人担心地方精英忽略教育，将教育经费移为他用。1909 年公布的地方自治章程对基层行政教育权限的规定相当模糊，这不能不使教育总会感到担忧。[1] 为此，总会还利用媒体组织了一场有关劝学所、教育会各自权限以及它们跟自治公所之间关系的讨论。它要求地方自治机构必须选择一名从事教育者担任学务专员。[2]

总会的创举推进了地区之间的联系。按照联合会的方式，苏州、松江、镇江、江宁和徐州纷纷成立了地区联合会，并从属于省联合会之下，目的是在地区一级统合教学机构。[3] 这些地区联合会组织体育竞赛、学校成绩展览或文艺表演，从而推动了一体化进程以及传播了一种西化的教育新模式。教育总会期望扩大和加强它的社会基础。它非常清楚，要保持影响力，必须不断地开启新的动员模式。

---

[1] 黄炎培 (1931)，第 110—111 页；庄俞等：《最近三十五年之中国教育》，载《商务印书馆五十年纪念》，上海：商务印书馆，1930 年，第 259—260 页。

[2] 《江苏教育总会通告各劝学所教育会研究职务问题文》，载《教育杂志》第 2 卷第 3 期，第 1522—1526 页；《文牍六编》上，第 45—47 页。

[3] 《教育杂志》第 2 卷第 2 期，第 1423 页；第 2 卷第 12 期，第 2356 页；《文牍六编》(1911)，目次丁，第 6，37 页。

发起各省教育总会联合会

教育总会从成立第二年开始就跟各省教育界联络，但是直到1910年，仅限于书信来往。可是现在形势变化了：省联合已经成为事实，各省谘议局要求立即召开国会，成立全国教育会联合会的时机来临了。湖北省教育会建议成立"帝国教育会"；山东教育会表示愿意联合其他省教育总会向学部要求定教育宗旨。江苏教育总会则认为有必要成立一个联合机构，集体讨论有关提案，1910年它发起组织"各省教育总会联合会"。1911年1月首先将草拟的会章发至各省教育会，建议它们4月派代表来上海参加成立大会。11个省份响应了这项建议并派出各自的代表（奉天的代表因为瘟疫交通断绝未能成行）（图Ⅳ-3）。[1] 边远省份的代表人数很少。其他如吉林、山西、陕西因为当地精英内部分歧而未能出席，还有的地方尚未建立省教育会。[2]

江苏教育总会派了沈恩孚、黄炎培、杨保恒三人代表，并且动员了上海及附近的会员接待各地来的代表以及承担大会的秘书工作，另

---

1 《文牍六编》（1911），目次丁，第36，63，78—87，91页。

2 十二个表示参加会议的省份为江苏、广西、安徽、江西、山东、湖北、直隶、福建、湖南、浙江、河南和奉天。吉林未能参加，因为当地还没有组织省教育总会。山西教育会回信告知该省教育总会没有推举代表。浙江教育会称正在重新组织，由省谘议局代派代表一名。四川和陕西要求邮寄会议文件。见《文牍六编》（1911），目次丁，第68—69，74，81—86，91，93页。非常奇怪，没有看到有关广东省的信息，而后者实际上一直跟江苏教育总会保持着联系。

图Ⅳ-3　各省教育总会联合会（1911 年 4 月）

外还邀请总会职员以及各厅州县劝学所总董、教育会会长参加旁听。各省教育总会联合会通过的临时会章规定不设会长，每个省享有一票投票权，直隶、湖北和江苏被暂定为举行年会的地点，会址则暂时设在江苏教育总会所在地。[1] 江苏教育总会当时是最有力与组织最完善的团体，也表现了尊重兄弟省份的胸怀。总会拥有自己的楼房，房内

1　有关各省教育总会联合会开会情形及其决议案，见《教育杂志》1911 年第 3 卷第 3
　期，第 2717—2718 页；第 3 卷第 5 期，第 2897 页；第 3 卷第 6 期，第 2987—2997 页。
　《江苏教育会十年概况》(1914)，第 13—15 页。Bastid, M. (1971), pp. 73–74。以下
　不再另外注出。

有一间宽敞的会议大厅，还驻有一家出版公司。[1] 通过这家图书公司，总会在联合会会后一个月，就出版了相关的文件，并将它们发送给所有的省份。除了这家出版社以外，教育总会的干部在当时上海的两家大报——《申报》和《时报》以及发行全国的《教育杂志》里都很活跃。

各省教育总会联合会从 4 月 1 日到 14 日（阴历），连续开会两周，讨论教育方针、发展教育的方法与规划。大会通过了一些决议，一部分呈请学部批准，另一些提供各省根据各自情况实行。五项提交学部的决议包括：1. 实行军国民教育主义案；2. 统一国语方法案；3. 停止毕业奖励案；4. 变更初等教育方法案（包括小学增加手工必修科，初等小学不设读经讲经科，准许男女同校等）；5. 变更高等教育方法。[2] 很明显，这些建议是 1909 年讨论小学章程的延伸。

从 1905 年创建到 1910 年年初，学部由大臣荣庆（1859—1917）领导，他是一个相当保守的蒙古人。学部的另一主管是张之洞，他是 1909 年的政治强人，于 1907 年被召回京师，担任负责教育的学务大臣直到去世。荣庆的政治态度与前面描述的两江总督张人骏非常相似 [3]：

---

1 这家出版社名字叫中国图书公司，是一家注册 50 万元的股份公司。1906 年由张謇、马相伯、李平书和曾铸等人发起成立。1908 年开始从事商业活动，由沈恩孚担任总编。从这时到 1913 年，江苏教育总会的各种出版物都由它出版。1913 年为上海商务印书馆并购。见《近代上海大事记》，第 613，638，648 页；张静庐（1953），第 213 页；杜恂诚：《民族资本主义与旧中国政府（1840—1937）》，上海：上海社会科学院出版社，1991 年，第 380 页。

2 Bastid 有关张謇的研究对这些方案做了解释性的综述，这里仅列提案名称。见 Bastid, M.（1971），p. 74.

3 参看第四章第二节。

两人都赞成对旧制度进行一场朝廷主导的温和改革，即将改革局限在传统的"最小"朝廷的范围内。[1] 这种立场使他们不可避免地倾向尽量少变动的保守主义立场。张之洞晚年也趋向保守，以"存古"为己责，维护中小学念经，并倡议在京师兴办经科大学等庞大计划。[2] 这个混合了维护皇权的守旧思想和命令主义精神的计划，通过一个僵化的官僚系统施行，最后只能陷入无法自拔的困境并导致新教育系统的失败。1909 年春天，张謇用非常严厉的口气，指责学部无所作为，对学校课程与章程的修改意见置若罔闻。[3] 虽然没有明说，但他的态度可以看作与昔日鼓励他从事现代经济和教育的张之洞分道扬镳。[4]

媒体也严厉批评学部说："今之为政者，既无确定之政见，又鲜号召之能力，故政施而效不至，法定而令不行。……主持教育之长官，既忧教育之现象，未有以进于前，不知从根本求之，于是自相矛盾之政策，支支节节之法令，乃如牛毛而起。"[5]

在筹备立宪的这几年里，局势越来越紧张。公共舆论更加公开地批评朝廷。禁止小学生男女同校给地方财政增加了困难，而后者的经

1　卞孝萱、唐文权 (1991)，第 683—687 页。

2　有关张之洞的观念以及他在设立初等学堂课程方面的贡献，见 Bastid (1971), p. 63。参见朱有瓛 (1989)，第 2 卷第 2 期，第 503—534 页；Ayers, W. (1971), pp. 245-251。张之洞去世后，兴办经科大学的计划在一些保守官员的主持下匆匆上马。

3　张謇：《呈学部文》(1909 年 5 月)，载《张謇全集》，卷 4，第 85—87 页。张謇尤其指出 1904 年修订的小学章程年限长、课时重，其中读经、讲经时间长达五分之一。参见张謇，《初等教育必须改良之缘起》(1908)，同前，第 83—85 页，以及 Bastid (1971) 一书有关此文的评论，pp. 183-184。

4　1895 年张之洞请张謇和陆润庠两人分别在通州与苏州设立棉纺厂和丝厂。他也是组织学会、发展现代教育的积极支持者，见《张季子九录》，卷 7，《年谱》下，第 1b、3a 页。

5　沈颐：《论改良私塾》，载《教育杂志》1910 年第 2 卷第 12 期，第 119—120 页。

费本来就很紧张。中小学读经必修课早就饱受非议，但是部颁小学校章程坚持保存这些课程，尽管小学生根本无法理解这些深奥的文字和内容。[1] 张謇、汤寿潜和郑孝胥建议小学阶段取消读经讲经，[2] 保留这些课程使许多教育工作者不满，认为是这样做跟讲求实效和创新的教育学原理背道而驰。媒体对张之洞的专横跋扈的作风大加鞭挞。[3]

另一项有关创建八个专科大学的计划也使教育家们十分不安，该计划包括医学、格致、农科、工科、政法、商科、文科和经科。张之洞是最早（1907 年）在湖北建立存古学堂的高级官员。现在他准备在八个专科大学中，首先开办经科大学，借口说后者比其他学科需要更长的准备时间。他甚至要求各省在举人和贡生中为经科大学遴选考生。然而，计划刚开始，这个强人就于 1909 年 8 月病亡。直到最后，他还念念不忘保全他的创举，担心"一般新进之徒，玩视国学，将此科裁去"。[4]

19 世纪 90 年代教育改革的先行者张之洞逐渐成为深入改革的反对派。他还坚信地方精英企图将公共财产据为己有。[5] 1906—1907年间，他是授权地方和基层自治最激烈的反对者。商务印书馆旗下的《教育杂志》对张的演变做了一番毫不留情的鞭挞：

---

1 见各省教育会联合会决议案《请变更处等教育方法案》，载《教育杂志》1910 年第 3 卷第 6 期，第 2987—2997 页。

2 《教育杂志》1909 年第 1 卷第 4 期，第 324 页。

3 《教育杂志》1909 年第 1 卷第 7 期，第 595—596 页。

4 《教育杂志》1909 年第 1 卷第 9 期，第 759 页；第 1 卷第 10 期，第 854 页。

5 Bays, Daniel H. *China Enters the Twentieth Century: Chang Chih-tung and the Issues of New Age, 1895—1909*; Ann Arbor: University of Michigan Press, 1978, pp. 203 - 205.

欧风东来，学风为之一变，文襄不能调和利用，以促进国家之文化，乃牢守保存国粹之政见，不论有益无益，概斥之为西人谬论，尽力反对之，压制之。如癸卯所订之学务纲要中，大书特书不许民校习兵操，不许民间专习政治法律，甚至反对女学，限制留学陆军学生。侈言存古，倡设存古学堂。无一事不与世界大事反对，无一事不袭科举之精神。反对舆论为其所长，动谓人为后生小子，不屑与言，故新知未由输入。晚岁犹痛恨报馆，取缔甚严。欲以一手掩尽天下耳目。吾国文化之不进，文襄实尸其咎，不能为文襄恕也。[1]

从提倡教育改革到近乎绝望地捍卫秩序，张之洞的立场变化反映了一些人害怕新教育动摇政权的政治和意识形态基础。实际上，读经对于保守派和改革派来说意义不同。教育总会那样的改革派并不否认经书包含的价值原则和他们拥护的社会秩序。但是就像他们关注的那样，他们主张更适合儿童智力发育的课程设置，反对教育和官方意识形态紧密相连，以及排斥非官方人士参加的教育政策制定方式。

1911 年各省教育总会联合会通过的决议案可以看作抵制张之洞遗产的举动。通过要求施行军国民教育以及统一简化的国语课程，教育工作者要求建立民族国家意识的教育，并且选择一种更加适合思想变化和有利经济发展的教育纲领。他们提出的高等教育方案要求经科

---

1 《张文襄公与教育之关系》，载《教育杂志》1909 年第 1 卷第 10 期《评论》，第 875—879 页。

与文科大学合并在一起，把现有的高等学堂改为大学，以便缩短学制以及将京师的专科学校分散到各省。

教育工作者们主要从职业角度而不是政治角度表达他们的意见。各省教育总会联合会作为职业团体，强烈要求在教育领域享有发言权。两种对现代化道路的不同观念相互对立：联邦分权相对于绝对主义的国家集权，实用主义教育相对于挽救皇朝的工具主义教育观。

全国教育整合的新机构： 中央教育会

继荣庆和张之洞之后，唐景崇（1844—1914）于 1910—1911 年间担任学部尚书、学务大臣。唐曾于 20 世纪初相继担任浙江、江苏学政，对教育工作者的愿望和要求比较理解和赞同。参照法国和日本教育会议，他很快着手组织一个全国性的协商会议，显然希望通过这样的渠道改善学部跟教育界人士的关系。清廷批准了学部在京师设立中央教育会的建议，会期一个月，自 1911 年 6 月 20 日到闰 6 月 20 日（阴历）。[1]

这个会议由学部及其他部门官员、地方学务官员、官立学堂负责人以及官方遴选的一些教育人士组成。职能限于起咨询作用，并且只有对中小学教育的发言权。尽管如此，会议规则引入了讨论和投票表

---

1 有关中央教育会的组织与开会情况，见《教育杂志》1911 年第 3 卷第 6 期，第 2949—57 页；第 3 卷第 7 期，第 3062—64 页；第 3 卷第 8 期，第 3138 页；Bastid（1971），pp. 74 - 75；张树年编：《张元济年谱》，北京：商务印书馆，1991 年，第 94—99 页。作为中央教育会的副会长，张元济主持了大部分会议。

决决议的程序。唐景崇任命张謇为正会长，商务印书馆编译所的所长张元济和直隶学务公所会办傅增湘担任副会长。媒体在对新机构的章程限制表示遗憾的同时，赞扬了学部的创举并鼓励教育工作者。[1] 江苏教育总会与各省教育会联络，广泛传播了两个月以前他们在上海共同通过的决议，并将这些决议提交中央教育会。[2] 教育总会派出副会长蒋炳章、两位干事员黄炎培和沈恩孚以及学校校长杨保恒、贾丰臻、陆规亮和袁希洛等人参加。这个队伍构成显示了新的趋势：越来越多的职业教育工作者代替传统士绅担任学界的代表。

一百多位代表参加第一次全国性的教育会议。张謇在开幕辞中勉励代表们平心静气地参加讨论，防止意气用事和激化分歧。然而，参加会议的官员和民间代表无可避免地分成两派，争执激烈。[3] 一些一般性原则的议案，如义务教育、国库补助小学教育和教师培训、小学手工必修科等，没有碰到太大的反对被顺利通过了。反之，触及官方意识形态或者涉及朝廷控制手段的议案则引起强烈反对。为了维护现存秩序，效忠帝王僵硬教条和保存国粹的保守派官员顽固反对男女同

---

1 张元济在一封致梁启超的信函中表达了同样的意思："学部奏设中央教育会，其意亦欲集思广益，以谋教育之改良，而图行政之统一。维所拟章程未必尽是，而用心尚属可嘉。弟被任命为副会长，事关公益，不能不掤挡一行。"引自张树年 (1991)，第 95 页。

2 《文牍四编》，目次丁，第 94—95 页。

3 陆费逵：《论中央教育会》，载《教育杂志》1911 年第 3 卷第 8 期，第 3091—3096 页；黄炎培 (1931)，第 112 页。

校、取消小学读经以及停止通过学部考试和毕业生实官奖励，[1] 后者是朝廷控制全国精英的重要手段。尽管对毕业生的筛选越来越严密，[2] 朝廷却完全没有能力维持目前的状况。作为邮传部高等实业学堂的监督（校长）和江苏教育总会会长，唐文治指出，在不到十年的时间里，授予学校毕业生的官位数目已经十倍于科举时代（千人与百人之比）。他尖锐地批评实官奖励制度引导学生谋求官职而不是生产性职业。[3]

军国民教育包括兵操（兵式体操）和射击等练习，被看成蕴含鼓励年轻人趋向军事化的危险，从而形成对朝廷的威胁。上海的一些学校难道不是已经声称他们跟商团和商民体操会分享共同的尚武目标吗？[4] 有些改革派，例如著名的改良派报人汪康年、《教育杂志》的

---

1 中等和高等学校的学生通过学校的毕业考试以后，必须分别赴省会和京师参加提学使和学部复试。江苏教育总会对该制度的有关批评，见《唐会长文治致中央教育会说略》，载《文牍四编》目次甲，第2—6页。唐文治指出，1910年邮传部高等实业学堂的学生，为了参加赴美留学选拔，已经为类似的考试耗费了80天的时间，包括赴江宁一次，赴京师两次，见《唐文治侍郎咨邮传部转咨学部文》，载《教育杂志》1910年第2卷第11期，第2250—2253页。

2 学部规定各省提学使必须主持给中小学颁发文凭的考试，以致提学使的大部分时间都用于管理考试，而不是管理全省的教育。《教育杂志》1909年第1卷第7期，第595页。对学堂出身奖励和实官奖励的其他批评意见，参见朱有瓛（1987），第127—138页。

3 江苏教育总会认为授予高小毕业生和中学生科举功名，导致国民之间资格不平等，并且影响实用学科发展。为此，1910年组织了一场有关这个问题的公众讨论。《教育法令研究报告：研究各学堂奖励章程》，载《教育杂志》1910年第2卷第6期，第1850—1856页。参见《教育杂志》1910年第2卷第5期，第1661—1675页；1911年第3卷第6页，第2922—2928页。

4 1911年3月25日，上海中国公学、复旦公学、南洋中学、留美预备学校等开学界联合大会，旨在"联合全国学界，实行武事教育。其用意与商团会、国民会正复相等"。载《教育杂志》1911年第3卷第5期，第2896—2897页。

主编陆费逵对提倡全国尚武也持怀疑态度，[1] 官员们对此表现了坚不退让的立场。最后除了军国民教育议案以外，教育工作者在大部分交议案中获得胜利。他们采取了回避刺激清廷的过敏问题，从教育、行政、财政角度提出问题的策略。通过的决议也是妥协的结果：黄炎培记载说，停止实官奖励案，在 135 票中以 80 票赞成通过，初等小学不设读经讲经科争论激烈，最后在 135 票中以 81 票赞成通过。[2]

辩论占据了很长时间，议题常常准备不足。代表们不懂得遵守纪律，对公共辩论的规则与行为准则缺乏了解，很多发言词不达意，会场秩序紊乱，会议厅音响效果也很差。[3] 65 件提议案只有 18 件得到讨论。张元济主持了大部分会议，他发起成立了一个非官方组织——中国教育会，旨在加强上海核心内部的交换意见和协调行动以及通过商务印书馆联络首都有影响的人物。[4] 张謇则利用在京机会发起成立全国师范学堂联合会，这是一个完全的职业协会，但以集合校长而不是教员为主，目的是加强各省之间和师范学校之间的联系。

中央教育会的会议展示了一种新的促使全国一体化的机制，它建立在协商、谈判和妥协的基础上。新的会议程序改善了朝廷和地方之间的关系，并且使双方的利益和观念趋向一定的平衡。学部放弃了使

1　汪怡年编：《汪穰卿先生传记》，1938 年，载章伯锋、顾亚编《近代稗海》，成都：四川人民出版社，1988 年第 12 辑，第 299—305 页；陆费逵 (1911)，第 3 卷第 8 期，第 3094 页。

2　《黄炎培日记》，北京：华文出版社，2008 年。第 1 卷，1911 年，第 6—7 页，第 9 页。

3　关于中央教育会会议进行的情况，参见陆费逵 (1911)，第 3095—3096 页；张树年 (1991)，第 296—299 页；《黄炎培日记》(2008)，第 4—10 页。

4　《教育杂志》1911 年第 3 卷第 8 期，第 3137—38 页；《章程与职员》，第 3165—3169 页。

用行政命令手段达成目标的方式。各省与职业教育界的崛起为今后全国的教育领导范式打下烙印。儒家传统使教育家们在关注全国一致性上容易达成共识，但是他们要求建立新的协商机构，并且确实争取到后者的确立。举国协商的机制在民国时期继续，以全国教育联合会的名义进行。不过此时，朝廷尚未建立一个强有力的领导中枢来协调各地的行动，并解决地方教育经费和教育管理权的关键问题。

第五章 从立宪到革命

1911 年 10 月 10 日的武昌起义及其之后的革命进程终于导致了江苏地方精英与清廷决裂。地方士绅与革命党人及倒戈的军人携手走上共和的道路；归顺革命在很大程度上是迫不得已，首要的考虑是维持国家统一与社会秩序。绅商领导人先后与南方革命党人的临时政府和北方的权势人物袁世凯合作，并且竭尽所能调和对立的双方。

一 归顺革命

江苏各地归顺革命的过程

清朝末年，许多人都预感清廷迟早要垮台，并根据各自的情况与政见决定取舍。像张謇和汤寿潜这样的绅商领袖试图尽量挽救危局，不断向朝廷提出建议或批评。年轻的积极分子和一般的社团领导人对清廷的不满直接形诸辞色，对反清言论也更敏感。黄炎培回忆说："张季直先生到上海，我们谈国家大事谈得多，谈革命比立宪先进，但谈教育不多……"[1] 与革命党人的联系通过同乡、亲戚、朋友的网络发展。为了策应孙中山在广东的起义，年长的马良也和新军军官赵声（伯先）私下往来。[2] 国会请愿失败后，上海的绅商领袖沈缦云、王一亭、叶增铭加入了同盟会。他们和上海自治公所总董李平书一起把现有的民团、体操会、救火会整合成为一支保护地方的武装队伍。不过，尽管朝廷无能笼络地方精英，不断削弱着自身的政治和社会基础，但地方精英还是以谨守自己的阵地为要，限于维持秩序和保护地方利益。[3]

武昌起义爆发，在最初的犹豫之后，上海与江苏省的绅商领袖们最终决定响应革命，以适应民心："橡皮投机"失败的风潮，[4] 大大增加了上海民众对清廷的敌意。为了避免城市遭受破坏，城厢自治的首领李平书、沈恩孚、吴馨和莫锡纶率领民团与革命党人合作，包括陈其美（1878—1916）麾下的同盟会党人、江苏籍学军事出身的钮永建（1870—1965）、光复会成员李燮和（1873—1927）等人。这支队伍联合攻打县城，随后又跟闸北、吴淞和松江府的警察与民团汇合。

1　黄汉文（1987），第98页。

2　陆澄溪：《我的自述》，载《江苏文史资料选辑》，1986年第18辑，第130页。

3　有关辛亥革命前夕的城市局势，见 Bergère, Marie-Claire. *La Bourgeoisie chinoise et la révolution de 1911*, La Haye-Paris, Mouton, 1968, pp. 43 - 45。

4　1910年夏至1911年年初，许多中国钱庄卷入橡皮投机，导致上海居民损失白银350万至450万两。苏松道台蔡乃煌腐败、不负责任的行为加深了商界的困难和损失，见 M-C. Bergère（1964）。

11 月 4 日未经大流血便占据了上海县城。第二天，苏州的江苏巡抚程德全接受绅商的劝说同意倒戈。[1]

比起一般地方士绅，上海绅商的政治能力与果断的行动能力起了决定性的作用，并且影响了长江下游地区。在无锡，开明绅商具有较大的影响力，他们采取了与上海同样形式的联合行动并取得了相似的结果。长江下游的其他几个府，包括松江、苏州、常州、太仓和通州，都采取了大同小异的归顺革命的主动性举措。[2] 江苏北部的情况大不相同。在扬州，绅商无法控制地方局势，只好向盐枭徐宝山（1866—1913）的私人武装求救；随后徐在扬州府建立了他的统治，以攫取当地的盐税收入。[3] 在海州，当地绅士要求县令决定是否归顺革命。徐州的绅士推举前官员组织新政权，后者向刚被革命党武装打败的张勋（1883—1923）的军队寻求援助……后果是徐州城遭受洗掠，损失重大。淮安府先是遭到一支倒戈军队的抢劫，随后被置于北洋军官蒋雁行（1875—1941）的控制之下。[4]

省级领导人试图控制局势。在首府江宁，尽管没有达到法定人

1 Elvin, Mark：《辛亥革命在上海》，载蔡尚思编《论清末民初的中国社会》（1983），第166—179 页；Bergère, M-C. (1986), pp. 201‑205；上海社会科学院历史研究所编：《辛亥革命在上海史料选辑》，上海：上海人民出版社，1981 年，第 133—172 页；《辛亥革命七十周年——文史资料纪念专辑》（1981），第 144—221 页。

2 扬州师范学院历史系编：《辛亥革命江苏地方史料》，南京：江苏人民出版社，1961；张国淦编：《辛亥革命史料》，上海：龙门联合书局，1958 年，第 226—238 页；王树槐 (1985)，第 153—162 页。

3 《辛亥革命江苏地方史料》(1961)；张国淦 (1958)，第 226—238 页；王树槐 (1985)，第 153—162 页。

4 闵斗基：《徐宝山与辛亥革命》，载中华书局编辑部编《辛亥革命与近代中国——纪念辛亥革命 80 周年国际学术讨论会》，北京：中华书局，1994 年，中册，第 1458—1469 页。

数，临时谘议局仍于 11 月 7 日投票通过江苏独立，随后宣告解散。由于张勋顽固不化，高级官员竭尽全力劝说他归顺的一切努力都失败了，军事解决不可避免。攻打江宁城时，地方精英广泛动员以满足联军的财政与后勤需要。全省终于在 12 月名义上归属了新政权。

采取主动姿态的绅士们给自己的权威增添了新的合法性，倒戈的军人和革命党人不得不跟他们分享行政、民事与军事权力。为了维持秩序，许多地方像上海那样组织了自己的民兵（商团或民团）。对革命党的武装来说，绅士在地方事务和筹集资金方面的协助或不可缺。江苏省临时省议会取代了原来的谘议局，于 12 月 20 日在苏州集会。原先 125 位议员中有 70 人到场，他们共同决定了一些组织省政府的临时性措施。谙熟行政的程德全的经验对积极分子们十分有用，程在新成立的省政府中纳入教育总会和预备立宪公会的核心人物——王清穆、沈恩孚、黄炎培、杨廷栋、雷奋、史量才等人。他在临时省议会面前宣布自己忠于共和。张謇重被选为临时省议会的议长，他号召议员们团结在程德全周围，一劳永逸地消除长期以来督抚分治带来的宁属和苏属地区的行政隔阂。士绅和官员们携手重组了省政权，并积极支持了革命军事行动，从而为他们的新权力打下基础。[1] 教育总会的积极分子们再一次一马当先。

江宁光复后，省领导人准备把议会与政府迁往那里，实现省政一体化宏图，这个打算受到江浙联军阻挠。有些军人居功自傲，窥视省

1　江苏临时省议会编：《江苏临时省议会第一届会议报告》（1911），卷 1，第 3—4 页；《辛亥革命在上海史料选辑》（1981），第 1012—1013 页；张玉法：《国民党与进步党的比较研究》，台北：近代史研究所集刊，1981 年，第 10 期，第 123 页。

督位置，甚至不惜动武争夺。一些军事单位拒绝在收到军饷之前离开省城。张謇和商会不得不集款偿付他们离城的代价。程德全虽然号称江苏都督，却只能滞留苏州，直到 1912 年 5 月。[1]

实际上，省政府的政令只能达到江苏有限和分散的一些地区，充其量在长江三角洲以及北部一些地方施行。统治扬州的徐宝山俨然一个小军阀，而蒋雁行则准备在清江（清河）设立一个江北议会。在其他地方，新军或者防军（守卫地方的部队）的倒戈毫无疑问加速了推翻清政权，然而，即便下级军官和士兵受到民族主义思潮的影响，他们反对的举动往往更多地源自军队生存条件的败坏，诸如 1910 年减少军费预算，高级军官贪污腐败，并与下层军人关系恶劣，等等。[2]总之，军队对省政府的服从离不开金钱挹注。

尽管得到地方精英的帮助以及城市民众的支持，革命运动参与者成分芜杂、纪律松弛，并且无法有效地动员更加广泛的社会力量。它不可避免地走向地区化和军事化，但是绅商不能对此袖手旁观。

与革命党人的合作与分歧

出于注重国家统一的政治理念，立宪派努力避免内战和外国干涉。他们一方面努力争取北方的强势人物袁世凯，另一方面积极联络

---

1 《张謇全集》(1994)，第 1 卷，第 181 页；张国淦 (1958)，第 235—236 页；《辛亥革命江苏地方史料》(1961)，第 58—59 页；李新等 (1982)，第 377—378 页；骚心：《陶璞卿事略》，卞孝萱、唐文权 (1991)，第 184—185 页。

2 Fung, Edmund S. K. *The Military Dimension of the Chinese Revolution*, University of British Columbia Press, 1980, pp. 145–169.

南方宣告独立的省份，筹划组织临时政府，以便统一南方阵营并迫使清廷退位。革命党领袖与绅士首领保持礼节上的联系。为了达到团结一致的目标，绅商领导人甚至致力于消解南方阵营内部潜在的分离因素。[1]

1912 年 1 月 1 日共和国宣告成立，东南阵营的三位领导人，张謇、程德全和汤寿潜被任命为政府部长。表面上，改革派与孙中山结成了联盟。但实际上地方精英的代表对议会和临时政府都影响甚微，这很快就使他们感到了不满。[2] 尽管如此，农工商部长张謇还是尽力帮助临时政府克服财政困难。除了江苏的财源和上海商人的捐献，他用江苏铁路公司和他自己的大生纱厂向日本分别抵押，获取借款 330 万日元。张受任管理两淮盐政，再次运用他的影响力向盐商筹款。[3] 上海和省的其他官员也参与其中，为革命力量筹集资金。

驻扎长江下游的革命军队极大加重了政府的负担，远远超出了地方精英所能承受的限度。后者当中的许多人曾对孙中山向外国借款的能力抱有幻想，结果大失所望。最令人担忧的是，临时政府无法树立

1　为了确保自身优势，同盟会的陈其美和宋教仁主张在上海召开各省代表大会，遭到武昌首义者的反对，后者拒不承认上海立宪党人的合法性。为了调和双方立场，绅商首领建议在武昌设临时政府，在上海临时议会。最后江宁被选为新政府的驻地。但是派别冲突因政府首脑人选问题继续存在。

2　上海立宪人质疑各省代表会代表的合法性，因为后者是由各地军事都督选派的。他们要求举行新的选举。在临时政府中，立宪派的部长都搭配了由革命党人担任的次长，使前者没有真正的实权，因此也不在南京居住。见《辛亥革命在上海史料选辑》（1981），第 774—777；李新等（1982），第 1 卷下，第 428 页。

3　《张謇全集》（1994），第 1 卷，第 234—241 页；张朋园（1983），第 231—232 页；Hsüeh, Chin-tu, *Huang Hsing and the Chinese Revolution*, Stanford：Stanford University Press, 1961, pp. 131 - 132；Chu, Samuel C.（1965），pp. 72, 76 - 79。有关上海绅商提供经济援助的情况，见 Bergère, M-C.（1986），pp. 205 - 207。

足够的权威使各省集合在它周围。这些省份不仅不为南京政府的预算做贡献,而且还向中央要钱以负担不断扩充的兵员。军队是最关键的问题:有些军队不惜用叛乱相威胁,如果当局不能满足他们不合情理的要求的话。此外,南方各省截取的盐税高达四百万两。[1]

随着金融负担的加重以及军队对民政的干涉,地方精英的不满与不信任与日俱增:加盟的立宪派被逐渐从政府职位上驱逐,有些人甚至被抓捕。[2] 1912 年 1 月,上海绅商要求都督陈其美辞职。上海和扬州的军事都督截取农业税,导致省政府和省议会向孙中山提出强烈抗议。清江都督试图划省分治的举动也非常令人不安。[3] 最后,国税抵押向外借款以及汉冶萍公司借款一事引起社会各界的激烈批评并导致张謇辞职。[4]

南京临时政府的致命弱点是"缺少一个有效率的政党领导机构"

---

1 《张謇全集》(1994),第 1 卷,第 219,235,250—251 页;张荣生:《张謇:清末民初的盐务改革家》,载张謇研究中心编《再论张謇——纪念张謇 140 周年诞辰论文集》,上海:上海社会科学院出版社,1995 年,第 149—150 页。

2 Bergère, M-C. (1968), pp. 88 - 90;李达嘉:《从"革命"到"反革命"——上海商人的政治关怀和抉择,1911—1914》,载《"中央研究院"近代史研究所集刊》,1994年第 23 期,第 261—269 页。

3 《江苏临时省议会电》,1912 年 2 月,载《张謇全集》(1994),第 1 卷,第 216 页;《为统一苏政致江北某都督电》,同前,第 233—234 页。

4 汉冶萍公司于 1908 年通过合并三家企业而成,包括汉阳兵工厂、湖北大冶铁矿和江西萍乡煤矿。公司曾在辛亥革命前夕吸收日本资本。1912 年年初,孙中山和黄兴以日本工业家参与公司管理为条件,跟日本谈判借款 300 万日元。这个计划后来没有实现,但引起激烈抨击。张謇通过辞职表示反对立场。见 Bergère, M-C. *Sun Yat-sen*, Paris, Fayard, 1994, pp. 244 - 245;李达嘉 (1994),第 265 页。

（白吉尔），无法整合革命阵营以及扩大其社会基础。[1] 为了促进南方阵营的团结，绅商领导人与革命党的理论家章炳麟于 1911 年 11 月成立中华民国联合会。但是这一组织建立在传统的名流协商方式的基础上，对于日形分离的政治局势少有补益。出于对弱势临时政府和分裂局势的担忧，张謇与章炳麟携手，劝告同盟会领袖黄兴解散革命武装：

> 总之，军事非亟统一不可；而统一最要之前提，则章太炎所主张销去党名为第一。次须公与中山先生秘计之，由孙先生与公正式宣布；一则可融章太炎之见，一则可示天下以公诚，一则可免陆军行政上无数之障碍。[2]

张謇向孙中山表达了同样的意见，但没有得到后者的首肯。[3] 不过他的忧虑并非毫无理由。南方的武装力量由不同派别的革命党人或者改帜的军官率领，很快成为效忠个人的地区分离势力。

临时政府的软弱无能使绅商首领与上海商界把希望寄托在袁世凯身上，后者于武昌首义发生后被清廷紧急召回京师。袁在清末以改革派总督和坚定的立宪支持者而著名，此时被地方精英视为能够掌控局

---

1 Bergère, M-C. (1994), pp. 231 - 233, 240 - 242；《辛亥革命在上海史料选辑》(1981)，第 751—756, 1050—1055, 1063—1064, 1073—1075 页；李新等 (1982)，第 417—422 页。

2 张謇：《为时政致黄克强函》，载《张謇全集》(1994)，第 1 卷，第 237 页；朱宗震：《民国初年政坛风云》，郑州：河南人民出版社，1992 年，第 13—14 页。

3 张謇：《追悼孙中山演说》(1925)，载《张謇全集》(1994)，第 5 卷，第 492 页。

势者：袁掌握实际权力，受列强信任，有望制止政治分离趋势蔓延。绅商领导人期望与强人分享权力，袁显示的包容态度也使他们充满幻想。

联合袁世凯的调和路线

1912 年 3 月，在清廷退位和袁世凯就职总统之间，出现了一段制度竞争时期。绅商领导人组成政党捍卫他们在政治体制上获得的权力，支持他们认为象征国家统一的强人，并阻止同盟会的上升势头，后者享有的声誉使他们感到担忧。中华民国联合会此时改组为统一党，两个月后又跟其他立宪派团体联合组成共和党。目标是将在年底举行的国会选举。在共和党的支持下，袁世凯经营扩展个人权力空间，同时伪装成站在党派博弈游戏之上。他赞成共和之举使地方精英幻想袁将跟各方政治力量分享政权。袁支持江苏省政统一以及解决军队问题的举措，进一步增加了士绅领袖对他的信任。

江苏省此时分裂为多个不同的民政、军政或革命党人政权。1912 年春，在上海、苏州和清江同时存在三个军政府，常州和扬州两个军分府以及南京由黄兴领导的留守府。名义上的省督的实际权力只限于苏州附近。省内军队的人数自革命爆发以来增长了四倍，达到有违常理的十八万人，这对于公共秩序和省财政都是一个巨大的负担。[1] 1912 年 4 月 3 日和 11 日，临时政府和临时参议院尚未迁移北京之

---

1 Young, E. P. *CHOC*, vol. 12, p. 216.

前，苏州和南京就遭遇了士兵哗变，造成不菲的损失。解决省政统一问题和军队超员问题已经刻不容缓了。

为了得到苏省绅商的支持，袁世凯满足他们的要求，重新任命 1 月辞职的程德全为省督，接着把清江的都督蒋雁行召回北京，并任命与程德全亲近的一个军官掌管当地的军队。扬州的小军阀徐宝山抵制黄兴的权威，投入袁世凯阵营并取消了他的军分府。程德全于南京兵变的次日抵达省府，采取谨慎态度与黄兴合作，以便解决军队问题。革命党人认为留守府是他们在江苏地区唯一的机构，坚决反对黄兴撤离。5 月底，激进党人试图推翻程德全，用陈其美取而代之，但未能成功。这些事件其实是南北阵营对立的反映。程德全很清楚这一点，他采取了一种节制的态度对待革命党人，防止冲突扩大。在政治和财政压力下，黄兴与陈其美先后于 6—7 月间辞职，从而结束了省政分裂的局面。跟袁世凯的联盟使江苏绅商和官员巩固了他们在省内的统治地位。江苏终于未经暴力冲突而重新归于统一。[1]

为了整编和裁撤江苏众多的军事单位，袁世凯给予成为他盟友的原江苏立宪派一笔可观经费：1912 年至 1913 年年初总共达五百万元，远远超过给予其他省份的经费。有必要指出，聚集在江苏的军队人数特别多，省财政也分担了部分费用。[2] 程德全主持了整编裁军，根据军人的品质和能力决定去留，而不是根据他们的政治倾向或者个

---

1 《张謇全集》(1994)，第 1 卷，第 221—222，247 页；朱宗震：《程德全与民初政潮》，载《历史研究》1991 第 6 期，第 91—96 页，该文修订版载中华书局编辑部编《辛亥革命与近代中国——纪念辛亥革命 80 周年国际学术讨论会》(1994) 中册，第 1394—1397，1399—1400 页；闵斗基 (1994)，第 1465 页。

2 有关江苏军队的军费，见李新等 (1982)，第 435—437 页。

人隶属关系，也不是一概排斥革命党军官，并且尽可能地抵制了效忠北洋的陆军部的干涉，使革命党军官在省的军队里保持了相当的力量，直到二次革命爆发为止。程德全与地方精英们抱有共同的目标，致力于维持和平以及各派势力均衡，以便尽快恢复有利战后重建和经济发展的环境。

在全国政治方面，江苏的官员和士绅采取同样的调和立场。在支持袁世凯"统一"权威的同时，努力谋求各派和解。1912 年春天以来，党派纠纷和个人之间的对峙主导了北京的政治生活。袁世凯在幕后操纵，准备驱逐革命党人。士绅们认为祸害来自党争。程德全与张謇向领袖人物与共和党呼吁采取温和立场。1912 年 9 月，张謇赴北京与袁世凯讨论盐政问题，借此机会他劝告共和党与国民党的领导人说，国家统一是恢复经济必不可少的条件，并认为"今共和党与国民党政纲甚为相近，而彼此情谊不遽融洽者，容有不明党德之界说"。[1]受袁世凯伎俩的蒙蔽，绅商领袖们很少注意后者的举措正在威胁共和国制度。在上海，李平书和总商会的领导们都认为政党之争是一切祸害的根源。[2]

尽管绅商领导人半公开地表示支持袁世凯的权威，他们仍然致力于调解两大对立阵营，坚持最起码的法治秩序。对于 1913 年 3 月宋

1　张謇：《在共和党招待会上致辞》，1912 年 9 月 17 日，载《张謇全集》(1994)，第 1卷，第 225 页。

2　李平书 (1989)，第 63 页；朱宗震 (1992)，第 183—184 页；李达嘉 (1994)，第274—277 页。

教仁被暗杀一案，他们选择了司法处理。[1]　不顾北洋政府的反对，张謇和程德全坚持公布司法调查的有关文件。地方精英也与国民党内的温和派合作，竭力避免南北对立演化为武装冲突，直到 1913 年 7 月，袁世凯的挑衅迫使南方阵营武力抵抗。在上海和江苏省内，绅商们渴求和平和秩序，整体上拒绝卷入"二次革命"。然而北军大批南下，粉碎革命党起义的同时也夺走了原立宪派手中的权力。9 月，顽固不化的将军张勋出任江苏都督，上任之前纵容他的军队在徐州和南京大肆抢劫。[2]　1913 年年末到 1914 年年初，袁世凯下令取消省议会和地方自治机构，此举使地方精英丧失了他们得以施展抱负的政治工具。在两个武装力量之间，省领导人徒劳无益地试图保持中间立场。尽管他们具有促进全国和解的真诚愿望，但是缺乏能够改变事情发展方向的实力。

二　地方精英执政

从 1911 年 11 月到 1913 年 9 月，江苏地方精英基本在中央权力

1　1913 年年初，国民党取得国会大选胜利，党魁宋教仁本应担任内阁总理，却在 3 月 20 日离沪赴京时被刺杀身亡。

2　有关 1912 年至 1913 年的政治生活和江苏官员与士绅调解南北冲突的活动，见《张謇全集》（1994），第 1 卷，第 212—213，224—226，245—246，251—265 页；Young, E. P.（1983），pp. 213—236；朱宗震（1991），第 1401—1408 页；朱宗震（1992），第 183—186，200—201 页。

管辖之外以及特别困难的条件下，独立执掌省政。这段唯一的经历使他们得以贯彻 20 世纪初以来影响他们行动的政治方针。江苏教育总会的干部大量进入新机构，承担了前所未有的职责。

组织省政权

革命结束后的首要任务是重建省政权以及统一地方政治机构。1911 年 11 月临时省议会的召集保持了省名义上的统一，并使程德全的行政权力合法化。通过集合百分之六十以上的地方代表，[1] 省议会巩固了自己的权威，避免省政碎片化。

在努力实现省政和平统一时，立宪派原先根据他们信奉的地方自治原则来建立地方机构。从 1911 年 11 月至 12 月起，临时省议会宣布通过选举产生地方负责人以及县与镇乡议事会组织的法令。从 1912 年 1 月到 12 月，998 个地方自治机关开始正式运行。除了少数变动，基本上遵循了清末地方自治的有关规定。这一连续性说明了行政机构得以迅速设立的原因。

但是地方行政非常不稳定，原因是经费困难、人事纠纷以及与有关人员执行能力带来的问题。一味任命本地人担任负责人并非没有缺陷。最初，省政府一般同意地方的决定，避免引起冲突。省政统一后，当局逐渐收回它的人事任命权，通过跟地方人士协商进行任命，但不限于仅仅批准任命当地人担任有关职务，而是根据行政能力与致

1　大多数议员来自江苏南部。

力公益的表现来决定。[1] 很多年轻的积极分子被任命为县民政长。为了纠正过去的一些陋习，尤其在财税方面，省政府通过加强统计工作以及派遣巡视员调查来增加效率。[2] 财税制度经过改革，税源分别划给省与县，从而使省政府得以贯彻它的政纲，包括对最贫穷地区的经济援助——例如徐州[3] 以及加强城市警察的力量等。

新的省政当局在严格要求的同时尽量尊重地方的情绪。总的来说，执政的地方精英抱有大致相同的政治改造目标。几乎所有的人都认为共和制意味着按照不同级别的地域单位分配权力。即使在江苏最北部徐州收集到的证词，都认为革命后的两年是"真正的共和国"，[4]意思是指一个地方分权的政治制度，本地精英在其中享有一定的政治空间。

省政当局有一个团结一致和精力充沛的领导集体。教育总会的一些干部从上海赶到苏州劝说程德全跟清廷决裂，随后成为新省政府最初的成员，其他一些积极分子也被召集来替补离开的官员遗留的空位。1912 年中，民政与军政分离之后，程德全与他原先的幕友应德闳分别担任军政和民政主管，从而进一步加强了前立宪派和教育总会人马上的优势：王清穆与龚杰先后担任财政主管，沈恩孚负责民事内务，黄炎培掌管教育。其他一些干部以及前省谘议局的议员们担任了这些部门的副职或科室主管。议会与行政职权重叠有时引起外界的批

---

1 黄炎培：《沈信卿先生传》（1995），第 125 页。

2 江苏省行政公署内务司：《江苏省内务行政报告书》（1914），《绪论》，上编第 1—2 页；第 114—118，145—208 页。

3 《辛亥革命江苏地方史料》（1961），第 582—583 页。

4 同上，第 580—581 页。

评。然而相比其他省份立法与行政争执不断，江苏省多亏了像程德全和李平书这样领导人，得以保持各方政治力量平衡，并受到舆论好评。[1] 官员们的工资相对较低（每月 30 元至 60 元），因为新执政者执意做出清廉与忠诚的表率。他们沉浸在乐观气氛中，这使他们得以面对政治和经济重建的巨大困难。[2]

毫无疑问，江苏原教育总会的干部在省政府占据的优势与他们在过去十年的组织与动员相关。革命党人在地方扎根有限，很多人革命后很快北上，到北京的新机构谋求发展。原则上，1913 年选出临时省议会扩大了政治参与，然而它几乎马上就陷入派系斗争，从而丧失了正常运行的大部分能力。[3] 相比之下，行政当局加强了自身的效率。没有了中央权力的束缚，程德全和他的助手们开始建立教育总会念念于兹的分权机制。不过在发挥地方积极性的同时，他们并没有舍弃加强省政府的集中和协调功能。

省政府的政治路线

新执政者的首要目标之一是创造有利于经济增长的条件。在江苏，农业与商业的发展都离不开水利系统的改善。从 1912 年年初开始，当局就动用省和地方的经费进行大运河、太湖、长江沿岸河堤以及海堤的水利工程。大运河管理系统原来分成五段，现在实行统一管

---

1 《东方杂志》1912 年第 9 卷第 3 期，第 21984 页。
2 黄炎培（1982），第 62 页；江苏省行政公署内务司（1914），下编，第 60 页。
3 王树槐（1978），第 323—329 页；江苏省行政公署内务司（1914），下编，第 60 页。

理。针对太湖周期性的淤塞，根据江苏自治筹办处原先提过几个方案，开始了测量、清淤和造桥的准备工程。在政府经费支持和美国工程师的帮助下，江苏水利公司在停顿一年之后重新启动。武进、常熟、宝山以及其他县份也纷纷组织境内的河、塘清淤。[1] 省政府此时承担了某些以往中央政府机构的职能，因为不受兼职官员掣肘，也不受官员与地方利益群体沆瀣一气的阻挠，而显得干劲十足。

在城市基本建设方面，当局继续了清末已经开创的局面。原则上，邮政和电信由中央政府负责，城市负责它们自身基础设施的维持与更新。省政府决定援助南京、上海、镇江修路造桥，尤其是在与外国租界接壤的地方。在这方面，目标不仅仅是改善现代经济环境，同时也是为了遏制不断扩张的租界地。上海为了限制公共租界北扩，加紧进行闸北市政建设。出于同样的目的，省当局在南京重修了受到战争剧烈破坏的下关港，开辟了位于长江北岸的浦口，以便连接两岸的铁路交通，防止英国人的窥觎。[2]

1911 年年末，上海绅商重拾拆城计划，后者曾因遭受强烈反对而搁置。民政总长李平书认为拆除城墙有利老城发展，免除被租界围困一隅。拆城之后短短两年时间，建筑了多条新路，将老城与租界的主要通道以及闸北相互贯通。李平书抓紧这个有利的政治时机，主持修建了第一条华人经营的有轨电车线路，帮助扩建了闸北水电厂。[3] 地方精英这种争分夺秒的劲头表现了他们面对列强扩张的忧虑。自革

1　江苏省行政公署内务司（1914），下编，第 392—408 页。

2　同上，第 365—366 页。

3　李平书（1989），第 61—62，65 页；李达嘉（1994），第 258—259 页。

命爆发以来，列强乘机掌控了海关收入和租界中外会审公堂（Mixed Court）。为了夺回一部分司法权，李平书甚至在南市和闸北设立了暂时的华洋混合裁判法庭。[1] 除了外人的侵蚀，地方领袖的急迫还源于国内政局趋势不明。他们抓紧时间行动，做眼下能够实现的一切事。

省政府表现出对改善民生的关注，在现代精神鼓舞下，谋求经济增长的条件，包括多样化种植、设立专门发展垦殖的部门以及提高产量的措施；准备开设一个改良茶叶和棉花试验农场，还计划在各个地区中心建纱厂，以便吸引私人投资，减少棉纱进口。当局重新组织已有的官办企业，扩大它们的机构，展览地方制作的工业品。它还调查了当地的矿产，进行统计，并准备整顿商会和农业协会使之更为合理化。1913 年设立的实业司合并了原先的农业、工业和商业科，并脱离内务司成为独立的部门。它得到一笔总共达 2 727 146 元的预算（而原先上述三个科的预算只有 71 730 元）。然而，1913 年 7 月爆发的二次革命粉碎了新政府的打算。除了一些鼓励措施以外，工业计划具体实施仅限于开办了六个省属工场，分别设于苏州、镇江、南京、扬州、清河和徐州。每个工场得到投资 1 万元，用于开办小型的纱厂、机染或者手工业工场，目的是补救萧条带来的后果以及振兴地方经济。[2]

从财政角度，江苏省政府像其他各地一样受困于国家税收来源锐减。列强控制了海关收入，军人到处截取盐税，地方则难以征收农业

---

1 《近代上海大事记》，1911—1912 年，第 711，722，725，728，736—737，741 页。
2 江苏省行政公署实业司：《江苏省实业行政报告书》，1914 年，第 1—7，54—55 页。

税。当局只得借款和增发货币，不过谨慎地把发行纸币限制在一百万元，从而使江苏省成为仅有的几个避免了严重通货膨胀的省份。[1] 官方原先的一些金融机构被纳入江苏银行，后者在上海、无锡、常州、浙江等地设立分行。这个集中金融管理的措施将方便交易并加快资金流动。

在税收方面，掌权的积极分子终于能够实现他们长期以来的一些愿望：以往使用粮食或者铜钱纳税，改为直接按银元为基础计算，从而杜绝一项地方行政的弊端。名目繁多的附加税向来是便利贪污的漏卮，它们被合并成一项副税，供地方自治使用（按县城 30％、乡镇 70％分配）。为了改进农业税，省政府制定了一项大规模的计划，重新测量土地，更正大量被隐瞒的耕地面积。但是因为缺乏时间和经费，到二次革命爆发为止，只有小小的宝山县完成了预定的土地丈量。不过省政府得以丈量了官地和兵营土地以及清理了各地的公共资金和财产：这使地方积极分子们得以在 1914 年失去政权后，将这些资源保护下来。[2]

毫无疑问，财政税收的变化导致北京与省之间关系紧张。根据地方的要求，唐绍仪内阁的财政部长熊希龄曾于 1912 年分别建立了国税与地方税，但尚未确定如何划分。江苏都督程德全建议将某些税种直接划给地方，如地税属于直接税，应归地方收入。"各省有此经常

---

1 《北洋政府统治时期：1912—1916》：载李新等编《中华民国史》第二编第一卷，北京：中华书局，1987 年，第 460—465 页。

2 《近代上海大事记》，1911 年，第 712 页；江苏省行政公署内务司（1914），下编，第 343—364 页；李新（1987），第 438，449—453 页。

之费，可以兴办实业，可以推广学校，可以整顿警察，不数年间，地方行政气象一新，民生既因之发荣，税源亦随之展拓。"[1] 但是袁世凯与北洋集团坚持中央财政集权的路线。由于对北洋不满，江苏似乎减少了向中央解税的数量。1914 年 6 月，在粉碎了国民党的武装抵抗以及排斥了昔日的盟友之后，北洋当局取消了国税和地方税之分，各省地方发展必不可少的大部分财源被纳归中央。[2]

省教育行政的实践

在积极分子中间，黄炎培很可能是后来对中国教育影响最大的人。革命使他进入政权系统。1912 年，他 34 岁，已经有十年从事新教育的经验。他在南洋公学时期的老师蔡元培邀请他北上参加教育部工作，但是他选择了留在江苏执掌省教育司。这个机构的成员基本都是地区的积极分子。大多是三十来岁的年轻人，几乎都担任过校长以及处理过地方教育问题。教育司的人数少于原来的提学使衙门，显示了后来教育官员职业化的倾向。[3] 江苏教育总会的另一些教育家则进入北京教育部任职，包括任普通教育司司长的袁希涛，担任顾问或其他干部的蒋维乔、严保诚和白作霖。1914 年年初，黄炎培随同程德全辞职。然而教育总会成员与他们奠定的教育体制在共和国时期继续运行。

新教育可能是清朝实行的新政中最具成果的领域。它也是民间积

---

1 《程雪楼先生书牍》卷 1，第 44 页；卷 2，第 25 页。引自李新 (1987)，第 425 页。
2 李新 (1987)，第 425—431 页。
3 江苏省行政公署教育司：《江苏省教育行政月报》，1913 年第 1 期，第 1—4 页。

极分子最活跃的场所。江苏教育行政深受黄炎培个人与地方精英的政治倾向影响。新司长制定了一份整顿和发展省教育的五年计划，根据北京教育部的决定，教育行政分成三级：小学教育由地方负责，中学教育由省负责，大学教育归北京主管。省教育司因此把官立小学堂划归府县地方当局管辖，同时把各类公立中学纳入自己的管辖范围。这一明确职责范围的分类举措使省当局摆脱了直接管理从高等到初等学校的繁重负担。[1]

府县地方当局把原先体制不一的官立学堂和公立学堂统一改为国民学校。它负责管理经费和监督学校发展状况。省政府通过其他方式参与监督，包括预算政策、教学示范以及教学视察。按规定地方收入的 40% 左右将用于教育，此外还有地方的其他捐税、公产基金、个人捐献等。省当局还在县议事会恢复了学务专员一职。在调查学龄儿童、规划学校设立和清理公产方面，它通过扩大行政会议和与地方人员的合作，加强了纵向的协商并发挥了协调的作用。教育工作者感受到政府的支持，他们的努力取得很大成效：在两年的时间里，学校的数量和学生的人数几乎翻了一倍，1912 年到 1913 年间，学校从2 806 所增加到 4 914 所，学生从 115 596 名增加到 224 520 名。这一成绩显然得益于江苏地方权力机构的迅速成立：1913 年 300 个市（镇）和 750 个乡设立了地方议事会、参事会等自治机构。

省教育当局配合地方的行动，注重培养教学人才，1912 年将它所掌握的经费一半用于师范学校，1913 年则是三分之一。至 1913 年

1　江苏省行政公署教育司：《江苏省教育行政报告书》，1914 年，第 1—6 页。

7月，全省10所公共学校（其中包括两所女校）一共招收了1 429名学生。学校对教师的需求非常迫切，促使地方主管继续开办一些师范传习所，总共达48所，接纳了1 850名学员。

家长们现在开始偏好学校胜过私塾了，并且比以往能够接受男女混合小学。应当指出，尽管取得很大成绩，江苏行政当局统计的全省学龄儿童入学率只达到5％，私塾除外。上海保持最高纪录，达到22％，但是相邻的宝山县已经跌至7.6％。视察员侯鸿鉴报告位于前列的十二个县，除了南通地区以外，全部位于江苏南部。值得指出的是上海县政府的创新举措，它把发展小学教育列入地方发展计划。在它的支持下，当时万竹小学拥有数量上罕见的787名学生。教育部巡视员把它看成全省最好的小学，并且认为在发展学生方面，上海和无锡胜过南京和苏州："推原其故，上海交通便利，无锡亦得风气之先，不似旧时省会观感太杂，间有阻碍，此其大概也。"商业都市显示了普及教育方面的能力以及城市文化更多地向实用知识发展的趋势。[1]

中等教育由省级行政规划，教育司首先调整了清末设立的各类普通中学、师范学校、技术和专门学校（见表V-1），将11所中学和9所师范设于各个地区的中心城市。但是女子师范、技术和专门学校仍然安排在原先的两个行政重镇——苏州和南京，由过去设立的学校改建而成。

---

1 同上，第3—5页；《告市乡自治团体》，载《江苏省教育行政月报》1913年第4期，《宣言》；江苏省教育会：《教育研究》1914年第13期，《杂撰》；《中华教育界》1913年第1期，第1—5页；《教育杂志》1914年第6卷第3期，第6620—6632页；《视察第三区（皖、苏、浙）学务总报告》（1914），载舒新城编《中国近代教育史资料》，1961年初版，1985年第三版，第1册，第317—321页。

表 V - 1　江苏中等学校调整规划（1912—1913）

学校	地点（旧府治名称）*	规划总数	实际落成数
普通中学		**11**	**9**
第一	南京		
第二	吴县（苏州）		
第三	华亭（松江）		
第四	镇洋（太仓）		
第五	武进（常州）		
第六	丹徒（镇江）		
第七	南通（通州）		
第八	江都（扬州）		
第九	山阳（淮安）		
第十**	铜山（徐州）		
第十一**	东海（海州）		
师范学校		**11**	**11**
第一	苏州		
第二	上海		
第三	无锡		
第四	南京（江宁）*		
第五	扬州		
第六	清河（淮安）		
第七	徐州		
第八	灌云		
代用师范***	南通（通州）*		
第一女子师范	南京（江宁）		
第二女子师范	苏州		
中等技术学校		**8**	**7**

（续表）

学校	地点（旧府治名称）*	规划总数	实际落成数
第一农业学校	南京（江宁）		
第二农业学校	苏州		
第三农业学校	清河（淮安）		
水产学校	吴淞（松江）		
蚕桑学校	浒墅关（苏州）		
第一工业学校	南京		
第二工业学校	苏州		
商业学校**	上海		
专门学校		2	2
法政学校	南京		
医务学校	苏州		
总数		32	29

* 民国初年江宁改名南京，通州改名南通。

** 计划设置而 1913 年尚未开办者。

*** 该校为张謇创办的私立师范学校，使用代用学校的名义，享受政府经费补贴。

——资料来源：《江苏省教育行政报告书》，1913—1914 年，第 1、6、14 期；黄炎培，《八十年来》(1982)，第 72 页。

按照黄炎培的说法，中等教育的设置一直维持到 1927 年国民党掌握政权。它确实构成了教育体系的基本支柱，此后只是在这个主干旁边增加了一些分支。高等教育方面，清廷原准备将两江师范学堂改为大学，后者是省里经费最充足的学校，但是在 1911 年革命时遭到严重破坏。后来的政治局势使发展各省大学教育的计划搁浅，最后仍然是江苏教育会的积极分子们动员起来弥补了这一缺陷：两江师范先是被改为南京高等师范学校，并在 20 世纪 20 年代初扩充为东南大学。

1912—1913 年间，省教育司掌握的教育经费比 1907—1908 年缩减为 1/4 到 1/3。然而，为了促使教育系统更多地转向技术教育，黄炎培还是将三分之一的经费拨给了后者。为此，将一些耗资不菲的高等学堂改成农业和工业技术学校。它们通常按照经济原则设置。黄声称说："江苏而无政治则已，苟言政治，第一急要莫如治水，第一需要莫如治水人才。"[1] 当局在创办一所高等土木工科学校的条件具备之前，先在南京工业学校设立了一个河海工程专班，后来扩充为河海工程学校（即今天的河海大学）。

为了推广技术教育，公立师范学校增设了一些专科，尤其是农业和商业专科。上海和无锡领先其他各地，在高等小学和女子职业学校都设立了商科。教育部巡视员很为江苏省的这种注重实用的倾向感到惊奇："无锡有乙种工校，上海万竹、时化、巽与三小学，均附设乙种商科；因时地所宜，可谓知要。"[2]

在黄炎培看来，一种新的国家观念正在形成，他写道："昔之为政，养民而已矣。不教徒养，养之功安得不穷？教使自养，即教即养，教之功又安有穷乎？故寓职业教育于初等教育，亦吾所绝对主张

---

[1] 黄炎培：《江苏今后五年间教育计划书》（1913），载《黄炎培教育文集》，北京：中国文史出版社，1994 年，第 1 卷，第 16 页。

[2] 《视察第三区（皖、苏、浙）学务总报告》（1914），见舒新城（1985），第 319 页。

者也。"[1] 教育被看成提高民众生活水平的手段，传统儒家的伦理教育被传授农业、工业、商业的技术知识取代。教育工作者认为极端贫困人口的增多会导致社会解体，而推广技术教育则有助于制止这种趋势的发展。

民国初期的社会里，受教育仍然是少数人的特权。在很大程度上，教育工作者们的努力志在引导有一定知识但并不富裕的人群更多地转向生产领域。然而职业官员的荣耀和安全感仍然吸引着许多读书人。没有固定职业的传统文人和新学校的毕业生人数众多。1913 年年初，行政部门招考 24 名书记员，竟然有一千人报考。另一种现象是由于成为公务员必须具有政法文凭，江苏的私人政法学校倍增，在五个城市里共有 15 所，总共招收了 4 742 名学生！与此同时，有 6 所省立中等学校，包括 4 所技术学校，1 所专门学校和 1 所师范学校只有 1 045 人报名，而且最后仅 471 人符合录取条件，而招收的学额总共是 560 名。[2] 造成这种状况的主要原因是长期以来官职与经济职业前景之间存在结构性的失调，加之当时的政治局势混乱。为了走出这个怪圈和改变人们的观念，黄炎培和他的朋友们寄希望于职业教育的发展，并为今后的道路画下了初步的方向。

1　黄炎培：《江苏今后五年间教育计划书》(1994)，第 19 页。
2　有关统计数字见黄炎培《教育前途危险之现象》，载《东方杂志》1913 年第 9 卷第 12 期，收入《黄炎培教育文集》，第 1 卷，第 22—25 页。

结　语

一

除了技术性职能以外，改革者还赋予教育一项从广义文化角度来说具有普遍价值的功能，即向民众普及"国家""世界"的概念，从而摆脱个人、家庭和家族的局限。通过教育改造风俗习惯，尤其是纠正传统注重文采、轻视科技知识与体育精神的倾向。在改变技术落后、经济停滞、投资不足和缺少现代金融机构等方面，教育也应当扮演一个举足轻重的角色。[1]

对教育如此强调的原因在于现代化的改造计划是在西方的压力下、遵循西方的样板进行的。对于民族国家、政治、现代经济制度以及文化更新，一切都需要重新学习，尤其是在中国这样的国家，精英

---

[1] 按照教育部通俗教育调查的要求，各地汇报了地方民情六个方面的情况：《人民特征、习俗崇尚、一般观念、文化程度、婚丧制度因革、经济状况》，载《江苏省教育行政月报》1914 年第 10 期，《各县风俗制度调查报告表》，第 1—19 页；第 14 期，《报告》，第 1—46 页。

积极分子的伦理观念偏向维持原有的社会秩序。调查员在上海市民身上找到了支持他们观念的论据，他们认为上海民众开始稍微具有国家和世界观念，热心公益者甚多。"人民之观念随学术宗教而转移……政变以后稍具国家观念，既而游学东西洋者日益灌输，欧化刺激时艰，而世界之观念由兹而起……社会之观念不为不富。"社会习俗也发生了很大变化，"向来尚文学鄙工艺而弗屑为，自机器各厂先后开办，普通人之眼光为之一变。列肆而居工作者数千家，列物而市制作品累万种，倘足为崇尚技术之藁矢欤"；新教育发达，学校众多，"故普通人民对于共和政体类能通晓。于何证之，赞成剪辫倾向学校亦其一端也"。[1] 无锡和常熟等地比上海差一些，但现代工业兴起，商业和学校繁荣，显示了同样的趋势。尽管经济局势不佳，长江下游地区的农业和手工业仍在继续发展。

教育总会的积极分子们对人口压力、小农贫困化深感忧虑，后者的比例在不同地区高达人口的 60％到 80％。他们希望通过国家复兴和经济发展来减少社会差别，通过提高文化程度和引进科学技术来改变一般人的传统观念以及经济活动者的行为方式，尤其是后者偏向投资土地或放高利贷，而不是进行工业投资。在教育工作者看来，教育和经济是紧密相连的。

1914 年以后，江苏精英从政治舞台上消失了。但袁世凯的专制

---

[1] 按照教育部通俗教育调查的要求，各地汇报了地方民情六个方面的情况：《人民特征、习俗崇尚、一般观念、文化程度、婚丧制度因革、经济状况》，载《江苏省教育行政月报》1914 年第 14 期，《各县风俗制度调查报告表》，"上海县"，第 12—16 页。

并没有使他们停止行动，甚至在 1927 年江苏教育总会被迫解散之后。[1] 后者不得不——至少在公开场合——将自身活动限于教育领域，但是黄炎培等人在 1912—1913 年间奠定的省教育系统得以保持，在此基础上，教育会同仁扩建了省内原先不存在的高等教育。省教育会的活动通过各种不同的方式展开，它与中华职业教育社（以下简称职教社）并肩齐驱，后者是该会领导人于 1917 年在受一战刺激产生的经济繁荣背景下创立的。[2] 作为姊妹团体，职教社试图把它提倡的实用技术教育推广到全国各地，满足工业化的需要以及挽救社会解体的危机。1927 年经过必不可少的有时甚至是痛苦的调整适应，它总算幸存下来。1949 年后又通过重大改组得以保持，随后在"文化大革命"期间中断活动，直到 1978 年重新恢复。作为一个全国性的社团，中华职教社至今尚存。

　　江苏教育总会的主要成员在地理上与上海联系紧密，在社会方面与工商界联系紧密，他们与于 1906 年成立的预备立宪公会可以说是教育会在政治上的化身。1932 年一·二八淞沪抗战时期，职教社领

1　萧小红：《从黄炎培与江苏省教育会看国家和社会关系的历史演变（1905—1927）》，载朱宗震、陈伟忠编《黄炎培研究文集 2》，上海：文汇出版社，2001 年，第 1—30 页；《黄炎培与三十年代民国政治——兼论民间精英的社会动员方式（1927—1937）》，载朱宗震、徐汇言编《黄炎培研究文集 3》，成都：四川人民出版社，2009 年，第 1—37 页。

2　关于中华职业教育社，见 E. P. Schwintzer（1992）；Margo S. Gewurtz, "Social Reality and Educational Reform, The Case of the Chinese Vocational Education Association 1917—1927", *Modern China*, Vol 4, n° 2, April 1978, pp. 157 - 180；黄嘉树：《中华教育社史稿》，西安：陕西人民出版社，1987 年；蔡行涛：《抗战前的中华职业教育社》，台北：东大图书公司，1988 年；朱宗震、陈伟中：《黄炎培研究文集 1》，成都：四川人民出版社，1997 年。本书附录一与附录二亦有讨论。

袖以相似的方式与工商界一起组织了上海地方维持会（即上海市民地方协会），1945 年他们又共同创建了民主建国会（见表Ⅳ‐1）。尽管时代背景大相迥异，这些不断重生和化身的形式延续着跟江苏教育总会同样的目标，即推动教育和经济的发展，争取政治参与的权利。

表Ⅵ‐1　江苏教育总会组织源流

教育团体	政治团体
江苏教育总会 （1905—1927）	预备立宪公会 （1906—1911）
中华职业教育社 （1917—1966，1978 至今）	上海市民地方协会* （1932—1937，1938—1949）
	民主建国会 （1945 至今）

　　* 1938—1949 年情况特殊：抗日战争时期，上海市民地方协会由杜月笙通过他留在上海的门人主持，进行过一些地下活动。1945 年战后，杜月笙等人试图重振地方协会雄风，但因形势变化，未能如愿，协会恢复后仅存形式。

　　尽管江苏教育总会及其衍生机构得以继续，但它的社会构成却随着时间发生了很大变化。半乡村的文人士子逐渐让位给职业教育家，后者继续关怀和尽力保存在教育领域取得的成果。教育总会在政治上变得更加谨慎，随着 1914 年后中央权威的缺失，它的成员则开始努力在地方层面填补空缺。1927 年国民党政权建立以后，由于当局的排斥，他们未能成功地保存作为省际地缘团体的省教育会，然而中华职教社作为一个职业团体得以幸存。

二

　　江苏开明精英们在 1912 年奇迹般地执掌政权后，又在 1914 年遭受了沉重的政治失败。政治生活的军事化把他们抛在一边，临时政府和临时参议院北迁后，以南京—上海为主的政治轴心就转到了北京。精英设想建设一个中央、省和地方分权的政治体制，准备跟能够维持国家统一与社会秩序的政治强人分享权力。因为缺少武装力量，他们满足于调和冲突各方，但是从未考虑建立一个足以防止违背宪法的机制。绅商领袖从张謇到地方领导人，都把行政管理置于政治行动之上，以至于在 1912 年 12 月选举中，只有 8% 的原谘议局议员重新当选为新的省议会议员，而且省议会很快就陷入瘫痪状态。江苏省谘议局成员曾经被媒体认为是全国最出色的，尤其值得强调的是，其中一半以上的议员在风云变幻的辛亥革命时期，勇于出来履行职责。[1]

　　地方精英们虽然在历史关键时刻积极参与，但他们没有能够保护共和制度：他们缺少名副其实的政治组织，也没有造成强大的舆论支持。指责他们投机或背叛革命是站不住脚的，正像施维叶指出的那样，政治文化发展不充分是原因之一。[2] 但还有一些结构性因素值得思考。

---

1 王树槐（1978），第 314，328—329 页。

2 Yves Chevrier, "Des réformes à la révolution (1895—1913)", Bergère, Marie-Claire, Bianco, Lucien et Domes, Jürgen ed., 1989, Vol. 1, pp. 87 - 121. 有关民国时期地方精英的激进化，见 Gasster, Michael, "Reform and Revolution in China's Politic Modernization", Wright, Mary C. ed., *China in Revolution: The First Phase, 1900—1913*, New Haven and London, Yale University Press, 1968, pp. 67 - 96.

积极分子的社会动员幅度有其弱点。精英的社会动员是在不触动社会等级的框架中进行的，社会各方面的连接依赖于起中介作用的团体负责人。动员建立在大大小小的绅商网络基础上，后者代表地域共同体或行业共同体。这种情况在上海表现得尤其明显，[1] 团体、协会的协作配合带有一定的保守色彩，它并非直接动员个人，并且忽略处于社会等级边缘的群体，例如青年、学生、妇女以及普通民众。清朝末年的立宪运动从未掀起如同几年前抵制美货或维护路矿权运动那样高涨的公众热情。1911 年，当为数众多的民众倒向革命激进主义时，精英领袖们其实已经可以看到他们对自己的社会基础缺少政治上的直接影响力。政治建设的目标与行动方式之间始终存在一道鸿沟，而后者深受传统影响并导致他们的失败。他们是出类拔萃的管理人、富有想象力的顾问，但不是成功的政治家。

虽然如此，但长江下游和上海地方精英的特点仍然值得强调。地方自治首先是在上海大都市里实行的。长期来看，文人绅士与工商业决策者的结合有利于演变为具有真正社会力量的资产阶级。他们共同坚持的政治纲领，持续不断地试图重新回到政治舞台。西方思想对这个群体的影响深刻而具体，并被嵌入了中国自身的方式中，以便回应当时的社会需要。通过自身的投入，地方精英使政治参与、社会团体分享权力的愿望合法化；并在国家力量发展的同时，争取地方——私人或地域共同体——利益的正当性。他们也为更新团体实践和程序制

---

1 相比上海，其他大城市动员规模相对较弱，组织更形分散。见 Bergère, M. C. (1986), pp. 203 - 205。

度化做出了可贵的贡献。上海和江苏精英的经验可以看成是对前现代中国某种自由传统的发扬光大。[1]

三

地方精英，包括他们中间的绅士文人、前官员、工商人士，确实在清末民初的改革和革命中扮演了难能可贵的角色，但如何看待他们的历史作用还是值得讨论的。不加分别地使用"资产阶级"的概念来形容中国精英，显然难以回应有关的批评。[2] 让我们重新回到本书序言末尾提出的问题：把地方精英的参与看作"公共领域"是否合理？[3]

哈贝马斯提出的"公共领域"概念，[4] 几年以前被罗威廉[5]、玛

---

1 Bergère, M. C. "Shanghai ou 'l'autre Chine', 1919—1949", Annales ESC, Septembre-Octobre, 1979, pp. 1039 - 1068; Bergère, M. C, *Le mandarin et le compradore : Les enjeux de la crise en Asie orientale*, Paris, Hachette-Littératures, 1998, Chap. 3: "Civilisation de la côte et modernisation à Shanghai", pp. 67 - 93. 有关传统文士参与政治的情况，见 Will, P. E. "Introduction. Entre présent et passé", Kuhn, P. A. (1999), pp. 56 - 59 及注释。

2 见白吉尔的有关批评。Bergère, M. C. (1986) 各处。

3 有关这方面的讨论，除了 Rowe, W. T., Rankin, M. B., Bergère, M. C., Will, P. E., B. Goodman, Culp, R. J., Chevrier Y. 已经引用的文献以外，还可以参考 Vandermeersch, Léon (1994) 前引书与 *Modern China*, 19/2, April 1993 专号中收入的其他文章。

4 Habermas, Jürgen. *The Structural Transformation of the Public Sphere : An Inquiry Into a Category of Bourgeois Society*, 1962, rééd. Cambridge, Mass., MIT Press, 1989.

5 Rowe, W. T. (1985, 1989); ——. "The Public Sphere in Modern China", *Modern China*, 16/3, July 1990, pp. 309 - 329; William T. Rowe, "The problem of 'Civil Society' in Late Imperial China", *Modern China*, 19/2, April 1993, pp. 139 - 157.

丽·芮金[1]以及其他历史学家用来分析 19 世纪至 20 世纪地方精英的行动主义。这些作者认为，地方公益机构的增多以及它们职能的扩大，使"公"与国家（官）和私（完全的私领域）分离，表现为一种中国式的"公共领域"。玛丽·芮金更是把这一现象的出现上溯到 16 世纪至 17 世纪时期。她认为王朝末年，新协会性质的团体的发展、因外侵而高涨的民族主义情感以及对当局政策日益公开的批评，促使这一"公共领域"向"市民社会"转化。

其他一些历史学家不赞同这一观点，法国和一些英美历史学家通过自己的研究成果，对后者表达他们的保留意见或批评。[2] 在他们看来，这些团体仍然限于职业领域并处于官府的监督之下。它们仅仅存在于开埠港口城市的缝隙之中。由于官府的顾虑态度和精英本身不愿意颠覆整体的社会制度，它们演变为"市民社会"的前景并不确定。

1　Rankin, M. B. (1986); ——. "The Origins of a Chinese Public Sphere: Local Elites and Community Affairs in Late Imperial China", *Études chinoises*, Paris, AFEC, 1990, vol. 9/2, pp. 13 - 60; ——. "Some Observations on a Chinese Public Sphere", *Modern China*, Vol. 19/2, 1993, pp. 158 - 182.

2　参见 Bergère, M. C. 有关 Rowe, W. T. 的书评。*Etudes Chinoises*, vol. 4. 2, 1985, pp. 155 - 158, vol. 8. 2, 1989, pp. 144 - 148; Will, P. E. "L'Etat, la sphère publique et la redistribution des subsistances à l'époque des Qing", Vandermeersch, Léon (1994), pp. 271 - 292; Wong, Bin R. "Great Expectations: The 'Public Sphere' and the Search for Modern Times in Chinese History", *Studies in Chinese History*, October 1993, pp. 7 - 50; Goodman, Bryna (1995), "Conclusion", pp. 305 - 314; Culp, R. J. "Elite Association and Local Politics in Republican China Educational Institutions in Jiashan and Lanqi Counties, Zhejiang, 1911—1937", *Modern China*, vol. 20/4, October 1994, pp. 446 - 477; Chevrier, Yves "La question de la société civile, la Chine et le chat du Cheshire", *Études chinoises*, vol. 14/2, Automne 1995, pp. 153 - 248. 关于中国学者运用"civil society"概念研究近代中国的综述，见张志东《中国学者关于近代中国市民社会问题的研究：现状与思考》，载《近代史研究》1998 年第 2 期，第 296—305 页。

至今为止，争论双方并未达成一致意见，而论题本身似乎已经过时。尽管如此，正像白吉尔所指出的那样，"中国式的市民社会"概念所蕴含而尚未解决的问题在于应用"普遍理论"来解释中国的历史经验是否有效。[1]

就我研究的时段来说，不可否认，地方精英的行动主义有相当的自发性，但是行动者本人都只把它看作由国家支持和控制的过程的组成部分。他们积极寻求权力当局的支持而不是与后者对抗或者在体制框架之外组织团体，就像"市民社会"本应表现的那样。地方精英的动员旨在扩大官方政治体制的外延并使之宪制化。在我看来，从西方18世纪至19世纪社会提炼的概念术语很难适用于清末民初的中国社会状况。

地方精英演变为政治主体的事实说明社会团体影响的上升，但它又与权力当局相互依赖。政治参与的扩大是政治体制民主化的重要阶段，我们需要了解历史行动者自身的意识以及他们的实践所带来的后果。加入江苏教育总会、预备立宪公会和其他团体的积极分子，往往自认为是"社会"的代表——我们可以理解为，他们意指组织起来的一部分社会。[2] 他们从人的自然权利出发，要求政府伸张"民权"——民众对教育行政的监督权，以及在更大的层面上地方社会横向参与地方管理的权力和教育团体纵向参与重要的教育决策。然而，

---

1 参看 Bergère, M. C. 的分析性综述，"Civil Society and Urban Change in Republican China"，*The China Quarterly*，June 1997，pp. 309‑328；尤其第二部分，"Civil Society and the Political Interpretative Framework of Republican Urban History"，pp. 321‑328。

2 "社会"一词在20世纪初专门化了，用来翻译"society"，而以往只用"民"字。

"民权"或"社会的权力"的真正含义是什么呢？还有，作为社会代表的精英如何看待自己和被代表的民众之间的关系呢？对此，教育总会的活跃分子黄炎培曾经有一个颇具深意的回答："以地方政权掩护绅权，以绅权孕育民权。"[1] 这个表述强调地方、精英、民众之间的有机关系，下面我们对此试作分析。

积极分子所说的人民主权源自儒家理论的民本思想，前面已有所论述，人民是国家存在的原因。西方的影响使君权神授的传统话语世俗化，使政治参与、分享政权合理化。此外，正在进行的现代化过程承认相对国家利益的个人或团体利益有其合法性。与此同时，新的理念蕴含着与传统理念分离的危险，传统理念认为由地方人士执掌地方政权会造成特殊利益因而威胁整体利益。

令人惊奇的是，黄炎培提到绅权，而不提直接的人民主权。他的动机很可能是防止过分伸张地方利益并捍卫国家权力。孔飞力曾指出，1898 年，高层行政官员反对冯桂芬三十年前提出的分权建议，并非出于简单的保守思想，而是考虑到地方利益和整体利益之间需要同时满足与平衡。[2] 江苏教育总会的领导人对此深有体会，这样的问题是他们日常需要面对的，发生在每一级权力层面。受儒家圣贤标准的影响，他们的观念仍然注重负责人的道德品行和文化水准，后者应当清楚在做选择时要从整体利益出发。积极分子们自认没有个人牟利企图，能够为国为民奉献，并且坚信选举制度和多数规则能够选出最

---

1 黄炎培：《沈信卿先生传》(1944)，载《黄炎培教育文集》(1995) 第 4 卷，第 125 页。
2 Kuhn, P. A. (1995), pp. 328 - 333.

忠实、最有才能的人担任领导职务。为此，必须让有文化的人懂得新的职责所在，由这些人随后教导民众，从而使全体公民都具备参与政治的能力。教育总会同人想象的教育方针在总体上与儒家的伦理原则一致，但他们似乎忘记——或者说不愿意明白——民主制度在本质上是一个容纳各种不同利益，包括有时是相互冲突的利益的机制。

虽然有种种不可避免的缺陷，可地方精英的行动主义还是为市民社会的出现创造了有利条件，尤其是通过有关地方自治的要求和实践。"地方"是一个宽泛的概念，泛指相对各上级权力或权力当局本身的地域实体。[1] 地方自治意味着一个独立的领导地方事务权力的存在，并且它在明确的范围内参与国家事务决策。它的实现需要重新确定中央、省和地方之间的关系，包括资源分配和从制度上确立各自的权利义务范围。清政府以及后来的袁世凯拒绝了这一根本性的要求，从而失去了地方精英的支持。地方自治趋向增加独立的政治实体，并且摒弃单一中央专制的理念。

托克维尔指出，在新英格兰地区，"公社"的概念对美国的国家建设起了重大作用。他分辨两种不同类型的集权——"政府集权和行政集权"说：

> 有些事情，诸如全国性法律的制定和本国与外国的关系问题，是与全国各地都有利害关系的。

---

1 在中国政治文化话语中，"地方"这一概念不是十分清楚。它可以指称所有置于一定权威之下的政治地理单位。相对中央的省，相对省的县，或者同时包含省与县两者。也可以指相对权力当局的非官方社会，尤其是作为实体的社会关系。

另一些事情，比如地方的建设事业，则是国内的某一地区所特有的。

我把第一类事情的领导权集中于同一个地方或同一个人手中的做法称为政府集权。

而把以同样方式集中第二类事情的领导权的做法叫作行政集权。[1]

托克维尔分析美国的政治组织方式，认为它是政府集权与行政分权结合的政体。[2]

中国并不缺少村镇自治的历史传统，地方精英试图激活传统并赋予它一种新的整合形式。在中国的政治生活中，国家与地方的二元性不断影响中央政权与各类政治实体之间的权力关系。绅商积极分子要求加强地方权力，并从地方认同中汲取资源和活力，而地方认同是建立在长期保存的语言、文化、经济等地方特色基础上的。由于中国传统不从个人权利出发，地方自治的前景对个人参与、发展政治组织就更加具有号召力。它有助于政治中心靠拢省和地方，方便人民参与公

---

1 De Tocqueville, Alexis. *De la Démocratie en Amérique*, Paris, Gallimard, Coll. Folio/Histoire, 1986, vol. 1, pp. 148–149. 中文引文见董果良译本。托克维尔：《论美国的民主》，北京：商务印书馆，1988 年，第 96 页。有关托克维尔的思想对中国学者的影响，见《"规范分权与制度转型"学术研讨会纪要》，尤其是郑永年、吴国光《论中央与地方关系——中国制度转型中的一个轴心问题》，载《当代中国研究》1994 年第 6 期，第 10—11 页；该学术讨论会的其他文章，见 1995 年第 1—2 期。

2 De Tocqueville, A. (1986), vol. 1, pp. 159–161；参见 Thompson, Roger 的有关分析，"Statecraft and Self-Government——Competing Visions of Community and State in Late Imperial China", *Modern China*, April 1988, vol. 14/2, pp. 191–193.

众事务。当公众利益跟公共事务相联结时，就能够激起公众广泛参与的愿望，从而促进市民社会的诞生。

不过，在本书涉及的历史时期，用"市民社会"和"公共领域"的概念来解释地方精英的行动实践，在我看来，不符合历史的实际状况和历史人物的精神状态。

附录一 从黄炎培与江苏省教育会看国家和社会关系的历史演变（1905—1927）[1]

　　自从 20 世纪 80 年代初中华职业教育社恢复以来，国内外都出现了大量有关职教社及其主要创始人和领导人黄炎培的研究。近年来的许多研究从不同角度探讨了黄炎培先生在职业教育和政治等领域里的活动与贡献。[2] 但是这些研究很少触及黄炎培和江苏省教育会，[3] 后

1　原载朱宗震、陈伟中主编《黄炎培文集》（二），上海：文汇出版社，2001 年，第 1—30 页。

2　有关民国时期黄炎培和职业教育运动最详尽的研究是 Schwintzer Ernst P. , "Education to Save the Nation: Huang Yanpei and the Educational Reform Movement in Early Twentieth Century China", Ph. D. Dissertation, University of Washington, 1992。其他主要著作：Gewurtz Margo S. , "Social Reality and Educational Reform, The Case of the Chinese Vocational Education Association 1917—1927", *Modern China*, Vol 4 N° 2, April 1978, pp. 157–180；黄嘉树：《中华职业教育社史稿》，西安：陕西人民教育出版社，1987 年；蔡行涛：《抗战前的中华职业教育社：1917—1937》，台北：东大图书公司，1988 年；朱宗震、陈伟忠主编：《黄炎培研究文集》，成都：四川人民出版社，1997 年。

3　有关江苏教育会的主要研究，见 SCHWINTZER Ernst P. (1992), chapter 3, 8, 10; Xiao-Planes Xiaohong: "La Société Générale d'Éducation du Jiangsu et son rôle dans l'évolution socio-politique chinoise de 1905 à 1914", Thèse de doctorat, Paris, INALCO, 1997。

者是清末至民国期间的一个重要团体，而黄炎培与其共始终，从早期的活动分子、主要干部之一到后来成为实际上的最高领导人，他和这个团体之间关系和相互影响是久远深长的。

江苏省教育会[1]成立于 1905 年年末，是当时中国出现的第一个省级教育团体，很可能也是同类团体中结构最完整和活动最频繁的组织之一。它从成立到 1927 年 3 月被国民党当局解散为止，从事了大量推动新教育的活动并广泛联系本省各地区及外省的教育团体，在省内和全国都享有相当的威望并且有很大的影响力。它同时又是一个具有政治目标的组织，以"革新文化，伸张民权"（黄炎培语）为旗帜，曾先后参与了清末的保路运动、立宪运动、辛亥革命以及民国时期的各种政治事件。本文试图通过黄炎培和江苏省教育会在这一时期的活动，探讨国家与社会关系的历史演变过程。

一　黄炎培与早期的江苏教育会（1905—1911）

教育会的组织与性质

清以异族入朝，历来严禁文人士子集会结社，除了范围有限的诗

1　原名江苏学务总会，1906 年改名江苏教育总会，1912 年改为江苏省教育会，1927 年被国民党当局解散。

社、文学社以外，违禁和干预地方事务者要受到取消科举身份等严厉制裁。甲午战争之后民族危机加深，人心激奋，许多人都认为不能只依赖清廷，应当以实际行动参加救国。于是江苏和上海附近的许多地方人士在家乡城镇所在地组织学会，办学校，出版报纸杂志，引进西学和探讨救国之路。1901 年清廷颁行新政，这些早期的活跃分子即成为地方新教育的积极推行者。[1]

清朝力行科举制，设有严密和成套的考试管理制度，但没有专门的学校系统和教育行政机构，奉命开办新学堂的地方官员通常都把创建和管理的职责委托给当地有一定名望或热心新学的绅士办理。这种局势很快促使地方人士进一步地组织起来，以增强改革的力量，共同克服新教育所面临的重重障碍。1905 年年初，张謇和当地人士率先在通州（南通）成立学务公所，上海、宝山、嘉定、苏州、常州、江宁和扬州等地纷纷起而效之。这些组织实际上就是主持新教育的地方行政机构，当年 9 月，清廷下诏取消科举制度，在上海活动的江苏籍人士即在各地已成立的学务公所或学务总会的基础上，发起组织江苏学务总会（次年改名为江苏教育总会），目的是团结省内各地的教育界人士，推动新式教育与新学制在各层面的确立，并为政治改革、地方自治做准备。

省教育会刚发起时新教育还相当薄弱，它立即得到几乎全省各地热衷提倡新学的高层绅士和文人学子的积极响应。它的早期会员包括

---

1 有关这一部分的资料主要取自江苏教育总会编《江苏教育总会文牍》1906—1911 年各编。详细注释见 Xiao-Planes Xiaohong: "La Société Générale d'Éducation du Jiangsu et son rôle dans l'évolution socio-politique chinoise de 1905 a 1914" (1997)。

众多的进士、举人及贡生。此后他们中间的一部分逐渐为各地学务的实际负责人所取代。教育会最初拥有会员 175 人，至辛亥前已经发展到 600 多人，成员的地理分布比率始终是苏南地区（松江、太仓、苏州、常州）最高，其次苏中（江宁、镇江、扬州、南通），最后苏北和淮北地区（淮安、海州、徐州），但各地区内仍有很大差别。省教育会以长江三角洲流域为重心和大本营，在组织结构上吸收了各地区的代表并保持与地方教育会的密切联系，因而很快形成了一个从上到下、从总部驻地上海到各主要城镇的广泛网络。

参照上海商务总会、上海城厢工程总局以及国外同等学会的规章，教育会建立了会长、议事会和干事会的组织和选举制度。在运行机制上保持每年开代表大会一次，通常有一百至二百名会员参加。大会报告会务，讨论形势方针和议案，决定将兴办的事业并选举会长和干事会成员。另有议事会组织，相当于立法机构，由各地推选的代表组成，但由于分散和交通不便等原因无法定期集合，实际上多在每年年会时召集。尽管如此，教育会的许多决议和活动都是经会员讨论或要求而制定的。

教育会的中枢机构是干事员会，它负责执行日常事务，每星期聚会一次，有七到十来人参加。内容包括答复地方或学校的要求和信件，交换信息，实施大会和议事会的决定并处理各类与教育有关的问题和调解纠纷等。教育会定期集会、选举和讨论的运行方式，以及公开文牍、财务的做法等等，给团体生存提供了制度性的保证，并且有利于加强上海总部与各地的联系。

黄炎培是省教育会最早的成员之一，从 1906 年第二届年会起至

1911 年，他一直担任干事员的职务，并于 1909—1911 年之间作为常任调查员赴全省各地了解教育与地方自治的进展状况，因此有江苏六十三县，"我足迹（遍）及四分之三"之语。[1] 这一时期先后担任会长的是名高望重的张謇和唐文治，任过副会长的有恽祖祁，许鼎霖。王同愈和蒋炳章等多人，驻会（即秘书长）先为沈同芳后沈恩孚。这些人都是地方上的名流和绅士，不少人曾任过官职，其中张、唐、王、蒋与沈同芳皆为进士出身。这些人从事新式教育和工商业活动并担任新式绅商团体的领袖，在地方上有一定的威望，同时也是省级督抚大吏或地方官推行新政的依靠对象。

干事员会由年龄较轻和常住上海的活动分子组成，其成员的流动性很大。任干事员时间较长的，除了黄炎培以外，还有袁希涛、沈恩孚、吴馨、林康侯、龚杰、方还、雷奋、包天笑、夏清贻、杨天骥、陆规亮、曾朴等人。这些人都是上海早期新式学堂或报纸杂志的主持人，他们与正副会长和驻会共同组成了一个既有上层依靠，又颇具活动能量的领导班子。它广泛参与省内的各种教育事务，积极联络地方和教育界中下层，同时跟省内和上海的绅商团体保持紧密联系。因此，教育会不仅是一个从事教育改革的有力机关，而且是新式绅士的权力基地。

江苏教育总会成立之后立即着手推动尚未设立教育会的地区创建同类组织，当后者受到地方官吏阻挠时，总会经常出面与省府交涉，力争地方人士组织团体和参与教育事务的权利。1906 年春夏之际，

1　黄炎培：《八十年来》，北京：中国文史出版社，1982 年，第 55 页。

清廷在已成立的学部的基础上，进一步健全教育行政机构，委派专管教育的提学使取代了以往主管考试的学政，在州县一级设劝学所，并且正式承认了省、县教育会的合法身份，将其确定为官方的辅助机构，隶属提学使管辖。省学务处（提学使司）吸收部分新式精英充当议绅、议长和省视学，黄炎培在谈到省学务处时指出："由官厅延聘地方人士，赞画行政，这种参议制度，在当时其他行政方面，都还没有见过……"[1] 这些措施实际上已开始打破了原先不准文士参与地方事务的禁区。劝学所虽然置于县官控制之下，但由当地的绅士领袖人物主持，在很多地方与教育会的负责人常用是同一班人马。他们的职权比以往的学董扩大了许多。

通过这些措施，清廷试图将地方精英纳入行政管理体系，同时，为了更好地利用和控制这支力量，新颁布的教育会章程对它的活动范围与组织方式作了一系列严密的规定，包括各省、县只能有一个教育会，省和县教育会之间的关系限于协调而非属领，若教育会干涉他事或内部不团结则官方有权解散，等等。尽管如此，教育会的合法化很快推动了团体组织的发展，至 1908 年，江苏七十三个厅州县的绝大多数都成立了县一级的教育会，会员人数从四五十人到二百多人不等，教育领域里的团体力量得到很大的充实和加强。江苏教育总会成为官方正式的对话者及合作人，并在基层组织与省府之间扮演中介和协调者的角色。

---

1 黄炎培：《中国教育史要》，载中华职业教育社编《黄炎培教育文集》，北京：中国文史出版社，1994 年，第 3 卷，第 67 页。

新教育一改过去以科举为轴心的制度，以发展普及教育和增强国力为目标，这种改变意味着教育的世俗化和使教育成为国家职能的一部分。建立公共教育部门需要动员朝廷与地方的资源和人力，需要专门机构的领导规划，但是由于清廷的财政、行政体制未经改造，又无力扩大行政机构，所以不能不启用新的社会力量，吸收地方精英参与教育行政管理，并力图保持对他们的严格控制。在兴办教育达到国家富强的目标以及对民族危亡的忧虑方面，教育会的领导人和活动分子与改革派官员没有根本的分歧，但是他们坚信必须通过民间的参与和监督来抵制官僚机制内在的缺陷与弊病，为此致力于"团结一省教育界，时时纠正清季省官僚对学界猜疑的心理，和压迫或敷衍的过举"。[1] 其次，新教育是一项社会事业，改革派绅士尽管有一定的实力和社会基础，仍然面对着庞大沉重的传统势力的阻碍。在加强相互之间的交流和总体的力量的同时，他们也通过跟官方的对话寻求政治上的支持。正是在这样的基础上，江苏教育总会建立了与官府某种既合作又对抗的关系。

江苏教育总会的活动方式与取向

教育会的日常事务的涵盖面相当广泛，包括就地方教育机构、学校及个人来信要求提供咨询或建议以及就各处发生的问题研究解决办

1　黄炎培：《中国教育史要》，载中华职业教育社编《黄炎培教育文集》，北京：中国文史出版社，1994 年，第 3 卷，第 68 页。

法；根据教育发展的需要向行政当局提供改进学校管理、教学和经费等方面的意见和方案，还有规划教育设施，提倡新教育法，派遣专员赴地方调查，调解冲突纠纷，等等。限于篇幅，这里仅就黄炎培直接参与的一些活动为例。

清末实行施新教育的一大问题是体制不一，缺乏合理的规划和严格的规章制度。虽然学部颁布了种种条例，但事属新出缺少经验，加上行政领导不力，用人徇私和官气、官场作风严重，造成大量的弊病和矛盾。江苏南菁高等学堂的情况是其中一个明显的例子。该校改自著名的江阴南菁书院，一向归省学政直接管辖并且有不少学产学田的收入。1906 年学政撤销之后，省府委任的绅士领导无方，导致学校管理混乱腐败，引起学生以及社会的不满。省教育会接到各方面的反映之后，经过讨论，向省府提出暂时关闭南菁学堂，进行全面改造的方案。此举受到两江总督端方的支持，为此，于 1907—1908 年间两次派黄炎培赴江阴调查财务、校产、建筑等情况。黄发现南菁书院式的校舍不适用生徒人数众多的新式教育授课讲学，并于第二次赴江阴时协助临时负责人筹备改建工程。[1] 总会在掌握第一手材料的基础上，充实了清理财务和重建学校的计划。1909 年秋，南菁经改建后成为省属文科高等学堂，以后因调整学校设置比例的需要，又改为南

---

1 《黄炎培调查南菁高等学堂报告》，载《江苏教育总会文牍》，第 2 编下，第 121—125 页，1907 年；《黄炎培第二次调查南菁高等学堂报告》；第 3 编中，第 198—200 页，1908 年。

菁中学。在整个过程中，江苏教育总会起了关键的作用。[1]

　　省教育会的另一大职能是为地方团体、学校及个人处理和调解各类冲突纠纷。这方面的问题种类繁多，从学潮教潮、财产财务和权限之争到隔阂误会、打击报复，无所不有。由于官府处理不当或者不及时，许多机构或个人纷纷上书教育总会要求帮助或主持正义，官方也经常借助后者之力解决矛盾。总会处理这些问题的基本方式首先是调查研究，在理清事实的基础上或说服争论双方，或向官府提出解决方案，或为受害人伸张正义。1906 年年末，嘉定县有人致信教育总会指责当地高等小学腐败等弊端，同时另一小学因学董与校长龃龉而停课并影响到其他小学校。黄炎培受命前往查实后，阐明是非，指出该校在设施与课程安排方面有缺陷，但谈不上腐败；而校董与校长的纠葛则因校舍与家宅混合所致。教育总会即根据调查报告劝告各方应当用讨论方式解决分歧，不宜随意扩大矛盾。[2] 1909 年江宁高等商业学堂屡起风潮，教职员互相攻击，黄炎培与总会同人经过详细调查，发现该校严重地管理不善，教育总会因此向江宁提学使提出严加整顿以端正校风的意见。[3]

1　有关南菁高等学堂改造过程的主要资料和研究，参见《江苏教育总会文牍》，第 2 编下，第 106—135 页；第 3 编上，第 56—58 页；第 3 编中，第 149，198—209 页；第 4编下，第 93—94，104 页，1909 年；朱有瓛等编：《中国近代学制史料》，第 1 辑下，第 415—428 页；第 2 辑上，第 597—604 页，上海：华东师范大学出版社，1986 年。Bastid Marianne: Aspects de la réforme de l'enseignement en Chine au début du XXe siècle d'après les écrits de Zhang Jian, Paris-La Haye, Mouton, 1971, pp. 143 - 155; Xiao-Planes Xiaohong: "La Société Générale d'Éducation du Jiangsu et son rôle dans l'évolution socio-politique chinoise de 1905 a 1914", Vol 1, pp. 163 - 167。

2　《江苏教育总会文牍》，第 2 编下，第 186—195 页。

3　《江苏教育总会文牍》，第 6 编甲，第 19—30 页，1911 年。

由于新旧制度的交替和教育改革不可避免地触及某些群体或个人的既得利益，清末有关办学人员的诉讼案大大增加。教育总会的干预对维护公正舆论和保护热心新教育的活动分子是很重要的。1907年，杨斯盛与水木公所（建筑业）因公所董事阻碍办实业学校等事，上书要求上海县令同意撤换另举董事。新任的县令不了解情况，误以为公所帮派闹事，欲追究杨斯盛的责任。经黄炎培报告，总会致书上海县令为杨辩解，使问题最后得以解决[1]。

1908年初，黄炎培本人被控一案涉及政治，性质更加严重。黄此时兼任川沙厅视学，因为在履行职务时得罪了人，被后者向省府控告在浦东中学"演说革命排满"，此外又将1903年南汇新场演说旧案[2]牵入以打动官方。江苏提学使毛庆蕃接案后进行了秘密调查，对黄的言行多有不满之处。杨斯盛和上海、川沙两地绅士竭力为他辩解，教育总会则上书两江总督端方，将事件提到原则高度，坚决反对以语言文字治罪。端方与毛庆蕃显然不想过分得罪教育会和地方绅商，最后由毛撤除黄炎培的厅视学职，保留浦东中学监督，并告诫他不得再参与《浦东七日报》的事务。除此之外，毛庆蕃还要求上级令川沙厅和上海县的官员就近查看黄的改过情况。[3]

清末的官府尽管相当衰弱，但仍保持对地方社会的控制和镇压能

---

1 《江苏教育总会文牍》，第2编下，第80—82页。

2 1903年黄炎培与青年同志在南汇新场演说兴学救国，被县令拘捕以革命党论处，后经耶稣会教士挽救逃亡日本。

3 《江苏教育总会文牍》，第2编中，第179—181页；江苏学务公所编：《江苏学务文牍》，第2编第3册，1911年。毛庆蕃的报告与黄炎培自己对事件的叙述在内容和语气方面都有很大的差别，见黄炎培《八十年来》，第53—54页。

力，然而清廷要实行新政的现代化方案，离不开改革派新式精英的协助。出于不同的立场和角度，双方在合作的过程中时有争执，但同时也互有妥协和让步。

以教育总会为代表的江苏新式精英不仅仅是新教育的积极推行者，而且是经济现代化和政治改革的倡导者。在他们看来，这三者之间的关系是相辅相成和密不可分的。由于长江下游经济中心的地理位置和张謇等人身体力行的提倡，江苏教育总会一向特别关注教育与经济之间的能动关系，希望通过发展实用教育来传播科学技术，提高生产力和改善国计民生。总会领导人很早就开始推动学界与商界的沟通与合作，并大力提倡技术教育和采用"实利主义"方针，即注重实用科学知识和讲求有效教学方法的取向。[1] 他们或者积极创办技术、实业学校，如张謇与浙商合作，在吴淞办水产学校，在南通办工艺学堂；以教育总会骨干为主的江苏铁路公司在苏州办铁路学堂培养测绘和工程建筑人才；或者在各自主持的学校里加强试验设备和科技课程，如唐文治在上海高等实业学堂（即交通大学前身），贾丰臻在上海龙门师范学校等。总会在改变读书人歧视体力劳动的传统和加强教育与生产的联系方面也做了许多工作，如 1909—1910 年之间推动各地积极参加筹备和举办南洋劝业会；在 1911 年夏季学部召集的中央教育会议上，使手工列为中小学必修课的议案得以通过。为了改造传统和陈旧的蚕桑技术，1910 年江苏省谘议局通过了教育总会有关开

1　Bastid Marianne（巴斯蒂）：《从辛亥革命前后实业教育的发展看当时资产阶级的社会作用》，载《纪念辛亥革命七十周年学术讨论会文集》下卷，第 2318—2330 页，北京：中华书局，1983 年。

办省立女子蚕业学校的提案，这个学校后来在专家郑辟疆和费达生的带领下，成为中国最出色的蚕桑研究和推广中心。

省教育会还经常向地方团体和人士宣传推广"实学"与开拓"生计"的重要性，作为总会的常任调查员，黄炎培在各地巡视之际，也经常提醒地方人士应注重实业补习科和有关当地水利、地理等课程的教授。江苏是水网地区，常受水患的危害，苏北和两淮地区的水利问题尤为严重，以至辛亥后黄炎培接管省教育行政即宣称"江苏而无政治则已，苟言政治，第一急要莫如治水，第一需要莫如治水专门人才"。[1] 广泛的实地调查使黄炎培接触了新教育实行过程中的大量问题，同时注意到中国社会和经济所面临的严重困境[2]。

改革派新式精英是传统精英分化的产物，他们在民族主义和社会达尔文主义的感召之下，通过个人和团体的活动积极推动地方的发展。由于国家在实行现代化过程中功能扩大和资源不足，这些民间团体起着辅助和补充国家职能的作用，同时孕育着新政治组织的因素。

改革的实践使社会精英深切地认识到振兴地方、发展经济和教育离不开强有力的政权杠杆，而西方民权和宪制思想的传入则大大增强了他们的参政意识。当清廷在内外交困的背景下，表示实行立宪的意愿时，教育总会的领导人和主要成员充满热情地投入了上海预备立宪公会等自治团体的组织与活动，努力传播新的政治观念并积极发动地

---

1 黄炎培：《江苏今后五年间教育计划书》（1913），载《黄炎培教育文集》第 1 卷第 16 页。

2 有关黄炎培在省内各地的调查情形，见《常任调查员调查报告》（1910—1911），载《江苏教育总会文牍》第 6 编丙，第 1—229 页；黄炎培：《常任调查员报告书（第二次）》，1911 年。

方精英和联络工商界。作为江浙地区改革派绅士和商人的领袖人物，他们在江浙保路运动和 1909—1910 年期间建立省谘议局和地方自治机构的过程中，以及同时发生的国会请愿运动中都扮演了一马当先的角色。史学界通常把这批人称作"立宪派"，近二十年来已有很多关于这一社会群体和政治力量的新研究，限于篇幅，这里仅强调政治改革与地方自治的关系。后者可以说集中地代表了包括江苏教育会在内的新式精英的基本路线。

晚清政治改革的目标是建立以欧美和日本为样板的强大民族国家，旨在通过君主立宪消除满汉隔阂，加强朝廷和地方官府并设立一定意义上的监督制度。在这一方案中，地方自治被普遍地看作宪制"沟通上下之情"的基础。清廷长期以来奉行以小农为基础和节简行政人员的原则，正式税率低，基层政权薄弱，同时容忍非正式官僚机构的膨胀，并用开收各种附加捐税的办法来补充体制与财政的不足。这种机制一方面造成普遍的贪污与官场结构性的腐败，另一方面远远不能满足实行现代化而对国家职能提出的新要求。例如，由于地方缺乏独立稳定的财政收入和强有力的权力机构，教育的推广和普及难以深入并且遭到旧势力的极大阻碍。对于改革派新式精英来说，地方自治不仅是民众参政的具体标志，也是建设现代民族国家的重要步骤之一。

改革派新式精英是以地方——省、地区和县为主要活动和势力范围的，1905 年上海、天津试行的自治为他们提供了参政的具体方式和通过加强基层政权推进现代化建设的前景。他们希望直接参与省政和掌握地方政权，为发展经济和教育创造必须的条件。改革派绅士认为只有提高民众的经济能力和教育水平，才能为广泛的民众参政奠定基础，他们把自己看作这一历史过渡途程的执行者与中介，黄炎培曾很生动地用"以地方政权掩护绅权，以绅权孕育民权"[1] 来概括这一战略。然而他们并不是狭隘的地方分离主义者。1909 年秋以江苏教育总会为骨干的省谘议局带头发起来国会请愿运动，试图通过国会的力量重振疲弱分离的朝廷权威；并且在革新专制皇权的同时，重新规定朝廷与省和地区的权限关系，使地方机构获得真正的事权和财权。清廷在这些关键问题上的一再延宕和敷衍终于导致了双方的决裂。

基层政权长期以来一直是传统官僚机构的薄弱环节，自 17 世纪以来的政治思想家，如黄宗羲、顾炎武、魏源和冯桂芬都反复强调加强基层政权组织和扩大地方人士参与以及监督官僚机构的必要性，[2] 20 世纪初中国实行现代化的压力再次将这一历史问题紧迫地提上了议事日程，地方自治是教育会和立宪派人士在继承前人思考的基础上对此做出的回答，它实质上代表了一种建设和扩大民族国家组织的新形式。

---

1 黄炎培：《沈信卿先生传》，载《黄炎培教育文集》第 4 卷，第 125 页。

2 关于这方面的研究很多，这里仅引孔飞力的著作。Kuhn Philip A. : *Les Origines de l'Etat chinois moderne*（《中国现代国家的起源》），traduit et présenté par Will Pierre-Etienne, Paris, EHESS, 1999。

二 挑战与回应： 黄炎培与民国时期的
江苏教育会（1912—1927）

黄炎培从 1914 年起担任了省教育会的副会长，他和书记沈恩孚是团体的实际领导人。[1] 他们于民国初年分别负责省政府属下的教育司和内务司，以后两人都放弃出任政府职务，全力从事教育会的领导工作。1917 年他们联合其他工商教育界人士共同创立了中华职业教育社，早期职社的骨干分子与省教育会基本重合，而黄炎培在这一时期的两个团体中都起着主导性的作用。

作为一个提倡新教育和政治改革的民间团体，江苏教育会在民国时期面临了种种新的挑战：国家权威的式微大大加剧了教育工作者的困难处境；新教育的建制远未完成，方向有待进一步的确立；与此同时，新的意识形态和新的政治力量急剧兴起，与教育会争夺对学生和青年知识分子的影响。

完善和维持新教育体制的努力

辛亥革命后教育总会的许多领导人进入临时省政府任职，他们与反正的前清官员程德全等人在 1912—1913 年之间掌握了省政大权，

---

1 正会长张謇，自 1912 年至 1921 年连任十年；继任袁希涛。袁为江苏宝山县人，民国时先后担任教育部司长、副部长并一度代理部长。

从而得以实施调整和改造教育体制的计划。江苏省于清末新政时期设立了一批为数可观的新式学堂，为新教育打下了初步的基础，但是由于学堂的设置取决于各级行政当局或地方人士的主动性和筹款能力，学校性质有官办和民办之分，经费来源不稳定，种类配置也不尽合理，因此影响了教学质量和体制的统一性。此外，小学校数量严重不足，高等教育机构则完全阙如。[1] 新的省教育系统主要是黄炎培负责省教育司期间设计和确立的，以后在此基础上进行了补充，尤其是高等教育机构的设置。

根据教育部法令的精神，初等教育基本由各县市镇乡自办为主，省政府在财政上加以支持，在行政管理和教学方面加强监督和指导。由于民初将附加税划归地方，并规定其中的 40％用于发展教育，小学校及其学生的数量在 1912—1914 的年这两年之中，很快增长了将近一倍。[2]

中等教育按照以省办为主的方针，在黄炎培的主持下，对已有的各类官立和民立中等性质的学堂进行了改造、接收和调整。在此基础上，于省内十一个地区（按过去的府治为标准）设普通中学和师范学校各一所，另外在省府与地区中心设技术性的实业和专门学校 10 所。这样建立了一个较完整的省立中等教育系统。此后在维持已有规模的基础上略有扩大。[3] 中等学校常因费用高和城市化受到当时及后人的

---

1 清末的高等学堂并非完全意义上的高等教育机构，其性质相当于后来的大学预科。

2 江苏省行政公署教育司编：《江苏省教育行政报告书》，第 1—6 页，1914 年。

3 黄炎培：《江苏今后五年间教育计划书》(1913)，载《黄炎培教育文集》第 1 卷，第 14—19 页；江苏省长公署统计处编：《江苏省政治年鉴》，第 356 页，1924 年。1922 年新学制允许有能力的县自办中学，江苏的县、区立中学大大增加，但多为初级中学和职业学校。

批评，然而江苏近一半的省立学校，包括师范、农校、水产和蚕桑基本上都是免费的。这些学校为地方培养了大批中小学教师、管理人员和工农业人才。

高等教育机构的设立过程比较曲折，由于北京政府财政破产和军阀把持政权，教育部在各省设立大学的计划无法实现。江苏省的国立高等教育的基础是由黄炎培和教育会的其他领导人，通过与教育部和省政府官员合作的方式逐步奠定的。

1914 年，根据北京原先的许诺，省当局与地方人士先将两江师范改成南京高等师范学校。20 世纪 20 年代初，校长郭秉文和省教育会的黄炎培、蒋梦麟赴北京说动教育部与国务会议成员将南高师扩充为东南大学，另在上海附设商科大学。东大此后成为东南地区教学与科研中心，它的教育学和农科尤其突出，分别由留学归国的教育专家陶知行（后改名陶行知）和农业专家邹秉文领导。河海工程学校为张謇任全国水利局总裁时与省教育会的其他领导人主持建立的，旨在培养兴修水利的专门人才。暨南学校是两江总督端方为东南亚华侨子弟设立的，辛亥后一度停办。后经华侨领袖陈金山与黄炎培联系，并得到当时任职于教育部的袁希涛等人的支持，于 1918 年恢复，它的毕业生大都回南洋服务于商学两界。同济医工学校原是德国人在上海办的几个学校，1917 年世界大战时为法租界当局关闭。省教育会支持校内中国和德国教职员维持和另办同济学校，为它争取到中国经费并组织了校董会，并任命曾经留学德国的 27 岁的阮尚介为第一位中国校长。[1]

为了防止政府干涉和减少政局变动的影响，省教育会在好几所学校都设立了通常私立学校才有的校董会组织。校董会有决定学校方针，审查经费支配，调整学科设施和推荐校长人选等重要权力。同济的校董会由沈恩孚主持，他和黄炎培也是东大校董会的主要负责人。暨南学校和隶属东大的上海商科大学的筹备还吸收了华侨与工商界人士参加。[2] 高等教育是现代国家发展科学研究的重要手段，在中央政权衰落的情况下，省教育会通过动员体制内外的力量，选拔优秀人才和建立局部的制度保障来填补这一空缺。

由于江苏教育会与省内的公共学校（国立和省立）系统之间的密切的历史和人事渊源，教育会成员和干部结构从过去的地方绅士为主，朝职业化、城市化和专业化的方向演变。省立中等学校和国立高等学校的许多负责人不仅本身是出色的教育家和行政领导，同时也是省教育会的主要干部和各项事业的积极合作者。他们分享教育救国的共同目标，采用各种方式推动新教育改革的深化。教育会设置了各种

---

1 上述学校除了南京高等师范学堂/东南大学以外，基本都是中等性质的教育机构，20世纪 20 年代以后才逐步扩大或转为高等学校。

2 关于以上各校的组织和办理情形及江苏省教育会所起的作用，参见《江苏省政治年鉴》，第 342—346 页；《张謇全集》第 6 卷（日记），第 698—700 页；柳诒徵：《首都志》(1935) 第 761—769；781—782 页，台北：成文出版社，1983 年影印本；高觉敷等：《教育大词书》，第 963—969 页，上海：商务印书馆，1928 年；曹聚仁：《我与我的世界》，第 192—193，207—208，257—265，267 页，北京：人民文学出版社，1983年；屠听泉等：《严谨求实的同济大学》，载《解放前上海的学校》，上海文史资料选辑第 59 辑，第 60—76 页，上海：上海人民出版社，1988 年；Kreissler Françoise：《作为文化合作关键的技术教育：中德的经验》，许美德、巴斯蒂编《中外比较教育史》，第 120—144 页，上海：上海人民出版社，1990 年；Schwintzer Ernst P. "Education to Save the Nation", Vol. 2, pp. 576 - 609。

专业、专科性质的子机构，如幼儿、小学、中学、师范、职业教育研究会；英语、理科、国语、美术、体育教育研究会；县视学、地方教育行政和通俗教育研究会等。这些机构组织有关人员举行定期的专业活动和新教学方法的试验。此外，教育会与省立、国立大中学校合作举办各种培训、补习活动，向基层传播新的教学观念和经验，提高教学水平和管理质量，如每年在上海、南京等地举行诸如小学教师暑期培训，组织学校卫生和管理，推广国语，注音字母以及体育、童子军组织和职业教育的演讲会或练习所等等。1918 年，南京高等师范学校受省教育厅委托举办了县视学讲习会；它的后继者东南大学每年为各地教师和办学人员办暑期学校进行专科培训。[1] 教育会还经常在上海的会所组织演讲，邀请中外教育家或专业人士介绍新思潮、新方法。会领导人特别是黄炎培也频繁地赴省内各地及外省视察和演说。省教育会一方面努力以各种方式填补由国家职能衰退造成的空白，另一方面尽可能地团结社会力量来对抗政治当局对教育领域的侵犯并维护教育独立。

1916 年以后，中国陷入政治分裂和军阀割据，这种局势迫使地方新式精英加强自身的组织和更多地承担社会责任。江苏的精英团体组织在省内拥有相当的影响力和社会基础，它们尽管丧失了制度上的凭借，但是在金融、经济、文化、教育以及地方公共事业等领域里仍然拥有广泛而深厚的资源和人际关系网络。而军阀及其民政附庸尽管

---

1 《教育杂志》有关年份各期；江苏省教育会编：《江苏省教育会二十年概况》，上海，1925 年；《江苏省教育会年鉴》，《江苏省教育会月报》各期；《江苏县视学讲习会录》，1918 年油印稿。

拥有军事实力，但在政治和意识形态层方面却极度缺乏权威。在和平时期，出于维护其合法性和施政的具体需要，军政当局不能完全无视民众的呼声和舆论压力。地方精英以维护舆论和影响官员任命等方式来对抗军人干政，一些坚持维护国家和民族利益的民政官员也通过加强与民间团体的合作，尽力保持一定的国家控制和领导，如先后担任过江苏省省长的王瑚、韩国钧、陈陶遗等人。

为了减轻国家对地方控制的削弱所带来的危害，省教育会经常出面为地方争取被拖欠的经费，督促省当局加强对地方的监督和领导，并就教育的具体方针提出种种建议，如发展体育教育，注重实用、科技学科和乡土教材，禁止挪用教育经费，筹设各县公共体育场，推动工商界与教育界加强联系，发展职业教育，等等。江苏省曾于1914年与1919年两次组织了大规模的地方教育状况视察，并在袁世凯停止实行地方自治以后，批准设立地方公产公款经董处，以保护教育经费不被挪用。[1] 1922年，黄炎培和他的朋友们说服了当时在北京大学任教的江苏武进人蒋维乔出任省教育厅厅长，并在蒋任职的三年内，与教育厅共同组织了一系列讨论、施行新学制和试图改革地方教育管理体制的活动。在韩国钧任江苏省省长的时期，教育会和工农商学各界人士与省政府组成江苏省教育实业联合会，以便共同促进教育与经济两方面的相互扶助和共同发展。[2] 省教育会还经常与省立、国

1　江苏巡按使公署政务厅教务科：《江苏六十县教育近况汇录》，南京，1915年；江苏省长公署教育科：《江苏县教育视察报告书》，南京，1920年。

2　韩国钧：《止叟自订年谱》，第25b页，1938年；江苏省长公署：《江苏省教育实业联合会大会会议录》第一、二、三、四届，1922—1924年。

立大中学校联合，共同抵制对教育经费的侵占，并力争教育经费独立。1923 年，在省长韩国钧、财政厅厅长严家炽和教育厅厅长蒋维乔等民政官员的支持下，为确保教育经费独立建立了基本的条件。[1]

地方精英团体与民政官员合作从事现代化建设，这是从清末新政开始延续到民国的一个长期现象。尽管有执政和在野的不同，江苏省教育会的领导人与致力于中国现代化的官员们表现出很多一致的地方，例如继承和发扬中国"行政文化"传统（魏丕信［Pierre-Etienne Will］语），[2] 维护公共利益，关怀制度建设，等等。由于军阀争夺加剧，许多计划的施行受到无法避免的限制。然而，他们尽可能地共同抵御了阻碍改革的种种势力和因中央权威式微而造成的分离与解体化倾向。

职业教育的社会改造方案

由于民国以后政治现代化过程的中断，地方精英只得重新诉诸传统的谈判和妥协方法，为了维护地方秩序和公共利益等事务，不可避免地要跟军阀当局周旋和交涉，然而他们从来没有放弃过宪制与自治的政治目标。20 世纪 20 年代前后黄炎培与江苏教育会的其他领导人

1　蒋维乔：《江苏教育行政概况》，第 16—18 页，上海：商务印书馆，1924 年；《江苏省教育会二十年概况》，第 35—36 页；张宏业：《江苏财政概况》，第 27 页，1927 年；Schwintzer Ernst P. "Education to Save the Nation", Vol. 2, pp. 576 - 609。

2　Will Pierre-Etienne, "Bureaucratie officielle et bureaucratie reelle: sur quelques dilemmes de l'administration impériale a l'epoque des Qing", Paris, *Études chinoises*, Ⅷ/1, 1989, pp. 69 - 142.

大力倡导和推动的职业教育运动，可以说是上海、江苏地方精英的一贯政治路线的继续和发展。有关职业教育的研究很多，这里仅从社会改造的角度作一些分析。

新式教育被改革派精英视为实现中国现代化的主要途径之一，然而它显露的矛盾和缺陷对这一设想提出了严峻的挑战：舆论和职业界常常批评它不符合社会的需要，毕业生因为欲望高、能力差而不受欢迎，但是新教育的根本危机还在于大量的毕业生无出路。造成这种状况的原因是多方面的，由于中国当时的现代经济规模有限，加上国家控制衰微，人口的压力和传统势力影响，公共部门和私人企业滥用私人的现象十分严重。从教育制度本身来说，按分级授课设计的教育体制和以理论教学为主的教学方法跟学生的出路和经济的发展关系不大，同时助长了以升学为目标的倾向，尽管国家和大多数家庭都无力负担长期的学习。黄炎培和中华职教社的领导人认识到经济不发达和推广教育的矛盾实际上是技术落后的国家面临的一个两难困境，因此必须改变现行的教育方法与方向，建立有针对性的、从生产实际需要出发的教育来推动经济的发展，并通过教育与实业的合作达到相互提携、相互促进的目的。

由于中国教育曾长期与科举制度连在一起，读书做官——即把学习看作进入国家权力机构的途径——几乎是社会的普遍信仰，连新教育也很少触动这种源远流长的观念。此外，看重身份地位，鄙视技艺和某些职业以及轻视体力劳动的观念在社会上和知识阶层中仍有着深厚的影响。为此，职业教育运动首先表现为对新教育制度的弊病和根深蒂固的传统影响的批判。它大力反对以升学为目的教育，强调"普通职业以及中等以下的职业人才"的培养问题。从教育与生产结合和学生出路的目标出发，职教活动家们一反传统所为，把技能训练的概念和实践引入课堂教学。在思想层面，他们批判"重文轻实"的倾向和"劳心重于劳力的观念"，提倡职业平等、劳动光荣的价值观，积极鼓励和引导青年学生从事生产性和管理性工作。[1]

职业教育运动最突出的特征也许是它在排除"读书做官"的狭隘目标的同时，把作为普通人的个人生活出路切切实实地引入教育目标。[2] 对于职业教育来说，一个社会上优良健全的分子，"就是能为自己谋生，能为社会服务的人"；因而提出"生利主义"的旗号，所谓"生利"，指的是有利于劳动技能的掌握和社会生产的发展。[3] "个人生活出路"的概念肯定了私人利益的合理性，强调普通个人利益是社会整体利益不可分割的部分。这种观念意味着普通人的利益在教育上的合法化，这跟视教育和文化为知识阶层特权的观念恰恰相反。教育应当为普通人服务，着重造就社会的普通分子而不是只想领导大众的圣贤或者先知先觉。受教育者首先应当成为一个能够自食其力的普通人，而不是精神贵族和特权阶层的成员，这是对传统教育的一个具

---

1 有关推广职业教育的经济与文化障碍，参见 Gewurtz Margo S.，"Social Reality and Educational Reform, The Case of the Chinese Vocational Education Association 1917—1927"，pp. 167-175；Schwintzer Ernst P.，"Education to Save the Nation"，Vol. 2 pp. 628-642。Schwintzer 指出，早在杜威来中国讲学（1919—1921）之前，他提倡的许多观念与价值就已经由中华职教社贯彻实行了。同上，pp. 690-691。

2 职教社确定的职业教育三大目的是"为个人谋生之准备，为个人服务社会之准备，为世界及国家增进生产力之准备"。后因外界的批评又增加了"为谋个性之发展"，并列为第一目的。见孙起孟、孙运仁《序言》，载《黄炎培教育文集》第1卷，第6页。

3 黄炎培：《职业教育》（1921），载《黄炎培教育文集》第2卷，第324页；黄嘉树：《中华职业教育社史稿》，第22—23，28—31页。

有革命性的和民主性的突破。

职业教育运动在本质上是一个改造社会的政治方案。职教运动的领袖们始终认为贫穷落后是国家不独立、政治分裂和社会动乱的首要原因。面对"生计"——生活手段的缺乏和激进思潮的巨大反差，早在 1913 年黄炎培就声称中国近十年来，"物质文明"的进步远远落后于思想界，"所以酿成此好乱易动之社会"。[1]在一定的程度上，由于儒家传统的影响，地方精英的领导人继续把个人的道德完善看作政治清明和社会有序的根本动力。然而他们认识到道德的发扬不能陷于空谈学理，尤其在现代民族国家生存竞争的时代，必须特别着重道德的物质基础建设。教育家们使用儒家政治哲学的观念——"有恒产而后有恒心"（孟子语），"仓廪实而知礼节，衣食足而知荣辱"（管子语）——来强调教育、经济和政治之间的连锁关系。[2]他们认为现代国家的创立离不开一定经济条件和社会基础的建设，黄炎培引用苏社领袖之一张一麟的话说："共和原理，必由民治，真自治，便是国民

1　黄炎培：《学校教育采用实用主义之商榷》（1913），载《黄炎培教育文集》第 1 卷，第27 页。

2　蔡元培：《教育界之恐慌及救济方法——在江苏省教育会演说词》（1916），载高平叔编《蔡元培全集》第 2 卷，第 486—487 页，中华书局，1984 年；黄炎培：《抱一日记》（1916—1917），载《黄炎培教育文集》第 1 卷，第 257 页。黄发展这一观念说："人无恒产，则无恒心。故提倡道德，须有一种维持之法。其法为何，生活是也；盖人必先能生活，然后能讲道德。鄙人所以再三注重生活教育者，正所以为维持道德计，并非舍道德而专重生计也。"见《调查美国教育报告》（1915），载《黄炎培教育文集》第 1 卷，第 281—282 页。

有自觉之知识，自动之能力，言自治之极点，必标其名为民治。"[1]
自治和民治跟皇权的基础有着本质上的不同，地方精英的领袖发挥儒家政治学说的"公""私"观念说，皇权得以实现的标志在于"用天下之私，以成一人之公而天下治"；而民治的内涵则是"用人民之私，以成天下之公"。[2] 因此，教育应当为自治和民治创造条件，努力发展和增强每个个体的生产能力与职业技能。教育与个人生活出路相联系，教育发挥"生利主义"的效能都是这种思想的具体体现。职教活动家认为只有发达社会经济和提高人民生活水平，才能真正奠定独立、昌明的民族国家基础。显而易见，黄炎培及其友人的观念与西方近代民主政治思想在出发点和取向上有相当的差异，前者着重民主政治的社会、经济条件；后者以自由主义的个人价值和社会平等观念为基础。然而重要的是，两种出自不同传统的思想体系都认同"私利"在社会组织中的合理性与合法性。这一观念摒弃了以往政治目标的道学色彩，使之降到平实的以大众意愿为依归的层面。

从社会基础的角度看，职教运动表现为以中等阶级（Middle Classes）这一社会群体为轴心的政治方案。它的首要对象是无力升学的中、小学学生，换句话说，是中、下等社会阶层的成员。这部分

---

1 黄炎培：《张仲仁先生传》（1947），载《黄炎培教育文集》第 4 卷，第 115—116 页。张一麐（1867—1943），江苏吴县人，清末民初任袁世凯幕府并曾担任其他政府职务，二十年代江苏省议员和"苏社"主要成员。"苏社"由黄炎培和沈恩孚于 1920 年 5 月联合江苏各地的著名绅商领袖在扬州成立，以"合群自治"为社旨。
2 张一麐语，全句为"顾亭林谓用天下之私，以成一人之公而天下治。若夫今天自治之说，则用人民之私，以成天下之公"。黄炎培：《张仲仁先生传》，载《黄炎培教育文集》第 4 卷，第 116 页。

人在社会结构中占了相当的比例，他们的取向对中国的前途和民族振兴至关重要。1919 年五四运动以后兴起平民主义思潮，职教社强调职业教育的"平民性"以及后来从事农村改进和职工补习等活动都是在此基础上的延伸。职教活动家清醒地看到，中国在向现代社会过渡的过程中所遇到的种种障碍正危险地颠覆传统社会的基础——以士农为主体的中、小有产阶级和知识阶层。每年数十万毕业生没有出路是这一危机最明显的征兆。他们希望通过职业教育帮助这些社会群体完成自身的现代转化，发展壮大它们的力量，为"民治""自治"的目标建设坚实的基础。基于这样的认识，职教社领导人黄炎培曾多次表示"社会的重心应当在基层而不在上层"和自己"愿意在社会的中、下层用力"。[1] 正因为职教运动致力的根本对象是社会的中、下层，所以它吸引了一部分关心民族命运、同时为自身前途忧虑的中下层人士以及一些有远见的工商学界上层人士。这些人是职教运动的社会基础和推动力量。然而，在帝国主义压迫和政治分裂的双重困境下，教育会和职教社的渐进变革路线很快遇到了前所未有的挑战。

激进主义的政治挑战

1923—1924 年中国工业的支柱——纺纱业的危机以及随后普遍的经济萧条严重地影响了职教活动的开展。与此同时，五四以后新的

---

1 黄炎培：《自述四十年来服务社会所得的甘苦》（1943），载《黄炎培教育文选》，第 3 页，上海：上海教育出版社，1985 年；《二十年来服务职业教育的回想》（1937），同前，第 371 页。

革命意识形态和马克思主义政党组织迅速兴起，各种政治势力和思想流派努力影响青年知识分子和学生，鼓励他们走出学校，跟民众相结合，直接和立即进行推翻军阀和帝国主义统治的实践。民族主义高涨的气氛，普遍的政治腐败和社会不公平也促使青年学生关注政治与社会问题，渴望从新的意识形态中寻求国家与个人的出路。马列主义所提供的共产主义理想以及对资本主义和帝国主义的批判，无疑对关心民族命运、不满社会现状和个人处境的年轻人有着很大的吸引力。此外，从泛泛的总体意义上考虑国家和社会改造问题的认识方法具有相当强大的习惯力量，并且中国知识分子对此抱有重大的使命感，而不容易像教育会和职教社提倡的那样，从建立基础条件出发以及采取社会普通成员的立场。总之，尽管青年学生是职教运动的主要对象和希望所在，但是革命思潮的影响和个人命运的困扰使他们越来越难以认同职教领导人的既定路线。

教育会和职教社认为中国的出路在于发展经济、科学技术和教育，反对学生长期从事政治活动和教育为政治服务。然而，在教育界日益政治化和学运、学潮运动高涨情况下，这种立场难以被人理解并且使他们处于非常被动的局面。1925—1926 年各地军政当局加强对学生运动的镇压，逮捕枪杀参加国民党或共产党的学生导致局势恶化。[1] 由于教育会曾采取过一些措施来维护教学秩序和减少风潮，部

---

1 白蕉：《学运与学潮的历史观》，载《人文月刊》第 4 卷 4 号，第 23—25 页，1933 年；《教育杂志》第 17 卷 12 号，第 9 页（《杂讯：苏省长干涉员生入党之通令》），1925 年；第 18 卷 3 号，第 2 页（《教育界消息：南北两司令奋查禁学生群众运动之文告》），1926 年；第 19 卷 4 号，第 1—2 页（《教育界消息：两支之党狱—南京与北京》），1927 年。

分学校领导采用了开除闹事学生或者要求学生写悔过书、誓约书的做法，造成双方对立的加剧，并成为江苏省教育会受攻击的主要论据之一。

作为地方实力集团，江苏教育会不可避免地要受到其他政治力量的冲击。1924 年国共统一战线建立后，两党为发动国民革命加强了在上海和东南地区的活动。他们跟教育会争夺学生和学校控制权的斗争变得激烈起来。由于教育会在省内和上海教育系统中有相当的势力和影响并且拒绝配合响应国共两党的路线，因此受到后者的激烈攻击：黄炎培和教育会的其他领导人被称为"乡愿教育"和"学阀"；教育会及其领导人被指责代表帝国主义、买办和大资产阶级的利益，与军阀和大资本家勾结，镇压学生运动等。[1] 1925 年东南大学的驱郭事件是国民党人对江苏教育会势力的第一个打击。[2] 1927 年 3 月北

---

[1] 有关二十年代国共两党在上海活动的情况以及与江苏省教育会的关系，参见茅盾《我走过的道路》（上），第 244，267—269 页，北京：人民文学出版社，1981 年；《恽代英讲述五卅运动》，载上海市档案馆编《五卅运动》第一辑，第 240—241 页，上海：上海人民出版社，1991 年；黄炎培《中华职业教育社奋斗三十二年发见的新生命》，载《黄炎培教育文集》第 4 卷，第 224—225 页；Schwintzer Ernst P. , "Education to Save the Nation", Vol 2, pp. 660 - 683；张济顺：《论上海政治运动中的学生群体（1925—1927）》，载《上海研究论丛》第 4 辑，第 97—116 页；罗苏文：《1920—1927 年国共两党在上海的政治影响》，同上，第 141—154 页，上海：上海社会科学院出版社，1989 年。

[2] 1925 年东南大学教职员中的国民党人利用孙中山跟段祺瑞执政府联盟的机会，排挤了校长郭秉文以及校董事会和教育厅厅长蒋维乔等非派系派的官员，导致历时半年以上的学潮。有关 1925 年东南大学事件的主要资料，参见《教育杂志》第 17 卷 2 号，第 3—4 页，第 17 卷 4 号，第 6—7 页；《东南大学拒胡挽郭风潮》，载《上海文史资料选辑》第 19 辑，第 153—169 页，1964 年；《郭廷以先生访问纪录》，第 131—147 页，1987 年。郭廷以认为在 500 名左右的学生中 90％以上拥护郭秉文，只有三四十名国民党学生反郭，而且并非所有的国民党学生都反郭。

伐军刚刚抵达上海，教育会和职教社就遭到了被关闭的命运，黄炎培
受通缉流亡，它们的许多干部，即省内大中学校的校长也被迫纷纷辞
职。[1] 在政界和工商界社友的斡旋下，中华职教社得以幸存。但是江
苏省教育会几乎立即为一个官方控制的组织取代，被迫结束了它历时
二十二年的民间团体的生命。

　　江苏教育会的态度实质上是地方精英保护自身力量的表现。由于
20 世纪 20 年代各派政治力量的军事争夺前景未定，局势错综复杂，
试图在各种政治势力的夹缝中求生存的许多民众、职业团体倾向于采
取站在政治斗争之外的谨慎、中立的态度。这种立场表明了民间组织
的两难困境：民众参与和国家政权是政治现代化不可分离的两个方
面，然而正像白吉尔教授指出的那样，民国以后现代化过程中断和政
治分裂，使社会群体失去了它的对话人——国家。[2] 随后重新统一的
中央政权反过来又剥夺了民间团体独立存在的合法基础。20 世纪 20
年代的国民政府的建立并没有改变旧政治制度的基础。在这样的历史
背景下，教育会等地方精英的民治方案所蕴含的进步意义被暂时地淹
没了。

---

1 Schwintzer Ernst P. , "Education to Save the Nation", Vol. 2, pp. 678 - 683；《教育杂志》第 19 卷 4 号，第 3—5 页（《教育界消息：上海反动派教育之末运；江苏省教育会权威之崩溃》），1927 年；松轩：《我所认识的黄炎培先生》，载《春秋》（香港）第 213 期，第 14—16 页，1966 年。

2 Bergère Marie-Claire, L'Age d'or de la bourgeoisie chinoise , Paris, Flammarion, 1986, pp. 230 - 231, 244 - 245。开明官员韩国钧曾非常有先见地说过："必先有强固之政府而后有民治可言。"《止叟自订年谱》，第 24a 页。

结　论

　　江苏省教育会是清末至民国时期涌现的大量新型民间组织中的一个典型团体，作为中国现代化建设的历史过程中的一股积极力量，它最突出的特点也许在于它那种善于不断调整自身以适应社会需要，为达到目标而孜孜不倦地讲求方法以及杰出的动员能力。教育会和职教社试图将教育改革与政治建设和社会改造的最终目标紧密地联系在一起。然而，在从事武装斗争的现代政党的强有力组织和大规模群众运动的政治技术面前，职教领袖以非政治的手段达到社会、政治变革的路线显得软弱无力。这一缺陷源于新式精英本身及其方案在理论建设方面的局限。但是，应当指出，教育会和职教社的文化资源来自他们对社会变动的新挑战的回应能力。它们通过自己的实践和主张比较集中地代表了地方相对中央，社会相对国家政权的要求和愿望，因而具有相当的动员能力和社会影响力。中国具有悠久的政治统一传统，然而地广人多和地区差异增加了政治现代化建设的难度和复杂性。从这一角度看，有关地方自治的政治设想实际上是一种扩大新型国家的组织及其社会基础的形式，它体现了在一个集中、统一的大国中兼容政治主体多样化、自主化和民众参政的基本原则。最后，黄炎培和教育会、职教社的领导人可以说是 19 世纪儒家经世学派的现代继承人，他们所表现的对中国现代化的某些根本问题的敏锐观察力和寻求解决方法的科学态度，向我们表明传统与现代化之间的复杂关系：继承文化遗产并不等于因循守旧，而且传统本身也并非没有可转化为现代性的因素。

附录二 黄炎培与 20 世纪 30 年代的民国政治——兼论民间精英的社会动员方式（1927—1937）[1]

黄炎培是民国时期著名的教育家和中国职业教育的开创者，但除了民国初年曾短期担任过江苏省教育行政的领导职务以外，他一直以民间人士的身份从事教育改革和社会活动。他参与发起和领导的两个主要的教育团体是江苏省教育会和中华职业教育社，因此，黄和他的同人们早期被称为"江苏教育会派"，后来又被称为"职教社派"，尤其是在抗战后期宪制运动期间。顾名思义，这两个称谓指的都是教育团体，但是实际上这两个指称含有明确的政治意味，表示一种政治势力或准政治派别。这种名实分离的现象并不仅仅发生在黄炎培和他主持的团体身上，而是相当普遍的情况。民国时期国家分裂，政治腐败，一些有志之士选择了置身于政治之外的方式，根据个人所处的地位和条件，以在野的身份致力于中国现代化的各项工作。在很多城市

---

1 原载朱宗震、徐汇言主编《黄炎培研究文集（三）》，成都：四川人民出版社，2009年，第 1—37 页。

和省、区，都可以看到类似的身影，他们从事各种民众教育、社会改造、社会服务或赈灾济难等工作，并把自己的事业与国计民生的前景联系起来。但是像黄炎培这样的社会活动家并非完全置身于政治之外，由于缺乏政治对话的制度性渠道，他们往往通过各种民间团体或机构，在重大的国事上表示自己的立场，影响舆论或向当局贡献意见。在这个意义上，我们可以把社会精英通过非政治团体，动员社会力量参与公众事务的现象，看作民国政治动员的一种方式，本文将从这一角度探讨 20 世纪 30 年代黄炎培在这方面的活动和他试图达到的目标。

一 三年韬光养晦

20 世纪一二十年代，黄炎培在上海和江苏省以至全国的教育界，上海和江浙地区的工商界以及东南亚的华侨社团中都享有广泛的声望和社会网络联系。他担任中华职业教育社办事部主任，江苏省教育会副会长，江苏教育经费管理处以及多所大、中学校的董事，中华教育文化基金董事会董事（该会为经管美国退回庚子赔款的机构），浦东同人会董事长，商务印书馆、上川汽车公司、浦东电气公司等企业的董事，以及各类临时性的或半官方组织的领导职务。1924 年国共合作以后，江苏省教育会在上海和江苏享有的独尊地位受到国共双方一致的挑战。相对教育会的领袖及其麾下的公立学校的管理人员，国共两党的党员积极分子是年轻一代的新人，他们大多是出身于西化的新学校的学生或青年教师，对老式的纪律严格的学校管理方式不满，希望分享教育领导权并试图将学校变成新的革命阵地。他们的这些愿望受到教育会领导人的阻碍，因此尽管国共双方内争渐剧，而国民党内部也有左、右派的对立，但在反对江苏教育会这点上几乎完全一致。省教育会的三大领袖袁希涛、沈恩孚和黄炎培被视为"学阀"，跟军阀、大买办、大资本家勾结，而黄炎培尤其首当其冲。1927 年 3 月，黄辞去了在各公团、机关所担任的职务，曾一度短期出走，随后又返回上海，在各处躲藏了两个多月。这期间江苏省教育会被解散，它位于上海南市西门的会址被国民党市党部占据，财产全部没收，江苏教育经费管理处撤销，职教社的社所也一度被封占（后发回）。只有位于南市陆家浜的中华职业学校，因为校长潘仰尧和学生、员工的坚决抗争才得以幸免。当年 5 月 19 日黄因受到当局通缉被迫再次出走，在大连居住了约半年之久，中间去了一次北平、天津，辞掉了中华教育文化基金董事会的职务。该董事会成员由中美双方的人员组成，掌握庚款支配的大权，董事长是美国教育家孟禄，向来非常重视黄炎培的意见。1927 年年末，黄炎培得到蒋介石的口头允许，同意他返回上海，条件是不过问政治。[1] 实际上无论江苏教育会还是中华职教社都谈不上反对 20 世纪 20 年代的国民革命。不过，在清末以来的中国政治舞台上，黄炎培等人与清末立宪派和民国初年共和党、进步党的

---

1 黄炎培：《八十年来的我：交心的根据，改造的基础》，打印稿，1958 年 5 月，北京中华职业教育社社档案，第 2—26 页。

路数是一脉相承的。[1]

黄炎培尽管回到了上海，但仍然处于当局的监视下。1929 年 6 月在南京政府担任教育部部长的朋友蒋梦麟写信告诉他说，由于上海市党部的控告，中央命令教育部监视黄，要他多加小心。[2] 此外，报纸和地方当局也不时重提黄等人的"学阀"旧案。1929 年黄在给他的另一位知交、画家刘海粟信中曾坦承自己的环境日益险恶，但"半日著述，半日服务"的兴趣反而愈加浓厚，精神上尤堪告慰。[3] "半日服务"的主要内容是从事职业教育的宣传、调查以及职教社举办的乡村改进工作。"半日著述"是个人性质的活动，包括替商务印书馆撰写《中国教育史要》一书以及为《职业与教育》和《人文月刊》著文。从 1928 年到 1930 年的三年是黄炎培从事社会活动以来最低调的时期，韬光养晦，尽量避免在职教社业务之外的各类公众场合出头露面。迟至 1929 年年末，黄炎培的国民党朋友还为他在《中央日报》上辩诬。1931 年 1 月蒋介石通过邵力子兄弟带信要黄炎培去南京面谈。为了防止万一被扣押，黄跟职教社的其他几位领导人作了周密的安排，化装成病人，让人背出火车站。[4] 黄炎培认为既然自己几十年来已下决心全身心奉献社会，"行乎患难，无人而不自保"，遭遇挫折

---

1 尽管黄炎培生前以及在晚年的回忆录中多次强调他早年参加同盟会的经历，实际上他后来跟国民党没有组织上的联系，只有个人性质的交往。

2 《黄炎培日记》，中国社会科学院近代史研究所图书馆藏，稿本第 32 册，1929 年 8 月 25 日。以下简称《日记》。

3 《日记》，1929 年 9 月 9 日，致刘海粟函。

4 黄汉文：《黄炎培装病进南京》，载上海市文史研究馆编《海上春秋》，上海：上海书店出版社，1992 年，第 140—141 页。

并不奇怪；而且觉得"今世公道犹不失为明章，今人宅心犹不失为宽厚。所惜并世有法治之国家，有享法律保障之公民，不免引人进一步之责望耳"。[1] 这一时期，个人生命和团体的财产缺少法律保障，引起他对中国传统人治和法治问题的思考。然而最让黄炎培忧虑的是如何保护硕果仅存的中华职教社。

二　保全和光大职教社阵地

　　南京新政权是以国民革命的面目出现的（尽管国共合作破裂），一切不合作者都可被视为反革命，这是江苏省教育会被封闭、它的领导人遭通缉的内在逻辑。1927 年 3 月，职教社社址曾被上海国民党的一个区分部占领，一星期后发还，据说当时潘仰尧以职教社干事兼中华职业学校校长的身份，出面交涉说职教社是私人组织的，跟公共团体性质不同，才使该社得以保留。[2] 社址得以较快发还的另一个原因，很可能是因为职教社当时的房子是租赁的，位于法租界辣斐德路（Route Lafayette，今复兴中路），占据者可能顾虑租界行政当局干涉，所以不得不很快撤走。不过，对职教社的威胁并没有就此消失，该年 6 月下旬，黄炎培在大连又一次听到职教社将被查封的消息。尽

---

1 《日记》，1929 年 8 月 26 日，复蒋梦麟函。
2 松轩：《我所认识的黄炎培》，载《春秋杂志》1966 年第 213 期，第 16 页。

管得到他的朋友黄郛和老师蔡元培的转圜，很长一个时期他仍然难免对职教社的生存忧心忡忡："吾辈仅仅保持此一部分事业，只一瓢一勺，亦复涓滴有加，究竟车薪之火，有无影响，吾亦知之，而非所敢计矣。"[1] 这话的含意很明显，指多年经营的阵地都丧失了，现在唯一剩下的只有中华职教社了，尽管知道影响有限，但坚信这一事业对社会有益。黄炎培曾经在不同时期，多阐述过他和同仁们的这种"自存和自全"的策略。[2] 下面我分析职教社为保护和光大自身而采取的一些主要措施。

1. 职教社自保的策略首先表现在吸收政府要员充当保护伞。南京政府成立以后，职教社通过各种关系争取党政要人入社，其中包括蒋介石的姻亲孔祥熙、亲信陈布雷，上海特别市第一任市长黄郛，国民党元老派的李石曾，政学系骨干人物张群等。1928 年 5 月 13 日职教社依例定于苏州举行两年一度的年会，聘请当时的民政部部长薛笃弼，工商部部长孔祥熙，商务印书馆经理、大学院委员会委员王云五（后因事未到），苏州耆绅张一麐（由张云博代表），四行储蓄部经理、新近出任全国建设委员会委员的钱新之等五人担任主席团。会场仪式按照当局的规定，悬挂国民党党旗和国旗，向党国旗行致敬礼，宣读孙中山的总理遗嘱，请党政要员发言致辞等，除孔祥熙等主持者外，还有大学院（相当于教育部）院长蔡元培委派普通教育处处长朱经农为代表和中央大学（该校主要改自原先江苏教育会控制的东南大学）

---

1 《日记》，1929 年 9 月 9 日，致刘海粟函。
2 黄炎培：《中华职业教育社奋斗三十二年发见的新生命》，载《黄炎培教育文集》第 4 卷，第 225 页。

的代表出席致辞以及上海市教育局局长韦悫出席演讲等。职教社尽量使自己符合官方规定的团体规则和党国仪式，通过各种方式跟国民党当局及其文教负责人员搞好关系。由于南京政权内部派系众多，职教社比较容易开发广泛的人事资源。黄炎培与国民党元老派的蔡元培等人，政学系的黄郛、张群等人观念上比较接近，加上相互之间的关系渊源长久，因此这些人对黄本人以及对职教社的支持、保护起了很大的作用。其次，1928 年以后南京政府实现名义上的全国统一，政权趋向稳定，需要吸收新人，发展政府机构，很多学有专长的新人进入各级政府，如中华职校早期的几位校长顾树森、黄伯樵都担任了教育部门或市政府的职务。此外，政府当局为满足各种需要，也经常聘请教育、工商及社会各界人士担任半官方职务。这种做法在中央和地方当局都非常普遍，有些职务不一定真正有权，但是会给担任者带来一定的社会名声。职教社的社员队伍中拥有大量这样的成员，如钱新之、穆藕初都是职教社最忠实、最坚决的支持者，他们曾一度分别担任财政部、工商部次长，实际上他们仍然主要从事各自的工商活动。这种官方和民间机构人员的相互渗透跟美国学者顾德曼描述的同乡会在三十年代演变的状况很相似，顾尤其指出同乡会的干部和成员中有大批的国民党党员，可见各种民间团体都采用这种"拉虎皮作大旗"

的策略来保全自己。[1] 1930 年 3 月，职教社得到上海特别市党部和教育局的批准，重新立案并发给了执照。

2. 改组职教社领导机构。1928 年 6 月黄炎培坚决辞去职教社办事部主任之职，他从 1917 年 5 月职教社创建以来连任四届，担任这个职务已经十多年了。黄诚恳地向评议员会阐述个人任职过久，会造成社会上的错觉，把个人和事业混为一体；并且权力长期集中在少数人之手会影响多数人的责任心以及因个人问题影响机构命运。最后评议会接受他的辞职，选举了他推荐的江问渔继任职教社办事部主任。江问渔外表看上去是一个恂恂儒者，实际上对社会和经济问题极为重视并且非常有见解，跟黄炎培在这方面志同道合。此外，职教社还扩充了办事部组织，根据业务发展的需要，添设了农村职业教育和职业指导两个部门。为了加强和南京政府的联系，1928 年在南京先后设立了职业指导所（与南京青年会合办）和职教社南京委员会。职教社从 20 世纪 20 年代后期在中国首创对学生、失学或失业青年进行职业指导，30 年代后者成为该社的主要工作之一，并在这方面跟上海和南京等地的基督教男、女青年会进行广泛的合作。职教社的一些得力干部——评议员和干事员——就来自青年会，如王正廷、刘湛恩等人，刘还担任上海职业指导所的主任，该所在 20 世纪 30 年代由职教

---

1 顾德曼：《三十年代上海同乡会——兼谈公共领域与市民社会的问题》，载《上海研究论丛》，第 9 辑，上海：上海社会科学院出版社，1993 年，第 148—162 页；Goodman Bryna：*Creating Civic Ground：Public Maneuverings and the State in the Nanjing Decade*，Hershatter Gail，Honig Emily，Lipman Jonathan N. and Stross Randall eds.，*Remapping China：Fissures in Historical Terrain*，Stanford，Stanford University Press，1996，pp. 164 - 177。

社和上海社会局共同举办。

按照章程，职教社设有董事部，由永久社员选举董事 9 人；另设有评议部，由普通社员和永久社员共同选举评议员 15 人，两部各举主席 1 人，会同主持社务。1930 年前后，钱新之长期担任董事长，蔡元培则长期担任评议长。钱新之祖籍浙江吴兴，但实际上是上海南市老城厢出生和长大的银行家，潘仰尧说他一贯支持教育事业，所以教育界的人对他始终好感。蔡元培虽然在政府中担任重要职务，但他并不以荣誉职位对待评议长一职，他经常出席职教社的会议，对职教运动一贯扶植有加。其实不光钱、蔡两人，职教社的董事部以工商界领袖为主，评议员部以文教界职业人士为主，我们看这两个机构三十年代初的名单，可以知道他们大多是在社会上和本行业有声誉的人物，对职教社开展业务和解决经济问题有很大的贡献。[1]

在经济方面，1927 年以前职教社的经费来源除社员交纳的会费以外，主要来自江苏省、教育部以及中华教育文化基金董事会的补助。政权更替后，职教社动员了大批上海和江苏享有社会声望的社员出面争取，使每年 2 万元的省补助款得以保留，另外争取到教育部的补助每年 2 500 元和上海市政府教育局的补助每年 1 200 元。此外市府也对各类临时项目（职业指导，农业试验场等）给予一定补助。[2]

---

1 1929 年 6 月至 1931 年 7 月选举的 9 位董事为：钱新之、王正廷、徐静仁、黄炎培、王一亭、穆藕初、沈恩孚、史量才、陈光甫。1932 年 7 月选举的 19 位评议员为：蔡元培、朱经农、陶行知、刘湛恩、王志莘、陈彬龢、杜重远、郭秉文、张嘉璈、贾观仁、王云五、陈布雷、潘序伦、邹秉文、冷遹、廖世承、顾树森、黄郛、欧元怀。见《十六年来之中华职业教育社》，载《教育与职业》1933 年第 146 期，第 469—471 页。
2 中华职业教育会社档案，经济类 51—54、3—10。

黄炎培辞职是很有先见的，这样在跟政府打交道时就用不着以他的名义出面交涉。此外，改组机构有利于调动职教社其他干部的积极性以及发挥社会网络的作用。

3.《生活》周刊独立，与职教社分离。职教社面对职业青年的刊物《生活》周刊从 1926 年 10 月起改由邹韬奋主编，此后从单纯讨论"职业教育"和"青年修养"，转向讨论社会问题，言辞逐渐激烈，因勇于揭露社会黑暗面和针砭时政而遭到权要的忌恨。1930 年 1 月，在黄炎培建议下，将周刊从职教社分出，独立经营。当时《生活》"行销已达四万份，遍及海内外各埠，经济方面已足相抵"。[1] 职教社跟这样一份在青年中非常有影响的刊物分手，很显然是出于不得已。尽管如此，后来《生活》遭受停邮以至被迫停刊，仍然牵连到黄炎培。

4. 职教社在 20 世纪 30 年代迅速地发展壮大，对它自身起了最好的保护作用。根据职教社 1931 年的报告，该年度（1930 年 7 月—1931 年 6 月）新加入社员 1 659 人，累计社员总数达 10 235 人。职教社附属中华职业学校当年在校生 791 人，历年毕业生已达近千人，除少数升学外，俱在工商界服务，"尤以近来之工科毕业生出路愈广，甚至未及修业期满，已为工厂预聘者"。此外，职业补习学校、职教调查、宣传出版和农村改进试点、推广新式农业机械等各项事业都有长足进展。该年还由"热心社员贷助"5 万元，加上职教社原有的基金 3 万元，在上海法租界华龙路环龙路口（现雁荡路）买地五分，建筑了钢筋水泥西式五层楼房作为社所，此后在那里开办了多种早晨和

1　许汉三编：《黄炎培年谱》，北京：文史资料出版社，1985 年，第 82 页。

晚间的补习班与补习学校。[1] 中华职校也因来学者日众，原有校舍不敷容纳，从 1931 年起动员校董和校友师生劝募捐款（中间曾因淞沪战事一度停顿），1933 年年末用募得的款项 4 万元，在学校附近的陆家浜迎勋路，建筑了一栋三层楼的新校舍。职教社有形和无形的壮大表明它经过长期不懈的努力，确立了团体和学校在社会上的声誉。尽管很多成员不一定积极参与社务，20 世纪 30 年代一个自愿性质的社团能拥有万名以上的成员，仍是相当可观的数量。中华职校毕业生多在工商界或政府专业部门里担任中等技术或管理人员的职务。20 世纪 30 年代中期经济萧条，职教社大力发展各种形式的职工补习教育，许多公司企业以及政府机关都委托它培训人员。以上种种都说明，职教社在城市中下层职工中具有相当大的潜在影响力。

　　除了以上的因素，职教社事业的光大跟当时的政治、经济的局势以及它所处的地理位置有很大的关系。职教运动本来是应社会需要产生的，尤其是上海等地工商城市的需要。从经济角度看，它早期的蓬勃兴旺与当时中国工业的兴起有很大的关系，而中国城市经济在 1927 年到 1931 年之间保持了继续增长的势头，此后由于世界经济大萧条的影响和农村破产的冲击而增长减缓。职教社本身则不断努力适应局势的变化，改进职业教育形式，扩大活动范围以响应社会需求。在政治层面，1928 年以后南京政权逐步走向稳定，并且实现了至少是名义上的全国统一，从而减少了以往的政治动荡，也开始着手一些

---

1 《中华职业教育社民国十九年度社务简报》，1933 年；江问渔：《中华职业教育社》，载《人文月刊》1933 年第 4 卷第 2 期，第 7—16 页。

建设性的工作。职业教育和农村改进针对的都是当时社会的迫切问题，所以很快被纳入中央或地方的施政纲要。1928 年 5 月，蔡元培主持大学院，召集全国教育会议时就通过设立职业指导所和厉行职业指导案。1930 年后，南京政府的教育体制趋向稳定，教育部接受职教社等团体有关确立职业教育在学制上地位的建议，并通令各省停办普通中学，增办职业学校。从地理位置上看，南京政府最初控制的地区仅限于江浙一带，以后慢慢向中部和北部伸延，但江浙地区始终是其控制最稳固的地区。江浙两省经济比较发达，向来是职教运动的主要基地，尤以江苏的南部和中部为著。20 世纪 30 年代职教社跟个人和地方当局合作办理的职业教育机构或农村改进试验点绝大多数都位于这两个省份。

职教社与黄炎培本人跟国民党当局矛盾化解的另一个原因，是 1927 年国民党"清党"以后，国民党主流意识形态由左向右转化，而且出于施政和稳定社会秩序的需要，在政策上缓和了革命时期跟城市资产阶级和地方士绅的紧张关系。[1] 说到底，职教社的宗旨跟当局发展经济、教育的三民主义执政目标没有根本上的冲突。职教社的行

---

1 有关这方面的研究，参见 Geisert Bradley K. *Radicalism and Its Demise：The Chinese Nationalist Party*，*Factionalism*，*and Local Elites in Jiangsu Province*，*1924—1931*，Ann Arbor，University of Michigan Press，Center for Chinese Studies，2001。有关国民政府部门的职业化演变趋势和发展国民经济的规划，参见 Kirby William C. *Birth of Developmental State*，*1928—1937*，in Wen-hsin Yeh ed.，*Becoming Chinese*，*Passages to Modernity and Beyond*，Berkeley，University of California Press，2000，pp. 137 - 160；Strauss Julia C. *Strong Institutions in Weak Politics：Personnel Policies and State Building in China*，*1927—1940*，Oxford，Oxford University Press，1998；Strauss Julia C.，"The Evolution of Republican Government"，in *China Quarterly*，n° 150，June 1997，pp. 75 - 97.

动方式——"在社会尽鼓吹之劳，对政府尽建议贡献之责"对国民党
政权也没有根本的威胁。所以双方可以在具体项目领域协作。不过官
方和民间的相互渗透是有限度的，尤其在政治问题上彼此立场不一定
相同，甚至迥然相异，而作为国家机器的权力当局保留它镇压和打击
的功能。最明显的例子是，1936 年 4 月江苏省政府主席陈果夫下令，
停发职教社的省府补助四个月，决定派员"测验该校（中华职校）教
职员及学生对于本党主义的认识程度"；要求"该社应切实声明与反
动团体有无关系"。在答复省府的回电中，江问渔遂声称"社事均恪
守政府训令教育宗旨为社会服务，绝不含政治意味，与任何反动团体
毫无关系"；并"请省政府教育厅派一人为校董"。[1] 实际上，省政府
之所以多方挑剔职教社及其职校，是因为他们的成员积极参与了
1936 年年初上海职业界救国会的组织与活动[2]。

三 1931 年的转折：重回公众舞台

1931 年日本入侵东北标志着中国近代史的重大转折，这也是黄
炎培"一生思想和行为急激地转变的一年"。这年春天，黄炎培与职
教社同人江恒源和潘仰尧赴日本调查，顺道去青岛、大连、辽宁和朝

---

1 中华职业教育会社档案，经济类 51—54、3—7。
2 萧小红：《抗战前后中共路线的转变与上海的城市社会团体（1935—1941）》，载《史
林》2005 年第 1 期，第 97—108 页。

鲜考察。黄氏一行本意主要考察日本在职业指导，职工补习教育和乡村建设等方面的经验，但他们在行程中了解到日本军阀的满蒙扩张政策以及准备攻打中国的情况。在汉城，中国总领事张维城还向黄炎培提供了朝鲜人受日本奴役的情况，并帮助他收集日本军阀计划侵华的书籍。4 月下旬从日本返回上海后，黄决意将他此行的见闻和感想诉诸公众，他写作了长文《黄海环游记》，从 5 月 13 日到 6 月 13 日在《申报》上连载。九·一八事变后，生活书店将连载辑成单行本出版。至 1933 年 6 月，即中日《塘沽协定》签订后不久，这本书已经出到第四版。尽管缺乏各版册数数据，我们从该书的出版情况可以想见它的影响和 1931—1933 年间人们对中日冲突问题的焦虑和关心。

《黄海环游记》的写作和出版表明黄炎培决定改变前几年的低调姿态，他开始频繁地到各处演讲考察日本的感想，如他曾到上海市商会，上海中学教职员会，昆山、嘉定、青浦三县乡村师范学校会议等处，并在有关职业教育的宣传和著述中，将职教工作跟抵御日本侵略联系在一起。为了引起当局的重视，黄炎培于当年 5 月末去南京晋见行政院长蒋介石和外交部长王正廷，陈述日本积极备战和图谋侵华的危险，但未能引起当局的重视。于是，黄决心通过其他的途径，动员社会力量抵制侵略。他认为中国人口多，中国人的智力和体力也不亚于日本人，但是缺少后者的团结力量。因此，应当从国人的团结做起，首先从上海做起，从上海各界的团结做起。[1]

1　上海市档案馆，C-48-2-2146，1960 年 1 月 14 日黄炎培谈话，严谔声记录。以下段落根据该处资料，不再一一注出。

联系上海工商界

　　教育界以外，黄炎培致力团结的第一个对象是上海的工商界。一方面黄与职教社跟上海、江苏等地的工商界向来有广泛的联系，基础深厚。另一方面，黄一贯重视有关世界大局演变和现代工商业发展等问题，他清楚地看到，日本军阀侵略中国的企图跟1929年以来的世界经济大萧条，以及美、日在远东的争夺紧密相关。为此，中国必须大力发展生产来抵御帝国主义的经济入侵。20世纪30年代，上海的现代银行业已经基本取代传统的钱庄在经济领域里的主导作用。然而由于中国工商企业基础薄弱，尤其中小企业，资金的挹注和周转非常困难。黄炎培认为发展生产的关键之一是加强金融界和工业界的联系，因此，他找了在银行界既有威望又有实力的领袖人物——中国银行总经理张嘉璈和北四行（金城、大陆、盐业、中南）的首脑之一吴鼎昌，向他们阐述自己对中日对抗局势的看法，提出团结生产，增强人力、物力才能抵抗外侵的主张，建议银行增加放款以促进生产。张嘉璈和吴鼎昌曾经长期在北方活动，是有政治头脑的银行家。他们了解中日冲突的利害关系，表示赞同黄炎培的主张。加上此时张嘉璈刚从国外考察回来，正有意学习西方大银行扶持本国工商业的发展的经验，希望加强跟工厂的联系。于是，在黄炎培等人的介绍下，他由职教社的干事潘仰尧陪同定期参观上海的国货工厂。潘当时正为上海机制国货工厂联合会主编会刊，该会成立于1927年5月，集合了以中小工厂为主的企业250多家。1931—1932年间，潘仰尧陪同张嘉璈及中行业务人员，每周三下午参观一家国货工厂。潘回忆说：

> 两年中参观大小工厂约 70 余家，每星期三下午任何重要工作均搁置不理，专事参观。参观了不到一年，便约各厂领袖在每星期五中午到中行五楼饭厅聚餐，交流情况，交换意见，后来称为"星五聚餐会"。一•二八事变后更名为中华国货产销合作协会，延杜重远为总干事，指定中行虹口办事处王振芳负责与工厂接洽，贷款数额不小，利息较一般行庄为低。各厂有了资金融通，制造国货数量增多，质量精进，联合组织了上海中国国货公司及国货介绍所，先后在各地如青岛、长沙、广州、重庆、香港，成立了中国国货公司及国货介绍所。那时国货声势如火如荼，盛极一时，很多人归功于中国银行，更归美于张氏。[1]

杜重远（1897—1943）也是黄炎培介绍给张嘉璈的。杜是东北人，原先在沈阳开肇新制瓷厂并担任奉天省（今辽宁省）总商会副会长。1931 年春，黄炎培与江问渔等人访问辽宁时与他结识，非常赏识他"思想前进，干练有为"。由于黄等人的大力推崇，杜重远的瓷厂曾得到中国银行沈阳分行的贷款。九•一八事变后，杜重远在东北无法生存，"只身来沪，加入救国工作，更与黄、江二老及韬奋等奔

---

1 潘仰尧：《张嘉璈与上海民族工业》，载《上海文史资料汇编》5，上海古籍出版社，2001 年，第 44 页。另参看阮秀坤《张嘉璈与提倡国货》，载潘君祥主编《中国近代国货运动》，北京：中国文史出版社，1996 年，第 468—472 页。

走救亡"。1932年8月，中华国货产销合作协会成立，由张嘉璈担任理事长，杜重远和王性尧分任正副总干事。该会由银行界与国货工厂共同组成，目标是将国货生产、运销和金融各方面融会贯通进行。除了连接各方以外，黄炎培对产销会及中国国货公司的创立也起过推动作用。[1]

《申报》改革

黄炎培致力动员的另一个对象是上海最老的中文报纸之一《申报》的总经理史量才。他们是多年的老朋友，并且黄炎培从1914年起就在申报馆兼职，1922年曾为《申报》创刊五十周年主编《最近之五十年》纪念刊一大册，请政治、经济、文化学术各界专家或权威人士撰文叙述世界和中国各领域五十年来的变迁。南京政府成立以后，原先在上海比较激进而有生气的报纸如《民国日报》《时事新报》因政治局势变化趋于消沉。剩下的非官方背景的大型日报首推《申报》和《新闻报》两家。1929年年初，史量才雄心勃勃地买下了《申报》最大的竞争对手——《新闻报》的大股东、美国人福开森所有的65%的股份，然而他发展报业托拉斯的计划遭到《新闻报》经理部和编辑部的抵制，上海市党部也从中插手阻挠，最后史量才只得妥协，让出一部分股份给有名的工商界人士，此外保持新闻报原来的

---

1 王性尧:《参加提倡国货工作二十二年的回忆》，载潘君祥主编《中国近代国货运动》，北京:中国文史出版社，1996年，第279—296页。

人事班底及其独立性。他自己另辟蹊径进行《申报》的扩大和改革，1930 年聘著名记者戈公振编辑新添的《图画周刊》，1931 年 6 月引入陈彬龢专写时事评论，随后又请黄炎培和陶行知分别担任设计部主任与顾问。黄为之出谋划策，作了很多工作。左翼记者恽逸群 20 世纪三四十年代曾在上海工作，他这样描述黄在《申报》20 世纪 30 年代的改革所起的作用：

> 民国二十年（1931）黄任之东游归来，以参观《朝日新闻》《每日新闻》的所得，与史量才谈，建议《申报》应运用其地位与人力，多做一些社会工作。史量才采纳他的主张，聘黄任之为设计主任，计划各项新兴事业与改进事宜。于是申报流通图书馆、申报补习学校、《申报月刊》《申报年鉴》等次第举办，而《申报》本身，则陈彬龢署名的评论，黎烈文接编的《自由谈》和特辟的读者问答栏等，使《申报》大为生色，这许多都不能不归功于黄任之的设计。[1]

1932 年 1 月申报馆成立总管理处总揽全馆事权，是年 7 月创刊《申报月刊》，12 月出版《申报年鉴》第一卷。是年冬，刊印《中华

---

1 恽逸群：《黄炎培论》，载江苏省社会科学院编《恽逸群文集》，南京：江苏人民出版社，1986 年，第 213—214 页（原载 1944 年 8—10 月出版的上海《杂志》13 卷 5—6 期，14 卷 1 期）。另外有关史量才和申报改革的情况，请参考 Narramore, Terry. 1989. "The Nationalists and the Daily Press: The Case of Shenbao 1927—1934", Fitzgerald, John ed., *The Nationalists and China Society*, *1927—1937*, Melbourne: University Press, pp. 107 - 132。

民国新地图》和《中国分省新图》纪念《申报》六十周年。恽逸群认
为，在上海当时的三大综合性杂志中（另外两个是商务印书馆的《东
方杂志》和中华书局的《新中华》），《申报月刊》"尤以取材谨严，内
容充实，高居首位"。他还指出《申报年鉴》与申报地图，在中国文
化上都为划时代的伟绩，功不可没。"[1] 1932 年一·二八淞沪抗战之
后，史量才与《申报》的言论愈趋激烈，尤其批评政府"剿内安外"
的政策，但为扩大《申报》影响的改进工作是在战前就开始进行。
1934 年 11 月史量才被刺遇难以后，他开创的各项事业由他的家人和朋
友（包括黄炎培等人）通过不同方式，继续维持。史量才是具有现代眼
光的报业企业家，注重他个人事业的发展与中国各方面的现代化之间的
联系。《申报》六十周年纪念时，曾由《申报月刊》特辟了中国现代化问
题特辑，从政治、经济、社会、文化教育各方面对此加以探讨。

　　黄炎培跟史量才在主张上、事业上志同道合。他们试图以《申
报》为基点，扩大民间力量的阵地。但他们的最终目的并非跟国民政
府当局对着干，而是认为中国内外危机严重，国家应对能力薄弱，社
会应当动员人力、物力帮助政府解决困难；同时，政府应当公开政
治，让民间代表有参与政治，表达不同意见的渠道。恽逸群曾说：
"谁是代表以上海为中心的中国新兴民族资本家从事政治活动的？那

---

[1]　恽逸群：《黄炎培论》，载江苏省社会科学院编《恽逸群文集》，南京：江苏人民出版
社，1986 年，第 213—214 页（原载 1944 年 8—10 月出版的上海《杂志》13 卷 5—6
期，14 卷 1 期）。另外有关史量才和申报改革的情况，请参考 Narramore, Terry
(1989)， "The Nationalists and the Daily Press: The Case of Shenbao 1927—1934",
Fitzgerald, John ed., *The Nationalists and China Society, 1927—1937*, Melbourne:
University Press, pp. 214—215 页。

不是张公权，也不是陈光甫，而是史量才和黄炎培。史量才死后，黄炎培是硕果仅存的巨擘了。"[1] 这实在是很有见地的看法：尽管资产阶级内部远非一致，但史、黄确实是他们之中最具政治眼光的人。

浦东同乡会

黄炎培是上海浦东地区川沙县人，早年在家乡办过新式教育，后来参加赞助浦东地方的电气、公路建设。[2] 1905 年他参与浦东五县绅商为抵制洋商扩张而发起的组织——浦东同人会，1924 年担任了该会的董事长。1931 年 7 月，杜月笙等人出面重组浦东同乡会（目前我们尚不清楚黄炎培是否在背后推动促成此事），经过近半年的筹备和广泛征求会员，浦东同乡会于 1932 年 1 月 3 日召开成立大会，选出常务理事五人，依次为杜月笙、穆藕初、黄炎培、沈梦莲和吕岳泉。这五人之中除黄的身份为"学"以外，其余都为"商"，包括杜月笙本人。该会当时征得籍贯浦东七县（上海、南汇、川沙、奉贤、金山、松江、宝山）的会员达 18 000 人之多，[3] 一跃而为上海同类团体中宁波同乡会之下的第二大同乡会。根据该会 1933 年交纳会费者的统计，会员中从事商业者占 52%，务工者 19%，其余从事其他各业。浦东同乡会于该年发起募捐建筑会所，1936 年 11 月会所浦东大

---

1 恽逸群（1986），第 200 页。

2 有关黄炎培参与浦东地方建设的情况，参见朱宗震《黄炎培对浦东早期开发的贡献》（手稿），承蒙作者赠稿，在此顺便致谢。

3 《浦东同乡会会员录》1931 年。以后几年缴纳会费者稳定在五千人上下。见《浦东同乡会年报》1933 至 1937 各年记载。

厦落成，这是一座八层楼的宏伟建筑物，位于市中心公共租界的爱多亚路（现延安中路，楼已拆）。浦东同乡会的情况不是个别的，近来有关同乡会的研究表明，1930 年代的上海同乡会的数量和会员人数，比以往的前十年有大幅增长，并且团体活动的范围也进一步扩大。美国学者顾德曼非常精辟地指出，这一时期的同乡会除了举办传统性质的活动，如赞助学校、孤儿院，赈济灾民和遣返穷人以外，也深度介入新式事务，如处理有关人身安全的案件，调停争端，向同乡提供法律服务，参与劳工谈判，在中外纠纷中捍卫华人利益，反对政权机关的无理压榨，为地方事业的利益与发展需要争取政府帮助，以及抗战时期在 1932 年和 1937 年两次组织力量支援中国军队和救济难民。顾德曼所举的事例很多都来自浦东同乡会。

黄炎培从 1931 年新的浦东同乡会开始筹建，即积极参加各项工作，一切重要文稿大多出自他之手，包括成立宣言、章程、募捐告示、拟口号等。此外他经常在各类会议上演讲，并为建筑会所及 1932 年 6 至 9 月修筑江南海塘，为风灾救济难民筹划赈款，为抵制日本侵略，组织地方保卫团，——奔走不惜余力。可见他对同乡会组织的高度重视。同乡会是以地缘为基础的中国传统群众性组织的延伸，具有横向、不分阶级的特点。顾德曼认为同乡会的会费制度保证了它们是从上、中等或中等偏下的阶层中吸收大部分会员的；不过，仍然是很多市民可以加入的一种社会组织，而且没有入会的同乡人都可以利用它所提供的服务。例如妇女真正入会的很少，但是她们频繁地诉诸同乡会，要求后者帮助她们解决困难。顾德曼还强调说，"在上海五四运动时期，各同乡团体明确地表现为形成、发展和传播民族主义思想的基本单位，并在三十年代的组织救亡活动中，发挥了同样的作用。"[1]
很明显，黄炎培在这一时期大量介入浦东同乡会的发展、壮大工作，
正是看到了同乡会作为民族主义传播以及社会动员基本单位的特点。
可以毫不夸张地说，在这方面黄扮演了浦东同乡会灵魂的角色。

浦东同乡会的兴起离不开杜月笙势力的影响，杜因其在法租界巡
捕房的势力受到南京当局的青睐，20 世纪 30 年代他更是积极参与赈
灾和抗日活动，借以跻身社会名流地位。从筹办浦东同乡会到后来组
织上海地方协会，黄炎培和杜月笙的过从一直相当密切，而浦东同乡
会的一切大事都离不开杜的支持或干预。恽逸群对黄和杜的关系有一
个很精辟的评价："……杜与黄（则）为浦东同乡，黄为教育界前辈，
负一时人望，杜获得社会地位后，与黄相交接，固有借黄以自高声望
之意。而黄的对杜推崇，降心而从，无非运用杜的势力以推行其
志。"[2] 黄和杜的密切交往是历史事实，我们没有必要为尊者讳，历
史和历史人物都是复杂的，并具有多面性。在没有制度保障的条件
下，这也是黄炎培为达到动员社会目标而采取的策略手段。

1931 年九·一八事变后，上海各界要求抗日救亡的呼声四起。
作为群众团体的法定领导，市党部出面或参与组织各种救国活动和团
体。政治控制松动了，9 月 26 日黄炎培与职教社江问渔、杨卫玉和

---

1 顾德曼：《三十年代上海同乡会——兼谈公共领域与市民社会的问题》，载《上海研究
 论丛》第 9 辑，上海：上海社会科学院出版社，1993 年，第 148—162 页；《新文化，
 旧习俗：同乡组织和五四运动》，载《上海研究论丛》第 4 辑，上海：上海社会科学院
 出版社，1989 年，第 265—284 页。
2 恽逸群：《黄炎培论》，载江苏省社会科学院编《恽逸群文集》，第 212—213 页。另参
 见同书恽逸群《杜月笙论》，第 159—173 页。

上海各界知名人士 35 人成立了抗日救国研究会，黄与江并代表该会
赴南京向蒋介石陈述对时局的主张。12 月东北局势进一步恶化，东
北各地义勇军自发起来抵抗，黄炎培与各省旅沪人士发起成立中华民
国国难救济会、江苏国难救济会等，为东北义勇军募捐。与此同时，
北平、南京、上海等地大批学生组织请愿团，开往首都向国民政府抗
议请愿。为化解危机，南京当局电邀上海各界领袖虞洽卿、王晓籁、
黄炎培、穆藕初等四十五人入京，希望他们出面向舆论解释政府处
境、应付局势的处置及坚持抗敌的立场。[1] 12 月 23 日，职教社创办
了不定期刊物《救国通讯》，专门报道有关国难的时事信息及评论，
免费邮寄赠阅。当天出版的第 1 号专栏"这几天"揭橥说："原来内
政、外交不应该让形成特殊阶级的一部分人一股脑儿地包办，各方面
对新当局都在希望和请求取消党治，恢复民治。这一点，吾们国民更
该怎样表示态度呢？"[2] 民族危机使各界民众对国民党当局长期以来
的不满顷刻之间公开化，这时黄炎培与江苏省耆老马相伯、张一麟、
赵凤昌、王清穆、唐文治等人领衔组织了中国国难救济会，他们在致
南京中央党部、国民政府暨全国父老兄弟姊妹的电文中，严厉抨击了
当局五年来的政治：

> 溯自党军北伐，至于统一，以力征者寥寥数省，其余则

---

1 《申报》1931 年 12 月 12 日，转载于《救国通讯》1931 年 12 月 23 日，第 5—6 页。
2 《救国通讯》1931 年 12 月 23 日。所谓新当局指刚刚成立的孙科政府。1931 年 5 月汪
  精卫与两广实力派反对南京蒋政权，在广州另立国民政府。9·18 事件发生后，在各
  方呼吁下，最后以蒋介石下野等为条件，达成两边统一的协议。

民众信赖三民主义，求其实地实验，而助成统一之局者也。
乃五年以来，吏治失修，内争不息，以训政酿成专制，以建
设而事多侵渔，岂惟政权被夺，即人权亦丧失净尽，然人民
犹复相忍为国，远以全力为政府后盾。乃自东省难作，事前
既无预防，临时又不抵抗，事后又无筹备，一听国际主张，
已非国民所愿。若并国联所不肯为不忍为者，而自让之，吾
恐政府签约之日，即中华亡国之时，国之不存，党将焉附？
诸公熟思审处，勒马悬崖，实践历次宣布不丧权不丧地主
旨，以永久继续的努力，坚持无条件之撤兵，一面彻底更
张，速筹战备，以图自决。我全国父老兄弟姊妹，亦宜团结
一致，共赴国难，而救危亡，民国存亡，胥在与此。[1]

此时此刻，黄炎培已经正式重新登上了公众舞台。然而这并不是
他个人的现象，九·一八事变不仅是民族危机的象征，也是中国近代
政治的转折点，城市里充满了议政、论政的气氛，救亡团体蜂起，就
连许多过去被当局排斥或不为容纳的人也纷纷出来讲话或活动。前几
年，知识界有些人认为在中国近代史上，"救亡"妨碍了"启蒙"的
进行。[2] 实际情况恰恰相反，从社会团体的角度考察，救亡的紧迫性
推动了对政治民主的要求，并且大大增加了后者的合法性。

---

1 《救国通讯》1931 年 12 月 23 日，第 8 页。
2 有关这方面的争论和研究，参见 Fung, Edmund K. S. *In Search of Chinese
Democracy*, *Civil Opposition in Nationalist China 1929—1949*, Cambridge：Cambridge
University Press, 2000。

四 官民合作：上海市民地方维持会

1932 年 1 月 28 日夜间，淞沪抗战爆发，担任京沪卫戍的广东军队第十九路军自发回击日本海军陆战队的袭击。此时，南京孙科政府刚于三天前辞职，而汪精卫和蒋介石则刚刚达成联合组阁的协议，由汪出任行政院长，蒋主管军事。国民党政权内部的分裂使当局对事变的发生缺少充分的准备。为了避免战事态扩大，1 月 30 日国民政府宣告暂时迁往洛阳，与此同时，它一面表示支持十九路军抵抗，一面积极寻求外交解决。[1] 上海市政府也刚刚经历过一场危机，新上任的市长吴铁城关闭了南市枫林桥的市府机关，在法租界里设了一个临时代表处处理有关事务。2 月初，美、英、法三国公使的调停被日军方拒绝，战事激烈化，中国军队急需补给和各种作战物资、材料。日本军队使用飞机大炮等现代武器，大规模地轰炸城市与近郊地区，战事从闸北、虹口向江湾、吴淞伸延，难民的数量与日俱增。原先希望跟日方妥协的上海资产阶级感到刀已经架到脖子上，再无退路。租界里的华人社团向来有自己处理内部事务的传统，而这时吴铁城和其他在沪的南京政府官员也都非常希望他们出来主持军队后勤和难民救援等工作。于是，市商会、银行公会的领袖们和著名慈善救济人士等连日磋商，于 2 月 1 日成立了上海市民地方维持会，宣言承担"慰劳将

1　1932 年一・二八淞沪抗战中，十九路军的自发抵抗跟当时南京与广东两方面对立的背景有关。参见 Jourdan Donald A. *China's Trial by Fire: The Shanghai War of 1932*, Ann Arbor: University of Michigan Press, 2001.

士，救济难民，调剂金融，维持商业及其他必要工作"。[1] 维持会选史量才为会长，市商会主任委员王晓籁为副会长，几星期后，杜月笙因捐献他在巨籁达路的原赌场房屋作会所，也被增补为副会长。黄炎培担任该会的秘书长，负责协调各部门的总务及一切秘书文件工作。维持会所有的重要文件几乎都是由他先起草，经过会长和理事们的反复讨论再最后确定。维持会根据它确定的目标和工作范围，分成慰劳、救济、经济、交际四组。慰劳组实际上担负十九路军以及中央派遣的援兵第五军的给养与物资供应；救济组负责抢救伤员和安置难民；经济组负责调剂金融，稳定市场，保证市民的粮食等日用品的供应，交际组负责联络和招待中外人士，向国内外宣传中国的抵抗运动，争取国际舆论的同情。此外各组根据需要随时组织小型机构，完成专门任务。维持会的成员大多是企业家，富有管理经验，他们组织的救援活动完全按照专职专人，分工协作的方式进行。[2]

一·二八淞沪抗战签署停战协议后，由于善后的需要，维持会的工作一直延长到 6 月初。在这段时间里，它的成员从最初的 32 人增加到 94 人，其中三分之二是银行家、企业主或商人，另外三分之一包括慈善人士、大学校长、医生、会计师、租界华人官员等。实际上

---

1 《上海市民地方维持会报告书》章程，1932 年。
2 有关地方维持会和上海各团体战时活动的情况，主要取自下列材料：《上海市民地方维持会报告书》，1932 年；《上海市民地方维持会救济组报告书》，1932 年；《上海市民地方维持会救国捐报告书》，1932 年；《上海战区难民临时救济会工作报告书》，1932 年；何天言，《上海抗日血战史》，上海：现代书局，1932 年；华振中、朱保康，《十九路军抗日血战史料》，上海：神州国光社，1933 年；白华山，《上海市地方协会研究（1932—1937）》，上海师范大学硕士论文，2000 年 4 月打印稿，承蒙作者惠赠论文复印件，借此表示衷心感谢。以上书目，以下除直接引文外，其他不再一一注出。

会员的人数多少并不很重要，因为维持会的许多成员是上海众多的行业、地域、慈善或宗教组织的领导人或者赞助人，通过他们，维持会可以动员丰富、深厚的城市团体网络的资源，以完成自己的使命。上海的大多数行业都有职业或专业性组织，据上海市社会局 1932 年的统计，市商会之下立案的同业公会有 165 个，此外还有大量的公益、慈善和救济团体，包括同乡会及宗教组织辖下的各类善堂等。维持会的很多援助和救济工作都是和其他团体协作进行的，例如跟市商会、职教社、江苏国难救济会共同征集和为军队运送粮食、衣物和各类物资；维持会会长史量才召集钢铁机器同业公会为军队制造子弹、手榴弹及钢盔。穆藕初负责为军队解决运输问题，跟汽车运输公会，上海和苏州的轮船运输公会分别签合同，为军队征集了大批的运输工具及招募司机、无线电发报员等专业人员。职教社通过它开办的昆山徐公桥农村改进区动员当地农民，由维持会提供资金购买大米，供应十九路军食用。该部队约 29 000 名将士，每天需要食米 300 担。在整个战事期间，维持会与徐公桥改进区用这样的协作方式，替军队总共收购和输送了 14 275 担大米。

在人员抢救方面，中国红十字会下属的医院和救护队负责抢救护前线伤员，并将他们运进设立在租界里的临时医院抢救治疗。连租界里的西人义勇队（Shanghai Volunteer Corps）和慕尔堂（Moore Memorial Church）等也组织了救护队，并且最早奔赴战场抢救伤员。一·二八淞沪抗战中，中国军队总共投入兵力约 5 万人，伤亡者高达 7 000 至 10 000 人，可见战事之激烈以及救护工作量之大，尤其是在当时的条件下。上海各慈善团体组织了战区难民临时救济会抢救和收容的难民有十万人之多。他们经过跟公共租界当局和日本领事反复交涉，才获准到战区援救难民以及掩埋死难者的尸体。[1] 同乡团体也成立了旅沪同乡会联合会，他们除了开设难民收容所以外，还提供运输工具和资金帮助大批难民返乡。地方维持会的救济组也参与抢救和运送难民，但主要从事协调各方的救济工作。从 2 月初到 5 月底，它每天给总数达 119 个的难民收容所、伤兵医院及其他临时机构提供给养，包括饮食、衣服、卧具、医药等。有两百多人主动来参加这个组的救济工作，其中包括一些西方人。

为了安定市面，银行公会罢市三天后即恢复营业，并且不限制提款，同时很快地成立了银行联合准备委员会，调剂和方便同业拆借和票据贴现。为了抑制米价上涨造成的人心恐慌，史量才一方面在《申报》上公告本市粮食储备足够两月之用，另一方面，通过维持会和市商会动员米业、煤炭业和棉纱业公会保持价格稳定和市场供应，并为它们提供银行贷款购买原料，扩充货源。

上海市民表现了极大的抗敌热情，每当报纸上登出中国军队所需要的物件，各界民众立即踊跃输将。上海市商会位于租界"飞地"天后宫内（河南路桥堍），它的所在地堆满了市民和中外人士捐献的物品。市商会另外收到捐款现金 77 万元；地方维持会先收到捐款 27 万元，2 月中旬因战事延长和费用增大，发起救国捐，至 5 月结束，总共收到各方面的捐款 95 万元，这在当时是一笔很大的数目，可见维持会享有相当高的社会声誉。停战之后，维持会用余下的款子在宝山

---

1 《上海战区难民临时救济会工作报告书》，1932 年。

县庙行、嘉定县北门外和太仓县仪桥战区所在地修建了三个纪念村，安置因战火离家失所的村民，另外在闸北开设平民教养院和残废军人广慈院善后，并与上海其他公团一起在战事最激烈、伤亡人数最大的战场——庙行——建立了一座无名英雄墓。

一·二八淞沪抗战无名英雄纪念墓遗址，上海张庙街道共江路 668 号（上海市泗塘第二中学内）

一·二八淞沪抗战是上海城市自从 19 世纪中期的太平天国以来，第一次直接遭遇战争炮火，激烈程度旷世未有，居民的生命和财产都受到极大的损失，闸北和虹口的工厂区被摧毁殆尽。然而，在某种程度上，它也是上海市民和上海资产阶级在近代史上最光辉的时刻，黄炎培高度表彰市民万众一心的精神说"上海全市民众之临难不惊，无苟得无苟免，良足佩也"。[1]　意思是说没有人乘乱盗窃或畏惧逃跑。战事结束后，黄炎培在他编撰的会务报告书中，对事件经过和维持会同人的杰出工作做了详尽、生动的描述。地方维持会作为上海资产阶级的代表，非常出色地协调了城市各方面的活动，表现了杰出的组织和管理能力。尽管租界的存在提供了一定的条件，然而不可否认的是，淞沪抗战的援助与后勤是上海资产阶级及其他社会团体领导进行的。对此就连当时的上海市市长吴铁城也毫不讳言，在闭会致辞中，他盛赞维持会的贡献说："在危难之中……政府毫无准备，贵会出而辅助，俾军事得有月余之持久，而难民之救济，将士之慰劳，更见条例井然，成效显著，使社会之活动力，各得充分发挥，其成效之宏速，比政府所作为者犹大。"[2]　吴将此次支援淞沪抗战看作"官民合作"的成功典范，市政府确实自始至终地支持了地方维持会的活动，市政府的一些机关以及市党部或者跟社会团体合作完成某些任务，或者派出他们的工作人员直接参与后者的工作。

官民合作是中国传统的国家与民间关系的理想范式，通常的情况是由官方授权民间团体代它履行某些职责，或者是双方通过合作的方式共同解决碰到的问题。当国家面临危难或者当中枢衰弱，无力应对的时候，民间精英也往往主动出来代替官方完成某些后者应当承担的任务，如黄炎培就多次说过提倡职业教育是代国家履行它在这一领域的使命。在 1932 年 6 月 3 日举行的维持会闭幕典礼上，穆藕初也说

1 《上海市民地方维持会报告书》导言，1932 年。
2 《申报》1932 年 6 月 4 日，转引自白华山《上海市地方协会研究（1932—1937）》，第 19 页。

"本来此次非常祸变，所有办理之事，大都应由政府所当办理者，本会勉为应付"。[1] 维持会是战时组织，任务完成后即宣告结束。在黄炎培的建议和推动下，6 月 7 日由维持会原班人马另外成立了上海市地方协会，它的宗旨仍是"通国家与民政之邮""协力图谋本事市民之福利与各项地方事业之举办及改进"。显然，20 世纪 30 年代的社会精英仍然非常忠实于官民合作的传统。跟以往不同的是，黄炎培和其他资产阶级的领袖们曾经经历过 20 世纪初的清末宪制和地方自治运动的洗礼，民国初年中央政权的衰落使他们在各自的领域内以及地区空间里享有相当大的自主权。因此，尽管他们在保家卫国的关键时刻，义不容辞地出来帮助政府维持秩序和筹饷安民，但是他们对现代化的官民关系必须建立在有法律和政治制度保障的基础上这一点，有清楚的意识和要求。而传统的官民合作是以官方认可或者权力缺位为条件的，在相反的情况下，民间即使建设性的批评也会被执政当局看作轻者捣乱，重者反叛。

九·一八事变后，国民党中央政治会议为扩大执政基础，曾通过召开国难会议的决议，此后因为政府改组和一·二八事变，将会议延迟到 1932 年 4 月初在洛阳举行。黄炎培和地方维持会的许多工商业领袖都被当局遴选为代表。从 3 月中旬开始，黄和上海的代表们频繁商榷，并派人赴南京晋见汪精卫，提出将宪制问题列入国难会议议程，成立民意机关，筹备宪制，结束党治，保障人民言论出版、集会结社自由等要求。上海的代表们还与南京、北平、天津、广州等地的

---

1 《申报》1932 年 6 月 4 日，转引自白华山《上海市地方协会研究（1932—1937）》，第 21 页。

代表互通声气，以期行动一致，向政府施加压力。国难代表的要求得到沪上及各地救亡团体的有力支持。但是行政院长汪精卫拒绝将政治开放列入议程，坚持将会议的讨论范围限制为"御侮、救灾、剿匪"三项内容。在这样的情况下，除了国民党员代表以外，上海的60多名代表决定抵制出席4月3日在洛阳召开的国难会议。官员之外，政府邀请的各界代表总计500多人，最后只有146人到会，不及总数的三分之一。从3月中旬到4月中旬，黄炎培为推动各界代表一致行动做了许多工作，并且积极参与了通电、宣言等文件的写作过程。[1] 黄和上海资产阶级认为"一党专政之制，杜绝多数民众政治上合作之途，以致党员斗争于内，民众睽离于外"，给日本侵略造成可乘之机。[2] 他们提出成立民选的国民参政会，换句话说，他们希望给予传统的官民合作一种现代的和制度化的形式，至少首先扩大国民政府的执政基础。然而要等到1937年抗日战争全面爆发，这个要求才被政府当局接受。非常讽刺的是，自从1930年蒋介石与冯玉祥、阎锡山军事集团之间的中原大战以来，国民党三大巨头蒋、汪（精卫）、胡（汉民）以及其他派系正在围绕宪制、法统的话语权进行激烈争论。南京当局对华北地区控制有限，北平、天津一带的言论相对南方更加自由，天津《国闻周报》因此较少顾忌，它不无嘲弄地写道：

---

1 《日记》第26册，1932年3月—4月；《救国通讯》，第9—11期，1932年3—4月。

2 《救国通讯》，"特载"国难会议情况，1932年第10期，第146页。关于国难会议的召开经过和举行情况，参见沈云龙《国难会议之回顾》，载《传记文学》1977年第181期，第95—102页；第182期，第106—113页。

现在中国情形，真所谓"百废待兴"，无论是什么人，无论是什么事，只要你想往好处作，立刻就有很好的成绩。比方救灾，本是政府的责任，但革命的国民政府只顾忙"讨伐""党统""法统""革命""反革命"种种问题，无暇来赈救嗷嗷待哺的大众，有一位朱子桥将军，大发慈悲，舍身救人，居然有了很好的成绩，成了万家生佛。再比方抗日救国的马占山，同十九路军，筹饷增援本是政府的事务，而人民踊跃输将，政府从来未加干涉。中国的事最容易办，人民虽然不在其位，却可代谋其政，只要你愿意做，肯努力，没有做不好的。[1]

新近的有关研究指出国民党内部成分复杂，组织薄弱，使它始终很难有效地发挥一个政党领导国家的强有力作用。[2] 相反，政权的虚弱更加促使它采取色厉内荏的立场。1932 年夏天，《申报》和《生活周刊》因为批评政府的"绥靖""剿匪"方针被蒋介石下令禁运长江四省，并提出减低批评的激烈程度，辞退黄炎培、陶行知与陈彬龢等条件，作为《申报》恢复邮递的条件。实际上，对当局"日日剿共，日日造共"的批评是相当普遍的声音，而由此造成的财政枯竭与无力抵抗日本，对渴望发展经济、维护国内市场的资产阶级不啻是严重的打击。

---

1 季廉：《论非战运动》，载《国闻周报》1932 年第 9 卷第 22 期，第 2 页。

2 王奇生：《党员、党权与党争：1924—1949 年中国国民党的组织形态》，上海：上海书店出版社，2003 年；（日）家近亮子著，王士花译：《蒋介石与南京国民政府》，北京：社会科学文献出版社，2005 年。

五 "团结，生产，自救"

1932 年《申报》停邮和《生活》被查封两案都牵连到黄炎培，他被看作幕后的主要策划人，被迫于 8 月 20 日辞去了申报馆设计部主任的职务。尽管觉得当政者不谅解他，黄炎培在救亡热情的推动下，仍然不辞辛劳地四处奔忙。

1933 年年初，日军加紧侵略山海关及热河地区，北方局势日益紧张，为了了解战事发展的情况和支援抵抗运动，黄炎培于 1 月 11 日—24 日、2 月 8 日—22 日两次代表上海地方协会北上。在此之前，朱庆澜、查良钊和杜重远已经去长城前线组织援助东北义勇军的活动。黄炎培在旅行沿途动员山东、北平和天津的朋友成立地方协会，支持军队和东北义勇军抵抗日本侵略，并且通过上海地方协会，上海东北难民救济会等为义勇军募捐，从上海运送去大批的衣物和药品并派去医疗救护队。此外，他频繁地接触当地守军——东北军张学良等将领以及赶到北方来督战的代理行政院长宋子文，竭力推动政府和军队组织强有力的抵抗。在上海，地方协会和市商会从 1932 年 10 月到 1933 年 4 月，组织了长达六个月的市民月捐运动，号召每个人把自己每月的节约所余捐出支援东北难民和义勇军。《申报》《新闻报》等报纸上每天都登着密密麻麻的捐献者名字，上海人用这样涓滴不漏的方式筹集了 30 万元，这些钱通过黄炎培和朱庆澜分批转交给正在长城以北地区艰苦奋战的东北义勇军。[1] 令黄炎培和上海民众万分失望的是，3 月里，东北军将领几乎完全没有抵抗，就轻易地放弃了整个热河地区。而孤军奋战的东北义勇军，是一些形形色色的地方武装拼凑的游击队组织，缺少统一的领导和政府有力的支持，很难对抗拥有现代精锐装备的日本军队。[2] 5 月下旬，日军兵临北平、天津城下，南京当局只得在继淞沪停战协定之后，再次忍辱负痛地签下《塘沽协定》。该协定是名副其实的城下之盟：它实际上承认了日本对东北和热河四省的占领，并接受日方的要求，将河北东部 19 个县划为非军事区，实际上是任其落入日本的控制。

从 1933 年 5 月到 1937 年 7 月，是相对平静的时期，然而毫无疑问，"国难"从此成为中国政治和社会首屈一指的中心问题，朝野都意识到必须积极准备难以避免的日本侵略。相对过去的两年，这时黄炎培有了较多的时间观察与思考中国的政治与社会问题，并寻求贯彻自己主张的途径。在以后的几年中，黄去了全国各地的许多地方，考察民生和地方政治实况，同时通过演讲、会谈和写文章来反复阐述他的一些基本立场。

长期以来，黄炎培一直认为中国患于人口多和贫穷，希望通过提倡职业教育解决生活问题，从而强国富民。20 世纪 30 年代中国面临双重的民族危机和社会危机，使他认识到这种观念的局限性以及必须

1　上海东北难民救济会编：《月捐运动收支报告书》，1933 年。

2　有关东北义勇军抵抗以及对它的援助情况，见 Mitter Rana: *The Mandchurian Myth: Nationalism, Resistance, and Collaboration in Modern China*, Berkeley (Cal.): University of California Press, 2000。

从政治角度来考虑问题。1933 年年初他和朋友们讨论局势，大家都认为"各地农村破产，惨苦已极，然源于天灾、外患、世界经济影响者少，源于政治者多"。[1] 目睹中国政治长期不上轨道，致使兵灾、土匪泛滥，对农村正常生产秩序造成的巨大破坏，黄炎培意识到民族危机与社会问题的解决是彼此相关而不可分离的两个方面。他写道："如果全国大众生活问题，没法解决，休想能挽救国难。反过来说，如果大众生活，得有着落，使全国民众觉悟到身家和国族关系的密切，进而从实际上构成共同利害关系的关联，真能做到这点，国难简直不成问题了。"[2] 黄关注的根本问题是如何唤起民众共同对付侵略，如何使民众具有民族意识和国家观念，这些都是建立现代民族国家的基本问题。为此，他不断呼吁政府当局重视平民的生计问题，强调如果不改进农民和其他民众的生存条件，国家将无法动员他们起来抵御外来侵略。他坚决反对当时一部分人认为国难当头，无法兼顾民生的观念，强调说：

> 当局施政，只须执定两大要端：一，民众。须承认民众是一切设施的主要对象。二，经济。须承认经济是一切设施的基本条件，一方凝固活跃"人"的力量，一方开发充足"物"的力量，苟厉行之，复兴之期，正不在远。……希望今后政府对民众问题，特别加以重视。一，如何减免民生的

---

1 《日记》，1933 年 1 月 11 日。
2 黄炎培：《空江人语》，载《空江集》，上海：生活书店，1937 年，第 14 页。

痛苦？二，如何爱惜民力的使用？三，如何尊重民意的趋
向？尤愿政府以恳切公正对人民，人民亦以真挚信任报政
府，以诚字立团结之基础，以"公开"方法扫除猜疑的根
源……1

1936 年 5 月 5 日，国民党高层内部经过几年的争论，终于通过
了一部宪法草案（即"五五宪草"），并开始在各地组织选举国民大会
代表，以便从"训政"向"宪制"过渡。但是这些选举大都由国民党
的各级党部控制，黄炎培对此很有看法，曾含蓄地批评说："自行国
民代表制，历届选举，无不弊窦百出。最近尤然。"2 但是他强调国
难当前，朝野团结，将"统一，生产，国防"看作民族复兴的根本条
件，因此尽量从积极角度评价政府行为，并采用提忠告的形式表达意
见。不过，黄炎培并不将自己的行动限于向政府进言，更多的时候他
着力推动民间力量进行自救。鉴于当时中国政治的分裂局面和专制，
他认为"欲直接从政治上救国办不到，惟有先从团结全国有力同志做
起"，尤其"从团结下层有力分子入手"。3 所谓下层有力分子，可以
看作职教社联系的各地热心职教的工作人员，从事农村改进试验区的
积极分子；浦东同乡会联系的市民，上海市地方协会、国货产销合作
协会动员的中小企业家，等等。上文已经详细分析过黄炎培在这方面

---

1 黄炎培：《转变中之中国的检讨》，载《空江集》，第 209 页，原载《大公报》1936 年
 11 月 22 日。

2 同上，第 208 页。

3 《日记》，1933 年 1 月 11—12 日。

的行动，这里不再重复，仅限于介绍他积极促进的国货年活动以其政
治内涵。

20 世纪 30 年代的国货运动与以往的抵制外货运动不同，后者在
中国有悠久的历史，它是城市民众抗议中外关系中发生不公正事件
时，惯常使用的民族主义武器，上海的工商界在这方面经常一马当
先，走在前列。1932 年以后，迫于日本咄咄逼人的压力，当局不允
许公开的抵制日货和反日活动，而国难危机和经济萧条的形势迫使工
商界采取对策，积极行动。他们组织的国货运动毫无疑问具有抵制日
本经济侵略的目标，但是它采用了更积极的方式，通过促进中国工业
品的生产和销售，改进产品质量，提高与舶来品竞争的能力，而不是
单纯限于拒绝或禁止使用某国的产品。1932 年 6 月上海地方协会成
立后，即决定将推动国货的生产、销售作为长期工作的重点之一。为
此，它跟市商会以及上海其他众多的社会团体共同组织了一个从事该
项工作的专门机构——上海市国货运动联合会。在 1933 年到 1936 年
之间，该会每年分别将不同的社会阶层作为重点动员对象，将 1933
年定为国货年，1934 年为妇女国货年，1935 年为学生国货年，1936
年为儿童国货年。国货运动联合会每年与厂商共同举行大规模的彩车
游行，各种展销会、表演、宣传、演讲等活动，同时由中国银行牵
头，为国货工厂调剂资金；通过中国国货产销协会（见上文）疏通销
售渠道，设立国货介绍所全国联合办事处，1934 年至 1935 年间，该
办事处在全国 11 个城市设立了分支机构，推动当地商人集资创办跟

上海同样性质的中国国货公司。[1] 这是中国资产阶级为开辟销售网络，建设全国统一的国内市场而做出的有意识的努力。

黄炎培是国货年运动的主要推动者和组织者之一，他担任上海市国货运动联合会总务组主任，并且为妇女国货年和学生国货年写作歌词。中华职教社有悠久的提倡国货制造的传统，1932 年夏在环龙路社址开办了附设的中华国货指导所，专门指导国人如何购用国货及厂方改良产品。为介绍国货产品，该所组织调查上海国货厂家 134 个，编写出版了《上海之小工业》和《上海国货制造品总目》两书；另外开设国货代办部，专门为国内外华人办理代购事务，手续简便费用低，很受厂商和消费者欢迎。职教社还积极推广国产动力机械和小型农业机械，这些产品的市场多半由进口货一统天下，国产产品通常要经过多年的奋战，才能渐渐取得社会和客户的信仰。通过他们的积极工作，黄炎培本人与职教社跟上海的中小工业建立了深厚的联系。

黄炎培把国货运动看作以"生产自救，经济自卫"为目标的社会动员，强调"生产、团结、国防"，即通过增加生产，促进各方的团结合作来壮大国防的力量。国货运动的确改变了上海市地方协会的会员构成，原先由金融家主导的局面现在为大批的中小工业企业主替代。[2] 1934 年 11 月史量才被军统刺杀，1935 年春张嘉璈被迫辞去中国银行总经理的职务，这些事件加上随后国家对上海金融业的控制，

1　关于国货年运动，参见前引潘君祥编《中国近代国货运动》一书中所载的各种材料。

2　参见上海地方协会 1933 年至 1935 年间出版的年报，1936 年出版的季报；陈醒吾：《九一八至抗战期间上海民族工业的图存活动》，载《文史资料选辑》第 17 卷第 49 辑，北京：中国文史出版社，1999 年，第 179—189 页。

使资产阶级的力量受到很大影响。但是当时的社会经济结构尚未发生根本性的变化，私营经济在工商业占主要地位，国有经济比重很有限，因此在很多时候，当局仍然需要工商资产阶级的辅助。上海市地方协会也继续存在和活动，我们不能认为杜月笙取代史量才担任会长，就说地方协会沦为国民党当局的附庸。1936 年年末西安事变和平解决，黄炎培代表地方协会参加市党部召开的上海各公团会议，筹备次日庆祝蒋介石顺利返回南京的大会，这是他第一次进入上海市党部。[1] 在这年的年终总结中，他非常感慨地写道：

> 自一・二八来忽忽五年，为生活过程中一段落。吾意只欲以在野的地位，在国难期间，为国家稍尽义务，而各方间未能相谅。因此立意参用和光同尘主义，冀减少各方猜疑，进而辅助上海各界之团结。此点尚算勉强做到，各方对我渐表同情，而上海市地方协会精神上、工作上亦不无良好表现。虽然，吾之从事于此，究为何来？此则不可不时时反省也。[2]

1937 年夏抗日战争全面爆发，8 月 13 日第二次淞沪抗战打响，上海地方协会与市政府、市党部的主要官员暨上海各公团共同组织了上海市各界抗敌后援会，支援中国军队作战并为难民提供援助。黄炎

---

1 《日记》，1936 年 12 月 27 日
2 《日记》，1936 年年终。

培担任了后援会的常委之一，他风尘仆仆地往来于京、沪之间，竭诚向当局贡献发动群众参加抗战的意见。不久蒋介石召集国防参议会，黄被邀为参议之一。这个参议会后来即演变为国民参政会，1938—1947 年间成为政府集合社会贤达与各界代表的咨询机构，黄炎培和其他热心国事的社会人士也终于有了一个可以跟当局对话的平台。然而，尽管他们顾全大局并做了种种努力，这个有"战时议会"美名的机构最终也没有能够转化为迈向宪制的基石。

黄炎培清楚地认识到中国的救亡和社会问题都需要从政治上着手。他并不迂腐，知道在政治领域里，除了提出政治纲领和价值观念以外，还需要实际力量的支持。他多方面地动员上海资产阶级与其他城市社会阶层，即包含加强舆论力量，促使政府当局听取民意的意思。他在晚年时曾坦率地承认"江苏教育会二十多年名义上做学务、教育，实际上是搞政治活动的。搞政治活动，教育界不够，要跟工商界联合起来，力量就大"。[1] 我们从上文的分析可以看到，黄炎培并不仅仅着眼大资产阶级和精英阶层，他同样非常注意联系中小商人及其他中下层市民。尤其职教社向来以城市中下阶层的青年为主要工作对象，它的根本目标是要替中国重造现代意义上的中等阶级，即通过教育培训掌握专业技能的职业人员，这无疑是非常有先见的社会工作。但是仅仅依靠非政治性的社会动员——即使具有相当的广泛程度，要想达到参与国事和改变政治制度的愿望，显然是不现实的。在

1　上海市档案馆，C-48-2-2146，《1960 年 1 月 14 日黄任老谈有关上海工商界接受改造十年的历史资料》，严谔声记录。

严格的政治意义上，无论是像黄炎培这样注重经济的、具有儒家经世倾向的知识分子，还是像胡适、傅斯年等信奉西方自由主义的知识分子，都没有真正摆脱中国传统文人对政治的观念，多少认为具体的政治是肮脏的交易，不道德的行为，不愿意直接从事政治活动。相反，他们更偏向以献身公众事业，提供新思想或新道德表率的方式来动员大众和青年，以社会代替政治，以非政治的手段达到政治的目标，这无疑是一厢情愿的美好幻想。另一方面，权力当局也始终没有摆脱以武力为基础的传统政治境界。国民党政权始终没有找到一种有效的机制，容纳社会各方面的积极力量，从而加强统治基础，这也是它在政治竞赛中败给中国共产党的重要原因之一。

参考文献

外文参考文献

Adshead, S. A. M. *Province and Politics in Late Imperial China*: *Viceregal Government in Szechwan*, *1898 - 1911*, London: Curzon Press Ltd. , 1984.

Ayers, William. *Chang Chih-tung and Education Reform in China*, Cambridge, Mass. , Harvard University Press, 1971.

Bailey, Paul. *Reform the People—Changing Attitudes Towards Popular Education in Early Twentieth-century China*, Edinburgh University Press, 1990.

Barkan, Lenore. "Patterns of Power: Forty Years of Elite Politics in a Chinese County", in Rankin, Mary Backus and Esherick, Joseph W. ed. *Chinese Local Elites and Patterns of Dominance*, Berkeley, University of California Press, 1990, pp. 191 - 215.

Basso, Jacques A. *Les groupes de pression*, Paris, PUF, coll. "Que sais-je ?", 1983.

Bastid, Marianne. *Aspects de la réforme de l'enseignement en Chine au début du XXe siècle d'après les écrits de Zhang Jian*, Paris-La Haye: Mouton, 1971, p. 321

——. *L'évolution de la société chinoise à la fin de la dynastie des Qing, 1873 - 1911*, Paris, Éd. De l'EHESS, 1979.

——. "The Structure of Financial Institutions of the State in the Late Qing", Schram Sturat R. ed. *The Scope of State Power in China*, ESF, School of Oriental and African Studies, University of London, The Chinese University Press, The Chinese University of Hongkong, St. Martin's Press, 1985, pp. 51 - 79.

Bastid-Bruguière, Marianne. "Currents of Social Change", in *CHOC*, vol. 11, pp. 536 - 602.

Bays, Daniel H. *China Enters the Twentieth Century: Chang Chih-tung and the Issues of New Age, 1895 - 1909*, Ann Arbor: University of Michigan Press, 1978.

Bennet, Adrian A. *John Fryer, The Introduction of Western Science and Technology into Nineteenth-century China*, Cambridge: Mass. , Harvard University Press, 1967.

Bergère, Marie-Claire. *Une crise financière à Shanghai à la fin de l'Ancien Régime*, Paris-La Haye: Mouton, 1964.

——. *La Bourgeoisie chinoise et la révolution de 1911*, Paris-La Haye:

Mouton, 1968.

——. "Shanghai ou 'l'autre Chine', 1919 – 1949", *Annales ESC*, Septembre-Octobre, 1979, pp. 1039 – 1068.

——. L'Age d'or de la bourgeoisie chinoise, Paris: Flammarion, 1986.

——. "The Chinese Bourgeoisie, 1911 – 1937", *CHOC*, vol. 12, pp. 721 – 825.

——. *Sun Yat-Sen*, Paris: Fayard, 1994.

——. "Civil Society and Urban Change in Republican China", *The China Quarterly*, June 1997, p. 309 – 328.

——. *Le mandarin et le compradore*: Les enjeux de la crise en Asie orientale, Paris: Hachette Littératures, 1998.

Bergère, Marie-Claire, Bianco Lucien, Domes, Jürgen éd. *La Chine au XXe siècle, d'une révolution à l'autre, 1895 – 1949*, Paris: Fayard, 1989.

Bernhardt, Kathryn. *Rents Taxes, and Peasant Resistance — The Lower Yangzi region, 1840 – 1950*, Stanford, California, Stanford University Press, 1992.

Bianco, Lucien. "Peasant Movements", *CHOC*, vol. 13, pp. 270 – 328.

——. *Jacqueries et révolution dans la Chine du XXe siècle*, Paris, Editions de La Martinière, 2005.

Biggerstaf, Knight. *The Earliest Modern Governement Schools in China*, Ithaca: Cornell University Press, 1961.

Borthwick, Sally. *Education and Social Change in China*, *The Beginnings of the Modern Era*, Hoover Institution Press, Stanford: Stanford University, 1983.

——. "Knowledge & education", in Rozman, Gilbert ed. *The Modernization of China*, New York, Free Press, 1982, Chapitre 6.

Bourgon, Jérôme, "La Coutume et le droit en Chine à la fin de l'empire", *Annales Histoire*, *Sciences Sociales*, sept. -oct. 1999, n°5, pp. 1073 - 1107.

Buck, David D. "Educational Modernization in Tsinan, 1899 - 1937", in Elvin, Mark & Skinner, William G. ed. *The Chinese City Between Two Worlds*, Stanford University Press, 1974, pp. 171 - 212.

Cambridge History of China (*The*) — Vol. 10 & 11, Fairbank, John K. & Liu, Kwang-ching, ed. *Late Ch'ing*, *1800 - 1911*, Cambridge, Cambridge University Press, 1978 et 1980. [*CHOC*, vol. 10 & 11]

Cambridge History of China (*The*) — Vol. 12 & 13, Fairbank, John K. & Feuerwerker, Albert ed. *Republican China*, *1912 - 1949*, Cambridge, Cambridge University Press, 1983 et 1986. [*CHOC*, vol. 12 & 13]

Cameron, Meribeth E. *The Reform Movement in China*, *1898 - 1912*, Stanford: Stanford University Press, 1931.

Chan, Wellington K. K. *Merchants*, *Mandarins and Modern Enterprise in Late Ch'ing China*, Cambridge, Mass.： Harvard University Press, 1977.

Chang, Chung-li. *The Chinese Gentry*, Seattle：University of Washington Press, 1955.

Chang, Hao. *Liang Ch'i-ch'ao and Intellectual Transition in China*, *1890‒1907*, Cambridge, Harvard University Press, 1971.

——. "Intellectual Change and the Reform Movement, 1890‒98", *CHOC*, vol. 11, chap. 5, pp. 274‒338.

Chauncey, Helen R. *Schoolhouse Politicians*, *Locality and State During the Chinese Republic*, Honolulu, University of Hawaii, 1992.

Cherkaoui, Mohammed, *Sociologie de l'éducation*, Paris：Presses Universitaires de France, coll. "Que sais-je?", 2e éd., 1989.

Chevrier, Yves. "Des réformes à la révolution（1895‒1913）", Bergère, Marie-Claire. Bianco, Lucien. Domes, Jürgen. *La Chine au XXe siècle*, *d'une révolution à l'autre*, *1895‒1949*, Paris：Fayard, 1989, pp. 87‒121.

——. "La question de la société civile, la Chine et le chat du Cheshire", *Études chinoises*, vol. 14/2, Automne 1995, pp. 153‒248.

——. "L'empire distendu：Esquisse du politique en Chine des Qing à Deng Xiaoping", Bayart Jean-François, *La greffe de l'État*,

Paris: Karthala, 1996.

———. "Le génie du confucianisme: De l'Invention d'une tradition à traditionalisation du moderne", Camroux, David & Domenach, Jean-Luc éd. , *L'Asie retrouvée*, Paris: Éditions du Seuil, 1997.

———. *L'empire terrestre: Histoire du politique en Chine aux XXe et XXIe siècles.* Vol. 1: La démocratie naufragée (1895 – 1976), Paris, Le Seuil, 2022. Vol. 2: L'État restauré (de 1977 à nos jours), Le Seuil, 2023.

Chu, Samuel C. *Reformer in Modern China: Chang Chien, 1853 – 1926*, New York, Columbia University Press, 1965.

Cohen, Paul, *Between Tradition and Modernity: Wang T'ao and Reform in Late Ch'ing China*, Cambridge, Mass. : Harvard University Press, 1974.

———. "The Post-Mao Reforms in Historical Perspective", in *The Journal of Asian Studies*, vol. 47/3, August 1988, pp. 519 – 541.

Cohen, Paul A. & Schrecker, E. led. *Reform in Nineteenth-Century China*, Cambridge, East Asian Research Center, Harvard University Press, 1976.

Culp, Robert J. "Elite Association and Local Politics in Republican China Educational Institutions in Jiashan and Lanqi Counties, Zhejiang, 1911 – 1937", *Modern China*, vol. 20/4, October 1994, pp. 446 – 477.

Delmas-Marty, Mireille and Pierre-Etienne Will ed. , *China, Democracy,*

and Law: A Historical and Contemporary Approach, Leiden:
Édition Brill, 2012.

Duara, Prasenjit, Culture, Power and the State: Rural North China,
1900 - 1942, Stanford: Stanford University Press, 1988.

Elman, Benjamin A. & Woodside, Alexander ed. Education and
Society in Late Imperial China, 1600 - 1900, Berkeley, Los
Angeles, London: University of California Press, 1994.

Elvin, Mark. "The Gentry Democracy in Chinese Shanghai, 1905 -
1914", Gray, Jack ed. Modern China's Search for A Political
Form, London, Oxford University press, 1969, pp. 41 - 65.

——. "The Administration of Shanghai, 1905 - 1914", Elvin, Mark
and Skinner, G. William ed. The Chinese City Between Two
Worlds, pp. 239 - 269.

——. The Pattern of the Chinese Past, Oxford, Oxford University
Press, 1973.

Esherick, Joseph W. Reform and Revolution in China, The 1911
Revolution in Hunan and Hubei, Berkeley, Los Angeles:
University of California Press, 1976.

Faure, David William. "Local Political Disturbances in Kiangsu
Province, China 1870 - 1911", Ph. D. , Princeton University,
1976.

Feuerwerker, Albert. China's Early Industrialization: Sheng Hsuanhuai
(1844 - 1916) and Mandarin Enterprise, Cambridge Mass. ,

Harvard University Press, 1958.

Fewsmith, Joseph. *Party, State and Local Elites in Republican China*：*Merchant Organizations and Politics in Shanghai*, *1890 - 1930*, Honolulu, University of Hawaii Press, 1984.

Fincher, John H. *Chinese Democracy — Statist Reform*, *the Self-government Movement and Republican Revolution*, Institute for the Study of Languages and Cultures of Asia and Africa, Tokyo, 1989, (Revised and completed version of *Chinese Democracy*：*The Self-government Movement in Local Provincial and National Politics*：*1905 - 1914*, London, Croom Helm, 1981).

Finnane, Antonia. *Speaking of Yangzhou. A Chinese City*, *1550 - 1850*, Harvard University Press, 2004.

Franz, Michael. " Regionalism in Nineteenth-century China ", introduction in Spector, Stanley ed. , *Li Hung-chang and the Huai Army*, Seattle：University of Washington Press, 1964.

Fung, Edmund S. K. *The Military Dimension of the Chinese Revolution*：*the New Army and its Role in the Revolution of 1911*, Vancouver, BC：University of British Columbia Press, 1980.

Gernet, Jacques, *L'intelligence de la Chine—Le social et le mental*, Paris：Gallimard, 1994.

Gewurtz, Margo S. "Social Reality and Educational Reform, The Case of the Chinese Vocational Education Association 1917 - 1927",

Modern China, vol 4, n° 2, April 1978, pp. 157 - 180.

Goodman, Bryna. *Native Place*, *City and Nation* — *Regional Networks and Identities in Shanghai*, *1853 - 1937*, Berkeley, Los Angeles, London: University of California Press, 1995.

Habermas, Jürgen. *The Structural Transformation of the Public Sphere*: *An Inquiry into a Category of Bourgeois Society*, 1962, reedited by Cambridge, Mass. , MIT Press, 1989.

Henriot, Christian. *Shanghai 1927 - 1937*: *Élites locales et modernisation dans la Chine nationaliste*. Paris: Éditions de l'École des Hautes Études en Sciences, 1991.

Hill, Emily M. *Smokeless Sugar*: *The Death of A Provincial Bureaucrat and The Construction of China's National Economy*, Vancouver, University of British Columbia Press, 2010.

Honig, Emily. *Creating Chinese Ethnicity*: *Subei People in Shanghai*, *1850 - 1980*, New Haven: Conn. , 1992.

Hsiao, Kung-ch'uan. *Rural China*: *Imperial Control in Nineteenth Century China*, Seattle: University of Washington Press, 1960.

Huang, Philip C. C. , *The Peasant Economy and Social Change in North China*, Stanford, California: Stanford University Press, 1985.

——. *The Peasant Family and Rural Development in the Yangzi Delta*, *1350 - 1988*, Stanford, California: Stanford University Press, 1990.

Hummel, Arthur W. *Eminent Chinese of the Ch'ing period* (*1644 - 1912*), Washington DC: US Government Printing Office, 1943 - 44, Reproduction, Taibei: Chengwen chubanshe, 1967, 2 vol.

Ichiko, Chuzo. "Political and Institutional Reform, 1901 - 1911", *CHOC*, vol. 11: *Late Ch'ing*, *1800 - 1911*, pt. II, pp. 375 - 415.

Johnson, David, Nathan, Andrew J. et Rawski Evelyn S. ed., *Popular Culture in Late Imperial China*, Berkeley and Los Angeles: California University Press, 1985.

Johnson Linda Cooke ed. *Cities of Jiangnan in Late Imperial China*, Berkeley: University of California Press, 1993.

Jones, Susan Mann & Kuhn Philip A. "Dynastic Decline and the Roots of Rebellion", *CHOC*, vol. 10: *Late Ch'ing*, *1800 -1911*, pt. I, chap. 3, pp. 107 - 162.

Judge, Joan. "Public Opinion and the New Politics of Contestation in the Late Qing, 1904 - 1911", *Modern China*, vol. 20/1, January 1994, pp. 64 - 91.

——. *Print and Politics*, '*Shibao' and the Culture of Reform in Late Qing China*, Stanford, California: Standford University Press, 1996.

Keenan, Barry. *Imperial China's Last Classical Academies: Social Change in the Lower Yangzi*, *1864 -1911*, Berkeley: Institute of Asian Studies, University of California, 1994.

——. "Lung-Men Academy in Shanghai and the Expansion of Kiangsu's Educated Elite, 1865 – 1911", Elman, Benjamin A. &. Woodside, Alexander ed. *Education and Society in Late Imperial China*, *1600 – 1900*, Berkeley, Los Angeles, London: University of California Press, 1994, pp. 493 – 515.

Kuhn, Philip A. "Local Self-Government Under the Republic: Problems of Control, Autonomy, and Mobilization", Wakeman, Frederick Jr. &. Grant, Carolyn ed. *Conflict and Control in Late Imperial China*, Berkeley, Los Angeles: University of California Press, 1975.

——. "The Development of Local Government", *CHOC*, vol. 13: *Republican China*, *1912 – 1949*, chap. 7, pp. 329 – 380.

——. *Soulstealers: The Chinese Sorcery Scare of 1768*, Cambridge, Mass. : Harvard University Press, 1990.

——. "Civil Society and Constitutional Development", in Vandermeersch Léon éd. , *La Société civile face à l'État dans les traditions chinoise*, *japonaise*, *coréenne et vietnamienne*, Paris: EFEO, 1994, pp. 301 – 307.

——. "Ideas behind China's Modern State", *Harvard Journal of Asiatic Studies*, vol. 55/2, 1995, pp. 295 – 337.

——. "Can China be governed from Beijing? Reflections on reform and regionalism", Wang Gungwu &. Wong John eds. *China's Political Economy*, Singapore: Singapore University Press, 1998, pp. 149 –

166.

——. *Les origines de l'État chinois moderne*, traduit et présenté par Will, Pierre-Étienne, Paris: Éd. de l'EHESS, 1999.

Leung, Angela KI Che. "Elementary Education in the Lower Yangtze Region in the Seventeenth and Eighteenth Centuries", Elman, Benjamin A. & Woodside Alexander ed. *Education and Society in Late Imperial China*, *1600 – 1900*, Berkeley, Los Angeles, London: University of California Press, 1994, pp. 381 – 416.

Leung, Yuen-sang. *The Shanghai Taotai Linkage Man in a Changing Society 1843 – 1890*, Singapour: Singapore University Press, 1990.

Mackinnon, Stephen. *Power and Politics in Late Imperial China*: *Yuan Shi-kai in Beijing and Tianjin 1901 – 1908*, Berkeley: University of California Press, 1980.

Min Tu-ki, *National Polity and Local Power*: *The Transformation of Late Imperial China*, Ed. by Kuhn, Philip A. & Brook, Timothy, Cambridge Mass. , Council on East Asian Studies, Harvard University, 1989.

Mittler, Barbara. *A Newspaper for China? Power*, *Identity and Change in Shanghai's News Media* (*1872 – 1912*), Cambridge: Harvard University Press (Harvard East Asian Monographs Series 226), 2004.

Miyazaki, Ichisada. *China's Examination Hell*: *The Civil Service*

Examinations of Imperial China, translated from Japanese by Conrad Shirokauer, New York, Tokyo: Weatherhill, 1976.

Nguyen Tri Christine, "L'école publique du Nanyang: Élite et éducation moderne à Shanghai, 1897 – 1937", Thèse de doctorat, EHESS, 1990.

Orb, Richard A. "Chili Academies and Other Schools in the late Ch'ing: An institutional Survey", in Cohen, Paul A. & Schrecker, John E. ed. *Nineteenth-Century China*, Cambridge, Mass. , Harvard University Press, 1976, pp. 231 – 240.

Polachek, James. *The Inner Opium War*, Cambridge, Mass. , Council on East Asian Studies, Harvard University, 1992.

Prost Antoine. *Histoire de l'enseignement en France 1800 – 1967*, Paris, Armand Colin, Coll. U, 2e éd. , 1970.

Rankin, Mary Backus. *Elite Activism and Political Transformation in China Zhejiang Province*, *1865 – 1911*, Stanford: Stanford University Press, 1986.

——. "Some Observations on A Chinese Public Sphere", *Modern China*, Vol. 19/2, 1993, pp. 158 – 82.

——. "The Origins of a Chinese Public Sphere: Local Elites and Community Affairs in Late Imperial China", *Études chinoises*, 1990, vol. 9/2, pp. 13 – 60.

——. "The Local Managerial Public Sphere: Refashioning State-Society Relation in Late Imperial China", in Vandermeersch Léon, éd. *La Société civile face à l'État dans les traditions chinoise*, *japonaise*, *coréenne et vietnamienne*, Paris: EFEO, 1994, pp. 173 - 199.

Rankin, Mary Backus & Esherick, Joseph W. ed. *Chinese Local Elites and Patterns of Dominance*, Berkeley: University of California Press, 1990.

Rankin, Mary B. , Fairbank, John K. , Feuerwerker, Albert. "Introduction: Perspectives on Modern China's History", *CHOC*, vol. 13, chap. 1, pp. 1 - 73.

Rawski, Evelyn Sakakida. *Education and Popular Literacy in Ch'ing China*, Ann Arbor: University of Michigan Press, 1979.

Reynolds, Douglas R. *China, 1898 - 1912, The Xinzheng Revolution and Japan*, Council on East Asian Studies, Harvard University, 1993.

Rhoads, Edward J. M. *China's Republican Revolution: The Case of Kwangtung, 1895 - 1913*, Cambridge, Mass. , Harvard University Press, 1975.

Rowe, William T. , *Hankow: Commerce and Society in a China City, 1796 - 1889*, Stanford: Stanford University Press, 1985.

——, *Hankow: Conflict and Community in a China City, 1796 - 1896*, Stanford: Stanford University Press, 1989.

——. "The Public Sphere in Modern China", *Modern China*, 16/3, July 1990, pp. 309 - 329.

——. "The Problem of 'Civil Society' in Late Imperial China", *Modern China*, 19/2, April 1993, pp. 139 - 157.

Schoppa, R. Keith. *Chinese Elites and Political change : Zhejiang Province in the Early Twentieth Century*, Cambridge : Harvard University Press, 1982.

Schram, Stuart R. ed. *The Scope of State Power in China*, ESF, School of Oriental and African Studies, University of London, The Chinese University Press, The Chinese University of Hongkong, St. Martin's Press, 1985.

Schwartz, Benjamin. *In Search of Wealth and Power : Yen Fu and the West*. Cambridge, Mass. : Harvard University Press, 1964.

Schwintzer, Ernest P. "Education to Save the Nation : Huang Yanpei and the Educational Reform Movement in Early Twentieth Century China", Ph. D. , University of Washington, 1992, 2 tomes.

Skinner, William G. "Regional Urbanization in Nineteenth Century China", Skinner, W. G. et Elvin Mark ed. *The City in Late Imperial China*, Stanford : Stanford University Press, 1977, pp. 211 - 252.

Stapleton, Kristin, *Civilizing Chengdu : Chinese Urban Reform, 1895 - 1937*, Cambridge, MA : Harvard University Asia Center, 2000.

Thompson, Roger. R. *China's Local Councils in the Age of Constitutional*

Reform, 1898 - 1911, Cambridge: Harvard University Press, 1995.

——. "Statecraft and Self-Government — Competing Vision of Community and State in Late Imperial China", *Modern China*, Vol. 14/2, 1988, pp. 188 - 221.

Tocqueville, Alexis de. *De la Démocratie en Amérique*, Paris: Gallimard, Coll. Folio-Histoire, 1986, 2 vol.

Vandermeersch, Léon. éd. *La Société civile face à l'État dans les traditions chinoise, japonaise, coréenne et vietnamienne*, Paris: École française d'Extrême-Orient, 1994.

——, "Pouvoir d'État et société civile dans la tradition confucianiste", *Études sinologiques*, Paris: Presses universitaires de France, 1994, pp. 331 - 346.

Wang, Di. "Developments in the Public Sphere Along the Upper Reaches of the Yangtze River During the Late Qing Period", *Social Sciences in China*, 1997(2), pp. 25 - 130.

Will, Pierre-Étienne. *Bureaucratie et famine en Chine au XVIIIe siècle*, Paris-La Haye: éd. de l'EHESS-Mouton, 1980.

——. "Appareil d'État et infrastructure économique dans la Chine prémoderne", *Bureaucraties chinoises*, Paris: Éditions Le Harmattan, 1987, pp. 11 - 41.

——. "Bureaucratie officielle et bureaucratie réelle — Sur quelques dilemmes de l'administration impériale à l'époque des Qing",

Études chinoises, printemps 1989, vol. 8/1, pp. 69 - 138.

——. "L'ère des rébellions et la modernisation avortée", Bergère Marie-Claire, Bianco Lucien, Domes Jürgen éd. *La Chine au XXe siècle, d'une révolution à l'autre, 1895 - 1949*, Paris: Fayard, 1989, chap. 2, pp. 45 - 83.

——. "De la sous-préfecture au canton et du canton au village; les paradoxes de l'administration territoriale ", *Historiens-Géographes*, n° 340, 1992, pp. 97 - 105.

——. "Développement quantitatif et développement qualitatif en Chine à la fin de l'époque impériale", *Annales: Histoire, Sciences sociales*, 1994, vol. XLIX/4, pp. 863 - 902.

——. "Official Conceptions of Economic Development in Late Imperial China",《郭廷以先生九秩诞辰纪念论文集》,台北:"中央研究院" 近代史研究所 1995 年, 下册, 第 313—351 页。

Wong, R. Bin. *China Transformed : Historical Change and the Limits of European Experience*, Ithaca, NY: Cornell University Press, 1997.

Wright, Mary C. *The Last Stand of Chinese Conservatism: The T'ung-Chih Restoration (1862 - 1874)*, Stanford: Stanford University Press, 1957.

Wright, Mary C. ed. *China in Revolution: The First Phase, 1900 - 1913*, New Haven: Yale University Press, 1968.

Xiao-Planes, Xiaohong. "L'activité réformatrice des élites locales au début du XXe siècle: expérience de la Société Générale d'Éducation du Jiangsu", *Études chinoises*, vol. XVII/1 - 2, Printemps-automne, 1998, pp. 191 - 231.

——. "La construction du politique dans la Chine du début du XXe siècle: L'action des élites locales du Jiangsu", *Annales: Histoire & Sciences sociales*, nov. -déc. 2000, n° 6, pp. 1201 - 1227.

——. "La première expérience démocratique en Chine (1908 - 1914): tradition chinoise et pratiques des élites locales", Delmas-Marty, M. et Will. P. -E. éd. *La Chine et la démocratie*, Paris, Fayard, 2007, Chapitre 8, pp. 231 - 258.

——. "Constitutions et constitutionnalisme: Les efforts pour bâtir un nouvel ordre politique (1908 - 1949)", *idem*, Chapitre 9, pp. 259 - 295.

——. "La *Shanghai Civic Association*: Bourgeoisies et politisation de la société urbaine dans la Chine des années 1931 - 1937", Y. Chevrier, A. Roux, et X. Xiao-Planes éd. , *Citadins et citoyens dans la Chine du XXe siècle. Essai de l'histoire sociale*, Paris, Éditions de la Maison des Sciences de l'Homme, 2010, pp. 307 - 352.

Yeh, Wen-hsin. *The Alienated Academy: Culture and Politics in Republican China, 1919 - 1937*, Council on East Asian Publications, Cambridge, Mass. , Harvard University Press, 1990.

——. *Shanghai Splendor: Economic Sentiments and the Making of*

Modern China, *1843－1949*, Berkeley: University of California Press, 2008.

缩略语

CHOC—*Cambridge History of China* (*The*)—Vol. 10 et 11, Fairbank, John K. & Liu, Kwang-ching, ed. *Late Ch'ing*, *1800－1911*, (1978 et 1980).

—*Cambridge History of China* (*The*) — Vol. 12 et 13, Fairbank, John K. & Feuerwerker, Albert, ed. *Republican China*, *1912－1949*, (1983 et 1986).

中文参考文献

一、档案、资料汇编、史料集、文集

岑春煊:《乐斋漫笔》,荣孟源、章伯锋编:《近代稗海》,成都:四川人民出版社,1985 年,第 1 辑,第 77—113 页。

陈寅恪:《寒柳堂集》,台北:文海出版社,1984 年。

陈元晖编:《中国近代教育史资料汇编》,10 卷,上海:上海教育出版社,1993—1997 年,2007 年再版。

《第一次中国教育年鉴》(1934)

《地方自治研究会丙午年报告书》,上海:1906 年。

端方：《端忠敏公奏稿》，1918 年。

故宫博物院明清档案部编，《清末筹备立宪档案史料》，北京：中华书局，1979 年。

胡珠生：《上海梅溪、龙门、求实三书院史料》，《档案与历史》，上海档案馆 1989 年，第 4 期，第 1—14 页。

黄炎培：《中国教育史要》，上海：商务印书馆，1931 年。

黄炎培：《辛亥革命前后之上海与上海新闻界》，《国讯》，重庆：1941 年，第 314 期，第 15—16 页。

黄炎培：《我所经历的宪政运动》，《宪政》，重庆：1944 年，第 1 期。

黄炎培：《沈信卿先生传》（1944），见《黄炎培教育文集》，第 4 卷，第 124—126 页。

黄炎培：《八十年来》，北京：中国文史出版社，1982 年。

《黄炎培教育文集》，北京：中国文史出版社，1994 年，4 卷。

《黄炎培日记》，中国社会科学院近代史研究所整理，北京：华文出版社，2008 年，10 卷。

江苏临时省议会编：《江苏临时省议会第一届会议报告》，1911 年。

江宁学务公所：《江宁学务杂志》，1906—1911 年。

《江苏省宁属谘议局筹办处报告书》，1908—1909 年。

《江苏苏属谘议局筹办处报告书》，1908—1909 年。

《江苏学务总会会计报告》，1906 年。

《江苏学务总会文牍》，1906 年；《江苏教育总会文牍》，1907—1909 年，1911 年。

简称（页码按目次排列）：

《文牍初编》，1906 年，目次：上、下

《文牍二编》，1907 年，目次：上、中、下

《文牍三编》，1908 年，目次：上、中、下

《文牍四编》，1909 年，目次：甲、乙、丙、丁

《文牍六编》，1911 年，目次：甲、乙、丙、丁、戊

《江苏教育总会会员提名一览表》，1907 年。

《江苏教育会会员姓名录》，1918 年。

《江苏省教育会年鉴》，1915—1926 年。

江苏省教育会：《江苏省教育会报告》，1912—1913 年。

江苏省教育会：《江苏省教育会月报》，1911 年 8 月—1912 年 2 月；
1916 年 7 月—1927 年 5 月。

江苏省教育会：《江苏省教育会二十年概况》，上海：1925 年。

江苏省教育会：《江苏省教育会历年会务简明报告表》，上海：
1927 年。

江苏省教育会：《江苏省教育会十年概况》，上海：1914 年。

江苏省教育会：《教育研究》月刊，上海：1913—1916 年。

江苏省行政公署教育司：《江苏省教育行政月报》，南京：1913—
1914 年。

江苏省行政公署教育司：《江苏省教育行政报告书》，1914。

江苏省行政公署内务司：《江苏省内务行政报告书》，1914 年。

江苏省行政公署实业司：《江苏省实业行政报告书》，1914 年。

江苏省公署教育科：《江苏省教育近五年间概况》，1916 年。

江苏巡按使署政务厅教育科：《江苏六十县教育近况汇录》，1915 年。

江苏谘议局研究会：《江苏谘议局研究会报告》1909 年。

江苏谘议局：《江苏谘议局第一年度报告》，1910 年，5 册。

江苏谘议局：《江苏谘议局第二年度报告》，1911 年，6 册。

《江苏谘议局议员提名录》（约 1909 年）。

《江苏自治公报》，苏属地方自治筹办处编，1909—1911 年。

《江苏自治公报类编》，台北：文海出版社，1989 年影印本，3 卷。

《立宪纪念五课》（高等小学教科书摘要），上海：商务印书馆，光绪
　　年（1909 年之前）。

刘坤一：《刘坤一遗集》，北京：中华书局，1959 年。

宓汝成编：《中国近代铁路史资料（1863—1911)》，北京：中华书局，
　　1963 年，3 册。

穆湘瑶：《上海地方自治研究会讲演录》，《宪政杂志》，1907 年，第 2
　　期，第 65—70 页。

荣孟源、章伯锋等编：《近代稗海》，成都：四川人民出版社，1985—
　　1989 年，14 辑。

上海博物馆图书资料室编：《上海碑刻资料选集》，上海：上海人民出
　　版社，1984 年。

上海社会科学院历史研究所编：《辛亥革命在上海史料选辑》，上海：
　　上海人民出版社，1981 年。

上海市文史馆、上海市人民政府参事室文士资料工作委员会编：《上
　　海地方史资料》，五辑，上海：上海社会科学出版社，1982 年—
　　1986 年。

上海通社编：《上海研究资料》上海：中华书局，1935 年；上海书店

1984 年重印。

沈恩孚：《沈信卿先生文集》，薛冰整理，南京：凤凰出版社，
　　2015 年。

舒新城编：《近代中国留学史》，上海：中华书局，1939 年。

舒新城编：《中国近代教育史料》，上海：中华书局，1933 年，四册。

苏州学务公所：《江苏学务文牍》，1907—1911 年。

汤志均编：《近代上海大事记》，上海：上海辞书出版社，1989 年。

王同愈：《王同愈集》，顾廷龙编，上海：上海古籍出版社，1998 年。

学部：《光绪三十一年第一次教育统计图表》，北京：1907 年。

学部：《光绪三十二年第二次教育统计图表》，北京：1908 年。

学部：《宣统元年第三次教育统计图表》，北京：1911 年。

严复译著：《天演论》(1896)，［英］赫胥黎原著：《进化与伦理》，商
　　务印书馆，1981 年。

徐雪筠等编：《上海近代社会经济发展概况 1882—1931》，上海：上
　　海社会科学院出版社，1985 年。

扬州师范学院历史系编：《辛亥革命江苏地方史料》，南京：江苏人民
　　出版社，1961 年。

《预备立宪公会章程提名表》，1906 年。

《预备立宪公会章程提名表附书函论要》，上海：1908 年。

《张季子九录》，张孝若编，上海：中华书局，1931 年。

张謇：《柳西草堂日记》，台北：文海出版社，1986 年。

张謇研究中心等编：《张謇全集》6 卷 7 册，南京：江苏古籍出版社，
　　1993—1994 年。

《张謇存稿》，杨立强等编，上海：上海人民出版社，1987 年。

张国淦编：《辛亥革命史料》，上海：龙门联合书局，1958 年，第 1 册。

张静庐辑注：《中国近代出版史料》，上海：群联出版社，1953 年。

章开沅等编：《苏州商会档案丛编》，第 1 辑（1905—1911），武汉：华中师范大学出版社，1991 年。

张相文：《南园丛稿》，北京：中国地学会，1935 年。

张相文：《商学》，上海：商学公会，1905 年，4 卷。

张一麟：《心太平室集》，1947 年。

中国史学会编：《辛亥革命》，上海：上海人民出版社，1957 年，第四册。

朱有瓛编：《中国近代学制史料》，上海：华东师范大学出版社，1983—1993 年：

第一辑上册，1983 年，第一辑下册，1986 年；

第二辑上册，1987 年，第二辑下册，1989 年；

第三辑上册，1990 年，第三辑下册，1992 年；

第四辑，1993 年。

《郑孝胥、张謇等为在上海设预备立宪公会致民政部禀》，中国第二历史档案馆编：《中华民国史档案资料汇编》，南京：江苏人民出版社，1979 年，第 1 卷，第 100—102 页。

二、报刊

《东方杂志》1904 年—1948 年（台北：成文出版社影印本）

《教育杂志》1909 年—1948 年（台北：成文出版社影印本）

《申报》

《时报》

《宪政杂志》1906 年 12 月—1907 年 1 月

《预备立宪公会报》半月刊，1908 年 3 月—1910 年 1 月

《中华教育界》

三、方志

《宝山县志》，上海：上海人民出版社，1992 年。

《宝山县续志》，张允高等编，1921 年；台北：成文出版社 1975 年影印本。

《宝山县再续志》，王锺琦等编，1931 年；台北：成文出版社 1975 年影印本。

《常熟市志》，上海：上海人民出版社，1990 年。

《崇明县志》，曹炳麟编，1930 年，台北：成文出版社 1975 年影印本。

《崇明县志》，上海：上海人民出版社，1989 年。

《川沙县志》，黄炎培编，1936 年。

《川沙县志》，朱鸿伯编，上海：上海人民出版社，1990 年。

《大丰县志》，南京：江苏人民出版社，1990 年。

《高邮县志》，南京：江苏人民出版社，1990 年。

《嘉定县续志》，黄世祚编，1930 年，台北：成文出版社 1975 年影印本。

《江宁县志》，北京：档案出版社，1989 年。

《江苏六十一县志》，殷惟龢编，上海：商务印书馆，1936 年。

《江苏省通志稿》，缪荃孙主编，1945 年。

《江阴市志》，上海：上海人民出版社，1992 年。

《金山县志》，上海：上海人民出版社，1990 年。

《昆新两县续补合志》，连德英编，台北：成文出版社，1983 年影印本。

《溧水县志》，南京：江苏人民出版社，1990 年。

《溧阳县续志》，冯煦编，1934 年。

《民国上海县志》，姚文楠编，上海：1935 年。

《南汇县续志》，秦锡田编，1929 年。

《南汇县志》，上海：上海人民出版社，1992 年。

《青浦县续志》，钱崇威等编，1934，台北：成文出版社，1975 年影印本。

《青浦县志》，上海：上海人民出版社，1990 年。

《三续高邮州志》，胡为龢编，1922 年。

《上海方志资料考录》，上海师范大学图书馆编，上海书店，1987 年。

《上海小志、上海乡土志、夷患备尝记》，胡翔翰等编，上海书店再版，1989 年。

《上海市自治志》，杨逸编，1915年。

《上海县续志》，姚文楠编，1918年。

《山阳县志》，周钧、顾朝瑞编，1921年。

《首都志》，柳诒徵编，南京：正中书局，1935年；台北：成文出版社，1983年影印本。

《松江府续志》，姚光法等，1883年；台北：成文出版社，1974年影印本。

《松江县志》，上海：上海人民出版社，1991年。

《宿迁县志》，冯煦编，1935年。

《武进县志》，上海：上海人民出版社，1988年。

《吴县志》，曹云源编，1933年。

《萧县志》，北京：中国人民大学出版社，1989年。

《宜兴县志》，上海：上海人民出版社，1990年。

《镇洋县志》，王祖畬等编，1919年；台北：成文出版社，1975年影印本。

四、年谱、日记、碑传、文史资料、回忆录、人物辞典

《宝山史话》，上海：宝山文史资料工作委员会，1989年。

卞孝萱、唐文权编：《辛亥人物碑传集》，北京：团结出版社，1991年。

包天笑：《钏影楼回忆录》，三册，香港：大华出版社1971年初版；台北：成文出版社，1980年。

包天笑：《辛亥革命前后的上海新闻界》，《辛亥革命回忆录》第 4 卷，1962 年，第 86—89 页。

曹聚仁：《我与我的世界》，北京：人民文学出版社，1983 年。

冯友兰：《三松堂自序》，北京：生活·读书·新知三联出版社，1984 年。

顾执中：《报人生涯》，南京：江苏古籍出版社，1987 年。

胡怀琛：《上海的学艺团体》，《上海通志馆期刊》1935 年，第 2 卷，第 823—863 页。

胡适：《四十自述》，上海：亚东图书馆第一版，1939 年，上海书店再版，1987 年。

黄汉文：《记唐文治先生》，《江苏文史资料选辑》第 19 辑，南京：江苏古籍出版社，1987 年，第 85—139 页。

贾毅君：《民国名人传》，北京：文化学社，1937 年，长沙：岳麓书社再版，1993 年。

《解放前上海的学校——上海文史资料第 59 辑》，上海：上海人民出版社，1988 年。

劳祖德整理：《郑孝胥日记》，5 册，北京：中华书局，1993 年。

李平书：《李平书七十自叙》，上海：上海古籍出版社，1989 年。

李平书：《论上海》，姚文楠编：《上海县续志》，卷 30，第 36a 页，1918 年。

李盛平主编：《中国近现代人名大辞典》，北京：中国国际广播出版社，1989 年。

李新、孙思白主编：《民国人物传》，11 卷，北京：中华书局，

1978—2002 年。

李遵光： 《上海格致书院和中西书院》， 《上海地方史料（四）》（1986），第 62—67 页。

刘厚生：《张謇传记》，香港：龙门书店，1965 年。

刘绍唐主编：《民国人物小传》，20 册，台北：传记文学出版社，1975 年—1999 年。

陆澄溪：《我的自述》，《江苏文史资料选辑》，南京：江苏古籍出版社，1986 年，第 18 辑，第 124—151 页。

陆人骥：《上海中学一百二十周年》，《解放前上海的学校》（1988），第 219—232 页

《清代人物传稿》，沈阳：辽宁出版社，1992 年。

《商务印书馆九十年（1897—1987）——我和商务印书馆》，北京：商务印书馆，1987 年。

申报馆编：《最近之五十年——申报五十周年纪念》，上海，1923 年。

孙宝瑄：《忘山庐日记》，上海：上海古籍出版社，1983 年，2 册。

唐文治：《茹经先生自订年谱》，上海：商务印书馆，1935 年。

《唐文治文选》，王桐荪等选注，上海：上海交通大学出版社，2005 年。

王炳章等：《忧国忧民忧乡的王清穆》，《上海人物史料》（1992），第 97—105 页。

王凤琴：《徐寿与格致中学》，《解放前上海的学校》，第 244—252 页。

汪国浩、吴珏：《民立中学简史》，《解放前上海的学校——上海文史资料第 59 辑》，上海：上海人民出版社，1988 年，第 337—

340 页。

汪诒年：《汪穰卿先生传记》，章伯锋、顾亚编：《近代稗海》第 12
　　辑，成都：四川人民出版社，1988 年，第 167—344 页。

王洪泉等：《浦东古今大观——上海浦东开发区》，北京：科学技术文
　　献出版社，1992 年。

王赓唐等：《无锡解放前著名的六家民族工商业资本》，《江苏工商文
　　史资料—江苏文史资料第 31 辑》(1989 年)

王震：《叶澄衷与澄衷学堂》，《上海地方史料（四）》，第 148—
　　152 页。

汪彭年等：《上海国人自办的中文日报》，《上海地方史料（五）》，
　　第 11—21 页。

王玉棠：《刘坤一评传》，广州：暨南大学出版社，1990 年。

《我和老师》，上海：华东师范大学出版社，1987 年。

沃丘仲子：《中国近代名人小传》，北京：中国书店重印本，1988 年。

吴康编：《上海人物史料——上海文史资料选辑第 70 辑》，上海：上
　　海人民出版社，1992 年。

吴友松：《人物春秋》，南京：江苏人民出版社，1989 年。

谢作祖、何重建，《一代名匠杨斯盛》，《档案与历史》，1988 年第
　　1 期。

严独鹤：《辛亥革命时期上海新闻界动态》，《辛亥革命回忆录》，
　　(1962)，第 4 卷，第 78—85 页。

《辛亥革命回忆录》，北京：中华书局，1962 年。

《辛亥革命七十周年——文史资料纪念专辑》，上海：上海人民出版

社，1981年。

徐忍寒：《申报七十年七大事记，1872—1949》，《上海地方史资料（五）》（1986），第22—3页。

许晚成：《上海百业人才小史》，上海：龙文书店，1945年。

徐友春主编：《民国人物大字典》，1991年。

姚明辉：《上海的书院》，《上海地方史料（四）》（1986），第14—26页。

姚明辉：《上海早期的新式学堂》，同上，第27—46页。

姚明辉：《近代上海学术文化漫记》，同上，第47—61页。

张大椿：《清末上海两大学潮》，《上海地方史料（四）》（1986），第118—122页。

张若谷：《马相伯先生年谱》，长沙：商务印书馆，1939年。

张树年编：《张元济年谱》，北京：商务印书馆，1991年。

张志康：《从澄衷学堂到澄衷中学》，《解放前上海的学校》（1988），第148—152页。

枕石：《革命艺伶潘月樵》，张志高编：《海上名人录》，上海：上海画报出版社，1991年，第174—176页。

郑逸梅：《新舞台和潘月樵》，上海文化出版社编：《上海掌故》，上海：上海文化出版社，1984年，第26—32页。

郑逸梅：《上海〈时报〉琐记》，汤伟康编：《上海逸事》，上海：上海文化出版社，1987年，第142—143页。

钟叔河、朱纯：《过去的学校——回忆录》，长沙：湖南教育出版社，1982年。

周承忠、朱梦华：《龙门师范学校》，《上海地方史料（四）》（1986），
　　　第 108—117 页。

庄俞等：《最近三十五年之中国教育》，《商务印书馆五十年纪念》，上
　　　海：商务印书馆，1930 年。

五、著作、论文、工具书

巴斯蒂：《从辛亥革命前后事业教育的发展看当时资产阶级的社会作
　　　用》，《纪念辛亥革命七十周年学术讨论会文集》（1983），下册，
　　　第 2318—2330 页。

陈以爱：《五四运动初期江苏省教育会的南北策略》，台北《"国史馆"
　　　馆刊》第 43 期，2015 年 3 月。

陈以爱：《动员的力量：上海学潮的起源》，台北：民国历史文化学
　　　社，2021。

蔡尚思编：《论清末民初的中国社会》，上海：复旦大学出版社，
　　　1983 年。

蔡行涛：《抗战前的中华职业教育社》，台北：东大图书股份有限公
　　　司，1988 年。

陈志让：《张謇在辛亥前夕政治思想的转变》，《纪念辛亥革命七十周年
　　　学术讨论会文集》，北京：中华书局，下册，第 2285—2307 页。

陈三井：《近代中国变局下的上海》，台北：东大图书股份有限公司，
　　　1996 年。

陈昀秀：《清末的江苏教育总会（1905—1911)》，台北：花木兰文化

出版社，2011年。

陈贞陵：《清末湖北地方自治研究：从铁路运动到谘议局主张之发展》，台北：政治大学历史研究所，硕士论文，2010年。

《辞海》，上海：辞书出版社，1989年。

《大生企业系统史》，南京：江苏古籍出版社，1990年。

丁钢、刘琪：《书院与中国文化》，上海：上海教育出版社，1992年。

杜黎：《浅论李平书》，《近代中国资产阶级研究续辑》，上海：复旦大学出版社，1986年，第518—528页。

杜恂诚：《民族资本主义与旧中国政府（1840—1937）》，上海：上海社会科学院出版社，1991年。

段本洛、单强：《近代江南农村》，南京：江苏人民出版社，1994年。

Elvin, Mark：《辛亥革命在上海》，蔡尚思编：《论清末民初的中国社会》，上海：复旦大学出版社，1983年，第166—179页。

樊树志：《明清江南市镇探微》，上海：复旦大学出版社，1990年。

费孝通：《关于小城镇的发展及其问题》，《福建专题讲座汇编》，1985年，第1—17页。

费孝通：《费孝通学术论著自选集》，北京：北京师范学院出版社，1992年。

傅衣凌：《明清社会经济变迁论》，北京：人民出版社，1989年。

复旦大学历史系等编：《近代中国资产阶级研究》，上海：复旦大学出版社，1984，1986年，2册。

夫马进［日］：《中国善会善堂史研究》，北京：商务印书馆，2005年。

何一民：《锡良与晚清四川近代化》，《四川师范大学学报》，1993 年
　　第 3 期，第 128—135 页。

高田幸男：《近代中国地域社会与地方教育会——无锡教育会的地位
　　及其演变》，《民国研究》第 1 辑，南京：南京大学出版社，1994
　　年，第 242—254 页。

戈公振：《中国报刊史》，上海：商务印书馆，1927 年。

耿云志：《清末资产阶级立宪派与咨议局》，《纪念辛亥革命七十周年
　　学术讨论会文集》（1983），下册，第 1183—1230 页。

《"规范分权与制度转型"学术研讨会纪要》，《当代中国研究》，1995
　　年第 1—2 期。

谷秀青：《清末民初江苏省教育会研究》，桂林：广西师范大学出版
　　社，2009 年。

郭世佑：《晚清政治革命新论（增订版）》，北京：中国人民大学出版
　　社，2010 年。

洪泽等编：《上海研究论丛》，1988 年起，多辑。

侯宜杰：《二十世纪中国政治改革风潮——清末立宪运动史》，北京：
　　人民出版社，1993 年。

侯宜杰：《袁世凯传》，天津：百花文艺出版社，2003 年。

黄嘉树：《中华教育社史稿》，西安：陕西人民出版社，1987 年。

《纪念辛亥革命七十周年学术讨论会文集》，北京：中华书局，1983
　　年，2 册。

蒋宝麟：《清末学堂与近代中国教育财政的起源》，北京：社会科学文
　　献出版社，2021 年。

蒋宝麟：《民国时期中央大学的学术与政治（1927—1949）》，南京：
　　南京大学出版社，2016 年。

李长傅：《江苏省地志》，上海：中华书局，1936 年。

李达嘉：《从"革命"到"反革命"——上海商人的政治关怀和抉择
　　（1911—1914）》，《"中央研究院"近代史研究所集刊》1994 年，
　　第 23 期，第 239—282 页。

李时岳：《张謇与立宪派》，北京：中华书局，1962 年。

李世众：《晚清士绅与地方政治：以温州为中心的考察》，上海：上海
　　人民出版社，2006。

李天纲编：《马相伯卷》，上海：复旦大学出版社，1996 年。

李天纲：《人文上海——市民的空间》，上海：上海教育出版社，
　　2004 年。

李细珠：《地方督抚与清末新政——晚清权力格局再研究》，北京：社
　　会科学文献出版社，2012 年。

李细珠：《新政、立宪与革命——清末民初政治转型研究》，北京：北
　　京师范大学出版社，2018 年。

李新主编：《中华民国史》第一编第一卷：《中华民国的创立（上）》，
　　《中华民国的创立（下）》，北京：中华书局，1981，1982 年。

李新主编：《中华民国史》第二编第一卷：《北洋政府统治时期：
　　1912—1916》，北京：中华书局，1987 年。

李宗一：《袁世凯传》北京：中华书局，1980 年。

梁其姿：《施善与教化：明清的慈善组织》，台北：联经出版事业公
　　司，1997 年。

廖志坤：《中国近代政治转型的曲折反映——袁世凯政治思想研究》，长沙：湖南人民出版社，2013 年。

刘惠吾：《上海近代史》，上海：华东师范大学出版社，1985—1987 年，2 册。

刘广京：《经世思想与新型企业》，台北：联经出版事业公司，1980 年。

刘石吉：《明清时代江南市镇研究》，北京：中国社会科学出版社，1988 年。

刘正伟：《督抚与士绅：江苏教育近代化研究》，石家庄：河北教育出版社，2001 年。

严学熙主编：《论张謇——张謇国际学术研讨会论文集》，南京：江苏人民出版社，1993 年。

吕芳上：《"学阀"乎？"党化"乎？——一九二五年的东南大学学潮》，台北：商务印书馆，2013 年。

罗苏文：《女性与近代中国社会》，上海：上海人民出版社，1996 年。

马敏、朱英：《传统与近代的两重变奏——晚清苏州商会个案研究》，成都：巴蜀书社，1993 年。

马小泉：《清末筹备立宪时期地方自治探略》，《辛亥革命与近代中国——纪念辛亥革命八十周年国际学术讨论会》（1994），上册，第 615—631 页。

马小泉：《国家与社会：清末地方自治与宪政改革》，开封：河南大学出版社，2000 年。

闵斗基：《徐宝山与辛亥革命》，《辛亥革命与近代中国——纪念辛亥革命 80 周年国际学术讨论会》（1994），中册，第 1458—1469 页。

牛力：《江苏省教育会与东南大学权力格局的兴替（1914—1927）》，《史林》2019 年第 2 期，第 125—136 页。

桑兵：《清末兴学热潮与社会变迁》，《历史研究》，1989 年，第 6 期第 13—27 页。

桑兵：《清末新知识界的社团与活动》，北京：生活·读书·新知三联书店，1995 年。

尚小明：《留日学生与清末宪政改革》，王晓秋、尚小明编，《戊戌维新与清末新政——晚清改革史研究》北京：北京大学出版社，1998 年，第 143—168 页。

上海社会科学院经济研究所编：《江南造船厂厂史（1865—1949）》，南京：江苏人民出版社，1983 年。

沈怀玉：《清末西洋地方自治思想的输入》，《"中央研究院"近代史研究所集刊》1979 年，第 8 期，第 159—182 页。

沈怀玉：《清末地方自治之萌芽（1898—1908）》，《"中央研究院"近代史研究所集刊》，1980 年，第 9 期，第 291—320 页。

苏云峰：《张之洞与湖北教育改革》，台北："中央研究院"近代史研究所，1976 年。

王笛：《跨出封闭的世界——长江上游区域社会研究（1644—1911）》，北京：中华书局，1993 年。

王树槐：《中国现代化的区域研究：江苏省（1860—1916）》，台北："中央研究院"近代史研究所，1985 年。

王树槐：《清末民初江苏省的灾害》，台北：《"中央研究院"近代史研究所集刊》，1981 年，第 10 期，第 141—186 页。

王树槐：《清末民初江苏省的谘议局与省议会》，台北：师范大学，《历史学报》，1978 年，第 6 期，第 319—333 页。

王树槐：《清末民初江苏地方自治风潮》，台北：《"中央研究院"近代史研究所集刊》，1977 年，第 6 期，第 313—327 页。

王晓秋、尚小明编：《戊戌维新与清末新政——晚清改革史研究》，北京：北京大学出版社，1998 年。

王玉棠：《刘坤一评传》，广州：暨南大学出版社，1990 年。

唐振常、沈恒春编：《上海史研究》2 编，上海：学林出版社，1988 年。

唐振常：《近代上海探索录》，上海：上海书店，1994 年。

托克维尔：《论美国的民主》，董果良译，北京：商务印书馆，1988 年。

韦庆远等：《清末宪政史》，北京：中国人民大学出版社，1993 年。

吴晗、费孝通等：《皇权与绅权》，天津：天津人民出版社，1988 年再版本。

萧小红：《从黄炎培与江苏省教育会看国家和社会关系的历史演变 1905—1927》，朱宗震、陈伟忠编：《黄炎培研究文集 2》，上海：文汇出版社，2001 年，第 1—30 页。

萧小红：《黄炎培与三十年代民国政治——兼论民间精英的社会动员方式 (1927—1937)》，朱宗震、徐汇言编：《黄炎培研究文集 3》，成都：四川人民出版社，2009 年，第 1—37 页。

萧小红：《教育与政治：新文化运动时期的中国省际精英——江苏省教育会的案例研究》，《国际汉学》2009 年第 2 期，第 233—253 页。

萧小红：《抗战前后中共路线的转变与上海的城市社会团体（1935—1941)》，载《史林》，2005 年第 1 期，第 97—108 页。

熊月之：《近代进步教育家张焕伦》，唐振常，沈恒春编：《上海史研究二编》，1988 年，第 274—285 页。

许华茨［美］：《严复与西方》，滕复等译，北京：职工教育出版社，1990 年。

徐鼎新：《旧上海工商会馆，公所，同业公会的历史考察》，洪泽、林克编：《上海研究论丛（五)》，上海：上海社会科学院出版社，1990 年。

徐鼎新、钱小明：《上海总商会史》，上海：上海社会科学院出版社，1991 年。

许小青：《政局与学府：从东南大学到中央大学（1919—1937)》，北京：中国社会科学出版社，2009 年。

杨东平：《艰难的日出——中国现代教育的 20 世纪》，上海：文汇出版社，2003 年。

杨东平：《中国教育公平的理想与现实》，北京：北京大学出版社，2006 年。

杨浩、叶览：《旧上海风云人物》，上海：上海人民出版社，1992 年，2 册。

杨立强：《清末民初宝山的新乡绅及其领导的社会改革》，林克编：

《上海研究论丛》，上海：社会科学院出版社，1997 年，第 11 辑，第 158—195 页。

杨立强等：《近年来国外近代中国资产阶级研究述评》，《历史研究》，1989 年第 2 期。

叶圣陶：《教育小说》，上海：上海文艺出版社，1994 年。

叶显恩：《清代区域社会经济研究》，北京：中华书局，1992 年，2 册。

野泽丰：《辛亥革命与产业问题——1910 年的南洋劝业会与日美实业团访华》，《纪念辛亥革命七十周年学术讨论会文集》（1983），下册，第 2473—2496 页。

张謇研究中心编：《再论张謇——纪念张謇 140 周年诞辰论文集》，上海：上海社会科学院出版社，1995 年。

章开沅：《辛亥革命与江浙资产阶级》，《纪念辛亥革命七十周年学术讨论会文集》，北京：中华书局，1983 年，下，第 1182—1230 页。

张朋园：《立宪派与辛亥革命》，台北："中央研究院"近代史研究所，1983 年［1969 年第 1 版］。

张朋园：《中国民主政治的困境 1909—1949：晚清以来历届议会选举述论》，上海：上海三联书店，2013 年。

张荣生：《张謇：清末民初的盐务改革家》，张謇研究中心编：《再论张謇——纪念张謇 140 周年诞辰论文集》，上海：上海社会科学院出版社，1995 年，第 137—154 页。

张永：《民国初年的进步党与议会政党政治》，北京：北京大学出版社，2008 年。

张玉法：《国民党与进步党的比较研究》，台北：《"中央研究院"近代史研究所集刊》，1980 年，第 10 期，第 61—139 页。

张玉法：《清季的立宪团体》，台北："中央研究院"近代史研究所，1971 年。

张玉法：《民国初年的政党》，长沙：岳麓书社，2004 年。

张志东：《中国学者关于近代中国市民社会问题的研究：现状与思考》，《近代史研究》，1998 年，第 2 期，第 296—305 页。

张仲礼编：《近代上海城市研究》，上海：上海人民出版社，1990 年。

《中国近代政治思想论著选集》，北京：中华书局，1986 年，2 册。

《中国历史大词典——清史》，上海：上海辞书出版社，1992 年，第 2 册。

郑永年、吴国光：《论中央与地方关系——中国制度转型中的一个轴心问题》，《当代中国研究》1994 年，第 6 期，第 3—121 页。

郑肇经：《中国水利史》，上海：商务印书馆，1939 年；上海书店 1992 年再版。

中华书局编辑部：《纪念辛亥革命七十周年学术讨论会文集》，北京：中华书局，1983 年，上中下册。

中华书局编辑部：《辛亥革命与近代中国：纪念辛亥革命八十周年国际学术讨论会》，北京：中华书局，1994 年，上下册。

钟祥柴：《钟天纬思想论要》，《上海研究论丛》，上海：上海社会科学院出版社 1991 年，第 6 辑，第 261—269 页。

周新国等：《江苏辛亥革命史》，北京：社会科学文献出版社，2011 年。

朱英：《辛亥革命时期新式商人社团研究》，北京：中国人民大学出版社，1991 年。

朱宗震：《民国初年政坛风云》，郑州：河南人民出版社，1992 年。

朱宗震：《程德全与民初政潮》，《历史研究》，1991 第 6 期，第 91—105 页。

朱宗震、陈伟中编：《黄炎培研究文集 1》，成都：四川人民出版社，1997 年。

朱宗震、陈伟中编：《黄炎培研究文集 2》，上海：文汇出版社，2001 年。

朱宗震、徐汇言编：《黄炎培研究文集 3》，成都：四川人民出版社，2009 年

庄安正：《张謇导淮始末述略》，《江苏社会科学》，1995 年第 5 期，第 106—110 页。

庄俞：《最近三十五年之中国教育》，上海：商务印书馆，1930 年。

缩略语

《文牍初编》：《江苏学务总会文牍》（1906）

《文牍二编》：《江苏教育总会文牍》（1907）

《文牍三编》：《江苏教育总会文牍》（1908）

《文牍四编》：《江苏教育总会文牍》（1909）

《文牍六编》：《江苏教育总会文牍》（1911）

索　引

1. 地名

3. 书院、学校

中文版后记

本书中文版即将与中文读者见面，为此我感到非常荣幸。此书原名为《中国教育与政治——江苏精英的角色（1905—1914）》，是在1997年答辩的博士论文的基础上，经过大量修改后，由法国高等社会科学学校出版社于2001年出版的。中译本书名改为《通官绅之邮：江苏地方精英的角色（1905—1914）》。

1895年甲午战败之后，为了抵制外国人在中国设厂开矿，张之洞委任张謇在南通设厂，后者集合当地民间人士投资组织纺织公司，并说自己是"任通官商之邮"。[1] 我将这句话改为"通官绅之邮"，意思是沟通官方与地方士绅，合力推行中国的现代化事业。可以说，这也是改革派士绅在新政时期对自己所扮演的角色的定位。

本书研究的对象是江苏教育总会最初的十年。在这一时期，这个著名团体的抱负和实践都并不仅限于教育，而是主动地、有意识地把教育、政治、经济三者联系在一起。在他们看来，教育改革、政治进

---

1 《张季子九录》，《年谱》下，第2b页。

步与经济发展之间存在着唇齿相依的关系：

> 无政治，则教育与实业犹网无纲而裘无领也；无实业，
> 则政治与教育犹鱼无水而牛羊无刍也；无教育，则政治与实
> 业犹夜行无灯，涉大海渡沙漠而无指鍼也。三者循环，废其
> 一而无以为国。[1]

在清末新政（1901—1911）的背景下，新式社团大量涌现，并受到外来思潮和观念——尤其是社会达尔文主义与宪制思想的深刻影响。与以往的地方/民间精英相比，社团组织对自身的看法以及和权力当局的关系都发生了深刻变化。清廷将教育会、商会等团体合法化，纳入了新的制度框架。江苏教育总会在教育与其他领域享有相当的影响力，是清廷实行整合方针与团体自身积极行动的结果。鉴于教育总会从成立开始就把参与教育改革纳入宪制与地方自治的前景，我的研究即从这一角度出发，考察该团体的组织、发展状况以及在各方面的活动，同时将这些方面置于晚清以来，对科举考试制度的改革，对西方教育制度的移植以及中国传统的教育与政治关系演变的历史背景中进行分析。教育是传统文人精英干预最多的领域，而建立新教育体制意味着国家功能的根本性变革，在此意义上，教育作为一个部门，非常能够体现国家与社会关系的演变。我的研究属于社会史范

---

1 沈恩孚：《江苏教育总会文牍六编叙》，上海：中国图书公司，江苏教育总会编，1911年，第1页。

畴，着重从权力结构变化与制度建设的角度分析教育总会与政府之间的关系，审视宪制与地方自治使精英权力正规化、制度化的过程。

20世纪90年代我开始研究江苏教育总会时，正值欧美学者热烈争论有关运用西方政治社会学的概念——公共领域、市民社会分析中国近现代历史经验的问题。这一争论也成为我思考的背景，并在本书结语部分提出了我个人对该问题的一些看法。不过，真正对我的研究有重要启发的理论探讨，是孔飞力提出的"宪制议程"（Constitutional agenda/Programme Constitutionnel）的假设[1]。他认为中国自魏源以后的政治思想家，长期关注和讨论如何扩大政治参与和国家职能这样一些属于"宪制议程"的问题，换句话说，即如何改进国家政治结构与组织方式的问题。法国的中国近现代政治思想史学者施维尔（Yves Chevrier）使用国家与社会之间的"空隙"（Interstices）的概念，提出中国传统的政治参与处于制度的"空隙"中，而清末民初政治参与走向制度化的变革体现了中国近代史上的政治现代性。[2] 这两个概念对我认识国家与社会关系问题的中国表现形式，深入理解江苏教育总会领导人和积极分子的行动主义，有很大的帮助。具体内容在本书"导论"与"结语"中有详细介绍，这里不再重复。附录收入了我于2000年以来发表的有关黄炎培研究的两篇论文，

1　孔飞力曾于1994年受邀在法兰西学院做了一系列讲座，后来在这些讲座的基础上撰写了他的专著。Kuhn, Philip A. *Les Origines de l'État chinois moderne*（traduit et présenté par Pierre-Étienne Will），Paris, les Éditions de l'EHESS, 1999。中文版书名为《中国现代国家的起源》，北京：生活・读书・新知三联书店，2013年。

2　Chevrier, Yves. "L'empire distendu: Esquisse du politique en Chine des Qing à Deng Xiaoping", Bayart Jean-François, *La greffe de l'État*, Paris: Karthala, 1996.

通过黄与江苏省教育会、中华职业教育社以及上海市民地方维持会（后改名上海市地方协会）之间的活动，继续讨论在民国背景下，国家与社会关系的演变问题。

今天的史学界仍在继续有关中国历史上的国家与社会关系的讨论，但是不再采取从概念出发的方式使用"公共领域""市民社会"等概念，而是采用了其他更为深入的方式，例如通过挖掘地方基层的材料，探讨国家控制及其局限，以及采用社会渗透权力结构的观察角度，等等。在这方面，江苏教育会的课题显示了相当的张力，并出现了许多与此有关的研究，特别是海峡两岸的学者对江苏教育总会——尤其民国时期——的兴趣有增无减。新生代的年轻学者对教育与政治、知识与权力之间关系的演变，民国时期的社会动员与社会参与方式，以及教育革新等问题，提出了新的分析范畴，并将触角进一步深入基层，采用了更新颖的视角并进行了更深入的讨论。这是非常令人欣喜的学术进步，我衷心希望这方面的研究继续深入、光大。

关于本书的翻译，王资女士完成了大约三分之一的内容，其余三分之二由我本人承担，并对全部译稿进行了校对和文体统一。法国近现代中国研究中心的王菊老师曾帮助校对、修改了部分译稿并修正了部分图表，在此向她们二位致以最深切的感谢。此外，由衷地感谢上海师范大学蒋杰教授帮助查找部分报刊资料原文。

中译本基本遵照原书，不做大的改动。除个别之处有少数补充或纠正原书错误，中译本与原书基本一致，仅仅删去了原书的专有名词解释和主要人物小传——前者对中文读者没有必要，后者在网络资源充沛的今天已失去了意义。

原书出版至今已经过去了 20 多年。在此期间，国内外出现了大量有关清末民初教育改革、立宪运动、地方精英活动的研究成果。中译本选择部分与江苏教育总会及清末民初政治变革直接有关的书籍、文章，收入书末"中文参考文献"。其余作品，限于时间、精力，不再一一注出。

中文参考文献中，《东方杂志》（1904—1948）和《教育杂志》（1909—1948）是两份引用非常频繁的期刊，我当时使用的是 1970 年代台北成文出版社的影印本（法国高等社会科学学校近现代中国研究中心藏书）。与此相同的还有多部地方志（法兰西学院汉学研究所图书馆藏书），也大多是台北成文出版社出版的影印本。鉴于清末民初许多杂志和书籍使用栏目页码，"成文"为它出版的影印本添加了全书统一页码。当时尚未出现数字期刊，为读者查阅方便起见，我在原书注释中使用了"成文本"自编的统一页码。这次出版中译本，由于技术上的困难，未能将引用这两份期刊和地方志的地方重新调换为栏目页码，此点希望得到读者的谅解。1

在本书的写作和完善过程中，我得到了许多师友的深切关注和鼎力相助。在此，我谨向我的博士论文导师玛丽·格莱尔·白吉尔教授（Marie-Claire Bergère）、魏丕信教授（Pierre-Etienne Will）、鲁林教授（Alain Roux）、施维叶教授（Yves Chevrier）致以诚挚的感谢。同时，我还要向提供过帮助和建议的各位学者表示衷心的感谢，尤其是巴斯蒂教授（Marianne Bastid-Bruguière）、毕仰高教授（Lucien

---

1 本书引用的期刊均标注了完整文章和刊物名称，方便读者查对。

Bianco）、王国斌教授（R. Bin Wong）、朱宗震研究员（已故）、李天纲教授。

本书法文版的出版离不开法国社会科学高等研究院（École des Hautes Études en Sciences Sociales）及近现代中国研究中心（Centre d'études sur la Chine moderne et contemporaine）的大力支持。借本书出版之际，谨向他们致以最深切的谢意。

最后，感谢南京大学出版社为我提供出版中译本的机会，感谢陈卓先生为中译本的出版付出的全方位努力，感谢本人所属的法国东亚研究所和曾经任职的法国国立语言文化学院为本书出版提供的慷慨资助。

2023 年 5 月 20 日于巴黎

图书在版编目（CIP）数据

通官绅之邮：江苏地方精英的角色：1905—1914 /
（法）萧小红著；（法）萧小红，（法）王资译. 一 南京：
南京大学出版社，2024.8
ISBN 978-7-305-28069-6

Ⅰ.①通… Ⅱ.①萧… ②王… Ⅲ.①地方教育—教
育史—江苏—1905—1914 Ⅳ.①G527.53

中国国家版本馆 CIP 数据核字（2024）第 090639 号

Éducation et politique en Chine：Le rôle des élites du Jiangsu，1905-1914
© Xiaohong Xiao-Planes

江苏省版权局著作权合同登记　图字：10-2023-160 号

出版发行　南京大学出版社
社　　址　南京市汉口路 22 号　邮　编　210093
书　　名　**通官绅之邮：江苏地方精英的角色（1905—1914）**
　　　　　TONG GUANSHEN ZHI YOU：JIANGSU DIFANG JINGYING DE JUESE（1905—1914）
著　　者　［法］萧小红
译　　者　［法］萧小红　［法］王　资
责任编辑　黄隽翀
印　　刷　南京人文印务有限公司
开　　本　880 mm×1230 mm　1/32　印张 18　字数 420 千
版　　次　2024 年 8 月第 1 版　2024 年 8 月第 1 次印刷
ISBN　978-7-305-28069-6
定　　价　88.00 元

电子邮箱　Press@NjupCo.com
网　　址　http://www.njupco.com
官方微博　http://weibo.com/njupco
官方微信　njupress
销售热线　025-83594756